GÜTERSLOHER
VERLAGSHAUS

G

D1728883

Gütersloher Verlagshaus. Dem Leben vertrauen

Björn Krondorfer
Katharina von Kellenbach
Norbert Reck

Mit Blick auf die Täter

Fragen an die deutsche Theologie
nach 1945

Gütersloher Verlagshaus

Bibliografische Information Der Deutschen Bibliothek

Die Deutsche Bibliothek verzeichnet diese Publikation
in der Deutschen Nationalbibliografie;
detaillierte bibliografische Daten
sind im Internet über http://dnb.ddb.de abrufbar.

1. Auflage
Umschlaggestaltung: Init GmbH, Bielefeld, unter Verwendung von: Colby Caldwell,
untitled, from the fragment series 1998, Courtesy of Hemphill Gallery /
www.hemphillfinearts.com
Satz: SatzWeise, Föhren
Druck und Einband: Těšínská Tiskárna AG, Český Těšin
Printed in Czech Republik
ISBN-13: 978-3-579-05227-4
ISBN-10: 3-579-05227-6

www.gtvh.de

In Dankbarkeit den Shoah-Überlebenden in den USA, Deutschland, Australien, Israel, Polen und Belarus gewidmet, die uns persönlich herausgefordert und ihre Lebensgeschichten anvertraut haben.

Inhalt

Danksagung 9

Norbert Reck
Der Blick auf die Täter – Zur Einführung 11

Björn Krondorfer
Nationalsozialismus und Holocaust in Autobiographien
protestantischer Theologen 23

Männerleben: Generationsspezifische Erinnerungsdiskurse . 27
Politische Kohorten und Theologenautobiographien 31
Das Kohortenmodell im Spiegel autobiographischer Zeugnisse. 41
Kontinuitäten, Tradierungen, Transformationen 61
Das arme Vaterland: Theophil Wurm 66
Zu Tränen gerührt: Helmut Thielicke 73

Das Leid der Deutschen:
Autobiographische Rechtfertigungen 78
Schicksal und Katastrophe 79
Der Wahrheit verpflichtet: Künneth und die 1918er 86
Zu Gast auf einem schönen Stern: Thielicke und die 1933er . 96
Kohortenspezifische Variationen zum Leidensthema 111

Jüdische Abwesenheit: Autobiographische Auslassungen . . 114
Künneth: Eine Mitarbeiterin, das übersensible Fräulein, und
der russische Religionsoffizier 115
Thielicke: Der Klassengenosse, der jüdische Gestapo-Spitzel
und der englische Verleger 124
Kohortenspezifische Variationen: Juden als produktive
Verwirrung 133

Ausblick: Selbstrechtfertigung statt Bekenntnis 138

Norbert Reck
»... er verfolgt die Schuld der Väter an den Söhnen und Enkeln,
an der dritten und vierten Generation« (Ex 34,7)
Nationalsozialismus, Holocaust und Schuld in den Augen
dreier katholischer Generationen 171

Die *erste Generation* und die Frage nach der Schuld 175

Die *Hitlerjugend-Generation* und das Problem der Loyalität 198

Die *Nachgeborenen* und die Suche nach der Wahrheit . . . 209

Ausblick: Schuld oder Verantwortung 219

Katharina von Kellenbach
Schuld und Vergebung
Zur deutschen Praxis christlicher Versöhnung 227

Contritio Cordis – Herzliche Reue 232
  Männliche Standhaftigkeit 234
  Reue als Zerknirschung 238
  Die Bußpredigt 246

Confessio Oris – Mündliche Beichte 252
  Gnade und Geständnis: Prof. Dr. Hermann Schlingensiepen . 254
  Schuldbekenntnis und Erlösung: Wilhelm Greiffenberger . . . 258
  Die Schlüsselgewalt der Opfer:
  Weihbischof Matthias Defregger 265

Satisfactio Operis – Genugtuende Werke 277
  Kirchliche Werke: Der Dienst an den Tätern 279
  Warnung vor alttestamentarischer Rache:
  Die Kritik an den Opfern 282
  Behinderung der Liebestätigkeit: Philipp Auerbach 288
  Von der Vergeltung 292
  Die Würde der Bürde 295

Abkürzungen 313

Namenregister 315

Danksagung

Ein Buch entsteht immer auch im Kontext von Gesprächen mit Kollegen und Freunden. Björn Krondorfer möchte sich an dieser Stelle bei Luise Schottroff, Robert Moeller, Nicolas Berg und Klaus-Peter Adam für ihr behutsames und kluges Lesen des Manuskripts in unterschiedlichen Stadien bedanken. Dank geht auch an Harold Marcuse, Eva Fleischner und David Diephouse für ihre wertvollen Anregungen, Klarstellungen und Unterstützung sowie an Andres Kohla für seine Korrekturlesung. Die Untersuchung über die Autobiographien protestantischer Theologen konnte ausschnittsweise in drei Gruppen zur Diskussion gestellt werden: 2002 in der American Academy of Religion, Toronto; 2004 im Summer Research Workshop on »Gender and the Holocaust« des U.S. Holocaust Memorial Museums, Washington D.C., und 2005 in der Christian Scholars Group, Boston. Die Arbeit hat über die kollegiale Diskussion an Tiefe und Klarheit gewonnen. Besonderer Dank geht an Nechama Tec, Claudia Koonz, Atina Grossmann, Irene Kacandes und Jane Caplan des »Gender and Holocaust« Research Workshops. Nicht zuletzt möchte Björn Krondorfer die Hilfe des Landeskirchlichen Archivs Nürnberg und die finanzielle Unterstützung durch das St. Mary's College of Maryland erwähnen.

Die Forschungsarbeiten für Katharina von Kellenbachs Beitrag begannen in einem Forschungsjahr 2000-2001 mit Förderung der Alexander von Humboldt Stiftung. Sie möchte sich besonders bei Stefan Flesch, dem Leiter des Archivs der Evangelischen Kirche im Rheinland, bedanken, der ihr Zugang zum noch unverzeichneten Nachlass Schlingensiepen gewährt hat. Auch das Landeskirchliche Archiv in Nürnberg hat sie in einer sehr unbürokratischen und freundlichen Atmosphäre aufgenommen. Ein Coolidge Colloquium Fellowship ermöglichte ungestörtes Schreiben im Sommer 2005 am Union Theological Seminary in New York City. Das St. Mary's College of Maryland hat mit mehreren *faculty development grants* finanziell zum Gelingen dieses Projekts beigetragen. Dank geht an Paul Rose vom

U.S. Holocaust Memorial Museum für eine Recherche. Für wertvolle Hinweise dankt sie Tania Oldenhage und Victoria Barnett; für ihre Freundschaft Carleen Mandolfo und Susanne Scholz.

Norbert Reck dankt Gregorio Miguel Acosta Hernández, Regina Ammicht-Quinn, Michael Brinkschröder, Rainer Bucher, Andrea Eickmeier, Antonia Leugers, Gilead Mishory und Jürgen Müller-Hohagen für kritische Anmerkungen und Hinweise, für Diskussionen und Ermutigungen, für die Stärkung bei Essen und Trinken und für die Geduld mit ihm. Damit ist nicht gesagt, dass sie mit seinen Positionen in allem einverstanden wären; aber ohne ihre großzügige Hilfsbereitschaft in vielerlei Situationen wäre aus seinem Projekt sicher nichts geworden.

Der Blick auf die Täter –
Zur Einführung

Norbert Reck

I

> Wenn die Opfer mein Problem sind – die Mörder sind es nicht! Die Mörder sind das Problem anderer, nicht das meinige. Falls ich versuchen könnte zu verstehen – aber das wird mir nie gelingen –, weshalb mein Volk zum Opfer wurde, so werden andere Leute verstehen müssen, oder den Versuch machen müssen zu verstehen, warum die Mörder Christen – sicher schlechte Christen, aber doch Christen – waren. (Wiesel 1983, 44 f.)

Elie Wiesel, Schriftsteller und Philosoph, Überlebender der Lager Auschwitz und Buchenwald, übt mit seinen Büchern und Vorträgen seit Jahrzehnten großen Einfluss auf das Denken von Juden und Christen aus. Für die christliche Theologie waren besonders seine Versuche inspirierend, traditionelle jüdische Gottesvorstellungen in aller Radikalität mit der Frage aus Auschwitz, »Wo war Gott?«, zu konfrontieren. Auch in Deutschland begannen deshalb seit den frühen siebziger Jahren einige Theologen und Theologinnen, sich dem Ernst dieser Frage auszusetzen und die christlichen Formen der Gottesrede einer Kritik zu unterziehen.

Dass Elie Wiesel die Aufgabe von Christen indessen woanders sah, wie das oben wiedergegebene Wort zeigt, fand über lange Zeit jedoch keine Beachtung. Nicht die Frage, warum die Mörder Christen waren, beschäftigte die (kleine) Schar christlicher Denkerinnen und Denker, die sich an die Entwicklung einer *Theologie nach Auschwitz* machte. Ihr ging es vielmehr darum zu erkunden, wie die Theologie sich öffnen könnte für die Stimmen aus den Konzentrationslagern, für die Erfahrungen von Wiesel, Primo Levi, Ruth Klüger, Ruth Elias und vielen anderen: Wie müsste eine Theologie aussehen, die nicht länger »mit dem Rücken zu Auschwitz« (Johann Baptist Metz) betrieben würde? Daraus resultierten Überlegungen zu den traditionellen christlichen Attributen Gottes (Leidensunfähigkeit, Allmacht etc.), neue Meditationen der alten Theodizeefrage (der Frage nach der Rechtfertigung eines liebenden Gottes angesichts des Abgrundes an menschlichem Leiden), Reflexionen über die Beziehungen zwischen Christentum und Judentum, über den Juden Jesus und über die Christologie, die ihm gerecht werden will (einen Überblick gibt Petersen 2004).

Dass die christliche Diskussion somit einen ganz anderen Verlauf nahm, als Wiesel vorgeschlagen hatte, liegt allerdings nicht unbedingt an der mangelnden Bereitschaft christlicher Theologen, sich auf eine Beschäftigung mit den Mördern einzulassen. Es hängt vielmehr mit dem Stand des Bewusstseins und Wissens in den jeweiligen theologischen Kontexten zusammen, an die die *Theologie nach Auschwitz* anknüpfen musste.

In Deutschland bedeutete dies, dass in der christlichen Theologie bis weit in die sechziger Jahre hinein kein Bewusstsein dafür vorhanden war, was der Massenmord an den Juden Europas für die Überzeugungen der Christen bedeuten konnte. In den ersten beiden Jahrzehnten nach dem Ende der NS-Herrschaft wurden die Nachrichten über die Vernichtungslager von Kirchen und Theologie keineswegs als Irritation für ihren Glauben an einen gerechten Gott wahrgenommen. Man sprach vom »nationalsozialistischen Irrweg«, von der »verderblichen Diesseitigkeit des Nationalsozialismus«, von der »Dämonie« seiner führenden Repräsentanten, vom »deutschen Schicksal« und der »deutschen Katastrophe«. Man bekräftigte die Selbstwahrnehmung der Deutschen als Opfer und nannte die Besatzung durch die alliierten Siegermächte »Gericht Gottes« und »Prüfung«. In dieser Situation empfahlen Theologie und Kirche die Rückbesinnung auf die christliche Sittlichkeit und die Rückkehr zur Kirche als *den* Ausweg, auf dem die Verheißung von Gottes Trost und Vergebung ruhe. Die sogenannte »Stunde Null« wurde also nicht als Erschütterung christlicher Gewissheiten, sondern als »die Stunde der Kirche« erlebt, wie sie Hans Asmussen am 14. August 1945 proklamierte (zit. n. Greschat 1990, 1). Die evangelischen und katholischen Kirchen erhofften sich einen neuen christlichen Aufbruch, eine »Rechristianisierung« der Gesellschaft; kämpfen wollten sie gegen den »säkularistischen Abfall der Welt von Gott« – wie sie mehrheitlich den Nationalsozialismus interpretierten (vgl. Greschat 1990; Löhr 1990).

Vor diesem Hintergrund wird deutlich, warum es die Pioniere der *Theologie nach Auschwitz* als ihre erste Aufgabe ansahen, gegen das

Selbstmitleid und die Opfermentalität der Deutschen den Blick entschieden auf die jüdischen Opfer des Nationalsozialismus zu richten und damit in Kirche und Theologie denjenigen Gesicht und Gehör zu verschaffen, vor denen man sich bis dahin geflissentlich Augen und Ohren zugehalten hatte. Aus deren Fragen und Glaubenszweifeln wurden in der Folge dann auch zahlreiche Anfragen an die christliche Theologie entwickelt.

Es war ein wichtiger Schritt für viele christliche Theologinnen und Theologen, sich mit den zunächst sehr fremden Sichtweisen der jüdischen Opfer und ihrer Nachkommen auseinander zu setzen. Daraus ergaben sich auch für sie selbst neue Perspektiven, die sie die eigenen Traditionen und deren Selbstverständlichkeiten in einem neuen Licht sehen ließen. Zuletzt führte das Lernen, »mit den Augen der anderen zu sehen«, auch dazu, die Diskurse der Täter und Mitläufer sowie ihrer nachgeborenen Apologeten anders wahrzunehmen: die darin enthaltenen Unschuldsbeteuerungen und Selbstrechtfertigungen nicht mehr fraglos zu akzeptieren, sondern sie aus der Warte der Solidarität mit den NS-Opfern zu kritisieren.

So wird man sagen können, dass die *Theologie nach Auschwitz* in Deutschland von ihrer eigenen inneren Dynamik inzwischen an den Punkt geführt wurde, an dem Elie Wiesel sie vor mehr als zwanzig Jahren schon gerne gesehen hätte: bei der Klärung der Frage, »warum die Mörder Christen waren«, bei der kritischen Relektüre der eigenen christlichen Traditionen, die den millionenfachen Mord nicht verhindert haben – beim Blick auf die Täter.

Der Blick auf die Täter verändert die Theologie. Er befreit die *Theologie nach Auschwitz* von dem Zwang, immer neue Entwürfe eines zukünftigen, idealtypischen Christentums hervorzubringen, und führt sie stattdessen zur Auseinandersetzung mit der konkreten christlichen Theologiegeschichte und somit zur Verantwortungsübernahme für das real existierende Christentum. Anstelle der nervösen *Abkehr* von der »Vergangenheit« kommt der traditionelle Weg der *Umkehr* wieder in den Blick: die reuevolle Betrachtung des Geschehenen, das Eingestehen eigenen Versagens und die Arbeit an der Überwindung irriger Vorstellungen.

Sodann erinnert der Blick auf die Täter die Theologie daran, dass allzu vieles Nachdenken über »Gott und das Leid« von der Verantwortung ganz bestimmter Menschen für dieses Leid ablenken kann. Und während der ausschließliche Blick auf die Opfer bereits bestehende, allgemeine christliche Schuldgefühle weiter diffus verstärkte, zwingt der Blick auf die Täter, der von den Zeugnissen der Opfer geschärft wurde, zur Konkretion: Schuld ist nie allgemein und diffus; sie ist konkret. Die Taten sind feststellbar, die Diskurse der Verachtung und des Hasses sind analysierbar, die Täter sind benennbar. Schuld ist kein Schicksal, das noch auf den Nachgeborenen liegen müsste wie ein Alpdruck. Schuld ist bearbeitbar.

Der Blick auf die Täter führt die *Theologie nach Auschwitz* damit auch in ein neues Paradigma: War der Ansatz der meisten bisherigen Arbeiten eher fundamentaltheologisch-dogmatisch geprägt (mit Fragen zur Glaubwürdigkeit des Glaubens nach Auschwitz, zur Gotteslehre und zur Christologie), so erhalten viele neuere Untersuchungen nun eine ethische Ausrichtung (ohne sich dabei auf die Disziplinen der Moraltheologie oder Theologischen Ethik festlegen zu lassen): Es geht um Fragen des rechten und falschen Tuns, um Lehren der Verachtung und des Respekts, um das Tradieren von Lügen und um das Bestehen auf der Wahrheit, um Bedingungen von Widerständigkeit und um Versagen und Scheitern. Dem Blick auf die Täter geht es um das konkrete Handeln von Christinnen und Christen in der konkreten Geschichte. Im aktuellen Wissenschaftsjargon würde man wohl von einem »ethical turn« sprechen.

II

Der kritische Blick auf die Täter geht davon aus, dass die Auseinandersetzung mit dem Nationalsozialismus nicht mit der Verurteilung und Bestrafung einiger seiner führenden Verbrecher erledigt ist. Der Begriff der Täterschaft umfasst mehr als die ca. 100.000 bis 300.000 an den NS-Morden direkt Beteiligten. Er bezieht sich auf die Gesamtheit der Taten, Worte, Handlungen und Unterlassungen, die zum Zustandekommen und langjährigen Funktionieren des nationalsozialistischen Gesellschaftsprojekts beigetragen haben. Illustrieren mag dies eine Äußerung des US-Offiziers Saul K. Padover, der mit seiner Abteilung für psychologische Kriegsführung zahlreiche Vernehmungen in den von der US-Armee seit Herbst 1944 besetzten Gebieten durchführte. Padover hat seinen Unmut darüber, dass kaum einer der Deutschen für seine (Mit-)Täterschaft einzustehen bereit war, mit sarkastischen Worten zum Ausdruck gebracht:

Seit zwei Monaten sind wir hier zugange, wir haben mit vielen Menschen gesprochen, wir haben jede Menge Fragen gestellt, und wir haben keinen einzigen Nazi gefunden. Jeder ist ein Nazigegner. Alle Leute sind gegen Hitler. Sie sind schon immer gegen Hitler gewesen. Was heißt das? Es heißt, daß Hitler die Sache ganz allein, ohne Hilfe und Unterstützung irgendeines Deutschen durchgezogen hat. Er hat den Krieg angefangen, er hat ganz Europa erobert, den größten Teil Rußlands überrannt, fünf Millionen Juden ermordet, sechs bis acht Millionen Polen und Russen in den Hungertod getrieben, vierhundert Konzentrationslager errichtet, die größte Armee in Europa aufgebaut und dafür gesorgt, daß die Züge pünktlich fahren. Wer das allein schaffen will, muß schon ziemlich gut sein. Ich kenne nur zwei Menschen in der ganzen Welt, die so etwas können. Der andere ist Superman. (Padover 2001, 46)

Der Blick auf die Täter ist somit ein Blick auf nahezu die gesamte deutsche Gesellschaft. Und die Bezeichnung *Täter* (statt *Opfer*) setzt auch ein gewisses Maß an Eigenverantwortung der Einzelnen voraus. Diese Einschätzung bildet die Grundlage der Untersuchungen dieses Buchs »mit Blick auf die Täter«. Sie soll hier, anhand einiger *zeitnaher* Aussagen (d.h. nicht aus der bequemen Perspektive der Nachgeborenen) näher erläutert werden.

Unter den Deutschen, die ihre Beteiligung am Nationalsozialismus nicht leugneten und sich auch nicht als dessen Opfer stilisierten, ist zum Beispiel der deutsche Wehrmachtsoffizier Wilm Hosenfeld zu nennen. Er war – so wurde er einem breiteren Publikum durch Roman Polanskis Film *Der Pianist* bekannt – der Retter des Warschauer Pianisten und Komponisten Wladyslaw Szpilman. Hosenfeld hatte sich die Frage nach der eigenen Verantwortung bereits Jahre vor dem Ende des Krieges immer wieder gestellt. Er war zwar zu Beginn der Naziherrschaft enthusiastisches SA- und NSDAP-Mitglied geworden, aber noch vor dem Krieg setzte bei ihm wachsende Ernüchterung ein. Als Angehöriger der deutschen Besatzungstruppen in Warschau schließlich verfolgte er die Geschehnisse dort mit wachen Augen und Ohren und ahnte bald, dass die deutschen Verbrechen wegen ihrer Abgründigkeit selbst noch die folgenden Generationen in Mitleidenschaft ziehen würden. Am 13. August 1942 schrieb er in sein Tagebuch:

Eine Frau erzählte meinem Gewährsmann, mehrere G.Sta.Po-Männer sind in die jüdische Entbindungsanstalt eingedrungen, haben die Säuglinge weggenommen, in einen Sack gesteckt und sind damit fort, um sie auf einen Leichenwagen zu werfen. Das Gewimmer der kleinen Kinder wie das herzzerreißende Geschrei der Mütter rührt diese Ruchlosen nicht. Man glaubt das alles nicht, trotzdem es wahr ist. Zwei solcher Tiere fuhren gestern auf derselben Straßenbahn, sie hatten Peitschen in der Hand und kamen aus dem Ghetto. Am liebsten hätte ich die Hunde unter die Straßenbahn gestoßen. – Was sind wir Feiglinge, daß wir, die besser sein wollenden, das alles geschehen lassen; darum werden wir auch mitgestraft werden, auch unsre unschuldigen Kinder wird es treffen, denn wir machen uns mitschuldig, indem wir die Frevel zulassen. (Hosenfeld 2004, 640 f.)

Hosenfeld, der in Warschau bemüht war, möglichst viele bedrohte Menschen zu schützen, sah sich selbst nicht – wie viele andere Deutsche – von der Verantwortung ausgenommen. Im Gegenteil: Er hielt unerbittlich genau fest, wo man hätte handeln müssen, wo Gleichgültigkeit in Schuld umschlägt und wo schließlich auch die Frage nach Gott zur Ausrede wird. Ein Jahr später, am 6. Juli 1943, als das Warschauer Ghetto bereits restlos zerstört war, notierte er:

Trifft Gott die Schuld? Warum greift er nicht ein, warum läßt er das alles geschehen? […] Wir sind so gerne geneigt, einem andern die Schuld zu geben und sie nicht bei uns selbst zu suchen […] Wir haben seinerzeit, als die Nazi zur Macht kamen, nichts getan, um es zu verhindern. Wir haben die eigenen Ideale verraten, [das] Ideal der persönlichen Freiheit, der demokratischen Freiheit, der religiösen. Der Arbeiter lief mit, die Kirche sah zu. Der Bürger war zu feige, ebenso die führenden geistigen Schichten. Wir ließen zu, daß die Gewerkschaften zerschlagen wurden, daß die Konfessionen unterdrückt wurden, es gab keine freie Meinungsäußerung in Presse, Rundfunk. Zuletzt ließen wir uns in den Krieg treiben. Wir waren zufrieden, daß Deutschland ohne Volksvertretung blieb, wir ließen uns eine Scheinvertretung, die nichts zu sagen hatte, gefallen. Ideale lassen sich nicht ungestraft verraten. Jetzt müssen wir alle die Folgen tragen. (Hosenfeld 2004, 730)

Hosenfelds Beobachtungen treffen sich in vielen Punkten mit den Überlegungen, die die aus Deutschland stammende Politikwissenschaftlerin und Philosophin Hannah Arendt wiederum ein Jahr später, im November 1944, im amerikanischen Exil verfasste. Auch ihre Gedanken kreisen um die verstörende Tatsache, dass die nationalsozialistischen Verbrechen nicht die Sache einiger weniger waren, sondern dass es den Nazis im Laufe der Jahre immer mehr gelungen war, die gesamte deutsche Gesellschaft weitgehend in ihre Projekte einzubinden. Während die aktiven Terrorformationen zunächst strikt von der Bevölkerung getrennt agierten und die Berichte über deren

Verbrechen möglichst geheim gehalten wurden, kommandierte man später, im Zuge der Totalisierung des Krieges, auch »beliebige Wehrmachtsangehörige« zu den Massenmorden ab (Arendt 2000, 26). Zugeich ersetzte man die ursprüngliche Geheimhaltung durch gezielte »Flüsterpropaganda«, »um diejenigen ›Volksgenossen‹, welche man aus organisatorischen Gründen nicht hat in die ›Volksgemeinschaft‹ des Verbrechens aufnehmen können, wenigstens in die Rolle der Mitwisser und Komplizen zu drängen. Die totale Mobilmachung hat in der totalen Komplizität des deutschen Volkes geendet.« (27)

Mit diesen Beobachtungen wollte Hannah Arendt keineswegs der Vorstellung einer »Kollektivschuld« das Wort reden. Es ging ihr nicht darum, die Deutschen pauschal aufgrund ihrer Geburt, ihrer Zugehörigkeit zum deutschen Volk für mitschuldig zu erklären. Vielmehr wollte sie das Augenmerk auf die vielen einzelnen Akte der Beteiligung an der Maschinerie des »Verwaltungsmassenmordes« lenken, die alle zusammen erst das extrem arbeitsteilige Unternehmen des Holocaust ermöglichten: »Daß in dieser Mordmaschine jeder auf diese oder jene Weise an einen Platz gezwungen ist, auch wenn er nicht direkt in den Vernichtungslagern tätig ist, macht das Grauen aus.« (Arendt 2000, 31)

Anders als Hosenfeld spricht Arendt aber nicht von Feigheit, um das Verhalten der massenhaften Kooperation mit den Nationalsozialisten moralisch zu qualifizieren. Feigheit ist ja bereits ein Begriff, der nur auf Menschen anwendbar ist, die wissen, was ethische Anforderungen sind – vor denen sie bestehen oder scheitern. Arendt hingegen hat genau jene im Blick, die gar nicht sehen, worin ihre Verantwortung über den Bereich des Privaten hinaus denn bestehen sollte.

Sie weiß, dass viele sich an einen Platz in der Mordmaschine gezwungen sahen, und sie weiß, dass gerade die Arbeitsteiligkeit der Shoah dem Bewusstsein entgegenstand, an einem Verbrechen beteiligt zu sein. Das allerdings führt sie nicht zu dem Schluss, die Frage der persönlichen Verantwortung überhaupt zu suspendieren. Im Gegenteil: Sie sieht den Ansatzpunkt für eine moralische Bewertung gerade beim Nicht-Erkennen bzw. Nicht-wissen-Wollen, was die Auswirkungen des eigenen Handelns sind. Es ist für Arendt nicht in Ordnung, keine Phantasie für die Folgen der eigenen Taten zu haben. In Hinsicht auf das nahende Ende des Krieges bemerkt sie bitter: »Wenn der Vorhang diesmal fallen wird, werden wir einem ganzen Chor von

Spießern zu lauschen gezwungen sein, die ausrufen werden: ›Dies haben wir nicht getan!‹« (2000, 33)

Mit dem Ausdruck »Spießer« bezeichnet Arendt – »mangels eines besseren Namens« und etwas abweichend vom allgemeinen Sprachgebrauch – jenen Menschen, »der nur an seiner privaten Existenz hängt und öffentliche Tugend nicht kennt« (2000, 35), der sich nicht als Mitglied seiner Gesellschaft versteht und kein Interesse an öffentlichen Angelegenheiten zeigt. Er konzentriert seine Aufmerksamkeit *ausschließlich* auf das Wohl seiner Familie und ist bereit, »um der Pension, der Lebensversicherung, der gesicherten Existenz von Frau und Kindern willen Gesinnung, Ehre und menschliche Würde preiszugeben« (34). Er sieht sein Handeln ausschließlich funktional, nie ethisch bestimmt. Erlaubt ist alles, was dem Erhalt der Familie nützt – auch der Mord, auch die Mitwirkung an der Vernichtungsmaschine. Alle nicht zur eigenen Sippe gehörenden Menschen dürfen dabei umstandslos den eigenen Interessen geopfert werden.

Das Gegenkonzept zu dieser Art »Spießertum« sieht Arendt in der »Idee der Menschheit«. Diese Idee geht zurück auf die Vorstellung »des jüdisch-christlichen Glaubens an einen einheitlichen Ursprung des Menschengeschlechts« (2000, 36). Denn dieser Glaube an den *einen* gemeinsamen Ursprung aller Menschen – oder humanistisch ausgedrückt: an ihre Gleichheit – macht es unmöglich, eine »Rasse«, eine Sippe oder Familie über alle anderen zu stellen. In der Idee der Menschheit ist somit »eine Verpflichtung zu einer Gesamtverantwortlichkeit mitenthalten«, die nicht nur eine Beschwörung sentimentaler Zusammengehörigkeitsgefühle sein darf, sondern ernsthafte Folgen haben muss. Dazu gehört auch »die sehr schwerwiegende Konsequenz, daß wir in dieser oder jener Weise die Verantwortung für alle von Menschen begangenen Verbrechen, daß die Völker für alle von Völkern begangenen Untaten die Verantwortung werden auf sich nehmen müssen« (37).

»*Owinu Malkenu chotenu lefonecho*« (»Unser Vater, unser König, wir haben gesündigt vor Dir«) – im emphatischen »Wir« dieses jüdischen Bekenntnisses kommt für Arendt eine aktive Verantwortungsübernahme zum Ausdruck, die »nicht nur alle in der Gemeinde begangenen Sünden, sondern alle menschlichen Verfehlungen überhaupt« (37) einschließt. Nur in dieser Radikalität, die nicht mehr zulässt, dass irgendetwas sie nichts angeht, nur in diesem Ernst, der sich zugleich der Last und des Schreckens dieser Gesamtverantwortlichkeit bewusst ist, ist erst ein Gegenkonzept zum »Spießertum« der Mitwirkung am Holocaust konsequent benannt.

III

Von dieser Warte aus betrachtet sind die gängigen Phrasen der deutschen Aufarbeitungsdebatten nach 1945 gerade *keine* Abkehr vom Ungeist der Massenverbrechen, sondern seine diskursive Fortsetzung: Wir hatten damit nichts zu tun – wir waren keine Nazis – wir waren nur Parteimitglieder, um Arbeit zu bekommen – wir haben nichts getan – wenn wir es nicht getan hätten, hätten es andere getan – wir haben nichts von den Untaten gewusst – wir konnten nichts dagegen tun … Aus all diesen Worten spricht dieselbe Verantwortungsverweigerung, die zuvor Grundlage war für die Einbeziehung der Bevölkerung in das Projekt des Holocaust.

Solche Unschuldsposen müssen heute präzise benannt werden als das Vermächtnis einer Tätergesellschaft – das ist der gemeinsame Ausgangspunkt der Beiträge in diesem Buch. Das Nachdenken über die Nazizeit und über das, was nach dem Zweiten Weltkrieg daraus gemacht wurde, hat nur dann Sinn, wenn die Bejahung der generellen Verantwortlichkeit aller Menschen füreinander dabei die Grundlage ist.

Für die christliche Theologie sind hier die biblischen Basistexte (z. B. Gen 4,1-16) ebenso bindend wie für das Judentum. Insofern in den vorliegenden Überlegungen aber, im Anschluss an Hannah Arendt, außerdem auf die jüdische Tradition Bezug genommen wird, die in dieser Hinsicht deutlicher ist als die christliche, muss noch etwas hinzugefügt werden: Die christliche Theologie kann in dieser Frage nicht einfach Erkenntnisse der jüdischen Tradition und Philosophie für sich übernehmen und glauben, damit ihre Arbeit getan zu haben.

Gerade dann, wenn an dem Gedanken der generellen Verantwortungsübernahme etwas Richtiges sein sollte, kann der christliche Weg nicht in der wohlfeilen Affirmation der eigenen jüdischen Wurzeln bestehen, ohne genauer der Frage nachzugehen, welches Schicksal diese Wurzeln zuvor im Christentum erlitten haben. Mit anderen Worten: Die Rede von der Verantwortlichkeit kann nicht aufgegriffen werden, ohne zugleich Verantwortung für die eigene theologische

Tradition zu übernehmen. Christliche Theologinnen und Theologen müssen sich unter anderem dafür interessieren,

- wie nach 1945 innerhalb ihrer Disziplinen über die Nazizeit gesprochen wurde,
- welchen Denkmustern und Unschuldsmythen man dabei gefolgt ist,
- wie die Perspektive der Täter darin weiterlebt,
- welche antijüdischen Konzepte dabei eine Rolle spielen und
- wo gar mit Hilfe christlicher Grundsätze die Loslösung aus Verantwortungszusammenhängen betrieben wurde.

Nur wo dies alles klar gesehen wird, wo also die Theologie der Gegenwart für die jüngste theologische Vergangenheit einsteht, werden auch Schritte zu einer Theologie möglich, die ihr Erbe der Täterschaft tatsächlich überwindet.

In diesem Sinne wird im vorliegenden Buch thematisiert, wie Nationalsozialismus und Holocaust in den Autobiographien protestantischer Theologen repräsentiert werden *(Björn Krondorfer)*, wie katholische Theologinnen und Theologen von Generation zu Generation mit der Frage der Schuld umgehen *(Norbert Reck)* und welche Rolle das evangelische Konzept der Vergebung bei der Bewältigung des Nationalsozialismus spielt *(Katharina von Kellenbach)*. Das gemeinsame Ziel der Beiträge ist, die Gegenwart der nationalsozialistischen Vergangenheit in christlichen Diskursen sowie ihre politisch-kulturelle Funktion innerhalb einer ehemaligen Tätergesellschaft kritisch aufzuarbeiten. Erst wenn auch die geschichtliche Täterschaft und die Kompromittierung der Theologie nicht länger verdrängt, sondern als wahre Herausforderung an den christlichen Glauben begriffen werden, werden auch wieder theologische Aussagen jenseits von Abwehrreflexen, Apologetik und Gleichgültigkeit möglich sein.

Das Aufbegehren gegen die Gleichgültigkeit war auch für Sophie Scholl wichtig. An ihren Freund Fritz Hartnagel, der sich noch nicht zu einer klaren Position gegen Nationalsozialismus und Krieg durchringen konnte, schrieb sie drei Monate vor ihrer Hinrichtung: »... und wenn ich könnte, so würde ich Dich immer mehr aufhetzen gegen die Gleichgültigkeit, die über Dich kommen könnte, und ich wünschte, die Gedanken an mich wären ein steter Stachel gegen sie« (Scholl 2003, 279).

Literatur

Arendt, Hannah, 2000: *Organisierte Schuld*, in: dies., In der Gegenwart. Übungen im politischen Denken II, München, 26-37

Greschat, Martin, 1990: *»Rechristianisierung« und »Säkularisierung«. Anmerkungen zu einem europäischen interkonfessionellen Interpretationsmodell*, in: J.-C. Kaiser/A. Doering-Manteuffel (Hg.), Christentum und politische Verantwortung. Kirchen im Nachkriegsdeutschland, Stuttgart, 1-24

Hosenfeld, Wilm, 2004: *»Ich versuche jeden zu retten«. Das Leben eines deutschen Offiziers in Briefen und Tagebüchern*, München

Löhr, Wolfgang, 1990: *Rechristianisierungsvorstellungen im deutschen Katholizismus 1945-1948*, in: J.-C. Kaiser/A. Doering-Manteuffel (Hg.), Christentum und politische Verantwortung. Kirchen im Nachkriegsdeutschland, Stuttgart, 25-41

Padover, Saul K., 2001: *Lügendetektor. Vernehmungen im besiegten Deutschland 1944/45*, München (amerikanische Originalausgabe: *Experiment in Germany. The Story of an American Intelligence Officer*, New York 1946)

Petersen, Birte, 2004: *Theologie nach Auschwitz? Jüdische und christliche Versuche einer Antwort* (= Veröffentlichungen aus dem Institut Kirche und Judentum VIKJ, Bd. 24) Berlin, 3. Auflage

Scholl, Hans und Sophie, 2003: *Briefe und Aufzeichnungen*, Frankfurt am Main

Wiesel, Elie, 1983: *Die Massenvernichtung als literarische Inspiration*, in: Eugen Kogon/Johann Baptist Metz (Hg.), Gott nach Auschwitz, Freiburg, 21-50

Nationalsozialismus und Holocaust in Autobiographien protestantischer Theologen

Björn Krondorfer

In Untersuchungen zur Rolle der evangelischen Theologie und Kirche während der NS-Zeit und der nachkriegsdeutschen Aufbauphase sind die Lebenserinnerungen deutscher Theologen, die nach 1945 veröffentlicht wurden, bisher kaum beachtet worden. Autobiographien und Memoiren, so der unausgesprochene Konsens, besitzen wenig literarischen Wert und helfen nicht, theologische Sachverhalte zu erklären; da sie zu sehr von subjektiven Erfahrungen geprägt seien, trügen sie wenig zu einem verifizierbaren Geschichtsbild bei. Die theologische Antisemitismusforschung und die kirchliche Zeitgeschichtsforschung benutzen zwar (auto-) biographische Materialien und Zeitzeugenberichte, doch gibt es bisher keinen ernsthaften Versuch, die autobiographischen Zeugnisse deutscher evangelischer Theologen des 20. Jahrhunderts in den Mittelpunkt einer kritischen Untersuchung zu stellen.

Der vorliegende Beitrag möchte anhand spezifischer Fragen zur Erinnerungsarbeit bezüglich des Nationalsozialismus und der Shoah auf diese Textgattung aufmerksam machen. In einer kleinen Studie über moderne Theologenautobiographien resümiert Reinhart Staats, es fehle »weithin an einer theologischen Kritik dieses erstaunlichen Phänomens« (1994, 63).[1] Lutz Friedrichs kommt zu einem ähnlichen Urteil, wenn er schreibt, es gäbe in Deutschland »keine eigene auf Autobiographien ausgerichtete literaturtheologische Forschungstradition« (1999, 36). In diesem Beitrag geht es jedoch weder um eine literarische noch um eine theologische Untersuchung, sondern um Fragen nach der Präsentation und Repräsentation der nationalsozialistischen und nachkriegsdeutschen Zeit in den lebensgeschichtlichen Erinnerungen der überwiegend männlichen Theologen. Wie stellen sich Theologen in ihren Entscheidungen und ihrem Denken dar? Wie rechtfertigen sie ihr vergangenes Handeln? Gibt es generations- und geschlechtsspezifische Erzählmuster, in denen Fragen nach

Handlungsspielräumen und Verantwortlichkeiten behandelt werden? Sehen sich die Autoren selbst als tatenlose Opfer oder handelnde Subjekte? Werden über narrative Strategien Dimensionen von Mittäterschaft und Mitläufertum verwischt? Gibt es bestimmte Altersgruppen, die gerne über diese Jahre reden, während andere lieber schweigen? Über welche Themen wird geredet, über welche geschwiegen? Wann machen die theologisch geschulten Männer ihre moralische Autorität geltend, wann verstecken sie ihre Subjektivität hinter passiven Formulierungen? Inwieweit tragen sie als Theologen zum Unschuldsmythos deutscher Erinnerungspolitik bei?[2]

Nähert man sich mit einem solchen Fragenkatalog den autobiographischen Zeugnissen evangelischer Theologen (einschließlich theologisch ausgebildeter Männer, die später in Kirchenämtern arbeiteten), so bieten diese Texte ein reiches Quellenmaterial, um das Selbstverständnis dieser Theologen und Kirchenmänner diskurskritisch im Kontext nachkriegsdeutscher Erinnerungsdebatten zu analysieren. Mit meinem Beitrag möchte ich theologisches Denken und Wirken im Land der Täter verorten,[3] wobei Fragen nach Kompromittierung und Schuld, nach unausgeschöpften Handlungsspielräumen und Subjektverbergung, nach Mitverantwortung, Tradierungen und Kontinuitäten im Mittelpunkt stehen.[4] Speziell geht es um die Situierung lebensgeschichtlicher Erinnerungen innerhalb einer theologiegeschichtlichen Generationenabfolge. Generationsspezifische Tradierungen werden jedoch nicht ideengeschichtlich rekonstruiert, sondern mit Hilfe des soziologischen Modells der politischen Kohorten geordnet. Harold Marcuse, der dieses theoretische Gerüst in seinem Buch *Legacies of Dachau* (2001a) vorgestellt hat, gewinnt mit den politischen Kohorten ein Instrumentarium, um altersbedingte Mentalitäten im Umgang mit der Gedenkstätte Dachau zu interpretieren. Übertragen auf Theologenautobiographien ermöglicht dieses Modell, die Erinnerungen an das persönliche Erleben des Nationalsozialismus, des Weltkrieges und des Holocaust als generationsspezifische Diskurse zu verstehen.

Um es vorwegzunehmen: Es wird in diesem Projekt eine Spannung existieren zwischen einerseits einer deskriptiven, kohortenspezifischen Zuordnung und andererseits einer diskursanalytischen Beurteilung des Grads persönlicher Kompromittierung und Schuldverbergung. Es ist eine Spannung, die sich zwischen soziologischer Beschreibung von Gruppenzugehörigkeit und kritischer Beurteilung persönlichen Handelns bewegt. Während die generationsspezifische Zuordnung den individuellen Autor eher entschuldigt, da er überindividuellen Einflüssen unterworfen sei, versucht eine kritische Lesart, den persönlichen Handlungsspielraum der einzelnen Autoren auszuloten. Vereinfacht gefragt: Waren die Theologen Spielbälle eines protestantischen Mentalitätsmilieus und gesellschaftlicher Zwänge oder waren sie Urheber ihrer eigenen Entscheidungen? Einerseits waren sie »Kinder ihrer Zeit« (weshalb sie immer wieder betonen, warum die nach 1945 Geborenen nicht verstehen können, wie es »damals wirklich war«), andererseits jedoch handelnde Subjekte, die später aktiv die Erinnerung an diese Zeit mitgestaltet haben. Diese Spannung möchte ich hier nicht nur beschreiben, sondern für die Diskursanalyse erlebter und erinnerter Geschichte deutscher evangelischer Theologen fruchtbar machen.

Zwischen den Polen geschichtlich-sozialer Determination und persönlichen Handlungsspielraums bewegen wir uns alle, das ist eine Binsenwahrheit. Wichtig erscheint mir jedoch – und das ist bisher nicht ausreichend geleistet worden –, diese Spannung auf die Tätergeschichte und ihre Erben zu übertragen. Wie stellen sich die Theologen in ihren persönlichen Reminiszenzen der Öffentlichkeit dar? Sind sie Zuschauer, Opportunisten, Täter, Opfer oder Widerständler? Sind bestimmte Selbstdarstellungen charakteristisch für bestimmte Jahrgänge? Ihre Generationszugehörigkeit mag beispielsweise erklären, warum sie als individuelle Autoren an einem Welt- und Geschichtsbild festhalten, das zur Zeit der Niederschrift ihrer Memoiren bereits festgefahren und hinter dem allgemeinen gesellschaftlichen Erinnerungsdiskurs zurückgeblieben ist. Das erklärt aber noch nicht die Wahl ihrer narrativen Strategien, mit denen sie sich rechtfertigen und sich vor (tatsächlichen oder vermeintlichen) Anschuldigungen zu schützen suchen. Insbesondere scheint es ihnen ein Bedürfnis gewesen zu sein, sich vor dem Urteil der nachfolgenden Generationen abzusichern. »Aber man darf nie vergessen«, schreibt beispielsweise der Kirchenhistoriker Walter von Loewenich, »[i]m Jahr 1933 und auch noch 1937 sahen sich die Dinge anders an als nach 1945. Es ist zu billig, vom heutigen Standpunkt aus die Generation von 1933 zu verurteilen« (1979, 182). Im gleichen Tenor klagt der hannoversche Landesbischof Hanns Lilje: »[I]n weiten Kreisen bei der jungen Generation« sei die »beherrschende Mode, daß ... die Klischees, die Slogans, die schablonenhaften Wendungen oft ganz ungeprüft übernommen werden« (1973, 195). Der Systematische Theologe Helmut Thielicke wiederum möchte um »Verständnis für Verhaltensweisen … werben, die jemand, der nicht unter einer ideologischen Tyrannei gelebt hat, kaum begreifen kann« (1984, 102). Weil die autobiographischen Zeugnisse auch der Rechtfertigung gegenüber jüngeren Generationen dienen, lassen sie sich im Kontext des Generationenkonflikts in Deutschland lesen.

Indem wir die autobiographischen Texte evangelischer Theologen sowohl generationsspezifisch zuordnen als auch einer diskurskritischen Analyse unterziehen, rücken konkurrierende Erinnerungsdiskurse ins Blickfeld, und somit auch die Dynamik intergenerationeller Tradierungen. Es geht in einem solchen Vorgehen nicht um »Enthüllungen« (also etwa der Entblößung eines bisher unentdeckten Nazis in Kirche und Theologie), sondern um die Verortung theologischen Denkens und Wirkens in Deutschland nach 1945. Dies schließt die Situierung des Lesens und des Beurteilens dieser Theologenautobiographien durch die nachgeborenen Generationen mit ein. Es muss nach Kontinuitäten und Brüchen gefragt werden: Sind zum Beispiel antisemitische, rassistische und nationalsozialistisch gefärbte Denkmuster, die sich in Autobiographien protestantischer Theologen verbergen, unverändert tradiert worden? Haben sie sich 1945 abrupt verwandelt? Sind Verwandlungen solcher Muster langwierige Prozesse, die sich in kleinen Schritten vollziehen? Haben die Nachgeborenen absichtlich oder unabsichtlich ideologisch belastete Theologien und Erinnerungsdiskurse übernommen?

Autobiographien, die politischen Kohorten chronologisch zugeordnet werden, lassen sich wie ein Palimpsest dechiffrieren: mit jeder neuen Altersgruppe bilden sich neue Textüberlagerungen, ohne dass die alten Schichten ganz verschwinden. Begrifflichkeiten, historische Anhaltspunkte und Identifikationen werden von einer Altersgruppe an die nächste weiter gereicht, aber Bedeutung und Sinngebung verändern sich im Tradierungsprozess, bis sie unter sich überlagernden Schichten nur noch schwach hervorschimmern.

Männerleben:
Generationsspezifische Erinnerungsdiskurse

Während eines Forschungsaufenthaltes in Berlin fand ich eher zufällig in einem Antiquariat im Stadtteil Prenzlauer Berg die Autobiographien von Helmut Thielicke (*Zu Gast auf einem schönen Stern. Erinnerungen;* 1984) und Walter Künneth (*Lebensführungen. Der Wahrheit verpflichtet;* 1979). Beim ersten Durchblättern wurde mir schnell klar, dass das Dritte Reich in ihren Erinnerungen einen breiten Raum einnimmt. Ihre Redseligkeit wunderte mich, da ich bis dahin annahm, nach 1945 sei über die NS-Zeit ein Mantel des Schweigens gelegt worden. Mich beschäftigte zu diesem Zeitpunkt das Problem der »Subjektverbergung« in Texten deutscher Theologen, also die Frage, warum akademische Theologie in Deutschland das »Ich-Sagen« verlernt zu haben schien. Vor allem suchte ich nach autobiographischen Stellungnahmen der Gründungsväter und -mütter der »Theologie nach Auschwitz«, etwa Jürgen Moltmann, Dorothee Sölle und Johann Baptist Metz. Da ich für die Generation der »Nach-Auschwitz-Theologen« nur wenige autobiographische Fragmente fand, vermutete ich, es müsse einen Zusammenhang geben zwischen ihrer unzureichend familiengeschichtlichen und autobiographischen Positionierung und dem Erbe des Nationalsozialismus und des Holocaust.[5]

Ein erweiterter Blick auf das gesamte Feld moderner Theologenautobiographien zeigt allerdings, wie sehr das autobiographische Vakuum und das viel besungene Schweigen in Deutschland nur auf bestimmte Altersgruppen zuzutreffen scheint, während sich andere Jahrgänge ausschweifend in ihren Memoiren über die NS-Zeit auslassen. Künneth und Thielicke, wie ich später feststellen musste, gehören zur Gruppe der Redseligen. So widmet etwa Thielicke knapp die Hälfte seiner 400-Seiten-langen Lebenserinnerungen der Zeit vom Ende der Weimarer Republik bis in die ersten Nachkriegsjahre. An »zahlreichen Theologenautobiographien« des zwanzigsten Jahrhunderts, schreibt Staats, ließe sich zeigen, dass sie »in der Verarbeitung der Epochendaten 1933, 1945 und neuerdings 1989 ihrem ganzen Leben einen Sinn zu geben suchen … [I]hr eigentliches Leitmotiv« haben sie »sehr oft in persönlich erfahrenem *politischen* Epochenwandel« (1994, 68).

Im Vergleich zu den wenigen persönlichen Zeugnissen der jüngeren »Theologie-nach-Auschwitz«-Generation haben die Autobiographien Künneths und Thielickes viele Gemeinsamkeiten: Sie haben als

Erwachsene die NS-Zeit erlebt; sie geben detaillierte Auskunft über Diskriminierungen, die ihnen unter den Nationalsozialisten und der alliierten Besatzung widerfahren seien; sie teilen ein konservatives Weltbild und den Wunsch, ihren beruflichen Werdegang ins rechte Licht zu rücken; sie verteidigen die Autonomie des Vaterlandes mit einem markig-politischen Willen; sie benutzen eine ausgesprochen emotional besetzte Sprache, wenn sie das Leiden der Deutschen beschreiben, schweigen sich aber über den Antisemitismus und den Holocaust aus. Aber diese Gemeinsamkeiten, die Künneth und Thielicke miteinander im Gegensatz zu Nachkriegsgenerationen teilen, dürfen nicht darüber hinweg täuschen, dass sich die Darstellungen ihrer Erinnerungen voneinander unterscheiden. Obwohl nur sieben Jahre zwischen ihren Geburtsdaten liegen – Künneth wurde 1901 in Etzelwang, Thielicke 1908 in Wuppertal-Barmen geboren – haben sie die Ereignisse von 1933 und 1945 verschieden beurteilt und interpretiert.

Bisher konnte ich knapp drei Dutzend vollständige Lebenserinnerungen protestantischer Theologen identifizieren, die nach 1945 veröffentlicht worden sind. Liest man sie nicht nur als »Fakten- und Praktiken-Steinbruch« (Günther 2001, 59) zu Fragen des Kirchenkampfes, sondern als nachkriegsdeutsche Erinnerungsdiskurse, so werden die altersbedingten Unterschiede der jeweiligen Autoren bezüglich ihrer Wahrnehmungen und Deutungen des Nationalsozialismus und des Holocaust deutlich. Zu den veröffentlichten Memoiren zählen so unterschiedliche Jahrgänge wie Theophil Wurm (geb. 1868; *Erinnerungen aus meinem Leben*, 1953) und Dieter Trautwein (geb. 1928; »*Komm Herr segne uns!*« *Lebensfelder im 20. Jahrhundert*, 2003). Sie umfassen das (kirchen-) politische Spektrum vom Deutschen Christen Walter Birnbaum bis zum progressiv-kämpferischen Helmut Gollwitzer; sie decken verschiedene berufliche Tätigkeitsfelder ab, vom Universitätstheologen Wolfgang Trillhaas bis zum Theologen und freien Journalisten Jörg Zink sowie den späteren Politiker der Adenauer-Regierung Eugen Gerstenmaier. Sie sind mit teils hohen, teils niedrigen Auflagen sowohl von renommierten Verlagshäusern (z. B. Hoffman und Campe für Sölle und Thielicke; Vandenhoeck & Ruprecht für Trillhaas; Chr. Kaiser für Dehn) als auch obskuren Verlagen (Brunnquell für Hugo Hahn; Musterschmidt für Birnbaum) herausgegeben worden. Hinzu kommt eine Anzahl autobiographischer Skizzen und Textfragmente, von Emmanuel Hirschs *Meine Wende-*

jahre (1951) bis zu Friedrich-Wilhelm Marquardts *Mich befreit der Gott Israels* (1985).

Die unterschiedlichen Deutungsweisen der jeweiligen Autoren machen auch deutlich, warum bezüglich der Aufarbeitung des Nationalsozialismus und der Shoah die Einteilung in *drei* Generationen, wie sie im Selbstverständnis der Familien jüdischer Überlebender und der entsprechenden Literatur bekannt ist, nicht auf die Tätergesellschaft übertragen werden kann. Sie verwischt nämlich Dimensionen der Täterschaft. Eine direkte Übertragung eines »Drei-Generationen-Modells« auf die Tätergesellschaft[6] ist schon deshalb problematisch, weil der Holocaust für die Täter und deren Nachkommen nicht im gleichen Maße eine emotionale Zäsur darstellt wie für die Opfer. Innerhalb jüdischer Überlebendenfamilien sind leicht drei Generationen (bzw. inzwischen vier) identifizierbar. Da während der Shoah alles jüdische Leben, unabhängig vom Alter, vernichtet werden sollte, zählen zur ersten Generation alle, die den genozidalen Antisemitismus überlebt haben: Erwachsene, Jugendliche, Kinder. Insofern ist die Shoah eine Zäsur, die sich in individuellen jüdischen Familienstrukturen sowie im kollektiven Gedächtnis widerspiegelt.[7] Erinnerungen an das genozidale Trauma werden an die Kinder, die zweite Generation, weitergegeben, die sie wiederum an deren Kinder, die dritte Generation, vermitteln. Die diesem intergenerationellen Tradierungsprozess innewohnende Dynamik verändert den Inhalt und die Art des erfahrenen Traumas, aber nicht den Stellenwert des Sich-Erinnerns. Marianne Hirsch hat dies für die jüdische zweite Generation treffend mit dem Konzept der »postmemory« (1998; 2002) beschrieben, als das lebendige Weiterleben von traumatischen Erinnerungen in den Kindern. Formen des »vicarious memory«, der stellvertretenden Erinnerung (Berliner 2005, 198), bleiben natürlich nicht bei der zweiten Generation stehen, sondern lassen sich auch auf die sogenannte »dritte Generation«, die Enkel der Überlebenden, übertragen.

Tradierungsprozesse in Täterfamilien laufen nicht parallel zu denen in jüdischen Überlebendenfamilien. Das liegt schon allein daran, dass die Mehrheit der nichtverfolgten deutschen Familien vermied, sich im Spektrum der Täterschaft zu verorten. Ralph Giordano spricht in diesem Zusammenhang von der »zweiten Schuld«, die in der »Verdrängung und Verleugnung« der ersten Schuld bestand, nämlich »die Schuld der Deutschen unter Hitler«. Diese Verdrängungsleistung förderte die gesellschaftliche und familiäre Integration der Täter.

»Der große Frieden mit den Tätern«, so Giordano, hat die »politische Kultur der Bundesrepublik … wesentlich mitgeprägt« (1990, 11).

Die Frage der Mündigkeit ist ein weiterer Grund, warum Tradierungsprozesse in Täterfamilien anders als in Opfer- und Überlebendenfamilien verlaufen. Bezüglich der Täter ist das Maß des moralischen Handlungsspielraumes und der politischen Verantwortlichkeiten altersabhängig – im Unterschied zu den rassenideologisch Verfolgten. Spätestens ab 1941 waren alle europäischen Juden, auch alle jüdischen Kleinkinder, in die genozidale Politik mit einbezogen; gleichaltrige Kinder nichtverfolgter deutscher Familien waren aber keine Täter. Kinder wurden zwar nach Auschwitz transportiert, aber Kinder haben nicht die Deportationen organisiert. Wenn sie 1945 noch nicht erwachsen waren, so konnten sich deutsche Kinder keines moralischen und politischen Versagens schuldig machen. Vielleicht hätten sie aufgrund ihrer nationalsozialistischen Erziehung Täter werden können, was aber nach dem Zusammenbruch des Dritten Reichs im Bereich der Spekulation bleibt. Allerdings ist der Umkehrschluss, sie deshalb als Opfer zu bezeichnen, weil sie als Kinder keine Täter waren, irreführend, da eine solche Sprachregelung eine politische und affektive Gleichstellung mit den rassisch verfolgten Opfern assoziiert. Der amerikanische Historiker Robert Moeller hat gezeigt, wie sehr diese sprachliche Assoziation gerade im deutschen Erinnerungsdiskurs der fünfziger Jahre dazu beigetragen hat, dass um die »deutschen Opfer«, aber nicht um »die Opfer der Deutschen« (2002, 116) getrauert wurde.

Der konzeptionelle Begriff der »drei Generationen« hat sich vor allem in der gegenwärtigen pädagogischen Arbeit bewährt, weil er die besondere Situation von zeitlicher Distanz und affektiver Verwobenheit beschreibt, in denen sich die Nachkommen derjenigen befinden, die die dreißiger und vierziger Jahre als Zeitzeugen *erlebt* bzw. *überlebt* haben.[8] Aber um den Anteil der Täter- und Mittäterschaft in Familien nichtverfolgter Deutscher wirklich erfassen zu können, muss danach gefragt werden, welche Altersgruppen in der NS-Zeit im legalen und moralischen Sinne als verantwortliche Subjekte handeln konnten. Diese Differenzierung dient nicht der Entschuldung der Jüngeren – also etwa derjenigen, die sich in der »Gnade der späten Geburt« sehen –, sondern trägt dazu bei, das Ausmaß der Täterschaft und des Mitläufertums besser in den Blick zu bekommen. Wer gehört zu den aktiven Gründungsvätern und geistigen

Ideologen des Nationalsozialismus? Welche Altersgruppe machte berufliche Karriere unter den Nazis? Welche Generation unterlag dem nationalsozialistischen Enthusiasmus, zog begeistert in den Krieg und kehrte ernüchtert von den Schlachtfeldern zurück? Wer wuchs mit kindlichen Erinnerungen an Luftschutzkeller, Bombennächten und Trümmerlandschaften auf? Es bedarf eines differenzierten Kohortenmodells, damit nicht die Eltern, Großeltern und Urgroßeltern der Nachkommen im Nebel einer vagen »ersten Tätergeneration« verschwimmen.

Politische Kohorten und Theologenautobiographien

Das soziologische Modell der politischen Kohorten nimmt Dimensionen der Täterschaft und deren Folgen genauer in den Blick. Marcuse (2001a, 291-296) benutzt dieses Modell, um den Erfahrungen und Einflüssen verschiedener Altersgruppen hinsichtlich des Epochenerlebnisses des Nationalsozialismus und dessen Abwicklung nach 1945 gerecht zu werden. In den Sozialwissenschaften wird unter einer politischen Kohorte (oder auch »politischen Generation«[9]) eine bestimmte Altersgruppe verstanden, die aufgrund »einer politisch formativen Lebensphase« und »bestimmter Schlüsselereignisse« gemeinsame »Einstellungen, Verhaltensdispositionen und Handlungspotentiale« teilt, mit der sie die politische Ordnung und Wirklichkeit beurteilt (Fogt 1982, 21). Marcuse geht davon aus, dass zentrale gesellschaftliche Ereignisse im Alter zwischen 16 und 26 Jahren das Bewusstsein und Weltverständnis einer Altersgruppe entscheidend prägen und sich im Laufe des Lebens nicht wesentlich verändern. »Warum ich davon [dem Krieg] erzähle, heute, nach runden fünfzig Jahren?« fragt sich der Theologe Jörg Zink, geboren 1922, in seinen Erinnerungen *Sieh nach den Sternen – gib acht auf die Gassen*. »Weil ich gerne ein Bild hätte von mir selbst, das ich verstehen kann. Ich habe mir lange überlegt, was es denn eigentlich gewesen sei, das mich im Lauf der Jahre und Jahrzehnte geprägt hat, und kam immer wieder auf die Zeit zurück, in der ich fünfzehn bis fünfundzwanzig Jahre alt war.« (1992, 19)

Das von Marcuse entworfene chronologische Kohortenmodell beginnt mit den sogenannten *1918ern*, die zwischen 1890 und 1902 geboren wurden, und für die der Erste Weltkrieg ein zentrales Ereignis

Lembeck

Dieter Trautwein
„Komm Herr segne uns!"
Lebensfelder im 20. Jahrhundert

darstellte. Zu ihnen gehörten die Gründungsväter des Nationalsozialismus, wie Hitler, Göring, Höss und Himmler. Ihnen folgte die *1933er* Kohorte, die in der Weimarer Republik aufwuchs und die Demokratie weitgehend ablehnte. Die nationalsozialistische Machtübernahme erfüllte sie mit hohen Erwartungen. Sie begannen ihre beruflichen Karrieren während der NS-Zeit, wie zum Beispiel Speer, Eichmann und Filbinger.

Die nachfolgende *1943er* Kohorte wurde zwischen 1916 und 1925 geboren und wuchs im Nationalsozialismus auf. Zu ihr gehören zum Beispiel Helmut Schmidt und Richard von Weizsäcker. Als junge Erwachsene teilten sie die Kriegsbegeisterung, später erlebten sie die Schrecken des Krieges, die für die deutschen Truppen mit Stalingrad eingeläutet wurden. Sie werden deshalb auch die »betrogene« oder »Stalingrader Generation« genannt. »Ungezählte ... unserer betrogenen, gequälten Generation«, schreibt Jörg Zink, stürzten »in die Verzweiflung« (1992, 155).

Ihnen folgte, zeitnah, die *1948er* Kohorte, geboren zwischen 1926 und 1936 (z. B. Günter Grass, Martin Walser, Helmut Kohl). Sie wuchs im Bann der nationalsozialistischen Erziehung und der Hitlerjugend auf. Als Heranwachsende wurden sie als Flakhelfer und im Volkssturm mobilisiert und sind vor allem durch das Kriegsende und den Wiederaufbau, symbolisiert durch die Währungsreform von 1948, gekennzeichnet. Dieter Trautwein, Probst von Frankfurt, gehört zu dieser Kohorte. Auf dem Klappentext seiner Memoiren (2003) heißt es: »Jahrgang 1928 kam er 1943 als fünfzehnjähriger ›Kindersoldat‹ zu einer Flakhelfereinheit und erlebte den Krieg, die Bombardierung der Städte und die Nazizeit mit. Diese Erfahrung hat ihn für sein ganzes Leben geprägt.«

Für Deutsche, die nach 1936 geboren sind, unterscheidet Marcuse zwischen drei Nachkriegskohorten. Die *1968er* widersetzten sich ihren Eltern in den restaurativen fünfziger und sechziger Jahren mit Protesten und Faschismusanalysen. Exemplarisch lässt sich hier auf literarischem Gebiet auf Bernward Vespers autobiographische Schrift *Die Reise* (1977) hinweisen, mit der er sich an seinem Vater, dem NS-Schriftsteller Will Vesper, abarbeitete, oder auch auf Niklas Franks Auseinandersetzung mit dem NS-Generalgouverneur Hans Frank, *Der Vater. Eine Abrechnung* (1987).

Die *1979er*, als zweite Nachkriegskohorte meist Kinder der 1948er, wurden durch das Medienereignis des Films *Holocaust* und durch politische Ereignisse – wie etwa den Kniefall Brandts im Warschauer Ghetto und Kohls Staatsbesuch in Bitburg – für die Vergangenheit sensibilisiert. Mit der dritten Nachkriegskohorte, den *1989ern*, dem Beginn der deutschen Wiedervereinigung, schließt Marcuse sein Modell ab. Geboren zwischen 1967 und 1976 haben sie, die Enkel der 1943er Kohorte, weniger direkte Bezüge zu den Tätern. Sie haben den Holocaust als Unterrichtsstoff in den Schulen, durch Gedenkstättenbesuche und durch die Medien kennen gelernt.

Inwieweit kann dieses soziologische Gerüst als hilfreiches Verstehensmodell auf protestantische Theologenautobiographien übertragen werden?[10] Eine Übersicht (Tabelle 1, Seite 34 ff.) zeigt ihre Verteilung, wenn sie chronologisch nach politischen Kohorten aufgeschlüsselt werden.[11] Berücksichtigt werden nicht nur vollständige Memoiren, sondern auch autobiographische Skizzen und Fragmente. Mit zwei Ausnahmen – Hans Preuß (1938) und Martin Niemöller (1934) – sind sie alle nach 1945 veröffentlicht worden; unberücksichtigt bleiben unveröffentlichte Manuskripte.

Rasch lassen sich bestimmte politische Kohorten erkennen, die sich gerne des Mittels der autobiographischen Repräsentation und Rechtfertigung bedient haben, während andere nur spärlich mit autobiographischen Zeugnissen vertreten sind. Vor allem die Jahrgänge zwischen dem Ende der wilhelminischen Ära und dem Beginn des Nationalsozialismus wandten sich mit Memoiren an die Öffentlichkeit. Jene Theologen, die sich noch dem schwindenden monarchischen Geist des 19. Jahrhunderts verpflichtet fühlten, aber deren Wirkungszeit in die erste Hälfte des 20. Jahrhunderts fiel, war die lebensgeschichtliche Selbstdarstellung noch ein vertrautes literarisches Genre. Ich nenne sie in Erweiterung des Modells von Marcuse die

Tabelle 1: Politische Kohorten am Beispiel autobiographischer Zeugnisse evangelischer Theologen[1]

Kohorte / Jahrgänge	Kurzbeschreibung	Geburts-datum	Name	Titel/Erscheinungsjahr autobiographischer Texte
1890er geb. ~1868–1890	Wilhelminische Ära; Ende des Deutschen Kaiserreichs und Entlassung Bismarcks; Streben nach Weltgeltung und starker Monarchie; soziale Gegensätze: Arbeiter / Bürgertum / Industrie	1868	Theophil Wurm	Erinnerungen aus meinem Leben, 1953
		1869	Gottfried Traub	Erinnerungen, 1949
		1874	Karl Heim	Ich gedenke der vorigen Zeiten. Erinnerungen, 1957
		1876	Hans Preuß	Miniaturen aus meinem Leben, 1938
		1879	Ernst Stoltenhoff	Die gute Hand Gottes. Lebenserinnerungen, 1990
		1879	Bruno Doehring	Mein Lebensweg, 1952
		1880	Otto Dibelius	Ein Christ ist immer im Dienst, 1961
		1882	Günther Dehn	Die alte Zeit, die vorigen Jahre. Lebenserinnerungen, 1962
		1883	Wilhelm Stählin	Via Vitae. Lebenserinnerungen, 1968
		1886	Hugo Hahn	Kämpfer wider Willen. Erinnerungen aus dem Kirchenkampf, 1969
		1886	Paul Tillich	[Wer bin ich? Ein autobiographischer Essay], 1969, 1971
		1886	Karl Barth	[Parergon: Karl Barth über sich selbst], 1948/49

Kohorte / Jahrgänge	Kurzbeschreibung	Geburtsdatum	Name	Titel/Erscheinungsjahr autobiographischer Texte
		1888	Emanuel Hirsch	[Meine theologischen Anfänge; Meine Wendejahre], 1951
		1888	Franz Tügel	Mein Weg, 1888-1946. Erinnerungen, 1972
1918er geb. 1890-1902	Erster Weltkrieg: Begeisterung und Trauma; Versailles als Unrecht am deutschen Volk; keine Loyalität zur Weimarer Republik; nationalsozialistische Gründungsväter	1891	Heinrich Grüber	Erinnerungen aus sieben Jahrzehnten, 1968
		1892	Martin Niemöller	Vom U-Boot zur Kanzel, 1934
		1892	Georg Merz	Wege und Wandlungen. Erinnerungen, 1961
		1893	Walter Birnbaum	Zeuge meiner Zeit. Aussagen zu 1912-1972, 1973
		1898	Wilhelm Niemöller	Aus dem Leben eines Bekenntnispfarrers, 1961
		1898	Hans Asmussen	Zur jüngsten Kirchengeschichte, 1961
		1899	Hans Lilje	Memorabilia. Schwerpunkte eines Lebens, 1973
		1900	Heinz-D. Wendland	Wege und Umwege. 50 Jahre erlebte Theologie, 1977
		1900	Hermann Diem	Ja oder Nein. 50 Jahre Theologie in Kirche und Staat, 1974
		1901	Walter Künneth	Lebensführungen. Der Wahrheit verpflichtet, 1979

Kohorte / Jahrgänge	Kurzbeschreibung	Geburtsdatum	Name	Titel/Erscheinungsjahr autobiographischer Texte
		1902	Kurt Scharf	Widerstehen und Versöhnen. Rückblicke und Ausblicke, 1988
1933er geb. 1903-1915	Keine Loyalität zur Weimarer Republik; Aufstieg des Nationalsozialismus; Hitlers Machtergreifung als Wendepunkt; berufliche Karriere in der NS-Zeit; »Tätergeneration«	1903	Wolfgang Trillhaas	Aufgehobene Vergangenheit. Aus meinem Leben, 1976
		1903	Harald Poelchau	Die Ordnung der Bedrängten. Autobiographisches, 1963
		1903	Walther v. Loewenich	Erlebte Theologie. Begegnungen, 1979
		1906	Eugen Gerstenmaier	Streit und Frieden hat seine Zeit. Ein Lebensbericht, 1981
		1906	Eberhard Müller	Widerstand und Verständigung, 1987
		1908	Hermann Dietzfelbinger	Veränderung und Beständigkeit. Erinnerungen, 1984
		1908	Helmut Thielicke	Zu Gast auf einem schönen Stern. Erinnerungen, 1984
		1908	Helmut Gollwitzer	… und führe, wohin du nicht willst, 1951
		1909	Eberhard Bethge	[Kirchenkampf und Antisemitismus. Ein autobiographischer Beitrag], 1978

Kohorte / Jahrgänge	Kurzbeschreibung	Geburts-datum	Name	Titel/Erscheinungsjahr autobiographischer Texte
		1910	Werner Daniels-meyer	Führungen. Ein Leben im Dienst der Kirche, 1982
		1911	Albrecht Schönherr	Aber die Zeit war nicht verloren. Erinnerungen, 1993
		1915	Heinrich Albertz	Die Reise. 4 Tage und 70 Jahre, 1985
1943er geb. 1916-1925	In der NS-Zeit groß geworden; Soldaten im Zweiten Weltkrieg; Begeisterung und Schrecken des Krieges; stark dezimiert; »betrogene« oder »Stalingrader« Generation	1918	Heinz Eduard Tödt	[Komplizen, Opfer und Gegner des Hitlerregimes], 1997
		1922	Jörg Zink	Sieh nach den Sternen – gib acht auf die Gassen, 1992
		1922	Walter Feurich	Lebensbericht eines Dresdner Gemeindepfarrers, 1982

Kohorte / Jahrgänge	Kurzbeschreibung	Geburtsdatum	Name	Titel/Erscheinungsjahr autobiographischer Texte
1948er geb. 1926-1936	NS-Erziehung; Hitlerjugend und Flakhelfer-Generation; Kriegsende, Währungsreform und Wiederaufbau; »skeptische Generation«; Eltern der 1979er	1926	Martin Hengel	[A Gentile in the Wilderness. My Encounter with Jews], 1992
		1926	Elisabeth Moltmann-Wendel	Wer die Erde nicht berührt. Autobiographie, 1997
		1927	Jürgen Moltmann	[Wie ich mich geändert habe], 1997
		1927	Werner Leich	Wechselnde Horizonte. Mein Leben, 1994
		1928	F.-W. Marquardt	[Mich befreit der Gott Israels], 1985
		1928	Dieter Trautwein	»Komm Herr segne uns«. Lebensfelder im 20. Jahrhundert, 2003
		1929	Dorothee Sölle	Gegenwind. Erinnerungen, 1995
1968er geb. 1937-1953	1. Nachkriegskohorte; Protest gegen Eltern; Vietnamkrieg, Große Koalition, Studentenrevolution	1944	Leonore Siegele-Wenschkewitz	[Wir hatten das Empfinden], 1998
		1945	G.W. Rammenzweig	[Vom Erschrecken zur Solidarität], 1987

Kohorte / Jahrgänge	Kurzbeschreibung	Geburts-datum	Name	Titel/Erscheinungsjahr autobiographischer Texte
1979er geb. 1954-1966	2. Nachkriegskohorte: Kinder der 1948er; Brandt/Schmidt-Regierung; Interesse an NS-Zeit / Holocaust; Film *Holocaust* und Bitburg	1960	Katharina von Kellenbach	[In der Nachfolge der Täterinnen. Feministische Überlegungen], 2000
		1962	Britta Jüngst	[Das Wort ohne Vokale. Eine feministisch-theologische Standortbestimmung], 2001
1989er geb. 1967-1976	3. Nachkriegskohorte: Kinder der 1968er; Mauerfall; lernt über die NS-Zeit und den Holocaust in Schule und Medien	1968	Barbara Meyer	[Der Andere des Anderen ist ein Anderer. Kritische Anmerkungen zur Theologie Marquardts], 2001
		1969	Tania Oldenhage	[(Un)heimliche Begegnungen mit dem Holocaust], 2000

1. Die in [. . .] eckigen Klammern angeführten Titel weisen darauf hin, dass es sich nicht um vollständige Lebenserinnerungen handelt, sondern um autobiographische Textfragmente und Skizzen. Weiteres, vor allem unveröffentlichtes autobiographisches Material: **[1890er]** Emil Brunner (Schweiz), *Autobiographische Skizze* (Reformatio 12 [1963] 630-646); Gerhard Kittel, *Meine Verteidigung* (1945/46; unveröffentlicht; siehe Ericksen 1985); **[1918er]** Walter Grundmann, *Erkenntnis und Wahrheit. Aus meinem Leben* (um 1969, unveröffentlicht; siehe Adam 1994, 190); Wolf Meyer-Erlach, *Lebenserinnerungen* (um 1974, unveröffentlicht; siehe Raschzok 2000a, 168).

1890er Kohorte. Unter diesen Theologen finden wir die quantitativ höchste Zahl autobiographischer Zeugnisse.

Auch die 1918er und 1933er Kohorten spürten einen starken autobiographischen Schreibdrang, aber mit den 1943ern, der »betrogenen« oder »Stalingrader Generation«, bricht dieses Bedürfnis unter Theologen ab. Mit Ausnahme von Jörg Zink (1992) und dem in der ehemaligen DDR lebenden Walter Feurich (1982) äußern sich jene, die den Krieg und das Kriegsende als junge Männer erlebt haben, nur noch fragmentarisch über ihr Leben (ob sich einige von ihnen noch im späten Alter mit ihren Lebenserinnerungen an die Öffentlichkeit wenden, wird abzuwarten sein). Auch die Männer der 1948er Kohorte haben – mit Ausnahme der kürzlich erschienenen Memoiren Dieter Trautweins (2003) – lediglich autobiographische Skizzen hinterlassen, wie etwa Marquardt (1985), Moltmann (1997) und Hengel (1992). Um so mehr fällt auf, dass in dieser Kohorte zum ersten Mal zwei protestantische Theologinnen vollständige Memoiren vorgelegt haben. 1995 erscheint Dorothee Sölles *Gegenwind. Erinnerungen*, gefolgt von Elisabeth Moltmann-Wendels *Wer die Erde nicht berührt. Autobiographie* (1997).[12]

Es sind demnach fast ausschließlich Männer, die die Autobiographie als Form öffentlicher Selbstäußerung gewählt haben. Angesichts der Tatsache, dass Theologiestudium und Berufswege innerhalb kirchlicher und universitärer Institutionen bis weit in die Nachkriegszeit von Männern dominiert wurden, überrascht dies nicht all zu sehr. Frauen treten in der männlich dominierten theologischen und kirchlichen Öffentlichkeit nur selten auf; ihre Stimmen sind sowohl im Berufsleben als auch in schriftlichen Werken unterrepräsentiert. Erst in den Nachkriegskohorten gibt es einige Frauen, die versuchen, autobiographische Reflexionen mit theologischen Diskussionen über die Vergangenheitsbewältigung zu verknüpfen (von Kellenbach 2000; 2001; 2003; Jüngst 2001; Meyer 2001; Oldenhage 2000).

Die männliche Dominanz in der Theologie hat nun allerdings den vorteilhaften Effekt, dass das Modell politischer Kohorten besonders gut auf die Autobiographien protestantischer Theologen übertragbar ist. Das liegt vor allem daran, dass dieses Modell selber auf der geschlechtsspezifischen Erfahrung des Mannes beruht. Die chronologische Zuordnung von prägenden politischen Ereignissen setzt eine idealtypische männliche Erfahrung voraus, d.h. die als »prägend« klassifizierten Ereignisse sind auf Männer im Alter zwischen 16 und

26 Jahre zugeschnitten. Es sind häufig Kriegsereignisse, mit denen eine Altersgruppe charakterisiert wird[13]: Die Männer der 1918er Kohorte sind von der Kriegsbegeisterung, der Fronterfahrung und von Versailles geprägt, die 1943er von »Stalingrad«, die 1948er von der Hitlerjugend und den Flakhelfern. Auch der Erfahrungshorizont, der die 1933er Kohorte als Nazi-Karrieristen charakterisiert, basiert auf den beruflichen Möglichkeiten männlicher Personen während der Diktatur und in den Kriegsjahren. Das heißt natürlich nicht, es existierten keine geschlechtsübergreifenden Erfahrungen, die von Männern und Frauen geteilt wurden. Grundsätzlich aber muss davon ausgegangen werden, dass dem Modell Marcuses idealtypische Männererwartungen als normativer Maßstab dienen. Frauenleben und -erfahrungen lassen sich darin nicht problemlos assimilieren.[14]

Die Tatsache, dass sich männliche Theologenautobiographien problemlos in das normative (und dadurch restriktive) Raster der politischen Kohorten einfügen lassen, hat für mein Erkenntnisinteresse einen Vorteil: Mit Hilfe eines *geschlechts*spezifisch geschärften Blicks kann dieses *generations*spezifische Modell dafür benutzt werden, um auf die männlichen und weitgehend patriarchalen Ideologien und Strategien aufmerksam zu machen, die in den Theologenautobiographien verhandelt und präsentiert werden. Es ist immer wieder wichtig, daran zu erinnern, dass diese Männer es gewohnt waren, sich in der Öffentlichkeit zu bewegen, und dass sie sich ein positives Echo von der Veröffentlichung ihrer Memoiren erhofften.

Das Kohortenmodell im Spiegel autobiographischer Zeugnisse

Wie sich bestimmte Kohortenerfahrungen in autobiographischen Zeugnissen protestantischer Theologen widerspiegeln, soll anhand einer chronologischen Abfolge veranschaulicht werden. Dabei wird jede politische Kohorte mit ausgewählten Zitaten eingeführt und anschließend kommentiert. Ziel ist es, sowohl Gemeinsamkeiten innerhalb einer Kohorte als auch Kontinuitäten, Tradierungen und Transformationen zwischen den Kohorten zu akzentuieren.

1890er Kohorte
(geb. 1868-1890)

Ich war und bin der Meinung, daß es nur *ein* Ziel gibt, das den Einsatz des irdischen Lebens wert ist: das ist die Aufrichtung einer Ordnung, in der die Menschen die Freiheit haben, dem christlichen Evangelium gemäß zu leben ... Ein solcher [christlicher] Staat aber hat dann das sittliche Recht, die Mittel der Macht zu gebrauchen und der so ausgerichteten Nation Freiheit und »Lebensraum« zu erkämpfen. Und kein Opfer ist zu groß, als daß es ein solcher Staat nicht fordern dürfte. So habe ich als Student gedacht. So denke ich im Grunde heute noch.

Otto Dibelius, *Ein Christ ist immer im Dienst* (1961, 37)

[B]ei allem Wechsel der Schicksale [hatte ich] doch immer das deutliche Gefühl, von einer unsichtbaren Hand geleitet zu sein ... [und] daß auch das große Geschehen der ganzen Weltgeschichte nicht eine Aufeinanderfolge von blinden Zufällen ist ... Das konnte man beim raschen Aufstieg und dem katastrophalen Zusammenbruch des Hitler-Reiches geradezu mit Händen fassen. Wenn wir solche Katastrophen erlebt haben, ahnen wir, daß Gott auch mit der ganzen Welt seinen Plan hat und sie seinem Ziele zuführt ... Es ist ja kein Zweifel, daß die schwere innere Auseinandersetzung zwischen dem dialektischen Materialismus und dem Christusglauben bald vollends ihren Höhepunkt erreichen wird, in dem es zu einem letzten furchtbaren Zusammenstoß kommen wird.

Karl Heim, *Ich gedenke der vorigen Zeiten* (1957, 302, 303)

Ich war von Anfang an in meiner Arbeit nur von dem einen Gedanken erfüllt gewesen: Wie kann man Kirche und Arbeiterschaft in eine positive Verbindung bringen?

Günther Dehn, *Die alte Zeit, die vorigen Jahre* (1962, 164)

Ich bin in einem langen Leben hauptsächlich durch das Fortwuchern sozialer Mißstände und die Rechtsverwilderung sowohl unter der Herrschaft der Braunen als auch der [alliierten] Siegermächte zu der Erkenntnis gelangt, daß der Kampf für das Recht und der Kampf gegen das Unrecht eine zentrale Aufgabe der Kirche ist, der sie sich nicht entziehen kann.

Theophil Wurm, *Erinnerungen aus meinem Leben* (1953, 212)

Die 1890er Kohorte markiert den Beginn der wilhelminischen Ära (1890-1914). In ihren Texten spiegelt sich der Umbruch der Jahrhundertwende wider. Unter den 1890ern finden wir die höchste Zahl vollständiger Lebenserinnerungen – ein Zeichen dafür, wie sehr diese Männer dem 19. Jahrhundert als dem »großen Jahrhundert der Theologenautobiographie« (Staats 1994, 66) verbunden waren. In diesem

Jahrhundert wurden die Reminiszenzen der Theologen als private Zeugnisse verfasst oder entsprangen der Erweckungsbewegung; sie beschränkten sich, vor allem evangelischerseits, »auf den wissenschaftlichen Werdegang und auf die fachgelehrte Arbeit« (Benrath 1979, 784). Aber die 1890er konnten sich nicht dem Wirbel des 20. Jahrhunderts entziehen und mussten sich mit Versailles, Weimar und dem Nationalsozialismus auseinander setzen. Auschwitz wird jedoch nicht als eigenständige Größe behandelt und ist in ihren Erinnerungen bestenfalls angedeutet.

Zu den 1890ern zählen zum Beispiel der aus dem pietistischen Milieu entstammende Systematiker Karl Heim, der im Geist der Luther-Renaissance arbeitende Erlanger Kirchenhistoriker Hans Preuß (seine Memoiren erschienen vor 1945), und der erweckungsbewegte Wilhelm Stählin. Die am Kirchenkampf beteiligten Theophil Wurm, Otto Dibelius, Hugo Hahn oder Karl Barth sind dieser Kohorte genauso zuzurechnen, wie die stark durch den Nationalsozialismus kompromittierten Emanuel Hirsch, Franz Tügel und Gottfried Traub.

Die Lebenserinnerungen des württembergischen Landesbischofs Theophil Wurm und des Berliner Generalsuperintendenten Otto Dibelius – beides Männer mit wichtigen Rollen im Kirchenkampf, die auch nach 1945 im hohen Alter aktiv blieben – illustrieren, wie sehr das Weltbild dieser Theologen von der Idee einer starken Monarchie und einem nationalen Geltungsanspruch geprägt war. Der Wahlspruch der studentischen Korporation, der Dibelius beigetreten war, hieß: »Mit Gott für Kaiser und Reich.« Fraglich war nur der Stellenwert Gottes in diesem Spruch, denn »bewußt und ausgesprochen Christ sein, das wollten nur noch wenige« (Dibelius 1961, 35). Allerdings stand die Idee einer nationalen Einheit, die mehrheitlich als völkische Einheit verstanden wurde, nie in Zweifel. Zwar fragt Wurm an seinem Lebensende nach den »letzten Ursachen des rapiden Absturzes, den wir noch aus den Zeiten Kaiser Wilhelms I. und Bismarcks stammenden Deutschen erlebt haben« (1953, 207) – ohne eine eindeutige Antwort geben zu können –, aber die Idee einer vaterländischen Einheit hat er nie angefochten. Deshalb fühlte sich Wurm, ähnlich wie Dibelius, am Ende des Zweiten Weltkrieges dazu berechtigt, die nationale Autonomie gegenüber den alliierten Siegermächten zu verteidigen und sie zur »zentralen Aufgabe der Kirche« zu erklären.

Gerade unter konservativen Theologen blieb ihr – auch nach 1945 weitgehend ungebrochenes – Nationalgefühl der seit der Reichs-

Die alte Zeit die vorigen Jahre

Günther Dehn

Lebenserinnerungen

Chr. Kaiser

gründung 1871 vorherrschenden »Tradition des Nationalprotestantismus« (Vollnhals 1992, 52) verpflichtet. Sie wiesen dem deutschen Volk eine von Gott gewollte »heilbringende Sendung für die Welt« zu (Greschat 2002, 499). Das Bedürfnis nach nationaler Expansion, geschürt von der unter Bismarck vorangetriebenen deutschen Kolonialpolitik und dem wirtschaftlichen und militärischen Aufschwung, spiegelte sich im wilhelminischen Theologie- und Kirchenverständnis wider: der Ruf nach einer starken Kirche in einem starken christlichen Staat. Diese Einheit schien außenpolitisch vom rivalisierenden Frankreich und England bedroht zu sein. »In der Auseinandersetzung der großen Weltimperien mit unserem durch Bismarck verspätet gegründeten Nationalstaat«, klagt Hirsch in seiner autobiographischen Skizze von 1951, »war seitens des Angelsachsentums der Angriff auch vorgetragen worden gegen die durch unsere Geschichte bedingte eigenartige Sonderausprägung deutscher Humanität« (1951b, 5).

Intern schien die völkisch-nationale Einheit von der nichtchristlichen (marxistischen) Arbeiterschaft und vom Judentum bedroht zu sein. »Die Sozialdemokratie aber steckte noch ganz im antichristlichen Marxismus«, schreibt Wurm, »und hatte für die nationalen Lebensnotwendigkeiten des deutschen Volkes gar kein Organ« (1953, 54).[15] Ein Weltbild dominierte, das einen Kampf zwischen dem »dialektischen Materialismus und dem Christusglauben« (Heim 1957, 303) postulierte. Dieses verschwand auch nach 1945 nicht. Für Karl Heim, beispielsweise, schritt die ideologische Auseinandersetzung ihrem Höhepunkt erst nach dem Zusammenbruch des NS-Regimes zu: »Die Vorgänge, die sich jetzt in der Sowjetzone abspielen, wo zur Zeit wohl der Kriegsschauplatz liegt, auf dem dieser Geisteskampf ausgetragen wird, lassen ahnen, was auch uns noch bevorstehen kann.« (1957, 303) Nur die wenigsten versuchten, die Kluft zwischen Kirche und Proletariat aus Solidarität mit der Arbeiterschaft zu überbrücken. Zu ihnen gehört der Praktische Theologe Günther Dehn, der in den zwanziger Jahren mit den religiösen Sozialisten und der Sozialdemokratie liebäugelte. Weil er als Pfarrer in der Weimarer Republik »antikapitalistisch und antinationalistisch dachte«, so resümiert Dehn, war er »sehr allein mit seinen Gedanken und wurde bekämpft oder jedenfalls gemieden« (1962, 165; siehe auch Smid 1990, 223; Greschat 2002, 509 f.).

Weitgehend überwog die Zuversicht in eine nationale Einheit im Zeichen eines christlichen Staates – gefördert extern durch die Kolonialpolitik, intern durch die Missionspolitik. Man mag den Kampf der Theologen und der praktischen Arbeit der Inneren Mission gegen den Säkularismus und den dialektischen Materialismus auch als Versuch der christlichen Kolonialisierung der marxistischen Arbeiterschaft und des Judentums verstehen. Die deutsch-nationale Empfindung machte sich Luft in der völkischen Agitation antisemitischer Parteien und Theologien der wilhelminischen Zeit. Nicht nur konnte man auf »judentumsfeindliche Kategorien des christlich-konservativen Antisemitismus zurückgreifen«, sondern sich auch auf die zunehmend rassenideologischen Versuche der Germanisierung des Christentums berufen (Wiese 1994, 27). Die Gedankenwelt von Heinrich von Treitschke, Adolf von Harnack und Adolf Stöcker beeinflussten unter anderem die Studenten Wurm und Dibelius (siehe Wurm 1953, 36 f.; Dibelius 1961, 33 f.; siehe Smid 1990, 12 f.). Viele der Theologen fühlten sich dem Judentum so überlegen, dass sie den Protest ihrer jüdischen Kollegen schlichtweg ignorieren konnten (siehe Wiese 1994; Heschel 1998).

Der Erste Weltkrieg, der die wilhelminische Ära beendete, veränderte das idealistische Denken des 19. Jahrhunderts und stellte »eine deutliche Grenzmarkierung für die evangelische Theologie« dar (Scherzberg 2001, 118). Waren die Theologen 1914 mehrheitlich deutsch-national gesinnt – Adolf von Harnack, Adolf Schlatter und Wilhelm Herrmann unterzeichneten zum Beispiel zu Kriegsbeginn ein *Manifest der Intellektuellen*, das die Kriegspolitik Wilhelms II unterstützte[16] –, so erlebten sie 1918/19 als nationale Katastrophe und theologische Krise. Es war die Aufgabe der 1890er Kohorte, den weltgeschichtlichen Einschnitt von 1918 vor dem Hintergrund ihrer politischen Prägung durch die wilhelminische Aufbruchs- und Expansionsstimmung theologisch zu verarbeiten. Über das Ausmaß des Krieges zutiefst erschreckt, artikulierten einige Vertreter der 1890er den Abschied von der liberalen Theologie des 19. Jahrhunderts. Karl Barth (1886-1968), Paul Tillich (1886-1965), Friedrich Gogarten (1887-1967) und Eduard Thurneysen (1888-1974) können hier als Repräsentanten dieser Generation genannt werden, die unter anderem in der neuen dialektischen Theologie ein Instrumentarium fanden, um künftig nicht mehr in die Lage zu geraten, als Kirche »die gesellschaftliche Ordnung von Reich und Kaiser, von Obrigkeit und Gehorsam« (Neuner 2002, 16) legitimieren und absegnen zu müssen.

Eine andere theologische Richtung reagierte auf die »Katastrophe« des Ersten Weltkrieges und das anschließende politische Chaos mit neuen theologischen Ordnungen. Diese grundsätzlich national-konservative Einstellung ist an Theologen wie Karl Holl (1866-1926), Karl Heim (1874-1958), Werner Elert (1885-1954) und Paul Althaus (1888-1966) abzulesen, deren Leitbegriffe wie »Schöpfungsordnung und Erlösungsordnung« oder »Erhaltungsordnung, Anordnung Gottes, Uroffenbarung, Volkstum und Volksgesetz« das »konservative Kulturluthertum« prägten (Graf 1988, 37). Eine solche Ordnungsmentalität entdeckt man beispielsweise in der Autobiographie von Otto Dibelius, wenn er schreibt, »die Aufrichtung einer Ordnung, in der die Menschen Freiheit haben, dem christlichen Evangelium gemäß zu leben«, sei der Auftrag Gottes. Eine ähnliche Ordnungsliebe lässt sich auch bei Wilhelm Stählin feststellen, Professor für Praktische Theologie und lutherischer Bischof, wenn er in *Via Vitae* den für sein theologisches Wirken sehr bezeichnenden Wunsch auf eine »feste liturgische Ordnung« (1968, 104) artikuliert.

1918er Kohorte
(geb. 1890-1902)

Dann die entsetzliche Enttäuschung des 9. Novembers ... Dazu bedingungslose Kapitulation, Ausbruch der Revolution. Sollten denn alle Opfer an Gut und Gold, Leib und Leben umsonst gebracht sein?

Walter Birnbaum, *Zeuge meiner Zeit* (1973, 44)

Man kann nicht von den Untaten des Nationalsozialismus sprechen, wenn man nicht zugleich den Schlüssel der geschichtlichen Schuld nennt, nämlich den von den Westmächten dem deutschen Volk aufgezwungenen »Friedensvertrag von Versailles« 1918/1919, ohne den der Nationalsozia-

lismus überhaupt nicht hätte entstehen können.
Walter Künneth, *Lebensführungen. Der Wahrheit verpflichtet* (1979, 99)

Ein Volk, das soviel erduldet hatte und das in soviel Schuld verstrickt war, zumeist auf eine Weise, die den einzelnen gar nicht direkt belastete, ein solches Volk brauchte auch ein Wort der Aufrichtung ... Wie viele sind damals wirklich unschuldig für längere Zeit in irgendein Lager gesperrt worden! Wie ungerecht waren die Vorgänge, die zu der Vertreibung deutscher Menschen aus den Ostgebieten führten.
Hanns Lilje, *Memorabilia* (1973, 175)

Die Autobiographen der 1918er bewegen sich in einem breiten politischen Spektrum. Es reicht vom Anhänger der Deutschen Christen, Walter Birnbaum, bis zum Gestapo-Inhaftierten Hanns Lilje; vom erweckungsbewegten, konservativen Bayern Walter Künneth bis zum ehemaligen KZ-Häftling und später in der DDR wirkenden Berliner Heinrich Grüber. Der berufliche und wissenschaftliche Werdegang liegt ihren Lebenserinnerungen als dominierendes Ordnungsprinzip zugrunde, inhaltlich stehen alle diese Männer im Bann des epochalen Wandels von 1918. Sie fanden ihre affektiv-politische Identifikation mit dem Vaterland in den Jahren 1914-1919, standen aber 1918 noch am Anfang ihrer theologischen und kirchlichen Karriere oder begannen ihr Theologiestudium erst in der Weimarer Republik. Insofern nahmen sie an der theologischen Aufarbeitung dieses weltgeschichtlichen Ereignisses nur verspätet teil. Der Historiker Ulrich Herbert bezeichnete sie auch als »Generation der Sachlichkeit«, die das »Zurschautragen von Gefühlen« vermieden habe, die »Sache über das Persönliche« stelle und schon früh empfänglich gewesen sei für die Idee des Völkischen und der Nation.[17] Ihre Lehrer waren die 1890er.

Mit Enthusiasmus meldeten sich die jungen Männer als Kriegsfreiwillige. »Das ganze Volk war getragen von einer völlig neuen Erfahrung, einer bisher nie erlebten Welle gemeinsamen guten Willens«, schreibt Walter Birnbaum, der sich 1933 den Deutschen Christen anschloss und nach 1945 seine Göttinger Professur im Entnazifizierungsverfahren verlor. »Aber die Beweggründe waren nicht Eroberung, sondern Verteidigung von ›Scholle und Herd‹ [und] Schutz der Ordnung.« (1973, 31) Es gab einen »leidenschaftlichen Willen, das Vaterland zu verteidigen«, so schreibt auch Künneth (1979, 34). Dieses Gefühl »nationaler Einheit und deutscher Solidarität« sei dem heutigen Menschen mit seinem »übersteigerten Demokratieverständnis«

Walter Birnbaum

Zeuge meiner Zeit

Aussagen zu 1912 bis 1972

MUSTERSCHMIDT

unbegreifbar. »Weder in der Weimarer Republik noch in der heutigen Bundesrepublik wurde auch nur annähernd ein solches Maß von spontaner, selbstverständlicher Opferbereitschaft spürbar.« (Künneth 1979, 32) Hier, im Feuer des Ersten Weltkrieges, wurde ein Opfer-Mythos geschmiedet, der zum Kennzeichen eines nationalkonservativen Protestantismus werden sollte. In der Beschwörung einer exemplarischen Opferbereitschaft liegt, nach Heinrich Assel, der Kern der protestantischen politischen Theologie: »Im massenhaften, anonymen Tod des [Ersten] Weltkriegs sucht und konstruiert politische Theologie eine exemplarische Opferbereitschaft, die es erlaubt, diesen Tod zu legitimieren.« (2003, 67)[18]

Die anfängliche Kriegsbegeisterung und überhöhte Opferbereitschaft endete in bitterer Ernüchterung mit dem Versailler Vertrag. Die wilhelminische Aufbruchstimmung war nun endgültig erloschen. Das Kriegsende wurde als nationale Demütigung empfunden. Ihm folgten die Novemberrevolution und die Ausrufung der Weimarer Republik. Die Krisenjahre der Republik verstärkte die bereits vorhandenen Tendenzen des »Antiliberalismus, Antidemokratismus und Antimodernismus [sowie] des Antimarxismus« (Smid 1990, 191). Birnbaum schreibt: »Es ging noch tiefer hinunter: der lähmende Schock auf die Bekanntgabe des Friedensdiktats, die trostlose Verzweiflung im Volk, als es akzeptiert und der Versailler Vertrag unterschrieben wurde«. Und er fügt hinzu: »Was die Gemeinde in diesen entsetzlichen Jahren dachte und litt, das spiegeln sehr klar meine Predigten wider.« (1973, 44) Typisch für die völkisch-nationale Gesinnung der 1918er ist der Hinweis auf das Unrecht und die »geschichtliche Schuld« (Künneth) von Versailles. Mit dieser Aussage kann Künneth noch in den späten siebziger Jahren die Schuld des Nationalsozialismus relativieren. Auch Hanns Lilje schreibt, das deutsche Volk, das »unschuldig in Lager gesperrt« und vertrieben wurde, brauche nach 1945 ein »Wort der Aufrichtung«. Seine Mahnung muss auf dem Hintergrund seiner Kohortenerfahrung von Versailles verstanden werden: Fehlten solche aufrichtenden Worte, so die implizite Botschaft Liljes, würde das deutsche Volk nach 1945 den gleichen Demütigungen und Ressentiments ausgesetzt sein, wie einst in der Weimarer Republik.

»Für die Generation der vor und um 1890 Geborenen«, schreibt Thoß, »war der epochenprägende Zusammenhang der beiden Weltkriege das eigentliche Signum erfahrener Zeit« (2002, 7). Insofern wundert es nicht, wenn Versailles, Weimar und zwei verlorene Kriege, aber nicht der Holocaust eine wichtige Rolle in den Autobiographien protestantischer Theologen der 1918er Kohorte spielen. Von wenigen Ausnahmen abgesehen, wie etwa Niemöller, forderte diese Kohorte nach 1945 keine christliche Schuldeinsicht, sondern sorgte sich um das Wohlbefinden des deutschen Volkes und bemühte sich bei den Alliierten um die Wiedergewinnung politischer Autonomie.

1933er Kohorte
(geb. 1903-1915)

Ich geriet in den Konflikt eines jungen Menschen, der einem heißbegehrten Lebensberuf nachjagt und in einer Diktatur nun fortgesetzt vor dem Problem steht, entweder konsequent zu sein … und dann auch seinen Beruf und das erstrebte Lebensziel aufzugeben; *oder* aber dem Berufsziel dennoch nachzujagen und zuzusehen, wie er, ohne ein Hundsfott zu werden, sich einigermaßen durchlaviert.
Helmuth Thielicke, *Zu Gast auf einem schönen Stern* (1984, 101 f.)

Es ist nicht schwer, die zwölf Jahre der nationalsozialistischen Herrschaft in Schwarz-Weiß-Malerei zu schildern. Aber »es war alles ganz anders«.
Wolfgang Trillhaas, *Aufgehobene Vergangenheit* (1976, 169)

Aber schließlich hatte ich es nicht darauf angelegt, ein früher Märtyrer zu werden, sondern das Dritte Reich recht und schlecht zu überleben wie andere Leute auch.
Eugen Gerstenmaier, *Streit und Friede hat seine Zeit* (1981, 42)

Zu den Verfassern von Theologenautobiographien der 1933er gehören so unterschiedliche Männer wie der Systematiker Helmut Thielicke, der Praktische Theologe Wolfgang Trillhaas, der Gefängnispfarrer

Walther
von Loewenich

Erlebte Theologie

Begegnungen
Erfahrungen
Erwägungen

Claudius

Harald Poelchau oder der spätere Bundestagspräsident Eugen Gerstenmaier. Wie ihre Vorgänger der 1890er und 1918er Kohorten scheuten sie sich nicht, ihre Lebenserinnerungen zu veröffentlichen. In ihren Autobiographien ist das Jahr 1918 ein wichtiger geschichtlicher Anhaltspunkt, aber der Erste Weltkrieg (sie waren Kinder und Jugendliche zwischen 1914 und 1918) hat sie existentiell-politisch nicht maßgeblich geprägt. Sie erlebten als junge Männer den fortschreitenden Zerfall der Weimarer Republik und den Aufstieg des Nationalsozialismus. Der umkämpften Weimarer Demokratie brachten sie wenig Loyalität entgegen, und als Hitler die Macht ergriff, mussten sie politische Entscheidungen hinsichtlich ihrer beruflichen Ambitionen treffen. »Wer 1921 mit 18 Jahren sein Studium aufnahm und es 1926 abschloß«, schreibt Ulrich Herbert, »war 1933 30, 1939 36, 1945 42 Jahre alt und erreichte 1968 die Pensionsgrenze. Ein Großteil des akademisch ausgebildeten Führungsnachwuchses der Nationalsozialisten rekrutierte sich aus diesen Jahrgängen« (1995, 58).[19] Ihre autobiographischen Zeugnisse sind stark unter dem Druck zu einer klärenden Rechtfertigung und Legitimation ihres beruflichen Werdegangs im Nationalsozialismus geschrieben worden; der Holocaust wird als theologisches Problem nicht explizit erwähnt.

Als Kohorte waren die 1933er insgesamt kompromittiert. Marcuse nennt sie die »careerist Nazis« (2001a, 522 n.6), Gesine Schwan die »Tätergeneration« (1997, 133, 147). Diese im berufsambitiösen Alter agierenden Männer mussten sich mit dem NS-System irgendwie arrangieren, selbst wenn sie keine Parteimitglieder waren. »Für diese Generation war der Nationalsozialismus drei Dinge auf einmal«, schreibt Nicolas Berg: »Erstens eine Verführung an einem Scharnierpunkt der eigenen Karriere …, zweitens die ›größte Schmach der

deutschen Geschichte‹ nach seinem Zusammenbruch ... und deshalb
drittens ständiger biographischer Bezugspunkt der Reflexion im Hinblick auf die Zukunft« (2003, 228).

Die 1933er wurden als aufstrebende Akademiker für mehrere Wochen zur weltanschaulichen Schulung und körperlichen Ertüchtigung
in NS-Dozentenlager geschickt. Es überrascht daher nicht, dass sie vor
vorschnellen »Schwarz-Weiß-Malerei (Trillhaas) warnen oder keine
»Märtyrer« (Gerstenmaier) werden wollten. Andere rühmen sich,
den Verführungen standgehalten zu haben. »Ich war mir ziemlich klar,
daß ich unter der Naziherrschaft auf keine akademische Karriere
mehr rechnen könne«, schreibt der Erlanger Kirchenhistoriker Walter
von Loewenich. »So habe ich den damals schweren Weg gewählt und
als Privatdozent ausgeharrt; das hat sich nach 1945 als richtig erwiesen, was aber 1934 nicht vorauszusehen war.« (1979, 143) Diese und
ähnliche relativierenden Hinweise auf ihre Kompromittierung verdeutlichen ihre Situation. Ihre Erinnerungen bewegen sich in der
Grauzone nicht ausgeschöpfter Handlungsspielräume, der partiellen
Resistenz, des Opportunismus und der Mittäterschaft. Thielicke
schreibt über die NS-Zeit: »Oft beneidete ich die alten Männer, die
ihr Werk getan hatten und die nun als Pensionäre ›gerade‹ sein konnten.« (1984, 103) Das Privileg, zu alt oder zu jung gewesen zu sein,
kannte die 1933er Kohorte nicht, und viele ihrer Autobiographien
hatten die Funktion, um »Verständnis für [ihre] Verhaltensweisen zu
werben« (Thielicke, 102).

Nach 1945 blieb diese Kohorte beruflich aktiv, und gerade die akademisch Ausgebildeten bildeten »die Führungsgruppen in der deutschen Nachkriegsentwicklung bis Ende der 60er Jahre« (Herbert 1995,
58). Mitglieder dieser Gruppe widersprachen und widersetzten sich
den Entnazifizierungsverfahren der Alliierten (denn sie hatten ja am
meisten zu verlieren); später löste die 1968er Studentenbewegung besonders unter ihnen größte Irritationen aus. Für Thielicke waren die
Entnazifizierungsverfahren »Seelenmord und Glaubensmord«, während sich ihm die 68er Studentenrevolte als »eine historische Zäsur«
und einen seiner »traurigsten Lebensabschnitte« darstellte (1984, 248,
400).

1943er Kohorte
(geb. 1916-1925)

Als Hitler am 30. Januar 1933 an die Macht kam, war ich nicht unbedingt begeistert, aber doch erwartungsvoll, was nun passieren würde … Aus dem stagnierenden, sumpfigen politischen Teich war plötzlich ein mitreißender Strom geworden … Ich spreche von einer Zeit, in der ich selbst hätte urteilsfähig und entscheidungsfähig sein müssen. Scheinbar bin ich als Soldat nie in die Lage gekommen, Juden etwas anzutun … Und doch gehört mein Einsatz als Soldat objektiv in die Geschichte der Shoah.
Heinz Eduard Tödt, *Komplizen, Opfer und Gegner des Hitlerregimes* (1997, 165, 391)

Als ich das Abitur hatte, Anfang 1941, war Hitler auf dem Höhepunkt seiner Triumphe … Unsere Klasse meldete sich fast geschlossen freiwillig … Uns trieb ganz einfach die Sorge, der Krieg mit seinen phantastischen Abenteuern würde zu Ende sein, ehe wir an ihm hätten teilnehmen können. Aber mit den Jahren des Krieges erlosch die Begeisterung. An ihre Stelle trat eine tiefe Gespaltenheit.
Jörg Zink, *Sieh nach den Sternen – gib acht auf die Gassen* (1992, 32 f.)

Das autobiographische Schweigen unter Theologen beginnt mit der 1943er Kohorte. Neben Jörg Zinks Publikation und dem *Lebensbericht* (1982) des Dresdner Pfarrers Walter Feurich scheinen keine weiteren vollständigen Memoiren veröffentlicht worden zu sein. Die 1943 Kohorte – auch die »betrogene« oder »Stalingrader« Generation genannt – hatte in ihren Jugendjahren die Machtübernahme Hitlers als einschneidenden Umbruch erlebt. Den Heranwachsenden wurden hierdurch neue Optionen eröffnet. Der Theologe Tödt trat beispielsweise zu seinem Geburtstag im Mai 1933 »in die Hitlerjugend ein« und wurde zur Gymnasialzeit zur NS-Eliteausbildung in die Berliner »Reichsjugendführerschule« (1997, 166) geschickt, bevor er sich 1935 zum Theologiestudium entschloss. Zwei Jahre später wurde er zum Wehrdienst einberufen.

Es waren vor allem die Männer dieser Kohorte, die als Soldaten im Zweiten Weltkrieg kämpften und in blind wütenden Schlachten dezimiert wurden. »Von 46 meiner Seminarpromotion sind 23 gefallen«, schreibt Konrad Volz (geb. 1918) über die Theologiestudenten des Tübinger Stifts (1988, 112). Viele von ihnen gerieten in die Gefangenschaft und kehrten teils desillusioniert und gebrochen, teils voller Ressentiments zurück. Es dämmerte ihnen, dass sie als Teil eines Systems irgendwie am Judenmord beteiligt waren, beriefen sich aber auf ihren

Soldatenstatus als eine vom Holocaust unabhängige Erfahrung. Lieber schwiegen sie, als sich mit dem Nationalsozialismus und der Shoah ernsthaft auseinander zu setzen. »Wir kamen damals aus fünf Jahren Krieg und Gefangenschaft zurück und wollten hören, ob uns die Theologie nach dem großen Einbruch aller Grundlagen neuen Boden unter die Füße geben könne«, schreibt Jörg Zink, der als öffentlicher Redner und Fernsehproduzent bekannt wurde, aber eine »Auseinandersetzung mit dem Nationalsozialismus, der damals mehr scheintot als tot war, fand so gut wie nicht statt« (1997, 67 f.). In der Mehrheit re-etablierten sich diese Männer nach dem Krieg als »solide Demokraten« (Marcuse 2001a, 294).

1948er Kohorte
(geb. 1926-1936)

Mit meiner Schulklasse war ich als Luftwaffenhelfer in einer Flakbatterie der Innenstadt. Sie wurde zerstört, die Bombe, die den Schulfreund neben mir zerriß, verschonte mich. In der Nacht habe ich zum ersten Mal nach Gott geschrien: Mein Gott, wo bist du?
Jürgen Moltmann, *Wie ich mich geändert habe* (1997b, 22)

Treibe ich heute Selbstreflektion, dann komme ich nicht darum herum: ich werde die Bedingungen meiner Pubertätszeit niemals los ... Als ich 1938 ins Gymnasium kam, waren wir 12 Schüler in der Klasse. Drei sind noch gefallen, drei sind lange nach 1945 in den fünfziger Jahren irrsinnig geworden ... Mit dem Rest der Klassenkameraden kann ich mich politisch nicht verständigen. Sie sind nur leicht modifiziert in den Mentalitäten von damals stecken geblieben.
Friedrich-Wilhelm Marquardt, *Mich befreit der Gott Israels* (1985, 29)

In meiner Erinnerung spielt der Hunger von Ende 1944 an eine zentrale Rolle ... Ich gehöre dem gleichen Jahrgang an wie Anne Frank ... [D]amals 1950, als die erste deutsche Ausgabe [des Tagebuchs] erschien, war sie schon fünf Jahre tot.
Dorothee Sölle, *Gegenwind* (1995, 14, 32)

Mit wenig zeitlichem Abstand zu den 1943ern hat die 1948er Kohorte die dreißiger und vierziger Jahre aus einer eigenen Perspektive erlebt.[20] Ihre gesamte Schulbildung fiel in die NS-Zeit; außerschulische Aktivitäten wurden durch die Hitlerjugend bestimmt. Ab Mitte 1943 wurden sie direkt aus der Schule heraus in die militärische Ausbildung geschickt und ab 1944/45 durch die totale Mobilmachung im

Volkssturm unnötiger- und irrsinnigerweise in die letzten Kriegs-handlungen mit einbezogen (Jahnke 1993). »Gegen Ende des Zweiten Weltkrieges wurde ich, 16jährig, aus der Schule herausgerissen und zum Militär gepreßt«, schreibt der katholische Theologe Metz, ähn-lich der Erfahrung Moltmanns als Luftwaffenhelfer. »Nach flüchtiger Ausbildung ... kam ich an die Front ... Dieser hier angedeutete le-bensgeschichtliche Hintergrund durchprägt meine theologische Ar-beit bis heute. Für sie spielt z.B. die Kategorie der Gefahr eine zentrale Rolle.« (Metz 1997b, 41f.; siehe auch Leich 1994, 19-32)

Vom längeren Kriegsdienst verschont, erlebten sie als Flakhelfer und letztes soldatisches Aufgebot in Verwirrung und voller Schrecken den Untergang des NS-Systems und das Kriegsende. Ihre autobiogra-phischen Zeugnisse machen deutlich, wie sehr sie als Kinder und Ju-gendliche von ihrer Zeit als Luftwaffenhelfer sowie von »Hunger« und »Luftschutzkellern« (Sölle 1995, 11, 14) und »Schutt und Trümmern« (Moltmann-Wendel 1998, 53) geprägt waren. Es war eine »verfehlte und uneingelöste Jugend zwischen 1945 und 1949«, schreibt Sölle (1995, 18). Die 1948er wurde von Helmut Schelsky, dem führenden deutschen Nachkriegssoziologen (selber ein 1933er), als »skeptische Generation« bezeichnet. In seinem erfolgreichen Standardwerk *Die Skeptische Generation* (1957) schreibt er, diese Generation sei »kriti-scher, skeptischer, mißtrauischer, glaubens- oder wenigstens illusions-loser als alle Jugendgenerationen vorher, ... sie ist ohne Pathos, Pro-gramme und Parolen« (488; siehe auch Kersting 2002; Moses 1999, 97-101; Glaser 1990, 24). Helmut Thielicke – in seiner Rede *An die Deutschen* im Deutschen Bundestag zum 17. Juni 1962 – verteidigte die Ideale dieser »skeptischen Generation«, denn sie hätte den »über-wachen Instinkt der gebrannten Kinder«.[21]

Die 1948er waren jung genug, um das Kriegsende nicht nur als Zu-sammenbruch ihrer bisherigen Welt, sondern auch die Währungs-reform von 1948 als neuen Aufbruch zu erleben. Sie begannen ihr Stu-dium oder ihre Berufsausbildung nach 1945, zeitgleich mit den Jahren des kollektiven Wiederaufbaus. Sie richteten sich politisch und ge-danklich, sofern sie in den Zonen der westlichen Alliierten lebten, in der neuen Demokratie ein. »Was ich heute die Befreiung von 1945 nen-ne, ist das nachträgliche Urteil eines später gewonnenen politischen Wissens und einer höchst komplexen und konfusen Erfahrung, die da-rin konfus war, daß sie eben keine Selbsterfahrung war.« (Marquardt 1985, 29) Sie lernten, sich den neuen Herausforderungen zu stellen.

Die erste Welle einer deutschen »Theologie nach Auschwitz« ist – im Zuge der sozialen Umbrüche in den späten sechziger Jahren – von der 1948er Kohorte (Moltmann, Sölle, Marquardt, Metz) ins Rollen gebracht worden. Als Gründungsväter und -mütter der »Theologie nach Auschwitz« haben sie sich mit der Shoah dezidiert anders auseinander gesetzt als ihre Vorgänger. »Ich habe mit anderen zusammen in den sechziger Jahren eine politische Theologie entwickelt«, sagt Dorothee Sölle in einem Gespräch. »Daher fühle ich mich mit der Generation von Jürgen Moltmann und Johann Baptist Metz eins.« (1998, 138) Sie hatten die aufklärerische Absicht, das Leiden der Opfer in den Vordergrund ihrer politischen Theologie zu rücken. Die diskrete Identifikation mit den jüdischen Opfern (Sölle: »Ich gehöre dem gleichen Jahrgang an wie Anne Frank«) blieb aufgrund ihrer eigenen Leidenserfahrungen in den letzten Kriegs- und ersten Nachkriegsjahren nicht aus. Männlicherseits waren es die Flakhelfer, die die »Theologie nach Auschwitz« ins Leben gerufen haben. Oft wählten sie, ohne es zu merken, einen Erzählduktus, der dem allgemeinen deutschen Unschuldsmythos verwandt ist. Kennzeichnend dafür ist das Einsetzen ihrer auto- und familienbiographischen Erzählungen mit den deutschen Leidenserfahrungen in den letzten Kriegs- und ersten Nachkriegsjahren. Das ist eine weit verbreitete Erzählstrategie, der sich auch Metz und Moltmann bedient haben, und mit der die 1979er Nachkriegskohorte groß geworden ist.[22]

1968er Kohorte
(geb. 1937-1953)

1968 war und bleibt ein real-symbolisches Jahr ... Gesellschaftskritik und Religionskritik machten vor den Toren der Theologie und Kirche nicht halt.

Gerhard Marcel Martin[23]

1965 ging ich dann als Studentin nach Tübingen ... Wir begannen danach zu fragen, wer denn die Professoren waren, die den Nationalsozialismus unterstützt hatten ... Meine Untersuchungen zeigten, daß führende Theologen der Fakultät in die Partei eingetreten sind und sich dem Nationalsozialismus geöffnet hatten. Da kamen Widerstände auf, die so groß waren, daß ich mich nicht habilitieren konnte.

Leonore Siegele-Wenschkewitz, *Wir hatten das Empfinden* (1998, 130 f.)

Meine Generation gehört zu den Überlebenden. Was das vom Holocaust her bedeuten könnte, das hat diese Generation erst sehr spät – wenn überhaupt – zu begreifen begonnen.

Guy Rammenzweig, *Vom Erschrecken zur Solidarität* (1987, 56)

1945 waren die 1968er kleine Kinder oder noch gar nicht geboren. Sie wuchsen im Zeichen des Wirtschaftswunders der fünfziger Jahre auf und sollten für ihre Eltern in kompensatorischer Funktion einen »Glücksauftrag« (Wierling 2001) erfüllen.[24] Doch griff ab Mitte der sechziger Jahre ein »unartikuliertes Unbehagen um sich«, das sich gegen den »Preis des erworbenen Wohlstands richtete« (Glaser 1990, 20). Es ging um die Verdrängung der Vergangenheit. Ihr Protest richtete sich gegen die Generation ihrer Eltern und artikulierte sich analytisch und politisch im Antifaschismus und Antiimperialismus. Die Geschichte der eigenen und geistigen Väter wurde, gegen deren heftigen Widerstand, untersucht – auch durch Theologen, wie das obige Zitat der evangelischen Akademieleiterin und außerplanmäßigen Professorin Leonore Siegele-Wenschkewitz deutlich macht. Eine revolutionäre, antiautoritäre Praxis wurde eingeklagt, wobei die »Bedeutung des Spiels« mit seiner emanzipatorischen Qualität »hoch eingeschätzt wurde« (Glaser 1990, 39). Dies spiegelte sich in befreiungs- und spieltheologischen Ansätzen wider. »Die Frage nach der Bedeutung … des Spiels«, schreibt Gerhard Marcel Martin, »blieb verbunden mit der Frage nach einem neuen persönlichen und politischen Lebensstil, in dem Subjektivität, Phantasie, Kreativität und Festlichkeit wesentliche Faktoren sind« (1995, 15).

Die 1968er Kohorte spiegelte und förderte den Umbruch zwischen den restaurativen fünfziger Jahren, in der sie ihre Kindheit erlebten, und den sechziger Jahren, in denen sich ihr Protest sowohl gegen den engen moralischen Sittenkodex der fünfziger Jahre als auch gegen die Generation ihrer NS-kompromittierten Väter äußerte (siehe Herzog 2005, Kapitel 3 und 4). Ebenso bewegten sich die protestantischen Kirchen in diesen Jahrzehnten zwischen Restauration und Reform. Sie formulierten die ersten aufgeschlossenen Denkschriften zur Fragen des Judentums, etwa während der EKD-Synode in Berlin-Weißensee im April 1950 (Hockenos 2004, 167 ff.), und initiierten politische Weichenstellungen, etwa durch die weitsichtige »Ostdenkschrift« von 1965.[25] Diese politische Liberalisierung wurde von konservativ-lutherischen Kreisen abgelehnt. Unter dem Motto »Recht auf Heimat«

widersprachen sie beispielsweise dem Verzicht auf die Ostgebiete, wie er in der »Ostdenkschrift« formuliert worden war, und sammelten sich in evangelischen Bekenntnisbewegungen im Protest zur EKD (Greschat 2000; Kleßmann 1993).

Theologen der 1968er Kohorte nahmen an diesen gesellschaftlichen Umbrüchen teil. Allerdings fehlen evangelischerseits vollständige Autobiographien dieser Gruppe. Das mag schlichtweg altersbedingt sein. Andererseits weist ein vergleichender Blick in die literarische Welt eine Fülle autobiographischer Werke auf, nicht zuletzt die sogenannte »Väterliteratur«.[26] Deshalb lässt sich die Leerstelle unter Theologen auch als Folge einer wissenschaftlichen Theologie nach 1945 verstehen, die zum »Ich-Sagen« nicht ermutigt hat. So kann nur wenig zitiert werden, was im engeren Sinne dem Genre der Autobiographie zugehört.

Doch können Befindlichkeiten der theologischen Nachkriegskohorten auch anhand lebensgeschichtlicher Skizzen und Textfragmente illustriert werden. So lässt sich andeutungsweise belegen, dass sich die 1968er als Opfer der deutschen Geschichte und ihrer Eltern empfunden haben. Diese Selbstsicht artikulierte sich in ihrer Gesellschaftskritik, im Kampf gegen die Väter und ihrer unkritischen Identifikation mit (jüdischen) Opfern. Siegele-Wenschkewitz berichtet etwa über ihre Theologenväter, die ihre Habilitation verhindert hätten, weil sie als Frau die »Vergangenheit des Nationalsozialismus aufzuarbeiten« (1998, 131) versuchte. Ein 1945 geborener, evangelischer Pfarrer schildert in persönlichen Anmerkungen zur Pastoralpraxis seinen »schrecklichen Abschied« von den Vätern: er habe des »Vaters Haus«, das »Vaterland« und »verehrte Theologenväter« verloren (Rammenzweig 1987, 57). Mit einem Hinweis auf den Holocaust behauptet Rammenzweig sodann, seine »Generation gehör[e] zu den Überlebenden« (56) – eine Selbstzuschreibung, die im weiteren Text unerläutert bleibt. Überlebender wovon? Des Holocaust? Der eigenen Eltern? Über diese befremdliche und generationsübergreifende Vertauschung der Rolle von Opfern und Tätern suggeriert Rammenzweigs Rhetorik, die Nachgeborenen der Tätergesellschaft seien auch Überlebende des Holocaust.

Mit Solidaritätserklärungen und Opferidentifizierungen versuchten sich die 1968er vom Erbe der Väter zu befreien. Aber damit waren antisemitische Mentalitäten keineswegs bearbeitet worden. Man muss nur daran erinnern, dass in den späten sechziger Jahren die NPD starke Gewinne unter rechten Wählern verzeichnete und dass auch der Antiimperialismus der linken Protestbewegung antisemitische Blüten trieb. Es ist wenigen engagierten Theologen und Theologinnen der 1968er, wie etwa Siegele-Wenschkewitz, zu verdanken, das Weiterleben und die Wiederbelebung antisemitischer Denkmuster bemerkt und kritisiert zu haben.

1979er Kohorte
(geb. 1954-1966)

Ich kenne [meinen] Großvater nur aus Erzählungen. Die schildern ihn mir als sangeslustig, fröhlich und freundlich, trinkfest, aufrichtig, ein Büchernarr mit großem Herzen ... 1933 war er in die NSDAP eingetreten, seit 1937 Ortsgruppenschulungsleiter ... [D]ie Frage bleibt: Was haben die Nazis mit meiner Familie zu tun?

Britta Jüngst, *Das Wort ohne Vokale* (2001, 168-169)

Wie schuldig ist jemand wie mein Onkel, der aus ärmlichen Verhältnissen stammte, nach sieben Schuljahren arbeitslos wurde ... und für den die Partei der einzige Weg zum sozialen Aufstieg schien? Gegenüber seinen jüdischen Opfern spielte er sich als Gott auf und entschied über Leben und Tod mit einem Fingerzeig ... Da in den meisten deutschen Familien über diese Verbrechen nicht geredet wird, bleiben die großen Fragen nach Schuld und Sühne in Gesellschaft und Familie unangetastet.

Katharina von Kellenbach, *In der Nachfolge von Täterinnen* (2000, 29)

Innerhalb der 1979er Kohorte gibt es Versuche, sich als Theologen und Theologinnen der eigenen Lebens- und Familiengeschichte auszusetzen. Beeinflusst vom Trend zu partikulären Theologien (Theologie der Befreiung; feministische Theologie), sind die persönlicheren Zugänge auch Zeichen dafür, dass die von den 1968ern eingeforderte Subjektivität und Kreativität teilweise eingelöst wurden. Vor allem Theologinnen haben sich zaghaft daran gewagt, den eigenen Lebenskontext ins Theologisieren mit einzubeziehen, gerade auch bezüglich der Auseinandersetzung mit einer »Theologie nach Auschwitz«. Wie sich allerdings die Nachkriegskohorten zum autobiographischen Schreibdrang (oder zur Schreibscheu) verhalten werden, wird sich erst erweisen müssen.

Die 1979er Kohorte konnte auf den Arbeiten einiger 1948er und 1968er Theologen aufbauen, die sich mit der Antisemitismusforschung und einer »Theologie nach Auschwitz« beschäftigt hatten.

Aufgewachsen mit den Filmen *Die Brücke,*[27] *Nacht und Nebel* und *Holocaust* sind die 1979er sowohl für die Nachkriegszeit ihrer Eltern als auch die Geschichte des Holocaust sensibilisiert worden. Häufig haben sie Kontakte und Begegnungen mit Juden außerhalb Deutschlands gesucht. Sie versuchen, die Zeugnisse der Opfer und die Lebensrealitäten jüdischer Überlebender sowie die Folgen der Täterschaft im Blick zu behalten. Fragen nach Verantwortlichkeit und Mittäterschaft verorten sie gegebenenfalls in den eigenen Familien und sozialen Umfeldern; sie versuchen diese für die theologische Diskussion fruchtbar zu machen.

Die Mehrzahl der Autoren und Autorinnen des Bandes *Von Gott reden im Land der Täter*[28] gehört zu den Theologen der zweiten Nachkriegskohorte. Wenn sie sich beispielsweise den autobiographischen Zeugnissen ihrer theologischen Vorgänger nähern, so ist ihre kritische Distanz, die zum Verstehen notwendig ist, gleichsam in einem Netz von Kontinuitäten und Tradierungen verwoben. »Jedes Mitglied einer Gesellschaft steigt qua Sozialisation in den stetigen Fluß der Geschichte, die seine Eltern mitproduziert und miterlitten haben«, schreibt Harald Welzer, »und das heißt konkret für die Kinder der deutschen Nachkriegsgesellschaft, daß sie über Komplizenschaften des Schweigens über das Angerichtete und des Sprechens über das Erlittene [und] über Umkehrungen der Rollen von Täter und Opfer ... einen spezifischen Umgang mit der Geschichte ihrer Eltern und Großeltern, das heißt auch mit ihrer eigenen Geschichte gelernt haben« (1997, 21). Welzer schließt in diesem Prozess der Tradierungen – er spricht auch von einem »Tradierungsinventar« (22) – explizit die »Wissenschaftlerinnen und Wissenschaftler, die sich mit dem Nationalsozialismus und dem Holocaust beschäftigen« (21), mit ein.

Auch die nachgeborenen Theologen und Theologinnen sind in diesen Fluss der Schweigenden und Angepassten, der Opportunisten und der in die innere Emigration Geflüchteten, der Mitläufer und Überzeugten, der Täter und der (wenigen) Widerständler gestiegen. Die 1979er wuchsen in Familien auf, in denen Eltern und Großeltern als Jugendliche und Erwachsene die NS-Zeit erlebten. Mit ihnen tranken sie vom Gift des latenten Antisemitismus, sind aber auch gegen dieses Gift mit gemischtem Erfolg immunisiert worden. »Es geht schließlich darum«, schreibt die evangelische Pfarrerin und Theologin Britta Jüngst (geb. 1962), »auskunftsfähig zu werden darüber, wie die Nazizeit mein Leben geprägt hat, was ich gehört habe, welche Arten von Sprechen darüber ich erlebt habe und was das für mich bedeutet … Die Theologie hält für mich keine Gewissheiten mehr bereit, keine Tradition, in die ich mich ganz stellen könnte, auch nicht die christliche ›Theologie nach Auschwitz‹, sofern sie ihre eigene Fraglichkeit nicht ständig mitreflektiert.« (2001, 171, 173)

1989er Kohorte
(geb. 1967-1976)

Während Theologen wie Marquardt alle ihre geistige Kraft in den Aufbau einer Beziehung zwischen Christen und Juden investiert hat, hat meine Generation diese Beziehung bereits vorgefunden – zwar eine Beziehung voller Narben und auch offener Wunden, aber doch eine Beziehung.

Barbara Meyer, *Der Andere des Anderen ist ein Anderer* (2001, 110)

What I encountered now was a way of thinking about »Nazism and the Final Solution« that greatly differed from the historical or theological approaches I had known in Germany. I was introduced to discussions of remembrance and representation, to a growing body of scholarship informed by insights from cultural studies and literary theory.

Tania Oldenhage, *Parables for Our Time. Rereading New Testament Scholarship after the Holocaust* (2002, 6)

Das Denken und Wirken der 1989er Kohorte – ähnlich wie das der 1979er – ist im Stadium der Formation. Erste Konturen werden sichtbar, aber es wird sich erst zeigen müssen, wie sie das Vorgefundene aufgrund ihrer spezifischen Erfahrungen weiterentwickeln und verändern werden.

Für die 1989er ist der Begriff »Vergangenheitsbewältigung« keineswegs identisch mit dem Nationalsozialismus und der Shoah, sondern kann sich auch auf das Erbe und die Abwicklung der DDR beziehen. Mauerfall und Wiedervereinigung sind wichtige politische Ereignisse. Den Holocaust haben sie in der Schule, den Medien und auf Gedenkstättenbesuchen kennen gelernt. Als Ereignis ist er ihnen medial und pädagogisch vermittelt worden; auf sie trifft passend der Begriff des *vicarous memory*, der stellvertretenden Erinnerung. Sie müssen nicht mehr begründen, warum Dialoge und Beziehungen zwischen Juden und Christen notwendig sind, denn sie haben diese »Beziehung bereits vorgefunden« (Meyer). Sie können die Ergebnisse des bisherigen Dialogs kritisch betrachten und neue Notwendigkeiten artikulieren – sei es, wie in Meyers Fall, um einen Trialog zwischen Christen, Juden und Muslimen einzufordern, oder in Oldenhages Fall, um neue Wege für die neutestamentliche Forschung zu erschließen, wie etwa über die *cultural studies* und *Holocaust studies*. Beeinflusst durch die Internet-Technologie und Globalisierungstendenzen, befinden sich beide Theologinnen – und auch das mag die 1989er charakterisieren – in einer selbstverständlichen, lebendigen Beziehung zum Judentum: Oldenhage für mehrere Jahre in den USA, Meyer in Israel.

In der nahen Zukunft werden Theologen und Theologinnen der 1989er Kohorte neue Wege im Erinnerungsdiskurs einschlagen und auf die Begrenztheit des kritischen Vokabulars ihrer Vorgänger und Vordenkerinnen aufmerksam machen.

Kontinuitäten, Tradierungen, Transformationen

Dieser chronologische Abriss vermittelt, wie sehr sich das Erleben und Interpretieren des Nationalsozialismus und der Shoah in kohortentypischen Erfahrungen verdichtet. Es dürfte deutlich geworden sein, dass beispielsweise die Weltanschauung der 1918er, dem deutschen Volk sei schweres Unrecht geschehen, durch die militärische Niederlage von 1918 und den als nationale Erniedrigung empfundenen Versailler Vertrag bestimmt wurde. Diese Anschauung haben sie später als Erklärungsmodell auf die Situation von 1945 übertragen. Für die 1933er steht der berufliche Werdegang im nationalsozialistischen Deutschland im Vordergrund ihrer schriftlichen Erinnerungen – eine spezifische Erfahrung, die sich in ihrer apologetischen Vergangenheitsbewältigung und gewollt unbescholtenen Art der Selbstdarstellung niederschlägt. Die 1943er und 1948er Kohorten heben wiederum hervor, wie sehr ihr jugendlicher Begeisterungswille ausgenutzt und sodann im Schrecken des Krieges und der letzten Kriegsmonate ernüchtert wurde, so dass sie theologischen Neuanfängen offen gegenüber stehen konnten.

Aber keiner der hier kategorisch zugeordneten Jahrgänge ist einem geschlossenen Weltbild verhaftet. Sie alle sind »in den stetigen Fluß der Geschichte« (Welzer) getreten. Sie haben sich eines vorgefundenen kulturellen und ideologischen Inventars bedient, das sie sich innerhalb ihrer geschichtlichen Situation zu Eigen gemacht und innerhalb ihres Wirkungsbereichs modifiziert und weitervermittelt haben.

Ideengeschichtlich ließe sich solch ein Tradierungsinventar anhand des Einflusses ihrer jeweiligen theologischen Lehrer nachvollziehen. In der Tat benennen die meisten männlichen Theologen in ihren Memoiren akribisch ihre geistlichen und theologischen Mentoren. Ich werde allerdings einen solchen ideengeschichtlichen, patrizentrisch-genealogischen Weg nicht beschreiten. Stattdessen konzentriere ich mich in diesen Texten auf die jeweilige narrative und rhetorische Bewältigung (bzw. Nicht-Bewältigung) der Vergangenheit.

Mit dem Wissen um das männliche Privileg, das sich in und hinter den autobiographischen Texten sowie dem theoretischen Gerüst der Kohorten verbirgt, wende ich mich noch einmal Fragen nach Kontinuitäten, Tradierungen und Transformationen zu.

Kontinuitäten, weil bestimmte Themen, wie etwa der Opfer-Mythos und die Verteidigung nationaler Autonomie, trotz sich verändernder geschichtlicher Entwicklungen von deutschen Theologen *innerhalb* einer Altersgruppe beibehalten worden sind; diese gemeinsamen Themen vereinen sie trotz disziplinärer und kirchenpolitischer Differenzen.

Tradierungen, weil ein bestimmter Verstehenshorizont und das dazugehörige Interpretationsinventar, wie etwa die Idee der »deutschen Katastrophe« oder einer »deutschen Schicksalsgemeinschaft«, nicht mit der Erfahrung einer Altergruppe abbricht, sondern unter veränderten geschichtlichen Bedingungen in den nachfolgenden Kohorten weiterleben und -wirken kann.

Transformationen, weil jede Kohorte aufgrund ihrer situativen Gegebenheit bestimmte Themen nicht einfach wiederholt, sondern aufgrund der ihr eigenen Erfahrung aktiv verwandelt. Solche Transformationen lassen sich exemplarisch knapp an der Opferthematik demonstrieren: Die durch den Ersten Weltkrieg geprägte Opferbereitschaft der 1918er, die später von der Nazi-Propaganda geschickt manipuliert wurde (etwa in der These, Deutschland sei Opfer der aggressiven jüdischen Weltverschwörung), ist von der 1933er Kohorte dergestalt verwandelt worden, dass ihre Vertreter nach 1945, ohne Atempause, auf dem Leiden und Opferstatus der Deutschen beharren konnten. Wenn Giordano über die »unerträgliche nationale Selbstbeweinung« (1990, 269) der Deutschen klagt, so bezieht er sich vermutlich auf die Haltung der 1933er und 1943er Kohorten.[29] Nachfolgende Kohorten, wie die Flakhelfergeneration (1948er) und die 1968er, haben diese Opfermentalität über psychisch komplexe Identifikationen aufgesogen, sie aber gleichzeitig dahingehend transformiert, dass sie sich einerseits als »Opfer« ihrer Väter darstellen, andererseits mit den jüdischen Opfern solidarisieren konnten.

Ohne das methodische Gerüst der politischen Kohorten verschwänden derart stratifizierte Tradierungsdynamiken, mit denen Kompromittierung, Verantwortung, Täterschaft und Schuld in autobiographischen Texten verhandelt werden. Es macht zum Beispiel einen Unterschied, ob sich die Theologen Theophil Wurm (geb. 1868), Helmut Thielicke (geb. 1908) oder Jörg Zink (geb. 1922) in ihren Schriften an die NS-Zeit erinnern. Packt man alle drei in die undifferenzierte Begrifflichkeit einer »ersten Generation«, so besteht die Gefahr, sie entweder pauschal zu entschulden oder sie als Tätergeneration alle in einen Topf zu werfen.[30] Tatsächlich sind Wurm, Thielicke und Zink sehr unterschiedlich im nationalsozialistischen Regime involviert gewesen: Wurm als Bischof einer intakten Kirche, Thielicke als universitärer Theologe, Zink als Unteroffizier einer Fliegerstaffel der Wehrmacht. Im Kohortenmodell existiert keine »Stunde Null«, die in ein zeitliches »vorher« (die schuldige erste Generation) und »hinterher« (die unschuldigen Nachkommen) einteilt. Im Land der Täter gibt es keine »erste« Generation, keinen kategorischen Ursprung. Wurm, Thielicke und Zink haben ihre Entscheidungen auf Grund anderer Erfahrungswelten und Handlungsspielräume getroffen und sie haben später das intellektuelle und kulturelle Leben im Nachkriegsdeutschland und in der Bundesrepublik auf unterschiedliche Weise mitgestaltet.

Politische Kohorten sind keine monadisch voneinander abgeschlossene Gebilde. Im Gegenteil: ihre Vertreter haben sich gegenseitig beeinflusst und geholfen. Beispielsweise konnte Wurm den jungen, aufstrebenden Thielicke, nachdem er 1940 aus der Heidelberger Universität entfernt worden war, in seiner Landeskirche unterbringen. »Dr. Helmut Thielicke ... war in sehr jungen Jahren als Dozent nach Heidelberg gekommen«, erinnert sich Wurm, »aber es wurde gegen ihn intrigiert ... [Er] wandte sich an mich mit der Frage, ob er in der württembergischen Kirche Verwendung finden könnte« (1953, 169). Thielicke, der sich nach 1945 seelsorglich um die deutschen Internierten und rückkehrenden Soldaten kümmerte, wurde seinerseits theologisches Vorbild für den Kriegsheimkehrer Jörg Zink. »Da war einer der jüngeren Leute, weniger als eine Generation älter als wir«, schreibt Zink. »Hinter den Gittern der Gefangenschaft hatten wir ein Buch aus Genf ... von Hand zu Hand weitergegeben: ›Fragen des Christentums an die moderne Welt‹. Geschrieben von einem gewissen Helmut Thielicke« (Zink 1992, 160; vgl. ebd. 1997, 68). Zink wiederum benutzte seine mehrjährige Kriegserfahrung, um sich nach 1945 von seiner »inneren Emigration« (1992, 89) und »Gespaltenheit« (139) zu befreien. Er wollte sich als gottvertrauender und »ein in sich vollständiger Mensch« (148) den neuen theologischen Aufgaben in der Friedens- und Ökologiebewegung stellen. Jeder dieser Theologen erlebte also die nationalsozialistische Zeit aus einer anderen altersbedingten Perspektive und »bewältigte« die Vergangenheit entsprechend unterschiedlich.

Wichtiger noch als die Rekonstruktion persönlicher Verbindungslinien zwischen den Generationen ist das Aufdecken und Nachspüren von ideologischen Mentalitäten, wie sie nach 1945 weiterlebten. Das Kohortenmodell kann diese Kontinuitäten und Verwandlungen sichtbar machen, statt sie mit dem Argument der »Stunde Null« zu negieren. Das möchte ich beispielhaft und knapp am Fortleben antisemitischer Denkmuster demonstrieren.

Der theologische Judenhass lässt sich auf keine »erste« Tätergeneration begrenzen, sondern tradiert und transformiert sich ständig. Bereits in der wilhelminischen Ära, lange vor der Machtübernahme Hitlers, trug der Antisemitismus in Deutschland rassenideologische und völkische Züge. Beispielsweise beeinflusste der völkische Antijudaismus des Theologen Adolf Schlatter (geb. 1852), der ganz dem 19. Jahrhundert verbunden war, nachfolgende theologische Generationen. Schlatters antijüdische Denkmuster, die teilweise im Konflikt mit dem späteren biologisch-rassistischen Antisemitismus der Nazis standen, wurden von Theologen wie Gerhard Kittel (1890er), Emanuel Hirsch (1918er) und Walter Grundmann (1933er) aufgenommen und aktiv weiterentwickelt (vgl. Ericksen 1985; Siegele-Wenschkewitz 1994). Nach 1945 sind diese völkischen Antisemitismen nicht einfach verschwunden, sondern haben sich häufig als konsensfähige Theologien präsentieren können.[31] Als solche sind sie mitsamt ihren theologischen Antijudaismen unreflektiert rezipiert und tradiert worden. Siegele-Wenschkewitz, die dieses Weiterleben am Werk und Wirken Schlatters illustriert hat[32], schreibt: »Die politische Dimension der theologischen Argumente bleibt auch heute relevant«, weil »ungebrochen antijudaistische Argumentationsmuster fort[leben]« und »unter entsprechenden politischen Verhältnissen leicht zu Antisemitismus revitalisiert werden können« (1994, 22). Auch die Nachkriegsgenerationen sind in diesem Netz von Kontinuitäten und Tradierungen verstrickt. Zwar trifft sie keine Schuld für den genozidalen Antisemitismus, sie müssen aber gegenüber dem latenten Antisemitismus und den theologischen Antijudaismen wachsam bleiben (vgl. Kellenbach 1994).

Um der individuellen Vielfalt der Theologenautobiographien sowie der Unterschiedlichkeit theologischer und kirchenpolitischer Positionen Rechnung zu tragen, darf ein Kohortenmodell nicht als starres Raster über alle Differenzen hinweg angelegt werden. Beispielsweise ist das Leben und Wirken Martin Niemöllers – trotz seiner ursprünglich konservativen und deutsch-nationalen Gesinnung, die in seinem lebensgeschichtlichen Bericht *Vom U-Boot zur Kanzel* (1934) heraussticht – anders zu beurteilen als die völkische und antisemitische Weltanschauung des Theologen Emanuel Hirsch, der »bis zu seinem Tode«, wie Thielicke in seiner Autobiographie berichtet, »unbeirrbar ›führertreu‹« blieb. »Noch beim Einzug der Alliierten in Göttingen rief er seine Familie und die Flüchtlingsgäste seines Hauses ans Klavier und sang mit ihnen das Horst-Wessel-Lied.« (Thielicke 1984, 106)

Niemöller und Hirsch haben als handelnde Subjekte entgegengesetzte Positionen mit all ihren Konsequenzen eingenommen; das ist hinreichend bekannt.[33] Neugierig aber macht mich, wie Thielicke in seiner Autobiographie seinen Kollegen Hirsch darstellt, weil hier die Grauzone der Mittäterschaft eines nichtverfolgten Deutschen, also der Mehrheit deutscher Familien, in den Blick gerät.

Was kann Thielicke beispielsweise über Hirsch berichten, bei dem er als junger Dozent einmal Mitte der dreißiger Jahre »zum Essen eingeladen [war] und als Gast freundlich behandelt wurde«? (1984, 105) Thielicke kennt Hirschs Führertreue und »fanatische Verbissenheit« und lehnt sie entschieden ab. Nach dem Krieg empfindet er aber »nie Haß, sondern eher Mitleid« für diesen Mann. »Angesichts des feigen Opportunismus, mit dem frühere Nazis nachher ihren einstigen Weg verleugneten, hat mir Hirschs Konsequenz, selbst wenn sie der Verblendung entstammte, sogar Respekt abgenötigt. Er wollte sich selber treu bleiben, auch als ihm nach dem Krieg äußerste Einsamkeit daraus erwuchs.« (107) Thielicke konstatiert mit Bedauern die Vereinsamung Hirschs, die diesen für den Rest seines Lebens begleitet hat, nachdem er 1945 als 57-jähriger frühzeitig aus dem Göttinger Professorendienst entlassen wurde, noch vor einem offiziellen Entnazifizierungsverfahren.

Thielicke respektiert den kompromittierten Hirsch dafür, seine verblendeten, nationalsozialistischen Ansichten im veränderten nachkriegsdeutschen Kontext nicht aus »feigem Opportunismus« aufgegeben zu haben, und lobt seine ideologische Loyalität als Tugend. Warum aber nötigt diese Treue, die an die Führertreue zu Hitler geknüpft ist, einem evangelischen Theologen in den achtziger Jahren der Bundesrepublik Respekt ab? Warum ist eine aus nationaler Verblendung stammende Treue wertvoller als etwa die biblische Forderung nach *metanoia*, Umkehr?

Thielickes fragwürdig-moralisierende Wertung wird wie selbstverständlich in seinen Lebenserinnerungen als christliches Gedankengut vermittelt. Sie dient der moralischen Wiedereingliederung kompromittierter Theologen. Der Verweis auf die Treue Hirschs zu sich selbst hat auch die Funktion, von Fragen nach der Mittäterschaft von Hirsch (und Thielicke selbst) abzulenken. Das Problem der Schuldigkeit wird in die anekdotische Banalität gezogen und dadurch entschärft. Thielicke ist, im Gegensatz zu Hirsch, kein Nationalsozialist, aber sein Versuch, den NS-Befürworter Hirsch über einen normalisierenden Diskurs wieder gesellschaftsfähig zu machen, bestätigt Giordanos These des großen Friedens mit den Tätern.

Anhand von zwei Beispielen möchte ich nun die Vielschichtigkeit von generations- und geschlechtsspezifischen Erinnerungsdiskursen illustrieren. Dafür habe ich Passagen aus den Lebenserinnerungen von Theophil Wurm, einem 1890er, und Helmut Thielicke, einem 1933er, gewählt. Beide theologisch geschulten und kirchlich verbundenen Männer benutzen das Vokabular des Leidens der Deutschen: Im Falle Bischof Wurms wird deutlich, wie sehr seine Kohortenerfahrung zu einer die Wirklichkeit verzerrenden Interpretation der nachkriegsdeutschen Situation führt; im Falle des Systematikers Thielicke zeigt sich, wie stark er sich nach 1945 mit internierten Deutschen, die einst leitende NS-Funktionen innehatten, emotional identifiziert.

Das arme Vaterland: Theophil Wurm

Wenden wir uns zunächst Theophil Wurm zu, einem Vertreter der 1890er und dem »großen alten Mann der evangelischen Kirche« (zit.

in Diephouse 1995, 49). Mit 84 Jahren und schwerkrank setzte sich Wurm im Frühjahr 1952 an die Niederschrift seiner Lebenserinnerungen. Sie entstehen also im Kontext der restaurativen fünfziger Jahre, als sich konservative Stimmen in der Kirche, zu denen Wurm zählt, eine Rechristianisierung der nachkriegsdeutschen Gesellschaft erhofften (siehe Kleßmann 1993; Diephouse 1995; Greschat 1990). Unmittelbarer Anlass, seine Memoiren aufzuschreiben, war seine Lektüre der Tagebücher seiner Frau, die ein halbes Jahr zuvor verstorben war.[34] Noch im gleichen Jahr beendete Wurm die über 200-seitigen *Erinnerungen aus meinem Leben* (1953), aber ihre Veröffentlichung erlebte er nicht mehr. Er starb im Januar 1953.

Die letzten beiden Seiten seiner *Erinnerungen* stellen eine ungewöhnliche, aber höchst spannende Mischung aus Privatem und Politischem dar: dem Tod seiner Frau einerseits und der Sorge ums Vaterland andererseits. Wurm erzählt vom Herzversagen und dem Begräbnis seiner Frau Marie, dann fährt er, mitten im Satz und ohne jegliche Überleitung, mit seinen abschließenden Gedanken zum armen Vaterland fort: »Wie meine Frau, so kann auch ich nur mit innigstem, demütigem Dank auf Gottes Führung zurückschauen. Er macht keine Fehler und die unsrigen verzeiht er uns, ja weiß er zum besten zu wenden. Schwer will mir das Herz manchmal werden«, – hier nun erwartet der Leser einen Ausdruck der Trauer über die gerade verschiedene Gattin; aber Wurm setzt fort – »wenn ich an die Zukunft Deutschlands denke« (1953, 218). Was folgt, ist ein dichter, durchgehender Paragraph, der als Wurms politisches Testament verstanden werden kann. Er schließt mit ihm sein Buch ab, seine Frau wird nicht mehr erwähnt. Ich zitiere daraus die folgenden Abschnitte:

Meine Leser werden gemerkt haben, daß für mich die Welt, in der ich mich bewege, nicht ein Kreis ist mit einem Mittelpunkt, sondern eine Ellipse mit zwei Brennpunkten. Der eine Brennpunkt heißt »Reich Gottes« und der andere »Vaterland.« Fürs Reich Gottes haben wir nicht zu sorgen, … [a]ber das arme Vaterland, wie ist es gesunken seit den Tagen meiner Jugend … Man mag bei den Deutschen viel Unrecht und Ungeschick feststellen, aber die andern sind ja auch keine Engel, haben auch viel Gewalttat ausgeübt: warum müssen wir schwerer büßen? … Es gibt politische Völker, die verstehen zu erobern und zu herrschen … Es gibt aber auch geniale, das heißt geistig schöpferische Völker, die sind von Gott ausersehen, der Menschheit geistige Güter in Kunst und Religion und edler Bildung zu vermitteln. Sie sind den politischen Völkern nicht gewachsen, und wenn sie mit ihnen in den Kampf geraten, so sind sie verloren, wenn sie sich nur auf irdische Waffen und nicht vor allem auf Gott verlassen. Ja, Gott läßt solche Völker oft in tiefe Not geraten, weil sie erst im Elend die Kräfte entfalten, aus denen ihre herrlichsten Werke hervorgehen. Das deutsche Volk, einst durch sein Schaffen die ganze Umwelt befruchtend, hat sich in der Neuzeit mehr auf das materielle Gebiet geworfen. Es wollte auch reich werden und genießen. Das ist ihm nicht gut bekommen, und darum hat es Gott fallen lassen. Aber wer weiß, was er mit ihm noch vorhat? ... Wenn die Kirche diesem Volk sein Schicksal tragen helfen will, so muß sie ihm den Gott predigen, den der zweite Jesaja den Seinigen verkündet hat, den verborgenen Gott, der doch plötzlich hervorbrechen und Neues schaffen kann, der seine Knechte auserwählt macht im Ofen des Elends. (Wurm 1953, 219)

Suggestive und scheinbar widersprüchliche Bilder füllen diese Passage, die in Wurms Kohortenerfahrung der wilhelminischen Ära und in seinen politisch-theologischen Erklärungsversuchen des epochalen Wandels von 1945 verankert sind. 1945 ist ihm hier ein maßgebenderes Problem als 1933. Die NS-Zeit wird über die verharmlosende Formel, das auch unter den Deutschen »viel Unrecht und Ungeschick« geschehen sei, abgefertigt. Es gibt kein Wort des Bedauerns über den Holocaust und die NS-Verfolgten. Am Ende seines Lebens und seiner Autobiographie gilt Wurms tiefe Sorge und Mitleid dem Vaterland.

Wurm ist ein typischer Vertreter der 1890er: Er vertraut auf eine gottgewollte Führung und Fügung nationaler Angelegenheiten, verwirft den Materialismus und glaubt an die weltgeschichtliche Aufgabe des deutschen Volkes. Dem Sendungsbewusstsein der wilhelminischen Aufbruchstimmung hat er sich verschrieben, um so schlimmer erlebt er die Jahre 1918 und 1945, in denen jede Hoffnung auf die Realisierung der expansionistischen Pläne zerstört worden ist: »das arme Vaterland, wie ist es gesunken seit den Tagen meiner Jugend«. Wurm ist gezwungen, sich um eine Erklärung dieses »Schicksals« zu bemühen, und er bietet eine geschichtstheologische Interpretation zweier sich gegenseitig ausschließender Volksgemeinschaften an. Es gibt »politische Völker«, die nach materiellen Werten streben, und »geistig schöpferische Völker«, die von Gott ausersehen sind.

Obwohl Wurm explizit keine bestimmte Nation diesen Völkern zuschreibt, lässt seine sprachliche Konstruktion keinen Zweifel daran, dass Deutschland zu den »geistig schöpferischen« Völkern zählt. Als ausersehenes Volk habe Deutschland die Aufgabe, der Menschheit die »geistigen Güter« in Kunst, Religion und Bildung zu vermitteln. Aber weil die schöpferischen Völker den politischen immer unterlegen seien, musste Deutschland scheitern. Gott habe den schöpferischen Völkern eine schwere Aufgabe gegeben, sie »oft in tiefe Not geraten« lassen. Einmal sei das deutsche Volk versucht worden, auch ein politisches Volk zu werden, einmal »reich werden und genießen« zu wollen. Aber weil es sich »nur auf irdische Waffen« und materielle Güter verließ, statt auf Gott zu vertrauen, ist »ihm [das] nicht gut bekommen«. Die eigentliche Schuld des deutschen Volkes, so suggeriert dieser Text, ist nicht der völkische Rassismus und Antisemitismus des Nationalsozialismus, sondern der materielle Wunsch, wie andere Völker einmal reich zu werden und zu genießen.

Wurm entwirft diese Gedankengänge ohne Scham sieben Jahre nach Ende des Nationalsozialismus und der Befreiung der Konzentrationslager. Hatte Deutschland nicht gerade erst Europa mit einer politischen Diktatur, militärischen Okkupation und einem genozidalen Antisemitismus überzogen, statt die Völker mit Kunst, Religion und Bildung zu beglücken? Wie konnte er nach 1945 die Deutschen als ein »ausersehenes«, »geistiges«, und »in tiefe Not geratenes« Volk beschreiben, wo doch dieses Volk gerade in Form von Herrenmenschen aufgetreten war? Seine Behauptungen sind das Resultat einer Mischung aus (wilhelminischem) Sendungsbewusstsein und dem Opfer-Mythos des Ersten Weltkrieges, die viele Vertreter seiner Kohorte auszeichnet. Die »nachdrückliche Hervorhebung der Verbundenheit Gottes mit Deutschland«, so beschreibt Greschat die Erwartungen der 1890er Kirchenmänner und Theologen im August 1914, »stärkte und stabilisierte innenpolitisch und diente gleichzeitig der Begründung für die besondere nationale Sendung«; sie waren willens, »für Kaiser, Volk und Vaterland letzte Opfer zu bringen« (2002, 501). Diese prägende Matrix hat Wurm auch Anfang der fünfziger Jahre nicht ablegen können, sie ist aber nach dem Holocaust wirklichkeitsfremd und -verzerrend.

Wenn, laut Wurm, die Deutschen ein »schöpferisches« Volk sind, wer sind die »politischen« Völker, die es verstehen »zu erobern und zu herrschen«? Text und Kontext legen nahe, dass Wurm die alliierten Siegermächte im Blick hat.[35] Auf den vorangehenden fünf Seiten (212-216) klagt Wurm die Amerikaner, Briten, Franzosen und Russen an, sich des Unrechts an den Deutschen schuldig gemacht zu haben. Gegenüber diesen politischen Völkern, gegen die man im irdischen Kampf verloren sei, müsse man sich nach 1945 behaupten. Es sei die

Aufgabe der deutschen Kirche, »den Opfern des alliierten Nachkriegsrechts zu Hilfe zu kommen« (213). Denn schließlich seien die alliierten Sieger »auch keine Engel« gewesen und hätten, wie die Deutschen, Gewalttaten verübt. Warum also, so fragt sich Wurm in einer vergleichenden Aufrechnung von Schuld und Sühne, sollen wir Deutschen »schwerer büßen«?

Wurms Schuldaufrechnung und selbst zugeschriebene Opferrolle offenbaren im letzten Satz dieses langen Abschnitts eine wahrlich atemberaubende Parallele. Hat er zunächst einen Gegensatz zwischen dem Kriegsverlierer Deutschland und den alliierten Siegermächten aufgebaut, so konstruiert er nun durch den Zugriff auf die alttestamentliche Geschichtstheologie eine Analogie zwischen dem deutschen und dem jüdischen Volk.[36] Deutschland wird in einen vergleichbaren heilsgeschichtlichen Rahmen gestellt wie das jüdische Volk, so dass beide Völker letztlich miteinander konkurrieren. Dieses Muster ist bereits im Ersten Weltkrieg benutzt worden, als Theologen das deutsche Volk mit der alttestamentlichen Lage Israels verglichen. »Unsere Lage ist derjenigen Israels gleich«, verkündete beispielsweise der Königsberger Professor Alfred Uckeley. »Wir sind die Auserwählten Gottes unter den Völkern« (zit. in Greschat 2002, 502). Wurm überträgt diesen Vergleich auf die unmittelbare Nachkriegssituation von 1945.

Ohne das Wort Jude oder Judentum benützen zu müssen, ist Wurms Hinweis auf die alttestamentlichen Propheten Jesaja unmissverständlich: »Wenn die Kirche diesem [deutschen] Volk sein Schicksal tragen helfen will, so muß sie ihm den Gott predigen, den der zweite Jesaja den *Seinigen* verkündet hat, den verborgenen Gott« (Hervorh. v. B. K.). Mit den »Seinigen« kann sprachlich und inhaltlich nur das Volk Israel gemeint sein, und der verborgene Gott ist der Gott des Alten Testaments.[37] Wie das jüdische, so sei auch das deutsche Volk ein von Gott Auserwähltes. Beide würden von anderen Völkern verachtet und von Gott in große Not gebracht.[38] Gott könne sie »fallen lassen«, insbesondere wenn sie die Wege Gottes verließen, so wie es Deutschland getan habe, als es den Irrweg des Materialismus beschritt. Das deutsche Volk und das Volk Israels, so die Implikation, litten unter der gleichen schicksalhaften, theologischen Verheißung. Und doch kann in diesem Elend der »verborgene Gott ... plötzlich hervorbrechen und Neues schaffen, der seine Knechte auserwählt macht im Ofen des Elends«.

Es bedarf des mehrmaligen Lesens, um sich der sprachlichen Wendung des letzten Satzes bewusst zu werden: *der verborgene Gott schafft Neues für die auserwählten Knechte im Ofen des Elends!* Wer sind die auserwählten Knechte im Ofen des Elends? Ist es das Volk Israel? Oder sind es die Deutschen? Der Sinn enträtselt sich erst, wenn man die Subjekte dieser Formulierung zu bestimmen versucht. Dann liest sich der Satz folgendermaßen: Wenn die *nachkriegsdeutsche* Kirche dem *deutschen* Volk in seinem Schicksal helfen will, dann predigt sie ihm das gleiche, was Jesaja *dem Volk Israel* verkündet hat, den verborgenen Gott *des Alten Testaments*, der plötzlich hervorbrechen und Neues schaffen kann für seine *deutschen* Knechte auserwählt im Ofen des Elends.

In diesem Satz, der das politische Testament Wurms abschließt, vermischen sich wilhelminisches Sendungsbewusstsein und nationale Opfermentalität mit einer traditionell antijudaistischen Geschichtstheologie. Das »Neue«, worin sich der schaffende Gott offenbart, ist in Abgrenzung zum überkommenen, alttestamentlichen Judentum formuliert. Wurm konstruiert seine geschichtstheologische Konkurrenz nicht etwa zwischen Christen und Juden (die traditionell christliche Lesart), sondern zwischen dem deutschen und jüdischen Volk (eine national-völkische Lesart). Einerseits lädt Wurm seine Leser dazu ein, sich als Nachkriegsdeutsche mit dem jüdischen Volk zu identifizieren (auserwählt, leidend, geistig schöpferisch), andererseits sind es letztlich doch nur die deutschen Knechte, denen Gott etwas Neues verheißt. Identifizierung und Abgrenzung, Verheißung und Elend in einem Atemzug! Nicht die Juden, sondern die Deutschen leiden als auserwählte Knechte Gottes im Ofen des Elends: »Ja, Gott lässt solche Völker oft in tiefe Not geraten, weil sie erst im Elend [ihre] Kräfte entfalten«.

Angesichts der Öfen von Auschwitz lässt sich Wurms Realitätsverschiebung und Rollenvertauschung eigentlich nur noch mit Hilfe der Psychoanalyse handhaben: die Deutschen im *Ofen* des Elends? Wurm steht allerdings nicht alleine mit Bildern des Elends von Öfen und Gaskammern: Gedanklich haben auch andere nichtverfolgte Deutsche in der unmittelbaren Nachkriegszeit diese Öfen und Gaskammern auf sich selbst statt auf die jüdischen Opfer bezogen. So schreibt 1948 beispielsweise Volkmar von Zühlsdorff, die »Öfen von Auschwitz [seien] die Gluterde von Hamburg und Dresden, Berlin, München, Leipzig, Köln, Essen, Dortmund und Düsseldorf, Frankfurt, Bremen, Stuttgart, Hannover, Nürnberg, Magdeburg, Mannheim, Karlsruhe … und so die ganze Reihe der deutschen Städte herunter gefolgt«.[39] Ähnlich der bekannte Historiker Friedrich Meinecke, der in seinem populären Buch *Die Deutsche Katastrophe* (1946) das Wort »Gaskammer« nur im »semantischen Kontext des eigenen Verlustes« erwähnt: In den Gaskammern, so Meinecke, »erstarb schließlich auch der letzte Hauch christlich-abendländischer Gesittung und Menschlichkeit« (zit. in Berg 2003, 82).

Theophil Wurms verzerrende Projektion ist keine individuelle Entgleisung, sondern Teil eines kollektiven Diskurses. Eine »ahistorische Entkonkretisierung der Judenvernichtung« konstatiert Nicolas Berg auch unter Historikern dieser Jahrgänge (2003, 58). Das entschuldet allerdings nicht den Gebrauch dieser sprachlichen Wendungen. Was Wurm und andere Theologen anbieten, ist das Zurückgreifen auf biblische und geschichtstheologische Muster, die es ihnen ermöglichen, fatale Bezüge zwischen dem deutschen Volk und dem Volk Israels bzw. den Juden herzustellen.

Als Vertreter einer Nachkriegsgeneration schaudert man beim Gedanken, Wurm könnte das unleidliche Bild der Öfen am Ende seines Buches (und seines Lebens) absichtlich benutzt haben. Handelt es sich hier um ein verdrängtes Wissen über Auschwitz, das sich in einer makabren Umkehrung Luft gemacht hat? Oder handelt es sich um eine bewusste rhetorische Strategie?

Die Frage nach der Intentionalität lässt sich freilich nicht beantworten. Wichtig ist, dass in diesen sprachlichen Wendungen unter Anwendung des Opfer-Mythos und einer komplexen, die Wirklichkeit verzerrenden Operation die für den nachkriegsdeutschen Diskurs typische Rollenumkehrung vollzogen worden ist: Die Deutschen sind die Opfer, nicht die Täter. Wurm hat das deutsche und jüdische Volk zu einem unseligen, geschichtstheologischen Brei vermischt. Darin verschwindet das Bewusstsein für das Schuldiggewordensein der Deutschen. Stattdessen erscheinen sie als wehrlos gegenüber den alliierten Siegermächten und – so suggeriert der landesbischöfliche Erinnerungsdiskurs – als die wahren Opfer von Auschwitz.

Zu Tränen gerührt: Helmut Thielicke

Helmut Thielicke ist 1908 in Barmen geboren und gehört zur 1933er Kohorte. Er ist 37 Jahre alt, als der Zweite Weltkrieg endet. Fast fünfzig Jahre später, nach seinem fünfundsiebzigsten Geburtstag, erscheint *Zu Gast auf einem schönen Stern. Erinnerungen* (1984). Das Buch ist seiner Frau gewidmet, »die mir auch in dunklen Tälern dazu verhalf, an der Gastlichkeit dieses schönen Sterns nicht irre zu werden«. Ansonsten spielt seine Frau kaum eine Rolle darin. Stilistisch und inhaltlich bleiben seine Lebenserinnerungen, wie fast alle Theologenautobiographien, traditionell-patriarchalen Strukturen verpflichtet. Sie beginnen mit der Kindheit und Jugend des Autors, erzählen von den theologischen Vätern, dem beruflichen Werdegang und von öffentlichen Erfolgen und reihen Anekdotisches an politische und theologische Beobachtungen. Die Privatsphäre der eigenen Familie ist aufs Notwendigste reduziert, Intimität weitgehend verschwiegen.

Thielicke hat sich insbesondere nach 1945 in die öffentliche Diskussion über die Lage Deutschlands eingeschaltet. Schon im September 1945, drei Monate nach Kriegsende, bot er in der Tübinger theologischen Fakultät wieder Lehrveranstaltungen an, die von vielen Kriegsheimkehrern und ehemaligen Soldaten frequentiert wurden. In dieser Zeit besuchte er auch alliierte Internierungslager. Die folgenden Auszüge beschreiben die dort gewonnenen Eindrücke:

Besonders bewegte mich die Begegnung mit den Generalen [im Lager von] Neu-Ulm ... Man bat mich, auf einem Hocker Platz zu nehmen, vor den ein anderer Hocker gestellt wurde, der den Tisch darstellte. Eine Konservenbüchse mußte die Rolle der Tasse spielen, in die aus einer anderen Büchse ein kaffeeähnliches Getränk gegossen wurde. Ein zerbrochenes Stück Bisquit vertrat das Kaffeegebäck. Während man mich zum Sitzen nötigte, standen die Generale um mich in dichten Scharen herum.

Ich hatte Mühe, meine Tränen zu unterdrücken: Ein bewegenderes Gleichnis für den Fall und den Abstieg meines Vaterlandes konnte es kaum geben. Sie erzählten mir dann von den Schikanen, die ihnen zugefügt wurden ... Wir hatten dann noch ein langes Gespräch über die Schuldfrage ... Aber ich erfuhr auch von grausamen, oft sadistischen Quälereien besonders in den SS-Lagern. Der ›Kreuzzug‹ der Alliierten gegen den Nationalsozialismus drohte hier seine Glaubwürdigkeit völlig zu verlieren, so daß auch solche, die sich eben vom falschen Zauber des Nazi-Regimes abzuwenden begannen, der Versuchung einer Renazifizierung erlagen ... Immer wenn ich das beobachtete, ganz besonders aber, wenn ich ein Internierungslager besucht hatte, quälte es mich, daß man zwar permanent – manchmal lustvoll-masochistisch, manchmal routinemäßig, weil es zum guten Ton gehörte – Vergangenheitsbewältigung betrieb, daß aber alles das, was in den Lagern geschah und was sonst jene Bewältigung gerade blockierte, einem öffentlichen Totschweigen unterlag und tabuisiert war. Hatten wir im Dritten Reich nicht schon genug geschwiegen? Sollten wir diese Schuld nun abermals auf uns laden? (Thielicke 1984, 245-46)

Thielicke redet von deutschen Generalen, die nach der Kapitulation in alliierter Haft sitzen und deren Betreuung er sich in den ersten Nachkriegsjahren widmet. Seine lebhafte Beschreibung des Lagerlebens ist von neutestamentlichen, kirchengeschichtlichen und systematisch-ethischen Begrifflichkeiten durchsetzt: Die armseligen Umstände des Barackenlebens sind ihm ein »Gleichnis«, die fehlgeleitete Entnazifizierungspolitik ist für ihn ein »Kreuzzug«, das Schweigen über die wahren Verhältnisse im Nachkriegsdeutschland eine »Schuld«. Insgesamt kann man sich einer eucharistischen Symbolik nicht erwehren, in die Thielicke die Szene der um ihn versammelten Generale taucht. Die eigenen Beobachtungen stellen sich der »lustvoll-masochistischen« und »routinemäßigen« Vergangenheitsbewältigung entgegen. Der Wirklichkeit angemessener sei es, so Thielicke, vom Unrecht der alliierten Justiz und vom deutschen Leiden zu reden.

Diese Passage, exemplarisch für die Grundhaltung seiner Lebenserinnerungen, verdeutlicht die narrative Rekonstruktion von erlebter Geschichte eines deutschen Theologen der 1933er Kohorte. Zunächst ist da die emotionale Identifikation mit dem Vaterland, die zur theologisch-politischen Beurteilung der Frage nach (nationaler) (Un-) Schuld führt. Unschwer zu erkennen ist auch die Verwendung einer Opfermentalität, wobei die Deutschen nicht als handelnde Subjekte im nationalsozialistischen Regime, sondern als Opfer der alliierten Justiz dargestellt werden, während die vom Nationalsozialismus rassisch und religiös verfolgten Minderheiten aus dem Blickfeld geraten. Die affektive Fokussierung auf das Leiden der Deutschen in der Nachkriegszeit führt zur Ausblendung der Shoah. Eine selbstkritische Auseinandersetzung mit Fragen der Mittäterschaft fehlt.

Thielicke steht nicht allein in seiner Kohorte, wenn es darum geht, das persönliche Erleben der deutschen Geschichte mit affektiv besetzten Bildern zu illustrieren. Wolfgang Trillhaas (geb. 1903) fragt sich in *Aufgehobene Vergangenheit. Aus meinem Leben* (1976), ob man die eigene Vergangenheit wirklich begreifen kann: »Wir können uns nicht mehr identifizieren, wir leben in einer gebrochenen Erinnerung. Die Vergangenheitsbewältigungen seither wirken wie ein Erbrechen, nicht ohne daß man dann das Erbrochene neugierig betrachtet«. (1976, 175) Die von Thielicke formulierte klare Distanzierung von einer allgemein lustvoll-masochistischen Vergangenheitsbewältigung findet hier ihre Parallele: Vergangenheitsbewältigung als Masochismus und Brechreiz. Und doch ist der Sog der Vergangenheit so stark, dass das Erbrochene immer wieder mit Neugierde betrachtet werden muss. Die Direktheit dieser körperlich erregten Bilder mag eine individuelle Ausdrucksform dieser Autoren sein, sie weist dennoch auf die allgemeine Ambivalenz hin, mit der sich deutsche Theologen nach 1945 der eigenen Geschichte angenähert haben.

Thielicke inszeniert die Erinnerung seines Besuchs im Internierungslager als Abendmahlsfeier. Thielicke, als Seelsorger, ist wie Christus dicht umringt von seinen Jüngern, den deutschen Generalen. Er teilt mit ihnen ein Mahl, das aus einem »zerbrochenen Stück Bisquit« und einem »kaffeeähnlichen Getränk« besteht. Die emotionale und religiöse Verklärung dieser Szene transportiert politische und theologische Inhalte, und so gleitet die als eucharistisches Mahl gestaltete Szene der Begegnung mit den Generalen unauffällig in eine Passionsgeschichte des deutschen Volks über: »Ein bewegenderes Gleichnis für den Fall und den Abstieg meines Vaterlandes konnte es kaum geben« (ein Satz, dessen Ähnlichkeit mit Wurms Formulierung über »das arme Vaterland, wie ist es gesunken« dem aufmerksamen Leser ins Auge fallen muss).[40] Dreißig Jahre bevor Thielicke diesen Satz in seiner Autobiographie niederschrieb, hatte er in einer sehr bekannt gewordenen Karfreitag-Predigt von 1947 die Verbindung zwischen der deutschen Nachkriegssituation und der christlichen Passionsgeschichte explizit artikuliert. In dieser Predigt brachte er seine ablehnende Reaktion auf die Frage deutscher Kollektivschuld zum Ausdruck und sprach von der »deutschen Passion« als jenen »schmerzlichen Epochen unseres Vaterlandes, in denen es leidet und an die Grenzen des Todes geworfen ist« (Thielicke 1948, 7f.).

Die oben zitierte Passage illustriert, wie sehr eine emotional hoch besetzte Sprache über das Fehlen einer selbstkritischen Distanz hinwegtäuschen kann. Thielicke hatte Mühe, seine »Tränen zu unterdrücken«. Diese starke, affektive Identifikation mit dem Leiden der Deutschen hat er nicht in den restaurativen fünfziger Jahren, sondern in den achtziger Jahren aufgeschrieben. Zu diesem Zeitpunkt hatten bereits Ereignisse wie der Eichmann-Prozess in Jerusalem, die Frankfurter Auschwitz-Prozesse und der Film *Holocaust* das bundesrepublikanische Bewusstsein aufgerüttelt. Thielicke aber hält unbeirrbar an einer Interpretation der Vergangenheit fest, die sich, fixiert in seiner Kohortenerfahrung, kaum weiterentwickelt hat. Reinhard Staats beobachtet, dass die moderne Theologenautobiographie durch »viel Selbstverkündigung, wenig Selbsterforschung« (1994, 69) gekennzeichnet sei. Fehle eine selbstkritische Reflexion, können Autobiographien und Memoiren zur »apologetischen Selbstinszenierung oder zur bewußten Legendenbildung« führen (Matthiesen 1998, 10). Thielicke ist, wie viele andere Theologen, halb apologetisch, halb angriffslustig vorgegangen. Er hat dadurch Dimensionen der Mitverantwortung und Mittäterschaft verwischt und aktiv zu Legendenbildungen im nachkriegsdeutschen Erinnerungsdiskurs beigetragen. Seine Angriffe auf die vermeintlich unfaire Justiz der Alliierten, die er nicht nur in den ersten Nachkriegsjahren, sondern mit unverminderter Emotionalität mehr als vierzig Jahre später vorgetragen hat, ist ein Beispiel für sein Mitwirken an der mehrheitsfähigen Legende, die Deutschen seien die eigentlich Leidenden und Opfer gewesen.

Thielicke war »besonders bewegt« von den Nachkriegsbegegnungen mit Deutschen in ehemals führenden Positionen der NS-Gewaltherrschaft, wohl deshalb, weil er sich als 1933er mit ihrer Situation identifizieren konnte: Sie waren, wie er, ihren beruflichen Karrieren während der Nazi-Zeit nachgegangen. Er war aber kaum berührt von den Schicksalen und Lebenswirklichkeiten der Opfer und Überlebenden der NS-Verfolgung. Nicht die Todeslager in Polen, sondern die grausamen Zustände in den »Vernichtungslagern« und »SS-Lagern« (1984, 244, 246) – wie er die alliierten Internierungslager für prominente Nazis und die SS bezeichnet – bereiten Thielicke Mühe, seine »Tränen zu unterdrücken«. Er beklagt das fehlende Mitgefühl für die Situation der geschlagenen Deutschen besonders unter seinen Kompatrioten, wie etwa »die massiv-undifferenzierten Selbstanklagen Niemöllers« (232). Polemische Rhetorik vermischt sich mit persönlichem Gefühlserguss und gipfelt in der moralisierenden Anfrage, ob man denn angesichts der »sadistischen Quälereien« in den Internierungslagern hätte schweigen sollen. »Hatten wir im Dritten Reich nicht schon genug geschwiegen? Sollten wir diese Schuld nun *abermals* auf uns laden?« (Hervorh. v. B. K.)

Das verräterische kleine Wort »abermals« zeigt, dass sich Thielicke, im Unterschied zu Theophil Wurm, einer Schuld gegenüber den Opfern der NS-Verfolgungen bewusst ist. Sie, die Deutschen, und er als Theologe, so gesteht er zu, hätten Schuld im Dritten Reich auf sich geladen. Doch bleibt diese Schuld ohne emotionale Resonanz und ist mit keiner theologischen Forderung verknüpft, die den Opfern der NS-Verfolgungen zugute kommen könnte. Außerdem wird sein Schuldeingeständnis – darin ist Thielicke seinem Vorgänger und Mentor Wurm verwandt – sogleich relativiert, indem er der nachkriegsdeutschen Kirche die moralische Aufgabe zuschiebt, die Schuld der Alliierten anzuprangern. Die *Schuld an den Deutschen* ist emotional und politisch aufgeladen, die *Schuld der Deutschen* bleibt seltsam hohl und blutleer.

Als gedankliches Experiment können wir Thielickes Widerwillen gegenüber der »lustvoll-masochistischen Vergangenheitsbewältigung« umdrehen und auf ihn selber übertragen. Angesichts seiner leidenschaftlichen Kritik liegt die Frage nahe, ob er nicht selber eine uneingestandene Lust am Beschreiben nationalen und persönlichen Leidens empfindet. Ist es nicht Thielicke, der sich mit religiös-politischem Pathos im Leid der Deutschen ergeht? Ist es nicht Thielicke, der selbstgefällig ehemalige Täter und Mitläufer verharmlosend beschreibt, selbst noch in den achtziger Jahren? Seine Rhetorik ist getränkt im Selbstmitleid, gegossen in die Form einer nationalen Passionsgeschichte. Das wahre Opfer ist der geschundene Deutsche, der Täter die alliierte Justiz. In solchen Umkehrungen ist die Krise deutschsprachiger Theologie nach der Shoah, wie sie sich im Erinnerungsdiskurs evangelischer Theologenautobiographien artikuliert und widerspiegelt, mit beiden Händen greifbar.

Nichts an den Erinnerungsdiskursen dieser Männer ist unkompliziert. Nichts daran ist so, wie ich es mir, als jemand, der nach der Shoah in Deutschland geboren wurde, als Modell für eine Auseinandersetzung mit der Vergangenheit und mit den Mentalitäten im Land der Täter wünschte. Sich mit autobiographischen Texten protestantischer Theologen zu befassen, legt nicht nur Ursachen und Symptome der kirchlichen und theologischen Krise frei, sondern verweist auch auf die allgemeine Schwierigkeit, als Teil einer post-genozidalen Gesellschaft eine theologisch-stimmige Position in Hinblick auf die Geschichte und Folgen des Nationalsozialismus sowie auf die Politik des genozidalen Antisemitismus zu finden.

Das Leid der Deutschen:
Autobiographische Rechtfertigungen

Autobiographien erlauben dem männlichen Theologen, über sich selbst zu reden. Sie sind keine »ich-losen« theologischen Texte, aber auch keine Texte, in denen das autobiographische Ich als handelndes Subjekt unbedingt sichtbar wird. Der Theologe erzählt über sein Leben, jedoch tut er dies in einer Weise, die soviel preisgeben wie verdecken kann. Jedes autobiographische Erzählen ist Interpretation, Auswahl, Inszenierung; jedes noch so »Nahe-an-sich-bleiben-Wollen« beruht immer schon auf retrospektiver Diskretion und der bewussten (und unbewussten) Zusammenstellung von Erinnerungen. Das trifft insbesondere auf jene Theologen zu, die den Nationalsozialismus und die Shoah als Erwachsene erlebt haben, denn das sich erinnernde Ich muss sich in Beziehung zu einem geschichtlichen Ereignis setzen, das politische und moralische Sprengkraft besitzt. Der von dieser Vergangenheit erzählende Autor unterliegt Rechtfertigungs- und Erklärungszwängen – eine apologetische Haltung, die der praktische Theologe Trillhaas mit dem Satz, »wie ich immer Recht gehabt habe« (1978, 715) treffend bezeichnet hat. Der Autobiograph wünscht sich die Anerkennung der Leser und fürchtet sich vor ihrem Urteil. Deshalb bedient sich die autobiographische Erzählkunst narrativer Strategien, die zwar vom Ich erzählen, aber das handelnde Subjekt verbergen können.

Die autobiographische Rede ist inszenierter Text: Zu fragen wäre, wann und in welchen Situationen moralischer Brisanz das Ich als handelndes Subjekt im Text verborgen bleibt. Es geht um das in der Verantwortung zur Geschichte stehende Ich. Die Lebenserinnerungen von Theologen werden deshalb in den zwei folgenden Kapiteln danach befragt, wie sie sich als handelnde Subjekte in der Auseinandersetzung mit der NS-Zeit und der Shoah darstellen. Exemplarisch wird dies an den Memoiren von zwei Theologen demonstriert: Walter Künneths *Lebensführungen. Der Wahrheit verpflichtet* (1979) und Helmut Thielickes *Zu Gast auf einem schönen Stern. Erinnerungen* (1984). Zweifellos kommt in einem derart konzipierten Vorgehen die Gesamtheit der Biographien Künneths und Thielickes zu kurz. Aber hier sollen nicht Leben und Werk individueller Theologen gewürdigt, sondern die Beteiligung deutscher Theologen an einem nationalen Erinnerungsdiskurs untersucht werden, der, um es vorwegzunehmen,

»keine wesentliche Mitverantwortung für die Katastrophe des Nationalsozialismus erkennen ließ« (Vollnhals 1992, 51).

Mit Walter Künneth (1901-1997) und Helmut Thielicke (1908-1986) stehen dabei die 1918er und 1933er Kohorten im Mittelpunkt. Die ihren Lebenserinnerungen innewohnende Problematik von Selbstdarstellung und Subjektverbergung wird anhand von zwei Themenkreisen veranschaulicht: dem Leiden der Deutschen und der Abwesenheit von Juden. Gelegentliche Verweise auf weitere Mitglieder der 1918er und 1933er Kohorten streichen den exemplarischen (statt exzeptionellen) Charakter Künneths und Thielickes heraus; Verweise auf kohortenübergreifende Erfahrungen der 1890er, 1943er, 1948er und der Nachkriegsgenerationen dienen dazu, Tradierungsprozessen mit ihren Kontinuitäten und Brüchen nachzuspüren.

Schicksal und Katastrophe

Damals wurde viel guter Wille zur neuen Völkerverständigung zerstört und zu Heuchelei und Verlogenheit im Großformat erzogen. (Künneth, *Lebensführungen*, 186)

Die Rache der gepeinigten Völker, die über uns hereinbrechen würde, überstieg das Fassungsvermögen der Phantasie, so daß dies alles weniger die Hoffnung auf kommende Freiheit als das Grauen vor dem Unabsehbaren auslöste. (Thielicke, *Zu Gast auf einem schönen Stern*, 180)

Ich beginne mit diesen Zitaten, weil sie in besonders anschaulicher Weise die Problematik des Erinnerungsdiskurses zweier Theologen widerspiegeln, die generell dem konservativen Lager zuzurechnen sind und die »entscheidend den deutschen Nachkriegsprotestantismus« mitgeprägt haben.[41] Im Rückblick, nach mehr als einem Vierteljahrhundert seit dem Ende des Nationalsozialismus, evaluieren Künneth und Thielicke die geschichtliche Situation Deutschlands nach 1945. Sie tun dies mit einem erstaunlich expressiv-emotionalen und moralisch-politischen Vokabular, das einer näheren Betrachtung bedarf.

Künneth, der lutherische Systematiker aus Erlangen, der ganz aus dem Bewusstsein der 1918er Kohorte schreibt, klagt, dass »*damals* viel guter Wille zur neuen Völkerverständigung zerstört« (Hervorh. v. B. K.) worden sei. Das »damals« in seiner Klage könnte sich auf die

Jahre 1918/1919 beziehen, da die Nationalkonservativen das Ende des Ersten Weltkrieges und den Versailler Vertrag als Demütigung des deutschen Vaterlands interpretierten; auch ließe sich das »damals« auf die politische Situation seit der Machtübernahme Hitlers übertragen, um etwa Künneths christlichen Bekenntniskampf gegen den NS-Ideologen Alfred Rosenberg hervorzuheben, und das hieße, die Schuld an der Völkerfeindschaft und der »Verlogenheit im Großformat« vor Hitlers Füße zu legen. Jedoch handelt Künneths »damals« weder von 1918 noch 1933, sondern von 1945. Zu fragen wäre darum: Wer ist hier Sender und Adressat? Wer zerstört wessen guten Willen zur neuen Völkerverständigung? Wer erzieht wen zur Heuchelei und Verlogenheit?

Im Kontext seiner *Lebensführungen* wird deutlich, dass es Künneth um den »guten Willen« der *Deutschen* zur neuen Völkerverständigung geht, der von den *alliierten Besatzungsmächten*, und speziell von den Amerikanern, nach 1945 zerstört worden sei. »Verbitternd«, so Künneth (1979, 184), wirkten die Zwangsmaßnahmen der amerikanischen Besatzer, die die deutsche Bevölkerung in Not brachten. Da man »an der ›Gerechtigkeit‹ der amerikanischen Befreier irre« wurde, und »damals Unschuldige und harmlose Bürger verurteilt« (186) worden seien, sind wohlwollende Deutsche von den Amerikanern zu Heuchelei und Verlogenheit erzogen worden. Sich der Mentalität seines Lesepublikums gewiss, artikuliert Künneth für sie – und mit ihnen – den Protest gegen die alliierte Besatzungspolitik: einen Protest, der aus seiner kohortenspezifischen Erfahrung des Ersten Weltkrieges und von Versailles gespeist und auf die Situation von 1945 übertragen wurde. Dieser gemeinsame Verstehenshorizont wird 1979, als *Lebensführungen* auf dem Buchmarkt erscheint, als intakt vorausgesetzt.

Wie Künneth vertraut auch Helmut Thielicke auf ein bestimmtes Vorverständnis seiner Leser und Leserinnen, wenn er von der »Rache der gepeinigten Völker, die über uns [Deutsche] hereinbrechen würde« spricht. In seinem Fall handelt es sich um das kohortenspezifische Verständnis der 1933er. Im Unterschied zu Künneth ist Versailles für ihn nicht mehr als persönliche Erfahrung prägend, bleibt aber als tradiertes Inventar geschichtlicher Anhaltspunkt. Zwar könnte Thielickes Phantasie über die hereinbrechende Rache der gepeinigten Völker auf die Vergeltungslust der Siegermächte in Versailles anspielen, doch sind die siegreichen Mächte des Ersten Weltkrieges weder von den

1890ern noch 1918ern als »gepeinigt« dargestellt worden. Prägend dagegen ist Thielickes Erfahrung, sich als 1933er mit einem Regime arrangiert zu haben, das *andere* Völker gepeinigt hat. So drängt sich im Bild der »gepeinigten Völker« ein vages Schuldbewusstsein an die Oberfläche, das aber sogleich durch Thielickes Phantasie relativiert wird. Kurz vor dem Zusammenbruch des NS-Regimes steigert sich Thielickes Angstvorstellung über das hereinbrechende Grauen ins Unermessliche – wohlgemerkt nicht über das Grauen, das die Nationalsozialisten an anderen Völkern verübten, sondern jenes, das man in Form von Leid und Unrecht am eigenen Leib befürchtete. So vermittelt Thielickes Formulierung von der »Rache der gepeinigten Völker« und dem »Grauen vor dem Unabsehbaren« zugleich Schuldeingeständnis und Selbstviktimisierung. Man weiß vom Unrecht an anderen Völkern, ohne es explizit benennen zu müssen, erlaubt sich dieses Zugeständnis aber nur im Rahmen der Imagination, selbst Opfer von Vergeltungsakten zu werden. Der eigentlich Leidende bleibt – und das ist die tragende Identifikation, die durch die Aussage Thielickes spricht – der vor Angst erstarrte Deutsche. In dieser genialen narrativen und psychologischen Strukturierung wird der Protagonist in der Geschichte zugleich zum Hilflosen. Die Sympathie ruht beim Deutschen; die eigene Kompromittierung mit dem System verschwindet im Haschen nach (Selbst-) Mitleid.[42]

Die Thematisierung des leidenden Deutschen nach dem Zusammenbruch des Nationalsozialismus löst unter kritischen Lesern und Leserinnen der Nachkriegsgenerationen Unbehagen und Unverständnis aus. Künneth und Thielicke aber fühlen sich noch in den siebziger und achtziger Jahren der Bundesrepublik mit einer Leserschaft verbunden, mit der sie einen gemeinsamen Verstehenshorizont teilen. Sie rufen eine gemeinsame Zeit in Erinnerung, in der es »bei den Deutschen seit Kriegsende [eine] sich ausbreitende Neigung [gab], in erster Linie sich selbst und die eigene Nation als Opfer der nationalsozialistischen Herrschaft zu sehen« (Friedländer et al. 2002, 561). Insofern illustrieren ihre oben zitierten Behauptungen die These von Norbert Frei und Robert Moeller, in der nachkriegsdeutschen Erinnerung hätten sich die Deutschen als Opfer und Leidende wahrgenommen.[43] »Man wird es wohl unerbittlich deutlich machen müssen«, schreibt Hanns Lilje, Landesbischof von Hannover und stellvertretender Vorsitzender des Rates der EKD (1949-1967), »daß dieses deutsche Volk [in der Nachkriegszeit] in einer ungewöhnlich schwierigen Lage war … [M]an muß daran erinnern, daß dieses Volk aus vielen Wunden blutete, daß noch immer Familien getrennt waren, daß viele deutsche Gefangene in fremden Lagern schmachteten und daß vielfach die Angehörigen überhaupt nicht wußten, wo jene waren.« (1973, 173) In Liljes Worten – variiert durch autobiographische Zeugnisse anderer theologisch geschulter Männer – spiegelt sich eine Mentalität wider, die kein kritisch-theologisches Instrumentarium zu entwickeln vermochte, um sich dem nachkriegsdeutschen Konsens zu widersetzen. Man billigte »den Deutschen in ihrer Gesamtheit den Status von politisch ›Verführten‹ [zu], die der Krieg und seine Folgen schließlich sogar selber zu ›Opfern‹ gemacht hatten« (Frei 1999, 405). Darüber marginalisierte und vergaß man die Opfer der NS-Verfolgungen.

Die Fixierung auf das Leid der Deutschen nach 1945 spiegelt sich auch wider in wiederholten Beschreibungen des deutschen Volkes als »Schicksalsgemeinschaft«, das unter Katastrophen, Tragödien und Unrecht gelitten habe. Die Idee einer völkischen Gemeinschaft[44], die von Schicksalsschlägen und Katastrophen heimgesucht worden sei, findet sich seit Versailles als Topos in zahlreichen Theologenautobiographien. So verteidigt beispielsweise Emanuel Hirsch, ein Theologe der 1890er Kohorte, noch sechs Jahre nach 1945 sein umstrittenes Werk *Deutschlands Schicksal*, worin er in den zwanziger Jahren für eine Verbindung von christlichem und völkischem Denken in einem starken Nationalstaat argumentiert hatte. In seiner autobiographischen Skizze von 1951 erinnert sich Hirsch, wie er zusammen mit den »heimgekehrten jungen deutschen Soldaten [von 1918] … den Schicksalsweg in die dunkle und unenthüllte deutsche Zukunft« (1951b, 5) gehen wollte. Karl Heim (1874-1958), auch ein 1890er, schreibt in seinen Memoiren, dass am Ende des Ersten Weltkrieges ein »schicksalsschweres Geschehen … über unser ganzes Vaterland kam« (1957, 141). Der pietistische Schwabe mit seiner »personalistischen Sicht des Menschen« (Adam 1994, 177) war gerade aus einem dänischen Internierungslager für verwundete deutsche Soldaten, wo er als Seelsorger tätig war, entlassen worden und freute sich nun über die Berufung auf den Tübinger Lehrstuhl für Systematische Theologie. Über »diese Heimkehrfreude … im Frühling des Jahres 1920« legte sich aber »der tiefe, schwere Schatten des verlorenen Krieges, der auch meine geliebte Heimat in das dunkle Schicksal des ganzen Deutschlands mit hineingerissen hatte« (Heim 1957, 141). Walter Künneth, der seinen Lehrer Karl Heim als »das große theologische Geschenk meines Lebens« (1979, 53) gelobt hat, redet von einer persönlichen, »schicksalsschwere[n] Entscheidung« (67), insbesondere bezüglich seiner elfjährigen Arbeit in der Apologetischen Centrale der Berliner Inneren Mission zwischen 1926 und 1937. Die amerikanischen »Zwangsbeschlagnehmungen« von Wohnungen in Erlangen – Künneth war dort seit September 1944 Dekan – kommentiert er mit dem Satz: »Aber das alles war nun eben das Schicksal der Besiegten« (184). Hanns Lilje, auch ein 1918er, schreibt über die geistige Orientierungslosigkeit der Westdeutschen im Jahr 1950: Wir lebten »ja damals noch unter Trümmern und viel geistiger Armut«; denn durch »das schwere Schicksal, das auf Deutschland gelastet hatte, war so vieles vernichtet und vieles von den geistigen Gütern unseres Volkes scheinbar für immer zerstört« (1973, 91).

Wie sehr das deutsche Volk als Schicksalsgemeinschaft gegen Ende des Zweiten Weltkrieges einer Situation katastrophalen Ausmaßes entgegenzusteuern schien, kommt besonders in den Lebenserinnerungen der 1933er Kohorte zum Tragen. Walter von Loewenich, die alliierte Bombardierung von Nürnberg beschreibend, zeichnet das Kriegsende als »ein Bild von apokalyptischem Ausmaß« (1979, 20). Wolfgang Trillhaas benutzt dieselben Worte für die Wende der Jahre 1944/45: »Der Bombenkrieg verschärfte sich in apokalyptischem Ausmaß« (1976, 201). Und in Helmut Thielickes Erinnerungen wird diese Zeit als »das angstvolle Vorgefühl einer großen Katastrophe« (1984,180) geschildert.[45]

Die Lesart der deutschen Geschichte als Schicksal und als Katastrophe ist an sich nichts Originelles, sondern charakterisiert eine in der Bevölkerung weit verbreitete Position nach dem Krieg. Die »gedankliche Nähe zum Passiven, zum Ausgeliefertsein« (Berg 2003, 65) hat solche Begriffe attraktiv gemacht. Bereits im Sommer 1945 erschien eine schnell vergriffene Schrift mit dem Titel *Nach der Katastrophe*, gefolgt von dem populären Buch *Die deutsche Katastrophe* (1946) des Historikers Friedrich Meinecke.[46] Die meisten Theologen haben sich diesem Diskurs nicht widersetzt, sondern ihn mitgestaltet. Erwartete man von evangelischen Theologenautobiographien ein eindeutiges Wort zur Schuld der Deutschen und ein tätiges Mitgefühl für die Opfer der NS-Verfolgungen, so enttäuschen sie – umso mehr, als die meisten nicht in der unmittelbaren Nachkriegszeit, sondern erst Jahrzehnte später erschienen sind. Statt sich den Opfern und Überlebenden der genozidalen Politik eines diktatorischen und völkisch-rassistischen Systems zuzuwenden, stehen im Zentrum des Mitleids jene Deutschen, die unter den Kriegsfolgen, aber nicht unter den NS-Verfolgungen gelitten hatten: die in den Städten Ausgebombten, die Flüchtlinge und Vertriebenen aus den Ostgebieten, die heimkehrenden Soldaten, die Kriegsgefangenen, die internierten Wehrmachtsoffiziere, der »kleine Mann«, der unbescholtene Pg (Parteigenosse), die beruflich Kompromittierten, die im Entnazifizierungsverfahren Beschuldigten und die sogenannten Kriegsverurteilten.[47] All jenen – die ja die Mehrheit der Klientel in den Nachkriegsgemeinden bildeten – galt das seelsorgerliche, kirchliche und theologische Bemühen.

In ihren Predigten und Schriften haben Theologen das Leiden der Deutschen *nach* 1945 politisch thematisiert und theologisiert. Häufig haben sie dabei auch den Gedanken der Prüfung und Strafe aufgegriffen, ihn aber derart gestaltet, dass ihr Mit- und Wehleid dem hart geprüften und gestraften deutschen Volk galt.[48] Das deutsche Volk sei von Gott und den Alliierten bestraft worden und bedürfe deshalb nun einer neuen Verheißung. »Gott strafe die Deutschen«, so fasst Hartmut Lehmann ein Sendschreiben des Kirchenhistorikers Hans Preuß von 1946 zusammen, »weil sie von ihm abgefallen seien«.[49] Der Erlanger Lutherspezialist Preuß, der während der NS-Zeit Hitler zum »endzeitlichen Gottgesandten« erklärt hatte,[50] erwähnt in diesem Sendschreiben weder den Holocaust noch andere von der NS-Vernichtung betroffene Völker. Deshalb bleibt der Bezug auf die göttliche Bestrafung seltsam leer und folgenlos. Die Deutschen von 1946 sind für Preuß »das arme, elende, verlassene, verachtete, verratene und verkaufte Deutschland«, dem »kein Arges, sondern alles Gute« gegönnt sei (zit. in Lehmann 1999, 294). Ähnlich Paul Althaus, der seinen Hörern in einer Predigt zum Weihnachtsfest 1945 den Zuspruch erteilt: »In diesen schweren, bewegten Monaten ist es mir gewiß geworden: Christus will aufs neue zu uns Deutschen kommen.«[51] Theophil Wurm beendet seine Autobiographie mit der Klage: »[D]as arme Vaterland, wie ist es gesunken seit den Tagen meiner Jugend«; anschließend bekräftigt er Gottes Verheißung für diese Nation: »Ja, Gott läßt solche Völker oft in tiefe Not geraten, weil sie erst im Elend die Kräfte entfalten, aus denen ihre herrlichsten Werke hervorgehen.« (1953, 219)

Die deutsche Schicksalsgemeinschaft sei, in den Worten vieler Theologen, zuerst durch Versailles, durch die Säkularisierungsprozesse der Weimarer Republik und des Nationalsozialismus, und schließlich durch die alliierte Besatzungs-, Vertreibungs- und Entnazifizierungspolitik hart geprüft worden. Diese Rhetorik offenbart eine ungebrochen vaterländische Loyalität. Sie motivierte Theologen und Kirchenmänner, sich bei den westlichen Alliierten als Stimme moralischer Unanfechtbarkeit anzupreisen, um Einfluss auf die Neugestaltung Deutschlands zu gewinnen. »Die Kirche, deren Widerstand im ›Dritten Reich‹ allgemein honoriert wurde, gewann in der Öffentlichkeit ein erstaunliches Ansehen«, schreibt Künneth (1979, 187). Wilhelm Stählin (1883-1975) zeichnet in seinen Memoiren ein nicht gar so positives Bild vom Ansehen der Kirche nach dem Krieg, schiebt aber die Schuld daran auf die Presse und die Alliierten: »Es konnte freilich nicht ausbleiben, daß eine übereifrige Presse (übereifrig, der Besatzungsmacht zu gefallen) unserer Kirche vorwarf, daß wir ehemaligen Nationalsozialisten gegenüber zu mild, entschiedenen Anti-Nazis gegenüber ungerecht verfahren seien.« (1968, 493) Anmaßender formuliert es Thielicke: »Da das Nazi-Regime ein totales Vakuum hinterlassen hatte und auf deutscher Seite keinerlei politische Repräsentanten zur Verfügung standen, fühlte sich die Kirche als einzig überlebende ›autoritative‹ und von der Besatzungsmacht respektierte Instanz zu einer Art Notstellvertretung aufgefordert.« (1984, 204) Die von Theologie und Kirche im Zeichen von Neubeginn, Reintegration und Rückgewinn nationaler Autonomie eingeklagte moralische Autorität gründete sich hauptsächlich auf das Leiden der nichtverfolgten Deutschen.

Hier ist ein Weltbild entworfen worden, das das deutsche Volk als eine Schicksalsgemeinschaft beschreibt, welche von Katastrophen und Strafen heimgesucht worden sei. Solch ein Weltbild verhinderte, das die männlichen Autoren sich selbst als handelnde Subjekte in ihrer Verantwortung und Schuld wahrnehmen mussten. Der Autobiograph ist, qua Identifikation mit dem Volk, Objekt metageschichtlicher Kräfte, Opfer der justitiellen Willkür der Alliierten, und leidgeprüft im göttlichen Plan von Strafe und Verheißung. Predigten und Stellungnahmen der unmittelbaren Nachkriegsjahre sowie die später verfassten Theologenautobiographien spiegeln deshalb nicht nur den nachkriegsdeutschen Konsens wider, sondern machen auch deutlich, wie sehr Theologen aktiv an der Gestaltung des kollektiven Gedächtnisses mitgewirkt haben.

Mit Hilfe einer diskurskritischen Analyse werde ich nun exemplarisch verdeutlichen, wie sich die Thematik des leidenden Deutschen konkret und im Detail in den Lebenserinnerungen von Künneth und Thielicke niederschlagen. Wir wenden uns zunächst Walter Künneth zu, in dessen Erinnerungen sich das Leid des Volkes mit Zuschreibungen eigener Leiderfahrungen vermischen.

Der Wahrheit verpflichtet: Künneth und die 1918er

Künneths *Lebensführungen. Der Wahrheit verpflichtet* erschien 1979 im Wuppertaler Brockhaus Verlag als Teil eines Buchprogramms, das »die Botschaft von Jesus Christus in unserer Zeit glaubhaft bezeug[t]«.[52] Auf dem orangefarbenen Schutzumschlag ist unter dem Titel eine steife, altmodische Schreibfeder abgebildet, die gerade ein Stück Papier durchsticht und mit der Spitze den Betrachter konfrontiert. Der Klappentext verspricht dem Leser eine »persönliche« Erinnerung, die dabei helfen kann, »geschichtliche Vorgänge in bewegten

Zeiten besser zu verstehen« und »vordergründige und irrtümliche Meinungsbildungen zu korrigieren«. Inhaltlich ist das Buch in 14 Kapitel gegliedert, die chronologisch fortschreiten. Künneth beginnt mit seiner »Heimat« (Elternhaus, Kindheit), seinen »Jugendjahren« im Ersten Weltkrieg und der »Universitätszeit« in der Weimarer Republik. Es folgen seine »Schicksalsjahre in Berlin« während der NS-Zeit, der »Widerstand der Kirchen«, die Auseinandersetzung mit dem »Mythus von Alfred Rosenberg« und anderen Erlebnissen unter den Nationalsozialisten. Drei weitere Kapitel berichten über seine theologische und kirchliche Tätigkeit nach 1945. Das letzte ausführliche Kapitel ist Künneths »zweitem Bekenntniskampf« gewidmet, den er gegen den säkularen Relativismus der neuen Bundesrepublik und der modernistischen Theologie glaubte führen zu müssen.

Immer wieder betont Künneth in seinem Buch, »sachlich« gegen alle säkularistisch-ideologischen Anfechtungen und für die Wahrheit des christlichen Bekenntnisses eingestanden zu sein – ob während des Dritten Reichs oder der Bundesrepublik. Der Wahrheit zuliebe müsse die Kirche ein »Wächteramt« einnehmen, um sich gegen die »bibelzersetzenden Einflüsse« (1979, 240) zu wehren. Der Historiker Ulrich Herbert schreibt, »Wahrheitsliebe und Schlichtheit« (1995, 33) seien zwei Eigenschaften, die Künneths »Generation der Sachlichkeit« auszeichneten. Es sei eine Generation, die gegenüber Gefühlen verschlossen, aber für Ideen von Volk und Nation offen gewesen sei. In *Lebensführungen* lässt Künneth keine Zweifel an seiner vaterländischen Loyalität und christlichen Überzeugung aufkommen.

Die ihn und seine Kohorte prägende Erfahrung beginnt mit dem Ersten Weltkrieg. Künneth selbst war zu jung, um noch Frontsoldat zu werden – er war 17, als der Krieg endete – aber der tief greifende Einschnitt, den dieser Krieg »in ganz besonderer Weise für die protestantische Theologie« (Neuner 2002, 15) darstellte, ging an dem jungen Künneth nicht vorüber. Er zählte zu jenen Jahrgängen der sogenannten »Kriegsjugendgeneration«, deren Kindheit und Jugend »statt von sorglosen Freuden … von den Auswirkungen des Krieges geprägt worden« waren (Herbert 1995, 32). Diese Erfahrungen erzeugten Künneths affektiv-politische Identifikation mit dem Vaterland, auch wenn er selber an der theologischen Aufarbeitung dieses weltgeschichtlichen Ereignisses nicht teilnahm, da er sein Theologiestudium erst zu Beginn der Weimarer Republik aufnahm. Die Aufgabe der Aufarbeitung lag bei der 1890er Kohorte, den theologischen Vätern

Künneths, die auf die Ereignisse von 1914 und 1918/1919 mit der dialektischen Theologie (z. B. Barth, Tillich, Gogarten und Thurneysen)
oder deren Gegenstück, einer ordnungsbetonten Theologie (z. B. Holl,
Heim, Elert und Althaus), antworteten.[53] Künneth empfand sich
einer Theologie der Ordnung verbunden, weshalb er später im Kirchenkampf des Dritten Reichs eine distanzierte Position zu den Re-
form- und Widerstandsbemühungen der Bekennenden Kirche ein-
nahm.

Die vaterländische Loyalität ist Künneth wichtig. Leidenschaftlich
spricht er in *Lebensführungen* von der Opferbereitschaft »Millionen
junger Deutscher«, die im Bewusstsein »nationaler Einheit und deutscher Solidarität« (1979, 32) in den Ersten Weltkrieg gezogen seien.
Opfer wurden freiwillig gebracht: »Innerlich haben wir uns nicht gegen diese Hungersnot aufgelehnt, da wir es als ein kleines Opfer gegenüber dem, was die Frontsoldaten entbehren mußten, ansahen.«
Mit biblischem Zuspruch wurde »Jammer und Leid in den Familien«
ertragen (1979, 34). Mit der langen Kriegsdauer verminderte sich allerdings die anfängliche Begeisterung, und anstelle der heroisierten,
nationalen Opferbereitschaft trat zunehmend persönlich erfahrenes
Leid. 1916 starb Künneths älterer Bruder an der Front durch eine Gra-
nate; seine Begeisterung wurde schlagartig verunsichert.[54] Der »tiefe
Schmerz«, den Künneth bei seinem Vater beobachten konnte, bewirkte eine innere Wandlung: »Mir war, als sei mir die Last einer schweren
Verantwortung, die ich vorher nicht gekannt hatte, auf die Schultern
gelegt worden. Ich konnte jetzt nicht mehr meinen egoistischen Wünschen und Handeln freien Lauf lassen.« (37) Gestärkt durch eine neu
gewonnene, innere Gewissheit über die »höhere Macht« Gottes (38),
stellte er den vaterländischen Verteidigungswillen auch nach der militärischen Niederlage nicht in Frage. Stattdessen wandelte sich die
persönliche Leiderfahrung im Zuge der Empörung über Versailles in
nationales Pathos. »Eine tiefe Niedergeschlagenheit lag über uns allen«, aber bald schon »meldeten sich … die Zeichen der Reaktion [auf
die rote Revolution] in einem neuen Nationalbewußtsein« (42). Künneth gehörte zu jenen mehrheitlichen Kreisen, die Weimar mit einem
»kategorischen ›Nein‹« ablehnten (Smid 1990, 143).

Als Student trat Künneth in die Erlanger Korporation »Wingolf«
ein[55], eine »wohltuend empfundene brüderliche Gemeinschaft; es
herrschte saubere Luft bei fröhlicher Geselligkeit« (47 f.). »Alle Korporationen waren sich damals einig in der Auflehnung gegen das Un-

recht des Versailler Vertrags und in der Opposition gegen die neue Weimarer Republik ... Der Geist einer neuen nationalen Bewegung nach dem deutschen Zusammenbruch 1918, die jedoch nichts mit dem späteren Nationalsozialismus zu tun hatte, erfaßte auch die Studentenschaft« (48; siehe auch Herbert 1995). Theologisch orientierte sich Künneth an der konservativ-lutherischen Schule: Er erwähnt unter anderem seine Lehrer Hans Preuß, Philipp Bachmann, Werner Elert, Adolf Schlatter, den Philosophen Brunstäd und insbesondere Karl Heim, den er deutlich der barthschen Theologie vorzieht. Es sei eine »irreführende Analyse der Theologiegeschichte«, schreibt Künneth, »nur an K. Barth zu erinnern und K. Heim zu verschweigen« (54).

Die einzelnen Stationen der Karriere Künneths müssen hier nicht angezeigt werden; wichtig ist, dass er sich 1926 im Berliner Johannesstift und der Apologetischen Centrale, wo noch der »Geist ... Adolf Stöckers lebendig war« (71), in die diakonische und missionarische Arbeit begab, und sich in den folgenden Jahren »sachlich« und »sachgemäß«[56] mit drei anti-christlichen »Geistern« auseinander setzte: dem Marxismus, der Blut-und-Boden-Ideologie und dem Liberalismus. Zu den ideologischen Gegnern des Christentums, so schreibt er, gehörten das »marxistische Freidenkertum«, die völkische »Blut und Boden«-Religiosität der Ludendorffs[57] und der »vernunftsgläubige Liberalismus« (83 f.).

Nach Hitlers Machtübernahme 1933 hätte, so Künneth, der »Begeisterungssturm eines neuen nationalen Einheitserlebnis[ses]« die Gotteshäuser zunächst gefüllt, auch wenn »dann und wann Gerüchte durch[drangen], die von Auswüchsen, Entartungen und Übergriffen nationalsozialistischer Parteiorgane berichteten« (95). Geschickt unterlässt Künneth in diesen vagen Beschreibungen jegliche Ich-Aussage, die auf eine Kompromittierung hinweisen könnte. So wird beispielsweise sein Wunsch, die von ihm mitbegründete Jungreformatorische Bewegung könne auch mit den Deutschen Christen zusammenarbeiten, in seinen *Lebensführungen* verschwiegen, obwohl dieser sowohl in Wilhelm Stählins *Via Vitae*[58] als auch in wissenschaftlichen Untersuchungen bezeugt ist (Hermle 1997; Smid 1990, 474; Hockenos 2004, 19). In seinem Buch erinnert sich Künneth gegenteilig: In der Jungreformatorischen Bewegung müsse man »den Wurzelgrund und die Anfänge der späteren ›Bekennenden Kirche‹ [sehen], ... was in der heutigen Geschichtsschreibung des Kirchenkampfes vielfach verschwiegen wird oder zu kurz kommt« (109).

Künneth schloss sich weder den Deutschen Christen an noch trat er in die NSDAP ein. Er arbeitete zeitweilig mit der Bekennenden Kirche, trennte sich aber wieder von ihr auf Grund ihres »kirchlichen« und »politischen Kampfverhalten[s]« (132), das er mit der lutherischen Lehre als unvereinbar empfand. Er suchte seinen eigenen Weg, um der biblischen Wahrheit, wie er sie verstand, treu zu bleiben. Typisch für konservativ-lutherische Theologen seiner Kohorte verteidigt Künneth seine Position, sich im Kirchenkampf nicht vom radikalen Flügel der Bekennenden Kirche vereinnahmen zu lassen,[59] beansprucht aber für sich, vom Nationalsozialismus nie verblendet worden zu sein. Er sieht sich und seine Gruppe »Evangelium und Kirche« bereits während der Kirchenwahlen im Sommer 1933 als »Staatsfeinde diffamiert« und somit »gleichsam zum Abschuß freigegeben« (113).

Aufschlussreich sind Künneths politische Gedanken zur Schuldfrage nach 1945, die er in drei Seiten zusammenfassend dem Kapitel über seine »Schicksalsjahre in Berlin« anfügt und damit seine Erinnerungen ans Ende der Weimarer Republik und den Beginn des NS-Regimes abschließt. In seinen Überlegungen vermischen sich politische und theologische Mahnungen. Zunächst verteidigt er leidenschaftlich das deutsche Volk gegen Fehlinterpretationen der heutigen »Wohlstandsdemokratie«, die in die »Vergangenheit zurückprojizier[t]« und den »Vorgängen jener Zeit« (1979, 98) nicht gerecht wird – eine Behauptung, mit der er sich zweifellos gegen jüngere Nachkriegsgenerationen verteidigt, die seine Kohortenerfahrung nicht teilen. Künneth warnt vor jedem »vorschnelle[n] Schuldurteil« (98) gegen das deutsche Volk. »Auf Grund meiner Berliner Erfahrungen«, so schreibt er, kann man »nicht von den Untaten des Nationalsozialismus sprechen, wenn man nicht gleich den Schlüssel der geschichtlichen Schuld nennt, nämlich den von den Westmächten dem deutschen Volk aufgezwungenen ›Friedensvertrag von Versailles‹ 1918/1919, ohne den der Nationalsozialismus überhaupt nicht hätte entstehen können.« Versailles sei eine »schmachvolle Entehrung« gewesen, »eine seelische Folter, die das ganze Volk über Generationen hinaus empfinden mußte« (99). Theologisch, so Künneth weiter, müsse diese politische Situation folgendermaßen erklärt werden: Um die »Durchsetzung der nationalsozialistischen Herrschaft im deutschen Volk theologisch zu interpretieren«, müsse man über das »Wesen der Dämonie« reden, das im »strahlenden Gewand des Faszinosum« dahergekommen sei.

An jenem »satanischen Geist« seien seine Ideale zerschellt. »Begriffe wie Nation, Vaterland, Ehre, Gerechtigkeit, Freiheit, Autorität, Gehorsam« seien »ihres Verantwortungsbezugs auf Gott beraubt und zu Instrumenten menschlicher Hybris … entwertet« worden (100).[60]

In diesem dreiseitigen politischen und theologisierenden Kommentar wird deutlich, wie sehr Künneth als Vertreter der 1918er Kohorte seine Interpretation des Ersten Weltkrieges der geschichtlichen Situation von 1945 übergestülpt und an dieser noch Jahrzehnte später festgehalten hat. Die *politische* Schuld am Nationalsozialismus trüge Versailles, die *metaphysische* Schuld die Dämonie.[61] Statt sich konkret mit den Verbrechen der Nationalsozialisten, und also auch mit dem Holocaust, auseinander zu setzen, wird auf entkonkretisierte Metathemen ausgewichen (vgl. Berg, 2003, 58). Die eigentliche Sünde läge im säkularistischen »großen Abfall« von Gott – so der Titel der von Künneth zwei Jahre nach Kriegsende veröffentlichten, geschichtstheologischen Untersuchung zur »Begegnung zwischen Nationalsozialismus und Christentum« (Künneth 1947).[62]

Diese Form politischer Schuldabwehr hat eine Parallele in Künneths Schilderung seines persönlichen Werdegangs im NS-Regime, den er verstreut über mehrere Kapitel schildert. Politisch sei er nicht kompromittiert gewesen, und theologisch sei es einer in der Macht Gottes stehenden Fügung zu verdanken, dass er moralisch unbefleckt diese »Schicksalsjahre« (71) überstanden habe. Es sei nur dem »Wunder einer gnädigen Bewahrung« (160) und »Gottes gnädiger Fügung« (176) zu verdanken, dass er von größerem Unheil erst durch die Nazis, dann durch die alliierten Bombenangriffe bewahrt worden sei.

Für seine Selbstdarstellung als ein leidgeprüfter aber aufrechter Mann ist das Jahr 1937 zentral. Seine emotional besetzte Sprache wird bereits in den drei Untertiteln deutlich, die im achten Kapitel der *Lebensführungen* die Wegrichtung angeben, die auf das für ihn entscheidende Jahr 1937 zuläuft: »1. Der ideologische Großangriff«, »2. Die geheime Verfolgung«, »3. Die Katastrophe«. Im ersten Teil schildert Künneth seinen »biblisch-geistlichen« (139) Abwehrkampf gegen Alfred Rosenbergs nationalsozialistisch-ideologisches Werk *Mythus des 20. Jahrhunderts*, einen Kampf, den er als Kern seines anti-nazistischen Handelns darstellt.[63] Im zweiten Teil, »Geheime Verfolgung«, äußert er sich zunehmend enttäuscht darüber, dass Rosenbergs Versprechen, einen »ritterlichen Kampf« (143) auszutragen, durch Gestapo-Überwachung und »politische Gewaltakte« (155) gebrochen worden seien. In der nun »geheim einsetzenden Verfolgungszeit« (143) und der feindlichen Auseinandersetzung mit Rosenberg ergab sich, so Künneth, »für mich persönlich eine völlig neue Lage von schicksalhafter Bedeutung« (143), die zum »Schicksalstag« (151) im Dezember 1937 führte und im »Schicksalsjahr 1937« (156) endete.

In diesen Formulierungen tritt mit dem Jahr 1937 eine erwähnenswerte, semantische Veränderung ein: Künneth weist mit wiederholten Begriffen wie »Verfolgung« und »Schicksal« auf sein persönliches Geschick hin. Hat er vor Mitte der dreißiger Jahre die *völkische* Schicksalsgemeinschaft im Blick gehabt, redet er nun vom *persönlichen* Schicksal. Diese narrative Wende vom nationalen zum privaten Pathos unterstreicht die Selbstdarstellung Künneths als Opfer und Verfolgter.

Es kommt schließlich, in Künneths Worten, zur »Katastrophe«. Woraus bestand nun diese Katastrophe, die »nichts Geringeres als die Vernichtung meiner Existenz« (157) bedeutete? Sie bestand aus einem Schreib- und Redeverbot »für das ganze Reichsgebiet«, welches ihm von der Gestapo am 31. Dezember 1937 schriftlich überreicht wurde. Außerdem wurde dem Theologen die *venia legendi* entzogen, die Erlaubnis der »Lehrtätigkeit als Privatdozent an der Berliner Universität«. Sein berufliches Leben sei zerstört, klagt Künneth, seine »akademische Laufbahn zerschlagen«. Die Drohung des Gestapo-Beamten, besser »jetzt ruhig« zu sein, versteht der Theologe als Hinweis aufs Schlimmste: »Daß er damit das Konzentrationslager meinte, stand außer Zweifel.« (157)

Künneth muss sich durch diese Ereignisse im Dezember 1937 gedemütigt und bedroht gefühlt haben. Aber die hier retrospektiv gewählte Diktion ist keineswegs unschuldig. Wörter wie »Existenzvernichtung« und »Konzentrationslager« stehen im Kontext der Bundesrepublik der siebziger Jahre, als Künneth seine Lebenserinnerungen der Öffentlichkeit vorlegt, synonym für die Vernichtung der Juden. Überhaupt kommt das Wort »Konzentrationslager« nur einmal in *Lebensführungen* vor. Wird vorher lediglich von »Gerüchten« nationalsozialistischer »Auswüchse« geredet (95), taucht die Realität der Konzentrationslager erst im Zusammenhang mit dem persönlichen Rede- und Schreibverbot auf. Von jenen Gruppen, die tatsächlich in den Lagern saßen und ermordet wurden, ist nicht die Rede. Stattdessen reiht sich Künneth, indem er sich vom KZ und der Existenzvernichtung bedroht sieht, in die Liste der (potentiellen) Opfer ein.

Künneth akzentuiert seine Opferrolle durch seine dramatisierende Schilderung der beruflichen Katastrophe. Zeitdokumente im Landeskirchlichen Archiv in Nürnberg zeichnen ein von der Autobiographie leicht abweichendes Bild von der Entwicklung seiner Berufsdiskriminierung. Nach Kriegsende hatte Künneth ein Schriftstück für die alliierte Militärregierung verfasst, worin er verschiedene Stationen seines Konflikts mit dem Nationalsozialismus aufführte. Dieses Dokument stimmt mit *Lebensführungen* darin überein, dass sein Redeverbot im Dezember 1937 verhängt worden war. Was nicht übereinstimmt, ist der angegebene Zeitpunkt des Entzugs der *venia legendi* (Erlaubnis zur Lehrtätigkeit): sie wurde ihm nicht 1937, wie es in der Autobiographie heißt, sondern erst im Sommer 1939 entzogen. Sein Schreibverbot folgte sogar erst fast drei Jahre später, am 26. Oktober 1940.[64] Die berufliche Diskriminierung vollzog sich also schrittweise über einen Zeitraum von drei Jahren und ist nicht, wie seine Lebenserinnerungen suggerieren, 1937 in einem plötzlichen Gewaltakt über ihn hereingebrochen. Diese Diskrepanz zwischen dem Dokument und seiner späteren Memoiren ist an sich kein großes Vergehen. Allerdings wird über die inszenierte Verdichtung des Lebenslaufs die Erzählung zugunsten einer Selbststilisierung als Opfer manipuliert.

Bereits wenige Tage nach der von Künneth beschworenen Katastrophe, Anfang Januar 1938, erhielt er einen Anruf vom bayerischen Bischof Meiser, der ihm eine Pfarrstelle in Starnberg anbot. »Die Anfrage war mir wie eine Botschaft vom Himmel.« (159) Die »Vernichtung seiner Existenz« ging also nicht weit über eine kurzzeitige berufliche Verunsicherung hinaus. Im Juli 1938 wurde Künneth bereits in sein neues Amt in Starnberg eingeführt.

Im bayerischen Starnberg durchlebte Künneth die Kriegszeit mit vereinzelten, aber wenig bedrohlichen Einmischungen der Gestapo; im Sommer 1944 wurde er als Dekan nach Erlangen berufen. Dort erduldete er und seine Familie die »unerfreulich[en] und bedrückend[en]« Umstände »im letzten Abschnitt des Krieges und in den Nachkriegsjahren« (180). Dem »politischen Zusammenbruch« (181) von 1945 und dem Leben »unter amerikanischer Flagge« (183) folgte sein Engagement gegen die amerikanische Entnazifizierungspolitik: Ebenso wie viele seiner Kollegen stellte er unzählige Gutachten aus, »sogenannte ›Persilscheine‹« (185), die zur Strafminderung, Freilassung und Reintegration der von den Alliierten Belasteten beitrugen.[65] In seiner ersten großen Schrift der Nachkriegszeit *Der Grosse Abfall* (1947; vgl. Löhr 1990, 29) wollte Künneth, so in seiner retrospektiven Schilderung, »der jüngsten Vergangenheit fest ins Angesicht« schauen, auch weil er besorgt war, »daß dieselbe Geistigkeit des Nationalsozialismus unter anderem Namen auch heute noch weithin die Seele der Menschheit knechtet … [nämlich der] titanenhafte Versuch, sei er säkularistischer, sei er nationalsozialistischer Prägung, den Menschen zum Mittelpunkt der Welt zu erheben« (1979, 196 f.). Theologisch beschäftigte er sich mit der »Erhaltungsordnung Gottes« (199), nahm an politischen Debatten der fünfziger Jahre teil (u. a. Recht auf Heimat, Ostvertreibung, Wehrdienst) und war in den sechziger Jahren federführend in einem »zweiten Bekenntniskampf« (223) tätig.

Als Teil der neuen Erweckungsbewegung, die sich in Reaktion auf die reformorientierte Praxis der EKD und der liberaleren Theologie der sechziger Jahre formierte (Greschat 2000), engagierte sich Künneth »im Auftrag biblischer Verantwortung« in der »Bekenntnisbewegung ›Kein anderes Evangelium‹« (Künneth 1979, 240). Seinen Widerwillen gegen neue theologische Strömungen hatte er allerdings schon in den fünfziger Jahren kundgetan, und sein »zweiter Bekenntniskampf« richtete sich schon früh gegen Rudolf Bultmann und die »dem modernistischen Zeitgeist verfallene Theologie« (223). Er maß diesem Konflikt den gleichen Stellenwert bei wie dem Abwehrkampf gegen den Nationalsozialismus: »Wer den ersten Bekenntniskampf heute lediglich als eine Widerstandsaktion gegen den Hitlerstaat deutet, der kann auch kein Verständnis für den heutigen Bekenntniskampf aufbringen.« (223) Er verglich die »massiven Häresien der modernistischen Theologen« mit der »Irrlehre Rosenbergs« (236), und sah im neuen »Wächteramt der Kirche … in jenen sechziger Jahren« eine umfassende »Widerstandsbewegung gegen die bibelzersetzenden Einflüsse des theologischen Modernismus« (240). In seiner Selbstwahrnehmung war Künneth nie kompromittiert; vielmehr sei er immer der »Wahrheit verpflichtet« gewesen, ob im Widerstand während der NS-Zeit oder im Kampf gegen den bundesrepublikanischen Säkularismus. Damit schließt sich, sinnbildlich, der Kreis von Künneths politischen und theologischen Interpretationen seiner Zeit und seines Handelns: Tief in die Erfahrungen des Ersten Weltkrieges gebettet, wirkten sie weit in die westdeutsche Nachkriegszeit hinein.

Schaut man sich resümierend den Duktus und die Strukturierung seiner *Lebensführungen* an, wird deutlich, wie sehr Künneth als 1918er den Ersten Weltkrieg und Versailles als Erklärungsmuster auf spätere Situationen übertragen hat. Leidenschaftlich verteidigt er dieses Verständnis gegenüber dem »heutige[n], einem übersteigerten Demokratieverständnis verfallene[n] Mensch[en]« (32) – eine Chiffre für den Generationenkonflikt mit den Nachkriegsgeborenen. In seinen Memoiren ist er sich keiner Verfehlung in der Nazi-Zeit bewusst: Er empfand es »beruhigend, ein politisch ›gutes Gewissen‹ zu haben« (154). Im Wechselspiel zwischen nationalem und persönlichem Schicksal betont er die eigene Rolle als Opfer und Verfolgter, ist aber unfähig, über kompromittierende Einstellungen und Verhaltensweisen selbstkritisch nachzudenken.

Seine politisch-affektive Identifikation mit dem leidgeprüften Deutschen lässt keinen Raum der Sympathie für die »Anderen« zu, dafür umso mehr Mitleid für das Eigene. Selbst so beiläufige Sätze wie der folgende aus der unmittelbaren Nachkriegzeit machen deutlich, dass Künneth aufgrund seines Pflichtverständnisses zur Vaterlandsverteidigung eher das Leid von deutschen Männern als deren Unheil bringende Tat sehen konnte. Über einen deutschen Piloten, der in den ersten Nachkriegsjahren Theologie studierte und bei Künneth sein Examen ablegte, schreibt er: »Er war als Fliegerhauptmann wohl mehr als hundert Mal bei den Bombenangriffen auf London dem Feuersturm der Flakbatterien ausgesetzt gewesen und dieser Todeszone immer wieder heil entronnen.« (205) Dass die Londoner Zivilbevölkerung dem Feuersturm der deutschen Luftwaffe ausgesetzt war (über 30,000 britische Zivilisten starben während des erfolglosen Blitzkrieges), geht in dieser Artikulierung verloren. Als erwähnenswert erscheint Künneth nur, dass der Bomberpilot dem eigenen Tod entrinnen konnte (vgl. Childers 2005; Nolan 2005).

Die Diskrepanz zwischen eigenem Leid und dem Leid der Anderen wird in Künneths Aussagen über Juden und in seinem Verschweigen ihrer Vernichtung noch augenfälliger. Dieses Thema werde ich im nächsten Kapitel wieder aufgreifen. Zunächst aber wenden wir uns Helmut Thielicke zu und hören, was er über das Leid der Deutschen zu sagen hat.

Zu Gast auf einem schönen Stern: Thielicke und die 1933er

Helmut Thielicke ist 1908 in Wuppertal-Barmen geboren. Als Hitler 1933 an die Macht kam, war er 25 Jahre alt und dabei, seine berufliche Karriere zu etablieren. Er war bereits zum Dr. phil. promoviert, hatte eine schwere Krankheit und Operation (in welcher er als medizinischer Versuchsfall missbraucht wurde)[66] überstanden, und saß im Sommersemester 1933 an seiner theologischen Dissertation. 1935 übernahm er die Leitung des Erlanger Theologischen Studienhauses und schloss seine Habilitation ab. 1936 begann seine akademische Tätigkeit als Dozent in Erlangen, dann in Heidelberg, wo ihm 1940 die Lehrtätigkeit verboten wurde. Nach einer kurzen Periode im Gemeindepfarramt, wozu ihm Bischof Wurm verholfen hatte, übernahm er 1942 die landeskirchliche Leitung des Theologischen Amtes in Stuttgart, die er bis zum Kriegsende innehatte. Bereits im September 1945 bot er wieder Lehrveranstaltungen an der Tübinger theologischen Fakultät an. 1954 folgte er einem Ruf nach Hamburg, wo er bis zu seinem Ruhestand 1974 blieb.

Sieht man sich die in dieser Kürze zusammengefassten Stationen seines akademischen und kirchlichen Werdegangs an, fällt zunächst auf, dass zwischen ihm und Künneth, zumindest auf der formalen Ebene, einige Parallelen bestehen. Beide erhielten von der Gestapo Schreib- und Redeverbote, beiden wurde die Lehrerlaubnis entzogen und beide bekamen mit bischöflicher Hilfe ein Pfarramt zugeteilt (Künneth durch Meiser in Bayern; Thielicke durch Wurm in Württemberg). Kurz nach dem Krieg konnten sie ihre universitäre Laufbahn wieder aufnehmen. Thielicke musste sich allerdings mit seinen beruflichen Ambitionen anders als Künneth auf die nationalsozialistische Herrschaft einlassen. »Die ganze Schwere dieser Entscheidung« möchte er deshalb in seiner Autobiographie »verdeutlichen und um Verständnis für Verhaltensweisen … werben, die jemand, der nicht unter einer ideologischen Tyrannei gelebt hat, kaum begreifen kann« (1984, 102). Wie sich diese »Schwere« manifestiert hat, werden wir weiter unten untersuchen; hier können wir erstmal festhalten, dass sich Thielicke (wie zuvor Künneth) gegen das Unverständnis der Nachkriegsgenerationen wehrt und gleichzeitig um deren Verständnis wirbt.

Schon als junger Mann wurde Thielicke während des Krieges auf Grund seiner wortgewaltigen Schriften und Predigten bekannt, in de-

nen er die christliche Glaubenslehre mit der jeweiligen Stimmungslage seines deutschen Publikums verband. Über seine populären Predigten in Stuttgart (1942-1944) schreibt er zum Beispiel: »Noch ein
Motiv bewegte mich: Die Menschen jener Tage waren von Kriegssor-
gen – fast alle hatten doch Angehörige an der Front – und Zukunfts-
ängsten förmlich zerfressen. Ich vermutete, daß ihnen die Konzentra-
tion auf sachliche Fragen des Glaubens ... hilfreich sein würde«
(164).[67] Inwieweit Thielicke seine Anliegen rein »sachlich« vortrug,
muss dahingestellt bleiben; jedenfalls nahmen manche seiner Zeitge-
nossen seine Leidenschaftlichkeit, die mit einer gewissen Eitelkeit ein-
herging, mit leichtem Bedenken zur Kenntnis. Wilhelm Stählin, ein
Vertreter der 1890er Kohorte, der vom Alter her Thielickes Lehrer hätte sein können, erinnert sich beispielsweise an »einen der Katechis-
musvorträge von Thielicke ... in der riesigen, bis zum letzten Platz
gefüllten Stiftskirche« in Stuttgart, 1943: »sehr ansprechend, sehr eindrucksvoll, aber so, daß einem doch nicht ganz wohl war bei dieser
Rhetorik« (1968, 378). Die Zeitzeugin Annemarie Tugendhat, die aufgrund ihres jüdischen Vaters von den Nazis als »Mischling« diskrimi-
niert wurde, schreibt über Thielicke, den sie als Theologiestudentin in
Stuttgart kennen lernte: »Wir schwärmten für ihn. Er war gescheit,
witzig, konnte hervorragend mit jungen Leuten umgehen ... Negativ
ist mir nur seine große Eitelkeit in Erinnerung. Er wußte, ›wer er war!‹
– und wußte auch ›sein Licht auf den Leuchter zu stellen‹!«[68] Thielicke knüpfte an die Emotionen seiner Hörerinnen und Leser an und
schien wie kein anderer ihre jeweilige Gemütslage zu verstehen. Mit
rhetorischer, aber wenig introspektiver Eloquenz hat er politische Situationen emotional und moralisierend aufgeladen. Unter diesem Ge-
sichtspunkt wenden wir uns der Thematik des Leidens der Deutschen
zu, wie sie Thielicke retrospektiv in den achtziger Jahren der Bundesrepublik präsentiert hat.

Über den Ersten Weltkrieg erfährt man bei Thielicke wenig. Sein Vater
war »Artillerist in den Karpaten« und »im Kriegsjahr 1917 brach der
Hunger aus« (1984, 18). Wichtiger erscheint, dass der Erste Weltkrieg
mit dem Tod seines Großvaters verknüpft ist, eine kindliche Erfahrung, die Thielicke gleich zu Beginn seiner Erinnerungen einführt als
»die ersten Schatten von Tod und Endlichkeit, die nach mir griffen«
(9). Überhaupt scheint sich seine Klage über die eigene Endlichkeit
wie ein geheimes Motiv durch die sich anderweitig selbst rühmenden

Erfolge seiner Autobiographie zu ziehen. Es schwingt in den Beschreibungen seiner schweren Krankheit als 21-jähriger[69], sowie später während seiner Berufsdiskriminierungen unter den Nazis und unter der französischen Besatzungsmacht mit. Bezeichnenderweise kehrt dieses Motiv auf der letzten Seite seiner Memoiren wieder, und rahmt damit kontrapunktisch seine *vita activa* ein: »Mir selber blieben leidvolle Strecken des Lebensweges nicht erspart: Krankheit, die Bedrängnis durch die Tyrannei und vieles andere, von dem ich erzählt habe.« (443)

Früh wird auch das Thema der eigenen Unschuld eingeführt. Chronologisch unpassend – er beschreibt gerade seine Schuljahre – rühmt sich Thielicke, 1946 einem von ihm geschätzten Lehrer einen »Persilschein« ausgestellt zu haben, weil dieser »aus mir unerfindlichen Gründen formelles Mitglied der Nazi-Partei gewesen« und nun von der Besatzungsmacht »aus seinem Amt entfernt« worden war. Thielicke schreibt, den Lehrer hätten »Scham und Schmerz darüber« (über die Entfernung aus dem Amt, nicht über die Nazi-Mitgliedschaft!) fast umgeworfen. Viele Persilscheine musste er schreiben, fügt der Theologe hinzu, »da ich im Dritten Reich einige Unannehmlichkeiten erlebt hatte und deshalb unbelastet war« (36). Seine Selbstzuschreibung, »ohne Belastung« gewesen zu sein, taucht später explizit im Zusammenhang mit dem »Schicksal der Juden« (211) wieder auf.

Gegenüber der Weimarer Republik, die »ohne Zukunftsverheißung« war, verhielt sich Thielicke weitgehend unpolitisch. »Wir verachteten sie«, schreibt er, und fügt selbstkritisch hinzu, seine Generation sei in »kleine, private Zirkel« emigriert, worin einer der Gründe zu suchen sei, warum »später die Nazi-Doktrin sich wie ein reißender Strom über alles hinwegwälzen konnte« (62). Thielicke wurde von diesem Strom erfasst, jedoch, wie er hervorhebt, nur institutionell und gegen seinen Willen. Er war kein ideologisch Überzeugter und leistete nie den »Eid auf den Führer« (98). Thielicke verschweigt nicht, als Korporationsstudent »kraft einer allgemeinen kollektiven Verordnung in die ›Anwartschaft‹ der SA überführt« (98) worden zu sein und 1935 als angehender Dozent aufgrund der neuen Reichshabilitationsordnung vom Dezember 1934 an einem »vielwöchigen« (98) nationalsozialistischen Dozentenlager teilgenommen zu haben.[70] Allerdings handelte es sich bei diesen Vorfällen, in Thielickes Selbstverständnis, um institutionelle Obligationen, die für den beruflichen

Werdegang notwendig gewesen seien, die aber keinerlei negative Wirkungen hinterlassen hätten. Im Gegenteil, sie steigerten nur seine »entschlossene Distanzierung« (101) gegenüber der nationalsozialistischen Ideologie. »Denn viel schlimmer als eine organisatorische Angliederung oder ein formelles Mitmachen empfand ich jeden Verrat am *Wort* und *mit Worten*.« (103; Hervorh. im Original) Für Thielicke war Gesinnung, nicht Mitgliedschaft, entscheidend – eine für sein Kohortenerlebnis bezeichnende Aussage, denn sie erlaubte Männern wie ihm, ihren beruflichen Karrieren im Nationalsozialismus nachzugehen, ohne sich belastet zu fühlen. Mitgliedschaft in gleichgeschalteten Berufsverbänden stelle also keine Kompromittierung dar. Solange kein bekennendes *Wort* im Sinne des Regimes gesprochen wurde, war *Mitgliedschaft* in einer nationalsozialistischen Organisation kein schwerwiegendes Problem. »Ich konnte einem Freund die Parteizugehörigkeit verzeihen, wenn wenigstens sein Wort unantastbar blieb.« (103)

Thielicke war, wie Künneth, kein Parteimitglied der NSDAP. In diesem Sinne ist ihm keine Täterschaft vorzuwerfen, die in seiner Autobiographie verheimlicht oder versteckt worden ist. Gegen Ende des Krieges hatte er kurzfristig Kontakt zum anti-nazistischen Freiburger Kreis, dem auch Carl Goerdeler angehörte (Goerdeler wurde nach dem Aufstand vom 20. Juli 1944 von den Nazis hingerichtet).[71] Thielicke war allerdings nicht im Widerstand. Bestenfalls kann man für ihn, wie auch für Künneth, den treffenden Begriff der »partiellen Resistenz« (Vollnhals 1992, 55) verwenden, womit die Lebenswirklichkeit vieler Menschen unter der NS-Diktatur, vor allem kirchlicherseits, bezeichnet werden kann. Seltsam aber dünkt, wie sehr Thielicke sein Verhalten und seine zeitweilige institutionelle Verflochtenheit im Nationalsozialismus in seiner Autobiographie bagatellisiert. Über die SA-Anwartschaft schreibt er beispielsweise, es sei ihm »mit einigen Tricks« gelungen, »diesen Haufen bald wieder zu verlassen und mich ungestört meinen Promotionsaufgaben hinzugeben« (98); über die Dauer und den Inhalt seiner SA-Anwartschaft erfährt die Leserin nichts. Über das NS-Dozentenlager, welches der weltanschaulichen und körperlichen Ertüchtigung angehender akademischer Dozenten diente, äußert sich Thielicke ausführlicher, weist aber jede Kompromittierung durch diese »Rekrutenausbildung« mit ihren »weltanschaulichen« (99) Kursen weit von sich.

Seine Beschreibung des nationalsozialistischen Dozentenlagers bedarf einer gesonderten Analyse, da an diesem Beispiel die Frage nach dem Handlungsspielraum des in Verantwortung zur Geschichte stehenden Ichs aufgeworfen werden kann. Thielickes Schilderung des Lagers pendelt hin und her zwischen Würdigung, Ablehnung und Selbstlob; er betreibt eine Art narratives Versteckspiel, das den Grad eigener Verantwortlichkeit verwischt.

Mit einer aufschlussreichen Passivkonstruktion (Passivformulierungen sind häufig Symptom der Subjektverbergung) beginnt Thielicke seine Schilderung über das Dozentenlager. Dort, so schreibt er, »*mußten* wir vorübergehend den Titel ›SA-Mann‹ *erdulden*« (Hervorh. v. B. K.). Er trug die »verhaßte Uniform« – übrigens als einziger auch dann, wenn ihn die »Zivilerlaubnis« davon befreit hätte. Warum er die verhasste SA-Uniform außerhalb des Lagerdienstes anbehielt, wird nicht befriedigend geklärt. Von Anfang an sei er gegen die »nazistische Doktrin« mit ihrer »Summe mich anekelnder Detailerfahrungen« immunisiert gewesen, meint aber, der weltanschauliche Kurs der Dozentenakademie hätte »trotz der fragwürdigen Ziele … einen erfreulichen, teilweise sogar einen sehr eindrucksvollen Verlauf« genommen. Er habe die »Akademieveranstaltung« entgegen dem Willen der NS-Leitung »in ein einziges Religionsgespräch« verwandeln können, wodurch ihm tiefe »Kameradschaft« selbst mit »deutschgläubigen« Nationalsozialisten zuteil geworden sei (98 ff.).

Vergleicht man diese Beschreibungen mit dem kritischen Bericht über nämliche Lager, die der Journalist und Historiker Sebastian Haffner in seinen Memoiren festgehalten hat, so wirkt Thielickes Verharmlosung geradezu peinlich. Haffner, geboren 1907, ist wie Thielicke ein 1933er. »Ich hätte nie ins Lager gehen dürfen«, schreibt Haffner, wo das »kameradschaftliche Du« zur Pflicht wurde (2002, 257, 278).

Vier Wochen später trug ich Kanonenstiefel und eine Uniform mit einer Hakenkreuzbinde und marschierte viele Stunden am Tage als Teil einer uniformierten Kolonne [herum] … Noch heute wird mir schwindlig, wenn ich diese Situation durchdenke. Sie enthielt in einer Nußschale das ganze Dritte Reich … [Wir glaubten], der weltanschaulichen Schulung entgangen zu sein und merkten nicht, daß wir mittendrin steckten … Es blüht eine Art Glück in solchen »Lagern«, eben das Glück der Kameradschaft … [Aber] gerade dieses Glück, gerade diese Kameradschaft [kann] eins der furchtbarsten Mittel der Entmenschlichung werden … Die Kameradschaft, um das Zentralste voranzustellen, beseitigt völlig das Gefühl der Selbstverantwortung, so im bürgerlichen Sinne, und schlimmer, im reli-

giösen … Das Pathos des Todes allein erlaubt und erträgt diese ungeheuerliche Dispensierung von der Lebensverantwortung. (Haffner 2002,
252 ff.)

Im Kontrast zu Haffners politischer und religiöser Selbstreflexion fällt
schmerzlich auf, wie wenig Thielicke als Theologe bereit ist, sich
selbstkritisch zu befragen. Von der wertvollen augustinischen Tradition des Bekenntnisschreibens, die den Autobiographen auffordert, die
eigenen Fehler und Schwächen bloßzulegen, ist bei Thielicke nicht viel
zu spüren.[72] Während Haffner über den Verlust religiöser Selbstverantwortung bestürzt ist, versichert Thielicke seinen Lesern, er sei von
Anfang an immunisiert gewesen und habe sogar mit drei anderen
Theologen im Dozentenlager gegen die nationalsozialistische Leitung
Stellung beziehen können. Nähmen wir also Thielicke beim autobiographischen Wort, so entstünde ein Bild eines stets gegen die Nazi-
Ideologie kämpfenden Theologen. Der plaudernde Ton, den er über
das Dozentenlager gießt, lässt diese Schlussfolgerung jedoch nicht zu.
Der Theologe war vom »Glück der Kameradschaft«, wie es Haffner
beschrieben hat, angesteckt worden; schlimmer, er war sich dessen
vierzig Jahre später, zum Zeitpunkt der Niederschrift von *Zu Gast
auf einem schönen Stern*, nicht einmal bewusst. »Man sagt«, schreibt
Haffner analysierend, »die Deutschen seien geknechtet. Das ist nur
halb richtig. Sie sind zugleich etwas anderes – schlimmeres – wofür
es noch kein Wort gibt. Sie sind verkameradet« (285).

Thielicke analysiert nicht, er inszeniert. Sehr typisch für seine Erinnerungen, fällt er ins Anekdotische: »Eine nicht geringe Zahl unserer Kameraden bat uns sogar, den Tag vor Arbeitsbeginn mit einer
Andacht einzuleiten … Es war rührend, wie gerade unsere säkularen,
kirchenfremden oder sogar ›deutschgläubigen‹ Gefährten beim Abschied … ›ihren‹ Theologen Lebewohl sagten und ihnen Dank aus-
sprachen« (101). Das »Du« der neuen Kameradschaft hatte sie zusam-
mengeschweißt. Bezeichnenderweise schließt Thielicke seinen Bericht
über das Dozentenlager mit einem rührseligen Schulterschluss ab: »So
sagte mir ein Angehöriger der SS, den die Konfrontation mit dem
christlichen Glauben erkennbar erschüttert hatte: ›Lieber Herr Thielicke, wenn du dem lieben Gott mal wieder begegnest, dann grüß ihn
doch schön von mir und bitte ihn, daß er mich nicht vom Teppich
rollen läßt.‹ Wir drückten uns lange die Hand.« (101)
Auch andere Theologen der 1933er Kohorte haben ihre Erinnerun-

gen an das Dozentenlager schriftlich festgehalten. Zu eindrücklich muss die als männerbündisch konzipierte Lagererfahrung und -kameradschaft gewesen sein, um sie vergessen zu können. Der Theologe Eugen Gerstenmaier, der später als Politiker in der Adenauer-Regierung bekannt wurde, nahm 1937 am Lagerleben teil, um die Vorlesungserlaubnis zu erhalten: »Das Dozentenlager gehört für mich zu dem wenigen, das im Dritten Reich mit einigem Vorbehalt gelobt werden konnte.« (1981, 99) Wolfgang Trillhaas, der 1934 zum zehnwöchigen »Wehrsportlager für Privatdozenten« (1976, 162) einberufen wurde, schwankt in seiner Beurteilung. »Die Eigentümlichkeit« dieser Lager, schreibt er, »drückt sich darin aus, daß man zu den widersprüchlichsten Ergebnissen kommt. Keine ›Eindeutigkeit‹ stimmt … Es war alles ganz anders. Ich versuche, im Rückblick auf diese Lagererlebnisse das heute kaum mehr Vorstellbare zu veranschaulichen.« (167) Trillhaas, im Gegensatz zu Thielicke, erkennt allerdings den gefährlichen »Sog«, den diese »depravierende Lebensform« (168) ausübte, und warum die »männlichen Ausbrüche des kameradschaftlichen Lebens« (167) keineswegs harmlos gewesen seien. Walther von Loewenich, ein Freund Trillhaas' und der Schwager Thielickes (Loewenich hatte 1935 dessen Schwester geheiratet), schreibt, es sei ihm »dringend« geraten worden, das Dozentenlager nachzuholen, da es »für meine Karriere vorteilhaft« gewesen wäre. »Alle Neuhabilitierten oder Habilitationsanwärter wie meine Freunde Trillhaas, Grether und Thielicke mußten in der Zeit vor dem Krieg für zehn Wochen an einem sogenannten Dozentenlager teilnehmen, in dem sie militärisch und weltanschaulich geschult, zugleich aber auch politisch begutachtet wurden … Ich reiste statt dessen nach Palästina.« (Loewenich 1979, 144)

Nachdem Thielicke das Dozentenlager absolviert hatte, kam es, in seinen Worten, ab 1937 zu den »schwersten Auseinandersetzungen mit der Nazipartei« (1984, 108). Die Konflikte bestanden aus Vorladungen zur Gestapo (die Thielicke teilweise ignorierte) sowie einem Reise-, Rede- und Schreibverbot um 1941 (siehe 1984, 68, 158) – was jedoch seine oben erwähnten populären Vorträge in der Stuttgarter Kirche ab 1942 nicht verhinderte. Im Zuge inneruniversitärer Streitigkeiten mit der Heidelberger Nazi-Verwaltung und Nazi-Professoren kam es 1940 zur »gewaltsamen Entfernung aus der Universität« (108).[73]

Fraglich allerdings ist, warum die folgende Begebenheit als Beispiel der Auseinandersetzung mit den Nazis erwähnt wird: Thielicke hatte im Sommer 1939 seine Heidelberger Theologiestudenten in ihrem Verlangen unterstützt, am reichsweiten Aufruf zum Ernteeinsatz teilnehmen zu dürfen. Zuvor hatten NS-Studentenführer erklärt, Theologiestudenten seien von diesem Einsatz ausgeschlossen, da sie »sich von unserem Volk und seinem Neuaufbruch« (1984, 124) absonderten. Das empfanden die Theologiestudenten »deprimierend« und als »Diffamierung des christlichen Glaubens«. »Wir schickten«, erinnert sich Thielicke, »zwei studentische Vertreter zum damaligen Reichsstudentenführer Gustav-Adolf Scheel nach Stuttgart, eine der wenigen erfreulichen und anständigen Figuren in der höheren NS-Hierarchie«. Dieser machte ihnen »fast eine Liebeserklärung« und nahm den Erlass gegen die Theologen zurück (125).[74]

Thielicke empörte sich über die Verunglimpfung der Theologiestudenten durch die NS-Studentenführer so sehr, dass er in einer »Sondervorlesung« das Thema aufgriff, um »meinen Hörern in ihrer Not zu helfen … Ich wollte ihnen (und mir selber) klarmachen, wie man als Christ mit solchen Verunglimpfungen fertig wird.« (1984, 125) Thielickes Empörung richtet sich also, in verwundeter Eitelkeit, gegen den Ausschluss der Theologen vom neuen völkischen Aufbruch und Vaterlandsdienst. Für einen Nachweis seiner anti-nazistischen Grundeinstellung ist diese Haltung allerdings unzureichend.

Nach Thielickes Einschätzung hat sein Protest gegen das Ernteeinsatzverbot in Heidelberg bei seiner »Absetzung die ihr gebührende Rolle gespielt« (1984, 125). Er wurde aus der Heidelberger Universität entlassen. Zuvor hatte er noch probiert, über den Vater des NS-Reichsstudentenführers Gustav-Adolf Scheels, der Pfarrer in Mannheim war, seine drohende Entlassung aus Heidelberg abzuwenden. Über ihn versuchte Thielicke Zugang zum »Stellvertreter des Führers« zu bekommen. »Selbst der alte und überaus um mich besorgte Pfarrer Scheel«, schreibt Thielicke, »konnte mir über seinen Sohn keinen Zutritt verschaffen, obwohl er sich redlich bemühte« (128).

»Nun stand ich also beruflich im Leeren«, beschreibt Thielicke (1984, 133) die neue Situation und mischt – wie Künneth, wenngleich weniger panisch – eine gehörige Prise Selbstmitleid hinzu. »Und nirgendwo zeigte sich ein Ausgang aus dem dunklen Tunnel. Vor allem zum eigenen Trost schrieb ich in diesen Wochen ein kleines Buch ›Wo ist Gott?‹, das in schneller Folge immer neu aufgelegt wurde.« (134) In dieser »ausweglos erscheinenden Lage«, so Thielicke, »griff nun wieder die gütige Hand in mein Leben« (134). Diese Güte wurde ihm in der Person eines Majors zuteil, der ihm empfahl, sich bei der Wehrmacht zu melden. Daraufhin ließ sich Thielicke für neun Monate zum Dienst einberufen. Die »militärischen Erlebnisse« will er »dem Leser ersparen«; erspart aber bleibt dem Leser nicht der Verweis auf seine persönliche Unschuld: Er sei in keine »Kampfhandlungen« verwickelt worden und habe »über der guten *Kameradschaft*« (Hervorh. v. B. K.) seine »zivile Verlassenheit« vergessen können (135 f.).

Von 1940 bis 1942 konnte Thielicke auf Wirken Bischof Wurms[75] in einem Gemeindepfarramt unterkommen und unternahm in diesen zwei Kriegsjahren mehrere Vortragsreisen. Im September 1941 führten ihn diese Reisen nach Königsberg in Ostpreußen, wo er von der Gestapo am Bahngleis in Empfang genommen und verhört wurde. Weitere Reisen wurden ihm verboten, seinen Vortrag im Königsberger Dom konnte er trotzdem halten. Über die »abenteuerlichen Fahrten unter Kriegsbedingungen« gäbe es viel zu erzählen, schreibt Thielicke, er müsse aber »notgedrungen all die Anekdoten« (1984, 156) übergehen. Dadurch vermeidet er jegliche Erwähnung des besetzten Polens, wodurch ihn sein Weg geführt haben muss. Dass zum Zeitpunkt seiner Ostpreußenreise die Ermordung der polnischen Juden auf Hochtouren lief, wird mit keinem Wort erwähnt. Seine eigenen Reiseabenteuer machten ihn blind gegenüber dem, was um ihn herum mit den »Anderen« geschah, und es sind diese Leerstellen, die die Beschränkung und Verharmlosung seines nachkriegsdeutschen Erzählduktus so offenkundig werden lassen. Die persönlichen Behinderungen durch die Gestapo (man ist Opfer ihrer Willkür) verdrängen völlig die Opfer der NS-Verfolgungen – 1984 nicht anders als vierzig Jahre zuvor.

1942 wurde für Thielicke eigens das »Theologische Amt« in der württembergischen Landeskirche eingerichtet, wo er wissenschaftlich weiterarbeiten konnte.[76] In dieser Arbeitsperiode in Stuttgart (1942-1945) treten in den letzten Kriegs- und ersten Nachkriegsjahren Opfer und Leidende in den Vordergrund. Sie werden in einer identifikatorisch hoch besetzten Sprache und in »scharfgestochenen Erinnerungsbildern« (1984, 179; Hervorh. im Original) geschildert. Es ist die Rede vom »Angstschweiß«, von »Massenbeerdigungen«, der »Irrationalität des Schreckens«, der »Verwesung« und den »Gerüchen der Verbrennung« (179) sowie von »Abgründen« und »Abschieden«, von »Aufbrüche[n] in einen Untergang« und der »Düsternis einer Zukunft«

(202). Hier wird allerdings nicht Auschwitz und der Holocaust beschrieben, sondern die Bombardierung deutscher Städte. Im Kontext von 1984, dem Erscheinungsjahr von *Zu Gast auf einem schönen Stern*, suggerieren jedoch Begriffe wie Verwesung, Verbrennung und Massenbeerdigung – zumindest für die Nachkriegskohorten – nicht die alliierten Bombenangriffe, sondern die Shoah. Sind es also falsch gewählte Worte, um dem Grauen der den Feuerstürmen ausgesetzten deutschen Zivilbevölkerung gerecht zu werden? Insgesamt kamen mehr als eine halbe Million Menschen in den zerbombten Städten Deutschlands um. Angesichts dieser Verluste sind Thielickes Worte recht zahm, auch im Vergleich zu anderen Berichten, wie etwa Sebalds plastischen Beschreibungen in *Luftkrieg und Literatur* (1999) oder Gert Ledigs qualvollem und erbarmungslosem Buch *Vergeltung*, das 1999 neu aufgelegt wurde (vgl. Nolan 2005; Childers 2005; Heukenkamp 2001). Allein in den britischen Angriffen auf Stuttgart im Juli 1944 starben knapp 900 Menschen, über 100.000 wurden obdachlos. Thielicke ruft dieses Grauen wieder wach. Seiner Sorge um die eigenen Kinder im Luftschutzkeller kann man sich als Leser schwer entziehen: »[Mein Sohn] saß auf meinem Schoß und schmiegte sich eng an mich.« (1984, 177)

Im Unterschied zu Ledigs schonungslos-fragmentarischer Beschreibung eines alliierten Luftangriffs auf eine deutsche Stadt, die keine »kohärenten Lebensgeschichten … angesichts des Irrsinns« des Krieges zuließ, oder Sebalds Werk, das durch Perspektivwechsel und Zeitzeugen der »anderen Seite« durchbrochen wird,[77] stört in Thielickes rückschauender Narration die exklusive Fokussierung auf das Leid der Deutschen, in dem die »Anderen« keinen Platz haben. Thielickes Angst und Entsetzen sind zweifelsohne wahrhaftig, aber er fühlt diese nur für die deutsche Bevölkerung. So ist beispielsweise seine Wortwahl problematisch, wenn er einen Volltreffer auf ein unterirdisches Flugwachkommando in der Nähe seines Hauses beschreibt. Ehrlich bestürzt über den Tod von 47 Flakhelferinnen, von denen im »gewaltigen Krater« nichts mehr zu finden war, fährt er fort: »Erschüttert stand ich vor diesem Riesenloch *völliger Vernichtung*« (1984, 182; Hervorh. v. B. K.). Es fällt sicher schwer, das Ausmaß einer solchen Verwüstung zu beschreiben, und gerade an solchen Stellen muss die Kritik der Nachgeborenen, die eben nie vor einem solchen Krater der Verwüstung stehen mussten, vorsichtig sein. Widerspruch regt sich angesichts der Tatsache, dass mit der Wortwahl der »völligen Vernichtung« einseitig an deutsche Gefallene erinnert wird, während Opfer der NS-Verfolgungen abwesend bleiben. Setzt Thielicke die Suggestionskraft seiner Worte bewusst ein, um seinen Lesern eine identifikatorische Parallele zwischen Deutschen (als Opfer der Alliierten) und den verfolgten Juden zu ermöglichen? Gewinnt die deutsche Leiderfahrung genau deshalb an Wert, weil man unausgesprochen auf Auschwitz anspielen kann? Kann dieses uneingestandene Wissen, dieses »nicht-gewusste« Wissen um den Völkermord, nur dann ertragen werden, wenn es als Gewissheit des eigenen Leidens projiziert wird? Thielickes Wortgewalt lädt zu solchen Spekulationen ein. Das Fehlen der »Anderen« macht das Pathos über das »Eigene« so schwer erträglich.

Nur zweimal tauchen Opfer der NS-Rassenpolitik in dem 400-seitigen *Zu Gast auf einem schönen Stern* auf. Erst gegen Kriegsende werden sie in seinen Erinnerungen erwähnt, und zwar in der Gestalt russischer Kriegsgefangener und ausländischer Zwangsarbeiter. Kurz nach dem »26. Juli 1944«, dem Tag, »an dem das so schwer verwundete Stuttgart vollends unterging« (1984, 193) und auch die Familie Thielicke ihr Haus verlor, halfen »russische Kriegsgefangene« den »Rest unserer Habe auf einen Lastwagen« (197) zu laden. Wenig später schildert Thielicke eine nächtliche Begegnung mit »ausländischen Zwangsarbeitern«, die ihre brennende Baracke zu löschen versuchten. Er selbst »irrte« in dieser Nacht durch die von »Flammen« erhellte Stadt. »Niemand tat mir etwas«, schreibt er erleichtert, denn »es gab in dieser Nacht so etwas wie eine Bruderschaft der Geängstigten« (201).

So augenblicklich wie die russischen Kriegsgefangenen und ausländischen Zwangsarbeiter auftauchen, so schnell verschwinden sie wieder in Thielickes Text, gleich einer Phantasmagorie. Es ist, als könne nur angesichts des eigenen Schmerzes für einen Moment die Realität des Leidens der Anderen wahrgenommen und ausgehalten werden. Erst mit der eigenen, körperlich-existentiellen Betroffenheit entsteht eine momentane Gemeinschaft mit dem Fremden. Thielicke empfand in der Nacht des brennenden Stuttgarts eine Solidarität der Leidenden, eine Solidarität, die gleichzeitig mit Angst (vor Rache?) besetzt war: »Niemand tat mir etwas.« In der unausweichlichen Körperlichkeit des eigenen Leidens werden für einen flüchtigen Augenblick die anderen Opfer sichtbar.

Kaum waren die »ausländischen Zwangsarbeiter« (1984, 201) verschwunden, »überfluteten« »schwerbewaffnete« Marokkaner »unsere Dörfer« und vergewaltigten »viele Mädchen und junge Frauen« (203).[78] Mit dieser rapiden Wende leitet Thielicke das Kriegsende ein und signalisiert, die wehrlosen Deutschen seien nun vollends den alliierten Gewalttaten und Ungerechtigkeiten ausgeliefert. Lässt sich Thielickes Erschütterung über das Bombardement deutscher Städte nachvollziehen, so ist seine Wut, die er den Alliierten entgegenschleudert, schwer erträglich.

Nach dem ersten Schock und der Realisierung, dass die »Rache der gepeinigten Völker« nicht wirklich über die Deutschen hereingebrochen war, beginnt Thielicke, seine Kritik hauptsächlich gegen zwei Missstände zu richten: die alliierten Internierungslager und die Entnazifizierungspolitik.

Die Internierungslager, in denen nationalsozialistische Funktionsträger, SS-Führer, Wehrmachtsoffiziere und Kriegsverbrecher (oder als solche Verdächtigte) inhaftiert waren, werden von Thielicke 1984 kommentarlos als »amerikanische Konzentrationslager« (1984, 153) und »Vernichtungslager« (244) bezeichnet.[79] Er redet vom »Jammer der dort Eingeschlossenen« (233), von den »schauerlichen Umständen«, unter denen »wirkliche und auch nur vermeintliche Nazis zu vielen Tausenden« (243) eingesperrt waren, sowie von den »Schikanen« und »grausamen, oft sadistischen Quälereien« (246). Thielicke bedient sich hier des Vokabulars des Holocaust, um das Leiden der Deutschen – und zwar der deutschen Täter und Tatverdächtigten! – legitimierend zur Sprache bringen zu können. Thielicke braucht wegen dieser Rhetorik keine Rüge seitens der Leserschaft seiner Generation zu befürchten, denn die Kritik an den alliierten Internierungslagern hat weite Kreise der Kirche durchzogen. Sie war Teil des generellen Versuchs der »Ehrenrettung des nationalkonservativen, des besseren Deutschland« (Vollnhals 1992, 59) gewesen. Weitgehend widersetzten sich die Kirche und deren Sprecher den alliierten Bestrebungen der Säuberung und der strafrechtlichen Verfolgung von NS- und Kriegsverbrechen. Aber Thielickes polemische Schärfe, mit der er gegen die Internierungslager propagiert, trägt eine individuelle Handschrift. Zum Beispiel liest sich der autobiographische Bericht des älteren Stählin über seine bischöflich-seelsorgerlichen Besuche in den Internierungslagern anders.[80] Stählin war kein Freund der alliierten Besatzungspolitik, aber seinem nüchternen Bericht fehlt jene Hysterie, mit der Thielicke seine narrative Erinnerung gewürzt hat.

Auch die Entnazifizierungspolitik wurde mehrheitlich und kohortenübergreifend in kirchlichen und theologischen Kreisen abgelehnt. »Es kam das Trauerspiel der sogenannten ›Entnazifizierung‹«, schreibt Stählin, ein 1890er (1968, 491). Ähnlich formuliert es Künneth: für ihn markierte »die Entnazifizierung einen Gipfelpunkt politischer Torheit und moralischer Überheblichkeit« (1979, 186). In Bezug auf die Erlanger Universität meint Walther von Loewenich (ein 1933er), dass durch die »sogenannte Entnazifizierung« eine »Propaganda« ins Rollen gekommen sei, »die Erlangen als einen Hort nazistischer Reaktion verunglimpfte« (1979, 189). Von Loewenichs Schwager, Thielicke, bezeichnete die Entnazifizierung als eine »törichte« Strafmaßnahme, die zur »Renazifizierung« (1984, 36) beigetragen hätte. Trillhaas kommt zu einem besonneneren Ergebnis: Die Entnazifizierung sei wohl notwendig, aber »weder ein Ruhmesblatt der Nachkriegsgeschichte, noch eine wirkliche, in die Tiefe gehende Bereinigung der Vergangenheit« (1976, 208) gewesen. Friedrich Schmid, ein 1943er, der von 1943-1947 am Tübinger theologischen Stift studierte, schreibt, er und seine Generation hätten nicht gewusst, wie sie mit dem »Phänomen ›Entnazifizierung‹ umgehen sollten« (1988a, 354). Das ist nur halb wahr, denn Schmid wusste es sehr wohl: In einem anderen Aufsatz beschreibt er, wie ihn der Dekan der Tübinger theologischen Fakultät Ende Januar 1945 gebeten habe, »belastendes Material, insbesondere über Professoren der Fakultät, zu vernichten«. Schmid verbrannte daraufhin einen Koffer voller Unterlagen in der Stiftsheizung: »Ich sah keinen Grund, dem nicht zu entsprechen, und machte mich alsbald an die Arbeit ... [So bin] ich nur ein kleiner Faktor innerhalb einer größeren Reinigungsaktion schon einige Zeit vor der sogenannten Entnazifizierung gewesen.« (1988b, 122) Auch Dorothee Sölle, eine 1948erin, findet, die »Entnazifizierung« habe nicht zu ihrer »politischen Erziehung« beigetragen: »Sie war eine willkürliche Maßnahme der Sieger, die keine Ahnung von den wirklichen Verhältnissen unter Hitler hatten.« (1995, 22) Es kann daher nicht wundern, dass eine so breite, politisch und emotional ablehnende Haltung an die Nachkriegsgenerationen tradiert worden ist. In ihrem autobiographisch-theologischen Beitrag Das Wort ohne Vokale schildert Britta Jüngst, als Repräsentantin der 1979er Kohorte, wie sich ihre Großmutter damit quälte ihr zu erklären, warum Opa nach dem Krieg für drei Jahre lang keine Arbeit hatte. »›Entnzfzrt‹, kam die Antwort, mit der ich nichts anfangen konnte ... Doch die

Frage blieb: Was haben die Nazis mit meiner Familie zu tun?« (2001, 169)

Aber nur Thielicke verstieg sich zu der Aussage: »Was im Namen der Entnazifizierung unter uns geschieht ist nicht nur Unrecht: es ist Seelenmord und Glaubensmord.« (1984, 248; vgl. Berg 2003, 267 f.) Seelenmord! Glaubensmord! Der Versuch der Säuberung einer Täter-gesellschaft wurde von Thielicke nicht nur als politische Torheit, son-dern auch als eine zutiefst anti-christliche Angelegenheit mit mörde-rischer Absicht angefeindet. Diesen Gedanken hatte er zum ersten Mal 1947 in seiner umstrittenen Karfreitagspredigt über die deutsche Schuldfrage geäußert (Thielicke 1948) und wiederholte ihn zustim-mend und ohne Einschränkung in seinen Lebenserinnerungen von 1984.

Thielicke empfand nicht nur die Internierungslager und die Ent-nazifizierung als schreiendes Unrecht, er stellt sich in *Zu Gast auf einem schönen Stern* auch selbst als Opfer alliierter Willkür dar. Er sah sich »Gerüchte[n]«, »bösartigen Verleumdungen« und »Denun-ziationen bei der Besatzungsmacht« (1984, 241) ausgesetzt, weil er in seinen überfüllten Vorlesungen in der Nachkriegszeit »demagogisch aufreizende Reden« (230) gehalten hätte. Gerade erst mit der Lehr-tätigkeit begonnen, wurden seine Vorlesungen in der französischen Besatzungszone im Herbst 1945 wieder verboten (vgl. Fassnacht 2000, 215). »Kaum von dem Nazidruck befreit, gab es gleich im ersten Se-mester abermals ein Verbot.« (Thielicke 1984, 233) Er habe, so sugge-riert Thielicke, unter den Diskriminierungen der Franzosen genauso wie unter den Nationalsozialisten gelitten. Nachdem das Verbot kurze Zeit später zurückgenommen wurde, sei er aufgrund seiner Stellung-nahmen zum »strittigen Schuldthema« wiederum mit »blindwütigen Abwehrreaktionen« (232), einem »unvorstellbaren Ansturm von Haßreaktionen« (233) und sogar den »Zorn- und Haßausbrüche[n] … der einstigen Bekennenden Kirche« (250) konfrontiert gewesen. Er sah sich diesen Angriffen ausgesetzt, weil er, so in seiner Selbstwahr-nehmung, als Theologe den Mut zur Wahrheit besessen hätte, wo an-dere nur dem »Pharisäismus« (232) huldigten.[81]

Der unmittelbaren Nachkriegszeit hat Thielicke die weitaus emo-tionalsten und zornigsten Seiten seiner Lebenserinnerungen ge-widmet. Hier liegt die stärkste Identifikation mit dem Leiden der Deutschen vor – eingebettet in eine anekdotenhaft geschichtliche In-terpretation der deutschen Katastrophe, in der für Andere kein Platz besteht. Weder die Vorkriegs- noch Kriegsjahre unter der national-sozialistischen Diktatur sind von einem derart polemischen und politisch-moralisierenden Ton gekennzeichnet, wie er unüberhörbar mit der Beschreibung der Bombardierung deutscher Städte einsetzt. Er kulminiert in der Ablehnung der alliierten Internierungslager und der Auseinandersetzung mit der Schuldfrage und klingt erst Anfang der fünfziger Jahre ab. Nur noch einmal in seinem Leben echauffiert sich Thielicke mit ähnlicher Intensität, nämlich während der 1968er Studentenunruhen, deren »deprimierende Erscheinungen nicht nur die folgenden Jahre verfinsterten, sondern die auch die Strukturen der deutschen Universität bis in die Grundfesten erschütterten« (1984, 400). Er entgegnet der Revolte – einer seiner »traurigsten Lebensabschnitte« (400) – mit ungeheurer Vehemenz.[82] Kommentarlos zitiert er aus einer Vorlesung, in der er an die 1968er Studenten appellierte, es gehe jetzt »um unser Volk und unser politisches Schicksal«, die vor der »anarchistischen Zersetzung [der] Ordnung« geschützt werden müssten (405). »Ich habe wirklich geglaubt«, ruft er seinen Hörern zu, »wir hätten den Nazismus überwunden, und ein neuer Hitler – auch mit veränderter Färbung – würde undenkbar sein … Ich habe mich sträflich in Illusionen gewiegt.« (404)[83]

Zusammenfassend lässt sich Folgendes festhalten: Hat sich Künneths 1918er Autobiographie von der prägenden Erfahrung des Versailler Vertrags bis zum nachkriegsdeutschen »zweiten Bekenntniskampf« gegen die modernistische Theologie erstreckt, so spannt sich im Fall Thielickes der Bogen vom beruflichen Karriereaufbau im Dritten Reich bis zur Missbilligung der 1968er Studentenrevolution. »Bei den Nazis sowohl wie später in der Studentenrevolte«, klagt Thielicke, seien Menschen wie er, die »die Wahrheit in dem alten und ewig jungen Buch [der Bibel]« (441) suchten, gescholten und verachtet worden. Doch Thielickes »Wahrheit« wiegt sich in der trügerischen Illusion der eigenen Schuldlosigkeit. Indem er das Leid der Deutschen und seine persönliche Diskriminierung als deutscher Theologe hervorhebt, hat er den Nationalsozialismus, den er politisch weitgehend abgelehnt hat, verharmlosend dargestellt. Die Mehrheit seiner anekdotischen Erinnerungen handeln von im Grunde anständigen Nazis, die kurzweilig verblendet und in die Irre geführt worden seien. So redet er bezeichnenderweise von der »subjektiven Anständigkeit« (124), mit denen man in Zeiten der ideologischen Diktatur überwintern konnte. Selbst überzeugte Nazis, so meint Thielicke, hätten durch seelsorgerlichen Dienst nach dem Krieg vom »falschen Zauber des Nazi-Regimes« befreit werden können, wenn die alliierte Entnazifizierung nicht zur »Renazifizierung« (246) geführt hätte. In seinem Erinnerungsdiskurs sind aus den Alliierten Täter, aus Deutschen Opfer geworden.

Künneth und Thielicke, die hier exemplarisch für Theologenautobiographien der 1918er und 1933er stehen, haben unter Ausblendung der (Über-) Lebensrealitäten der »Anderen« das Leiden der Deutschen überhöht. Stellenweise haben sie sich das Vokabular des Holocaust als »nicht-gewusstes« Wissen *angeeignet*, um das nationale Leid der Deutschen und die persönlichen Diskriminierungen zu schildern; die Opfer der antisemitischen und rassistischen NS-Verfolgungen sind dadurch *enteignet*, die Täter im Gegenzug durch anekdotische Verharmlosungen *entlastet* worden. Die kulturelle Chiffrierung der nationalen Geschichte unter dem Signum des Leidens scheint den Männern auch eine persönliche Selbstbemitleidung zu ermöglichen. In diesem Sinne können die Theologen Momente der Schwäche zugeben, was für Männer, die nicht müde werden, auf ihre beruflichen Erfolge zu verweisen, keineswegs selbstverständlich ist. Während sich Künneth auf die nationale Demütigung von Versailles beruft, um im Wechselspiel zwischen nationalem und persönlichem Schicksal geschichtliche Ereignisse zu interpretieren, schöpft Thielicke aus der Kohortenerfahrung beruflicher Kompromittierung und versucht, mit der Unterscheidung zwischen Gesinnung und institutioneller Obligation ein Indiz für persönliche Unbescholtenheit zu gewinnen. Keiner der beiden Theologen hat sich gefragt, ob und inwieweit er vom nationalsozialistischen Ethos und einer national-völkischen Ideologie beeinflusst worden ist. Stattdessen haben sich beide ihrer Leserschaft mit einer »stolzen Unbekümmertheit« (Staats 1994, 69) vorgestellt.

Kohortenspezifische Variationen zum Leidensthema

Erst die 1943er Kohorte begann in ihren Lebenserinnerungen, die Realität des Holocaust und die Leiden der Anderen langsam wahrzunehmen. Es handelt sich um eine Entwicklung, die sich im intergenerationellen Tradierungs- und Transformationsprozess immer deutlicher zu artikulieren vermochte.

Wenn Theologen der 1943er Kohorte ihre Leiderfahrungen thematisierten, dann waren diese bereits gebrochen im Spiegel von Auschwitz. Noch wird Auschwitz nicht als eigenständige Größe thematisiert, es kann aber auch nicht mehr ganz ignoriert werden. Heinz Eduard Tödt erinnert sich beispielsweise daran, mit wie viel Stolz er als Batteriechef an der Front im August 1944 einen Durchbruch der sowjetischen Armee verhindert habe. »Heute weiß ich, daß der Zusammenbruch der Nordfront damals die Vernichtungstätigkeit der weit dahinter liegenden Konzentrationslager frühzeitig beendet hätte. Unser Einsatz an der Front hat also ohne unser Wissen und unseren Willen vielleicht vielen Menschen in den Vernichtungslagern das Leben gekostet. War es Schuld, an der Front zu kämpfen in der Hoffnung, unser Heimatland vor dem Einbruch der Roten Armee mit allen Mitteln zu verteidigen?« (1997, 392)

Blickt man auf die wenigen autobiographischen Texte der 1943er Theologen, so entsteht ein Bild junger Männer, die mit jugendlichem Übermut in den Krieg zogen und ernüchtert und erschreckt zurück kamen. »Wir fühlten uns tief betroffen, daß wir überlebt hatten«, schreibt Friedrich Schmid (geb. 1923), der im Januar 1945 belastendes Material über Tübinger Theologieprofessoren vernichtet hatte. »Wer überlebt hatte, war irgendwie in Verhängnis und Schuld verstrickt, obschon wir an den Greueln, deren ungeheuerliches Ausmaß uns erst jetzt ganz sichtbar gemacht wurde, persönlich nicht beteiligt gewesen sind.« (1988a, 355) Wenn sie nun, wie Jörg Zink, der als Pilot in der Wehrmacht diente, vom Krieg und der Gefangenschaft heimkehrten, so teilten sie diese Erfahrung mit Millionen anderer deutscher Männer. Ähnlich dem Motiv anderer Heimkehrertexte der Nachkriegsliteratur, verband Zink in seiner Autobiographie die »Heimkehrerthematik mit dem Schulddiskurs« (Winter 2001, 285).[84] Sie seien mit der »Erfahrung des Schreckens« sowie mit der »Erfahrung der Mitschuld … an all den Schrecken« (Zink 1992, 155) lange nicht fertig geworden. Sie hätten »die Hölle« durchschritten, und wenn sie nun als Kriegsheimkehrer in die Universität zurückkehrten, wüssten sie, »was gemeint sei, wenn von Leben und Tod, von Haß und Krieg, von Schuld und Verdammnis« die Rede sei. »Wir sahen das vermutlich illusionsloser als frühere Generationen von Studenten und wohl auch deutlicher als manche spätere«, schreibt Zink. »Die Weltgeschichte erschien uns weithin als die Leidensgeschichte … einer von den Menschen selbst gequälten Menschheit« (154). Einer seiner theologischen

Lehrer war Thielicke, dessen Schriften Zink im Gefangenenlager kennen lernte und bei dem er dann in Tübingen studierte; Thielickes Haus »wurde zur Spielwiese für Leute, die das Spielen eigentlich schon verlernt hatten« (160).

Das angeschlagene Selbstbewusstsein der 1943er, das man bei Künneth und Thielicke vermisst, hat auch die fast gleichaltrige, aber vom längeren Kriegsdienst verschonte 1948er Kohorte geteilt.[85] Sie waren als Kinder und Jugendliche von »Hunger« und »Luftschutzkellern« (Sölle 1995, 11, 14), »Schutt und Trümmern« (Moltmann-Wendel 1998, 53) und dem Dienst als Luftwaffenhelfer (Moltmann 1997b, 22; Leich 1994, 19-32) geprägt worden. Diese Theologen äußerten ihr Selbstmitleid in verdeckter Weise, da ihre Erfahrung nicht mehr ohne den Schatten des jüdischen Leidens in Auschwitz denkbar und artikulierbar war (siehe Petersen 2004). Die der »Theologie nach Auschwitz« verpflichteten 1948er identifizierten sich aufgrund ihrer Jugenderlebnisse mit dem Leid der Anderen und erklärten ihre politische Solidarität mit *allen* Opfern.

Jüdische Abwesenheit:
Autobiographische Auslassungen

Den Grad persönlicher Verantwortung, Kompromittierung und Mitverschuldung in Bezug auf die Verfolgung der Juden, den Antisemitismus und die Shoah haben die wenigsten protestantischen Theologenautobiographen der 1890er, 1918er und 1933er Kohorten selbstkritisch reflektiert. Meist dienen ihre Lebenserinnerungen »der Selbstrechtfertigung im Blick auf den deutschen Kirchenkampf« (Benrath 1979, 784)[86], und vergeblich sucht man in ihnen nach der narrativen und theologischen Präsenz der durch die Nazis gepeinigten Völker. Unter dem Vorzeichen der Aufrechterhaltung und Verkündung eines wahren christlichen Bekenntnisses haben sich ihre autobiographischen Schilderungen häufig in innerkirchlichen und theologischen Zwistigkeiten des Kirchenkampfes verzettelt, wodurch eine Art Verdoppelung ihres Verhaltens während des Dritten Reichs entstanden ist. In ihren späteren Rechtfertigungen duplizierten sie ihre Kämpfe der dreißiger und vierziger Jahre: Damals hatten sie sich – besorgt über die Wahrung kirchlicher Autonomie[87] – um den staatlich verordneten Arierparagraphen und die Stellung getaufter Juden in der Kirche gestritten; jetzt legitimierten sie ihre persönlichen Verhaltensweisen und Handlungen, indem sie sie innerhalb der Bekennenden Kirche verorteten. Sie verloren dabei den Blick auf die Judenverfolgung und -vernichtung.[88] Antworten auf die Stellung des christlichen Bekenntnisses in der modernen Welt wurden in der schicksalhaften Katastrophe gesucht, die über das deutsche Volk in Form von Versailles, der Weimarer Säkularisierung, des Nationalsozialismus und der alliierten Besatzungsmächte hereingebrochen war; dagegen wurden die Stätten der Judenvernichtung als theologische, moralische und politische Herausforderung von zu wenigen und zu spät erkannt. Selbst die unerschrockenen Proteste gegen die Verfolgung von Juden und nichtarischen Christen, die Bischof Wurm nach der militärischen Niederlage der Wehrmacht in Stalingrad 1943 verstärkt an den NS-Staat richtete, und die ihm scharfe Verwarnungen seitens der Nazis einbrachten, waren gegen die Vernichtung der Juden, nicht aber gegen deren Aussonderung aus dem Volkskörper gerichtet.[89]

Weil Theologen dieser Kohorten mehrheitlich nicht imstande waren, sich als Teil des Problems zu begreifen, konnten sie nach 1945 auch keine Theologie angesichts der Opfer der NS-Verfolgungen entwickeln. Parallel zur volksmissionarischen Erwartung im Jahre 1933, endlich eine Einheit zwischen Volk und Kirche herstellen zu können, wurden 1945 weite Kreise der Kirche von der Hoffnung erfasst, den deutschen Neubeginn im Zeichen des christlichen Bekenntnisses zu gestalten.[90] Die Mehrheit der Kirchenvertreter nach dem Krieg verfocht ein »Programm der Rechristianisierung« (Kleßmann 1993, 404; auch Greschat 1990; Hockenos 2004). Deshalb wurde eine große Kraft auf die seelsorgerliche Arbeit mit den in die Irre geführten und vom wahren Christentum abgefallenen Tätern in den Internierungslagern und Gefängnissen verwendet, während den Opfern der NS-Verfolgungen kaum Beachtung geschenkt wurde (vgl. Katharina von Kellenbachs Beitrag in diesem Buch). Diese tatsächliche und im Erinnerungsdiskurs wiederholte Präokkupation mit dem Schicksal der Deutschen ließ kaum Raum für die Juden als verfolgte und ermordete Minderheit. In dieser Auslassung liegt auch ein Schuldigwerden.

Wenn ich hier von »Auslassung« oder einer jüdischen »Abwesenheit« rede, so ist damit kein absolutes Verschweigen gemeint; denn Juden sind, mit wenigen Ausnahmen, in keiner der autobiographischen Texte nach 1945 völlig verschwunden. Die Thematisierung der Juden ist den Theologen unangenehm, weil es immer »Auschwitz« impliziert, aber eine direkte Bezugnahme auf Auschwitz vermieden werden soll. Auschwitz, so Nicolas Berg, »wird mitgedacht, aber nicht ausgesprochen« (2003, 55).[91] So versteifen sich die Theologen in ihren Lebenserinnerungen auf Rechtfertigungen, verlieren sich in allgemeinen Betrachtungen zur Judenfrage, leisten Abbitte mit Beileidsbezeugungen oder verfallen in eine zwanghaft unbekümmerte Redseligkeit. Um diese präsente Abwesenheit geht es auf den folgenden Seiten, und wir werden sie anhand von Künneth und Thielicke exemplifizieren.

Künneth: Eine Mitarbeiterin, das übersensible Fräulein, und der russische Religionsoffizier

Künneth schreibt sich hinsichtlich der Judenfrage selbst ein Unschuldszeugnis aus. Dies wurde jüdischerseits sofort bei Erscheinen seiner *Lebensführungen* beanstandet und von Künneth seinerseits entschieden zurückgewiesen (vgl. Smid 1990, 366; Gerlach 1987, 96). Er habe das christliche Bekenntnis sowohl in seiner Stellung zum Arierparagraphen als auch im ideologischen Kampf gegen Rosenbergs völkisch-rassistisches Werk verteidigt. Über eine Vernehmung im Berliner Reichssicherheitshauptamt, wohin ihn die Gestapo aufgrund seiner Anti-Rosenberg-Schriften vorgeladen hatte, schildert Künneth, wie er auf die Frage des Untersuchungsrichters, er müsse sich wohl bewusst sein, dass er »in der Judenfrage einen im Dritten Reich unmöglichen Standpunkt« vertrete, antwortete, dass er »nichts anderes dargelegt hätte, als was auch in der Bibel, im Alten Testament, zu lesen sei« (1979, 154). Ebenfalls verneinte Künneth dem Richter gegenüber, er habe den nationalsozialistischen Staat politisch angegriffen; dies sei aus rein »kirchlich-geistlichem Handeln« geschehen. Künneth empfand es »in diesem Augenblick beruhigend … ein politisch ›gutes Gewissen‹ zu haben« (154).

Künneth, der in Berlin von 1927 bis 1937 im Umkreis der Inneren Mission tätig war, hat an der volksmissionarischen Hoffnung, eine Einheit von Kirche und Volk zu schaffen, teilgenommen. Zu Beginn des Dritten Reichs lag insbesondere im »Zauberwort« der Volksmission (Hermle 1997) die Hoffnung, eine volkskirchliche Einheit könne sich mit dem nationalsozialistischen Ideal einer deutschen Volksgemeinschaft überschneiden; sie basierte auf dem populären Konsens, Juden aus dieser völkischen Geschlossenheit aussondern zu können. Künneth hat an diesem Enthusiasmus teilgenommen, auch wenn er letztlich dem völkischen Postulat der »Einheit von Volk, Rasse und Religion« den biblischen Gedanken entgegensetzte, die Christusbotschaft sei »für alle Rassen in gleicher Weise gültig« (Künneth 1932, 6, 23). Trotz seiner distanzierten Haltung zum »Neuheidentum« in den Bewegungen der »völkischen Religiosität«, schätzte Künneth die volksmissionarischen Vorteile einer »artgemäßen, volksgebundenen Form des ewigen Evangeliums« (1932, 3, 16). An dieser Haltung Künneths haben sich Anhänger der Deutschen Christen gutheißend erinnern können. So berichtet etwa Walter Birnbaum in seinen Memoiren von dem »jungen klugen Dr. Künneth«, den er 1934 als Referenten für seine volksmissionarische Arbeit eingeladen hatte. »Mit tiefem Ernst stellte Dr. Künneth das große Anliegen der völkischen Religiosität heraus«, die er, »im Gegensatz zu dem Liberalismus … als eine Totalangelegenheit des Lebens betrachtet« (1973, 1879 f.). Als Sprecher der Jungreformatorischen Bewegung suchte Künneth während seiner Tätigkeit in der Berliner Apologetischen Centrale den Anschluss sowohl an die Bekennende Kirche als auch die Deutschen Christen. 1933 schrieb er in der Zeitschrift *Junge Kirche*, dass eine »große Anzahl der Forderungen der Deutschen Christen durchaus berechtigt« sei (zit. in Hermle 1997, 315).

Wie sehr Künneth einem antijudaistischen Gedankengut auch nach 1945 verhaftet blieb, wird in *Lebensführungen* offenkundig, wenn er beispielsweise aus einem 1937 geschriebenen, von der Gestapo beschlagnahmten Manuskript zitiert. Die evangelische Lehre, so heißt es in dieser unveröffentlichten Schrift, sei das »mächtigste Bollwerk gegen jede innere geistige Judaisierung der Kirche. Sobald dieses Dogma stürzt, muß im breiten Strom das pharisäische Denken, das dem natürlichen Mensch so geläufig ist, in die Kirche einbrechen.« (147) Dieser Gedanke bleibt auch 1979 unkommentiert.

Ingesamt hält sich Künneth in seinen Lebenserinnerungen hinsichtlich der »Judenfrage« bedeckt, was besonders in seiner kurzgefassten Erwähnung des Arierparagraphen, mit dem die Ausscheidung nichtarischer Christen aus den Kirchen geregelt werden sollte, deutlich wird. An der »Stellung zur ›Arierfrage‹« würden sich »die Geister scheiden«, schreibt er. Weil das »Rassenprinzip« nie den »Christusglauben« verdrängen dürfe, habe die Apologetische Centrale als Teil der bekennenden Bewegung einen »Schutzschild« für die in der Arierfrage Betroffenen eingerichtet. Die nun in seiner Geschäftsstelle anfallende »Riesenarbeit« hätte nur »bewältigt werden« können durch den »freiwilligen Dienst dreier Berliner Studenten: Links, der die SS-Uniform trug, Kampfmeyer und Erwin Rudert«. Es galt, »Briefe zu erledigen, Fragen zu beantworten, Material zu versenden und Mitgliedskarteien anzulegen« (109). In anderen Worten: Durch die Hilfestellung für nichtarische Christen hätten er und die Apologetische Centrale ihre Opposition und Widerstand gegen das NS-System ausgedrückt. Inwiefern allerdings diese »Riesenarbeit« in der Apologetischen Centrale eine wirkliche Hilfe für die Betroffenen darstellte oder vielleicht doch eher der Dokumentation der Arierfrage gewidmet war, lässt sich in seiner Autobiographie nicht feststellen.

Seine persönliche Einstellung zur Arierfrage führt Künneth in *Lebensführungen* nicht weiter aus. Tatsache ist, dass mehrere Gutachten und Schriften, die Künneth der Judenfrage zwischen 1928-1933 gewidmet hat, ein Bild entwerfen, worin er sich mit der »Notwendigkeit der Neuregelung der Judenfrage in Deutschland« (Smid 1990, 366) einverstanden erklärt. Er meint, ein »Überhandnehmen des jüdischen Einflusses« festzustellen (zit. in Smid, 366).[92] An einer kirchlichen

Mission der Juden müsse festgehalten und zwischen Juden und Juden-christen differenziert werden, denn letztere hätten ein näheres Ver-hältnis zum deutschen Volk. Die »Ausschaltung der Juden als Fremd-körper im Volksleben« solle sich jedoch nicht »in einer dem christlichen Ethos widersprechenden Weise« vollziehen (zit. in Smid 1990, 370). Diese »offenkundige Vermengung weltanschaulich-politi-scher und schöpfungstheologischer Kategorien«, so resümiert Smid die Position Künneths, sei »zum Einfallstor eines spezifisch protestan-tischen Antisemitismus« (372) geworden.[93]

Vielleicht kann Künneth in *Lebensführungen* so unbekümmert sei-ne Gegnerschaft zur nationalsozialistischen Judenvernichtung be-haupten, weil er Alfred Rosenbergs unbiblisches, rein rassistisches Verständnis der Judenfrage sowie eine gewaltsame Verfolgung der Ju-den prinzipiell abgelehnt hatte. Im unausgesprochenen Vergleich zu den Nazimethoden der Judenverfolgung, denen Künneth unter kei-nen Umständen zugestimmt hätte, relativiert sich sein volkstümlich und volksmissionarisch motivierter Antijudaismus. Als narrative Strategie erfüllt eine solche Relativierung die Funktion, die eigene an-tijüdische Haltung verschwindend klein zu machen. Im Vergleich zum genozidalen Antisemitismus der Nazis verliert sich die antijüdische Position der Theologen in (vermeintlicher) Belanglosigkeit. Hinter Künneths semantischer Verbergung steckt jedoch ein nicht-explizier-tes Anerkennen der Realität von Auschwitz: Die präsente Abwesenheit von Auschwitz dient als Beweis der eigenen Anständigkeit. Statt das Wissen um die Shoah zum Anlass zu nehmen, das eigene theologische und menschliche Versagen gegenüber den deutschen und europäi-schen Juden anzuerkennen, dient das Ausmaß des Grauens von Auschwitz, das Künneth nie gutgeheißen hätte, zur Reinwaschung und Entschuldung der eigenen antijüdischen Einstellung.

Den wenigen allgemeinen Betrachtungen zur »Judenfrage« stehen drei Begegnungen mit Menschen jüdischer Abstammung gegenüber. Alle drei werden beim Namen genannt, alle drei werden recht unver-mittelt und flüchtig in seiner Autobiographie eingeführt. Sie hätten allemal verschwiegen werden können, ohne dass es dem Leser auf-gefallen wäre. Wir müssen also fragen: Welche Funktion haben sie in seinem Text?

In chronologischer Folge tritt Künneth in diesen Begegnungen als Schutzengel (um 1937), Seelsorger (um 1940) und Bittsteller (1948) auf. Die erste Begegnung findet statt, als Künneth selbst von der Gestapo in Berlin beschattet wird. Er habe eine Mitarbeiterin geschützt, deren »verstorbener Vater ja Jude« war (144). Die zweite Begegnung steht im Zeichen »seelsorgerliche[r] Besuche bei einer christlichen Jüdin, Fräulein Krohn in Feldafing« (173). Das geschieht bereits zur Zeit des Krieges, als Künneth sein bayrisches Gemeindepfarramt innehat. Eine dritte Begegnung findet 1948 statt, als Künneth zur Gründungssitzung der Vereinigten Evangelisch-Lutherischen Kirche (VELKD) nach Eisenach reist und dort den »russische[n] Religionsoffizier Eichenwald« trifft, »ein deutsch sprechender Jude aus Kiew, selbst Atheist« (212).

Soll und kann an der Realität dieser Begegnungen nicht gezweifelt werden, so muss dennoch auf Eigentümlichkeiten in allen drei Fällen hingewiesen werden. Zunächst geht es um die Mitarbeiterin Renate Ludwig, die durch die Nürnberger Gesetze als »Mischling« gebrandmarkt war. »Erschwert wurde meine Lage auch dadurch, daß ich über meine Mitarbeiterin, Renate Ludwig – ihr verstorbener Vater war ja Jude –, die schützende Hand halten mußte. Der Centralausschuß für Innere Mission konnte und wollte sie wegen des ›Arierparagraphen‹ nicht mehr bezahlen, und so galt es auf andere Weise ihre Unterstützung sicherzustellen.« (144)

Auf den ersten Blick scheint die Deutung unkompliziert: Künneth, der über Renate Ludwig seine »schützende Hand« hält, präsentiert sich in der Rolle des Retters einer von den Nazis bedrohten Frau. Ein genaues Hinsehen ergibt ein problematischeres Bild. Es ist ja nicht die Mitarbeiterin, sondern Künneth selbst, der grammatikalisch wie inhaltlich Subjekt dieser Szene ist. Renate Ludwig dient primär als Illustration *seiner* »erschwerten Lage« unter der Gestapo-Überwachung, jedoch nicht *ihrer* schweren Lage als Opfer der Rassenideologie. Die Hilfeleistung für die Bedrohte erhöht den Status der eigenen Bedrohtheit. Folglich wird auch jedes Fragen nach Künneths Mitverantwortlichkeit verhindert. Warum »musste« er eine Hand über sie halten – er hätte dies ja auch *wollen* können? Gab es unausgesprochene institutionelle, private oder moraltheologische Verpflichtungen, die ihn dazu veranlassten? Wie erklärt es sich, dass der »Centralausschuß der Inneren Mission«, unter deren Schirmherrschaft Künneth immerhin in leitender Funktion arbeitete, der Betroffenen die Besoldung aufgrund des Arierparagraphen verweigerte? Lag Künneth mit der Inneren Mission in dieser Sache im Konflikt? Protestierte er? Oder stimmte er prinzipiell mit der Neuregelung der Inneren Mission überein, half aber dieser einen Mitarbeiterin, weil er sich zur christlichen Liebe gegenüber individuellen »notleidenden Judenchristen« (Smid 1990, 370) verpflichtet sah? Antworten findet man auf diese Fragen in seiner Autobiographie nicht.

Problematisch ist auch Künneths zweite Begegnung mit einem jüdischen Menschen, Fräulein Krohn aus Feldafing. Die befremdliche und von antijüdischen Stereotypen strotzende Episode demonstriert eigentlich nur Künneths Versagen als Seelsorger. Warum also erwähnt er sie? Krohns riesige Villa, schreibt Künneth, sei »voller Reichtümer und Kostbarkeiten« gewesen, sie selbst

> war aber schwer leidend, übersensibel und hochgradig nervös. In Feldafing wurde sie zwar von niemandem wegen ihrer jüdischen Rasse belästigt, sie ahnte aber etwas von dem herannahenden Verderben … Ich empfand es jedoch jammervoll, sie in ihrem Schicksal allein lassen zu müssen, wenn auch eine unserer Diakonissen sie rührend betreute. Ohne daß ich es wußte, wurde sie ganz plötzlich abgeholt und in einem Massentransport nach Osten verschickt. Ich habe nichts mehr von ihr gehört. Es bleibt nur der Trost, daß der Herr Jesus Christus, an den sie glaubte, ihren Namen gewiß nicht vergessen hat. (1979, 173)

Künneth gibt keinerlei Gründe an, warum er dieses reiche, »übersensible« Fräulein in »ihrem Schicksal allein lassen« musste (wieder so eine schöne Passivkonstruktion, die das autobiographische Ich als handelndes Subjekt verschwinden lässt). Weshalb also erzählt er von ihrem Schicksal, das »ganz plötzlich« mit der Deportation zu Ende ging? Künneth sagt es uns nicht. Es ist, als dränge sich ihm diese Erinnerung förmlich auf, ohne dass er mit ihr etwas anzufangen wüsste. Vielleicht handelt es sich hier um eine Wiederkehr des Verdrängten, ein Eingestehen des nicht-gewussten Wissens. Immerhin setzt der »Massentransport nach dem Osten« die Kenntnisnahme der Vernichtungsstätten voraus, ohne dies exlipizieren zu müssen: er habe von ihr nichts mehr gehört! Gilt dann der Trost, Christus habe sie »gewiß nicht vergessen«, ihm oder ihr?

In der dritten Begegnung vertauschen sich die Rollen zwischen Hilfesuchenden und Helfern. 1948 reist Künneth nach Eisenach, um an der Gründungssitzung der VELKD teilzunehmen. Trotz »physischer Schwäche« und unter Obhut der alliierten Siegermächte habe die Versammlung ein »Bild herzlicher Brüderlichkeit« (1979, 211) geboten. Der anwesende »russische Religionsoffizier Eichenwald«, dieser eigentlich befremdliche Jude aus Kiew, habe gerade in dieser Situation eine Freundschaftsgeste getätigt. Der deutsch sprechende, atheistische, jüdische Religionsoffizier aus dem kommunistischen Russland erwies sich als »wohlwollend« und stellte beim geselligen Beisammensein, so erinnert sich Künneth, »Wodka in Mengen zur Verfügung«. Am Ende erzählte »Herr Eichenwald auch aus seiner Heimat« (212).

In der Figur Eichenwalds hat sich der prinzipiell Andere, der irgendwie heimisch anmutet (deutsch sprechend, von der Heimat erzählend), zum freundlichen Aufpasser verwandelt. Wie befremdlich sein Erscheinen auch gewesen sein mag, Künneth betont das freundschaftliche Verhältnis zwischen dem russischen Juden und den anwesenden deutschen Theologen.

Künneths Betonung der freundlichen Begegnung mit einem Juden in der Nachkriegszeit – so, als sei die Shoah nicht geschehen – folgt einem Muster, das sich in Memoiren Anderer wiederholt. Bleibt die Figur des »Juden« in der narrativen Dynamik der Erinnerungsdiskurse marginalisiert, eine fremde Größe, die immer schon vom Verschwinden bedroht ist, so bestätigt ihre freundschaftliche Erscheinung nach dem Krieg die Anständigkeit des Autobiographen. Ein vergleichender Blick auf Memoiren anderer Theologen der 1918er Kohorte bestätigt diese und ähnliche Rollen, die Juden zugeschrieben werden.

Der praktische Theologe und Deutsche Christ Walter Birnbaum erwähnt namentlich nur Juden, die in seinem Entnazifizierungsverfahren als potentielle Entlastungszeugen auftreten könnten. Er hätte sich damals, so schreibt er, Persilscheine bei jüdischen Bekannten ausstellen lassen können, wie etwa dem »weltbekannten Vulkanologen Immanuel Friedlaender in Neapel« oder dem Münchner Baron von Hünefeld, dessen Mutter »Jüdin, er also Halbjude« war. Aber ein solches Vorgehen hätte ihn angewidert, und »einen Ausländer« hätte er »in diese ganze Sphäre schon gar nicht hereinziehen« wollen (1973, 256 f.). Birnbaum variiert in dieser Darstellung geschickt das Motiv des freundschaftlichen Verhältnisses zu Juden nach 1945, indem er die von ihnen angebotene Hilfe in mannhafter Standfestigkeit ausschlägt. Juden haben hier die Funktion, die Aufrichtigkeit und Anständigkeit eines NS-kompromittierten Theologen zu beweisen, just in jenem Moment, wo seine Gesinnung gerichtlich belangt wird.

Hanns Lilje erwähnt Juden fast gar nicht: Das trifft sowohl auf seinen autobiographischen Bericht aus seiner erlittenen Gestapo-Haft (*Im finstern Tal*, 1948) als auch auf seine nachkriegsdeutschen Memoiren *Memorabilia* (1973) zu. In *Memorabilia*, wo er mit großer

»Sachlichkeit« seine Position im Kirchenkampf beschreiben möchte, tauchen Juden nur an einer Stelle als Hinweis auf den kirchlichen Widerstand gegen das NS-Regime auf. Als der Judenstern in Deutschland eingeführt wurde, erinnert sich Lilje, hätte es »viele Gemeinden gegeben, die den Judenstern behandelten, als gäbe es ihn nicht«. Er selbst habe im seelsorgerlichen Gespräch eine Frau, die im Dritten Reich »als Volljüdin« galt, vom Selbstmordgedanken abgebracht. Sie sei wegen des Tragens des Judensterns so verzweifelt gewesen, dass sie »den Gashahn aufdrehen« wollte. Er habe dieser Frau zu Kontakten verhelfen können, die ihr das Leben im Untergrund ermöglichten. »Als alles zu Ende war, haben ihre beglückten Kinder sie nach England geholt.« (1973, 123-125)

In dieser Episode, mit der Lilje jene »unbekannten Christen« (1973, 123) würdigen möchte, die Juden geholfen hatten, wiederholt sich die bereits bei Künneth festgestellte Rolle des Theologen als Retter und Seelsorger. Sie hätten viel »persönlichen Mut« (123, 125) bewiesen. Er selbst habe einer Volljüdin das Leben retten können, erst, indem er sie vom Selbstmord durch den »Gashahn« abgehalten habe (Lilje scheint die Ironie dieser Situation zu entgehen; jedenfalls bleibt die Stelle unkommentiert), dann über Kontakte zum Untergrund. Das Motiv eines freundschaftlichen Verhältnisses mit ausländischen Juden nach dem Krieg klingt an im *happy end* der »beglückten Kinder« im englischen Exil.

Es geht aus Liljes Erzählung nicht hervor, dass es sich bei den hier genannten Juden vermutlich um »nichtarische Christen« jüdischer Herkunft gehandelt haben muss, also um Mitglieder der christlichen Gemeinden. Der Hinweis auf den Judenstern verortet die Erzählung in die Zeit nach 1941 (der Stern wurde in Deutschland am 1. September 1941 eingeführt). Zu diesem Zeitpunkt war die Mehrheit der deutschen Juden emigriert oder deportiert worden. Lilje hätte wohl präzisieren können, dass diese Christen ihren »nichtarischen« Gemeindemitgliedern geholfen hätten. Indem er sie allerdings als »Juden« bezeichnet, gewinnt seine Inszenierung an Dramatik. Mit der Formulierung, die nichtverfolgten Christen hätten den »Judenstern behandelt, als gäbe es ihn nicht«, wollte Lilje sicherlich darauf hinweisen, dass sich Christen über die NS-Rassenideologie hinweggesetzt hätten. Aber sie lässt auch eine andere Lesart zu: nach 1941 den Judenstern so zu behandeln, »als gäbe es ihn nicht«, deutet auch auf ein Nichtwahrnehmen-Wollen, also willentliche Ignoranz gegenüber der wahrlich bedrängten Situation der Träger des Judensterns. Die zweite (von Lilje unbeabsichtige) Lesart beschreibt viel zutreffender die Situation in vielen Gemeinden. Als der Judenstern eingeführt wurde, empfahl 1941 die Kirchenkanzlei der Deutschen Evangelischen Kirchen, »geeignete Vorkehrungen zu treffen, daß die getauften Nichtarier dem kirchlichen Leben der deutschen Gemeinden fernbleiben« (zit. in Röhm 1995, 39). Man denke nur an das Schicksal des übersensiblen Fräuleins Krohn in Künneths Bericht, um die Auswirkungen dieser Haltung zu verstehen.

Eingerahmt wird Liljes insgesamt recht kurz gehaltene Episode durch den zweimaligen Hinweis auf den »persönlichen Mut« (1973 123, 125) der Christen, welcher ihnen gleichsam als Leitmotiv zugedacht wird. Subjekt dieser Szene sind nicht die selbstmordgefährdete »Volljüdin« und die verfolgten jüdischen (sprich: »nichtarischen«) Gemeindemitglieder, sondern der helfende Christ – und, qua Identifikation, Lilje selbst. Die Episode dreht sich weniger um die Not der Opfer als um den Mut der Deutschen.

Eine persönlichere und intimere Beschreibung jüdischer Freunde findet sich in der Autobiographie von Georg Merz (auch ein 1918er), der der Bekennenden Kirche angehörte und mit Barth, Gogarten und Thurneysen die Zeitschrift *Zwischen den Zeiten* als Sprachrohr der dialektischen Theologie gegründet hatte (siehe auch Lichtenfeld 2000). Besonders ausführlich berichtet Merz über seine Freundschaft mit Karl Würzburger, der sich später in der Schweiz, nachdem er 1933 Deutschland verlassen musste, taufen ließ. Auch seine Erzählung ist nicht frei vom Element des Befremdlichen, das Juden in Theologenautobiographien anhaftet. Das ist an zweierlei abzulesen. Erstens führt Merz seinen Freund Karl Würzburger im Kontext seiner ersten Kindheitserinnerungen an Juden ein: sie seien ein »geheimnisvolles Volk«, »reich«, und gestikulierten mit »heftigen Gebärden« (1961, 93). Zweitens lässt die Platzierung dieser Erzählung im Gesamtgefüge seiner Memoiren darauf schließen, es könnte sich hier um eine initiatorische Begegnung des jungen Merz mit dem Anderen, dem Fremden handeln; denn dem Abschnitt über »die erste Begegnung mit dem Volk Israel« (93), worin Würzburger auftaucht, folgt sofort der Abschnitt über die ihm bis dato fremden »Mädchen« (103 ff.).

Ist Merz eine im theweleitschen Sinne paranoide Angst vor Juden und Frauen vorzuwerfen, die nur über Vereinnahmung oder Zerstörung aufgehoben werden kann (vgl. Theweleit 1980)? Sicher nicht.

Dafür spricht schon die leicht selbstkritische Ironie, die man als Leser in seinen Beschreibungen zu spüren glaubt, sowie die herzliche und persönliche Art, mit der Merz seine jüdischen Freunde und Frauenbekanntschaften einführt. Aber dem Befremdlichen in der Porträtierung seines Freundes kann man sich nicht ganz entziehen. Nachdem Würzburger zeitweilig in der zionistischen Bewegung mit »russischen und polnischen Juden« (1961, 102) verkehrte, entschloss er sich letztendlich zur christlichen Bekehrung. »Dann ging er in die Schweiz, ließ sich taufen, blieb Deutschland treu und grüßte mich im Advent 1945.« (103) Am Ende der Erzählung hat sich das Befremdliche ins Familiäre und Heimische aufgelöst: auch eine Art des *happy end*.

Einzelne Vertreter der 1918er Kohorte konnten das Befremdliche in der Figur des »Juden« und ihren restriktiven Rollenzuschreibungen partiell überwinden, wie es etwa die Autobiographien Heinrich Grübers (1968) und Kurt Scharfs (1988) illustrieren.[94] Beide waren später im jüdisch-christlichen Gespräch aktiv. Als ein schwaches, tröstendes Licht in einer ansonsten traurigen Erinnerungslandschaft bestätigen sie als Ausnahme die Regel.

Thielicke: Der Klassengenosse, der jüdische Gestapo-Spitzel und der englische Verleger

Wie Künneth, so stellt auch Thielicke sich selber ein Unschuldszeugnis aus, dies jedoch sehr geschickt in den Worten einer dritten Person, nämlich des westdeutschen Außenministers. Dieser habe ihn Pfingsten 1965 mit der Bitte angerufen, Botschafter Israels zu werden. »Da es sich nach dem Schicksal der Juden im Dritten Reich um eine besonders heikle Aufgabe handle, wolle man«, so der Außenminister in Thielickes Rückschau, »einen Mann des Geisteslebens ins Auge fassen, der überdies aus der Nazizeit ohne Belastung sei« (1984, 211). Thielicke lehnte anderntags diese »heikle« Aufgabe ab. Wie stand es nun um Thielicke und die Juden?

In seiner Autobiographie diskutiert Thielicke weder den Arierparagraphen noch die sogenannte »Judenfrage«. In diesem Sinne scheint er sich der Thematisierung der Juden zu entziehen oder, anders ausgedrückt, Juden sind ihm kein Problem. Thielicke hätte beispielsweise etwas über die Entfernung der jüdischen Professoren und Dozenten in Heidelberg schreiben können, wo er 1936 eine Professur angenommen hatte. Er tut dies aber nicht – im Gegensatz etwa zur Autobiographie Heinz-Dietrich Wendlands, eines 1918ers, der bis 1936 als Dozent an der Heidelberger theologischen Fakultät angestellt war (Wendland 1977, 141; vgl. Remy 2002). Stattdessen seien seine Heidelberger Jahre, wie bereits oben ausgeführt, durch »schwerste Auseinandersetzungen mit der Nazipartei« (1984, 108) gezeichnet gewesen.

Ein Eindruck von Thielickes Einstellung kann indirekt aus einem zeitgeschichtlichen Dokument gewonnen werden. Thielicke hatte während des Dritten Reichs kurzzeitig beim Freiburger Kreis, einer Widerstandsgruppe, mitgewirkt, der 1942/43 eine Denkschrift erstellt hatte. Im originalen Wortlaut veröffentlichte Thielicke diese Denkschrift 1979 unter dem Titel *In der Stunde Null* und versah sie mit einer neuen Einführung. Der Freiburger Kreis hatte eine neue »Politische Gemeinschaftsordnung« (so der Originaltitel der Denkschrift) für die Zeit nach dem Zusammenbruch des NS-Regimes entworfen. In der Anlage 5, »Vorschläge für eine Lösung der Judenfrage in Deutschland«, hieß es unter anderem, dass »der Liebe zum eigenen Volk willen ... der Christ die Augen offen halten [muss], ob enge Berührung oder gar Vermischung mit anderen Rassen sich nicht schädlich auswirken kann für Leib und Seele«. Trotzdem sei der Christ mit der Nächstenliebe auch »Menschen anderer Rassen gegenüber« verpflichtet (Thielicke 1979, 146).

Auch die »kirchliche Grundlegung« dieser oppositionellen Denkschrift hatte also rassenideologische Bedenken gegenüber Juden; darin war sie von den Einstellungen Künneths und Wurms, die die »Aussonderung« (statt Ausrottung) befürwortet hatten, nicht allzu weit entfernt. Die theologisch-kirchliche Haltung des Freiburger Kreises steht aber im merkwürdigen Gegensatz zur klaren politischen Einschätzung der Lage Anfang der vierziger Jahre, die in derselben Anlage artikuliert wird: Das »geschehene Unrecht« an den Juden, heißt es da, das in seinem vollen Ausmaß an Verfolgung und Ermordung »kaum vorstellbar« sei, müsse »gesühnt und wieder gutgemacht werden« (1979, 149). Das Wissen um das Ausmaß der Judenverfolgung wird in dieser Denkschrift von 1942/43 unumwunden zugegeben. Die konkreten Vorschläge des Freiburger Kreises zur Regelung des »Judenstatuts« (151) nach dem erhofften Kriegsende hielten jedoch an der befremdenden, wenn nicht gar gefährlichen Differenz der Juden fest. Sie gewährten ihnen in der neuen Gemeinschaft bestenfalls einen Sonderstatus (vgl. Gerlach 1987, 359-366).

Heinz-Dietrich Wendland Wege und Umwege

50 Jahre
erlebter
Theologie
1919-1970

Inwieweit sich Thielicke mit einzelnen Teilen der Denkschrift zur Zeit ihrer Entstehung 1942/43 identifiziert hat, lässt sich nicht feststellen. In seiner späteren Würdigung grenzt er sich jedenfalls von ihrer »Einseitigkeit« (1979, 21) bezüglich der Judenfrage ab.[95] So können wir autobiographisch lediglich jene drei Stellen aufgreifen, in denen Thielicke in *Zu Gast auf einem schönen Stern* seine Begegnungen mit Juden schildert, und zwar mit zwei jüdischen Klassenkameraden in der Weimarer Republik, einem jüdischen Gestapo-Spitzel in Stuttgart (1942-44) und 1947 einem englischen Verleger jüdischer Abstammung.

Auffallend, obgleich zufällig, ist die Ähnlichkeit der numerischen und chronologischen Strukturierung dieser Begegnungen mit Künneths Autobiographie. Beide berichten von je einer Begegnung mit Juden *vor, während* und *nach* dem Krieg. Es scheint sich bei diesen Erwähnungen weniger um beliebige Erinnerungen als um eine bestimmte Rollenzuschreibung mit einer legitimatorischen Funktion zu handeln.

Zunächst die jüdischen Klassengenossen:

In unserer Klasse gab es zwei Juden. Der eine, Rudi, stammte aus großbürgerlicher Familie und war in seinem Phänotypus das Urbild eines Semiten. Trotz seiner markant anderen Rasse, die sich uns selbst in diesen harmlosen, antisemitisch noch nicht verseuchten Zeiten aufdrängte, wurde er von allen anstandslos akzeptiert. Er war ein verläßlicher Kamerad. Wir mochten ihn wegen seiner Aufrichtigkeit, die alles Deutsch-Gemütshafte als ihm fremd von sich wies ... Als das Dritte Reich hereinbrach, war er plötzlich verschwunden, und wir hörten jahrzehntelang nichts mehr von ihm ... [Dann] meldete er sich von [Israel]. Klaglos berichtete er von seinem ... Job als Omnibusfahrer, deutete die Schrecken seiner Erlebnisse unter der Naziherrschaft nur an und fragte nach den alten Freunden. Er war »ein rechter Israeliter, in welchem kein Falsch ist« (Johannes-Evangelium 1, 47).

Der andere jüdische Klassengenosse war in allem das Gegenteil: blond und pummelig, auf eine etwas schmierige Art auf Anpassung bedacht, berechnend und opportunistisch. Er blieb zwar ein Außenseiter, doch erinnere ich mich nicht, daß er unter Aggressionen zu leiden gehabt hätte. Wir verachteten ihn höchstens oder lachten über ihn, wenn sein Einschmeichelungsbedürfnis sich allzu tolle Eskapaden geleistet hatte. Sicherlich war unsere relative Zurückhaltung weniger unser Verdienst als die Folge des humanistisch-liberalen Geistes, der in unserer Schule herrschte … Daß dabei kein antisemitisches Ressentiment aufkam, lag wohl vor allem an dem Ansehen, das Rudi genoß. (Thielicke 1984, 30 f.)

Beide Jungen werden von Thielicke als etwas Fremdes, als der Gemeinschaft nicht zugehörig dargestellt: Rudi wegen seines jüdischen Aussehens und dem Fehlen eines »deutschen Gemütssinns«, der blonde Namenlose wegen seines »schäbigen Charakters«. Der antijüdische Ton dieser Porträtierungen ist erschreckend. Schon der Begriff des »semitischen Phänotypus« offenbart einen rassischen Antisemitismus – wie überhaupt Thielicke das Wort »Typus« immer dann gebraucht, wenn er den bedrohlich Anderen benennt. Der »Urtypus« solcher Erscheinungen sind ihm die jugendlichen Asozialen aus seinen frühen Kindertagen »mit ihrer kriminellen Energie« (13); ferner seien die »rote Fahnen schwenkenden« Kommunisten der Weimarer Republik ein »neuer Typus Mensch« (19) gewesen; und schließlich werden die 1968er Studenten als »Typus« bezeichnet, »der total unvertraut war« (13).[96]

Rudis semitischen Phänotypus empfindet Thielicke als bedrohlich, auch wenn er seinen Lesern versichert, die beiden jüdischen Jungen hätten nicht am Antisemitismus gelitten. Rudi wäre »*trotz* seiner markant anderen Rasse … anstandslos akzeptiert« worden (Hervorh. v. B. K.) – als hätte er aufgrund seines Phänotypus eigentlich etwas anderes zu erwarten gehabt. Nach dem Krieg habe der »klaglose« Rudi die Schrecken des Holocaust nur angedeutet und sich nach seinen »alten Freunden« erkundigt. Auch die Aggression gegen den zweiten, namenlosen Klassengenossen wird verleugnet, obwohl ein bedrohlicher und bigotter Tonfall der gesamten Schilderung unterliegt. Suggeriert nicht die Redewendung, sie hätten sich ihm gegenüber »relativ« zurückgehalten, dass seine schmierige, einschmeichelnde und berechnende Art eigentlich ein antisemitisches Ressentiment verdient hätte?

Thielicke fällt nicht auf, wie stark er als 75-jähriger Theologe mit einer antisemitisch und nationalsozialistisch infizierten Sprache operiert, wenn er diese Szenen aus seiner Jugendzeit erzählt. Es ist eine Sache, mit kindlichem Bewusstsein seine Mitschüler in einer bestimmten Art und Weise erlebt zu haben, aber eine andere, dies ohne erkennbare neue Einsichten als alter Mann zu wiederholen. In dieser schriftlich fixierten Wiederholung wird das Versäumnis, sich konstruktiv und selbstkritisch mit dem Antijudaismus auseinander gesetzt zu haben, offenkundig.

Die zweite Begegnung mit einem Juden findet während Thielickes Stuttgarter Amtszeit (1942-1944) statt, als ihm ein »Sonderfall des jüdischen Schicksals – aber eben doch *dieses* Schicksals« in der Person des Dr. G. begegnete. Dr. G. war ein Gestapo-Spitzel, der unter anderem »Abend für Abend« Thielickes öffentliche Vorträge mitgeschrieben hätte. Thielicke war von einem Oberkirchenrat gewarnt worden, Dr. G. sei besonders »gefährlich, weil er Jude wäre und jedermann annehme«, er müsse ein »geborene[r] Gegner des Regimes« sein. Er sei allerdings überzeugter Nationalsozialist, der selbst Freunde denunzierte. Thielicke meint, das Verhalten von Dr. G. ließe sich wohl nur damit erklären, dass in ihm ein »masochistisch-perverse[s] Motiv wirksam gewesen sein« muss. Durch die Gestapo-Tätigkeit habe er versucht, »Zugang zur ›nationalen Bewegung‹« zu gewinnen. »Doch damit war er einen mephistophelischen Bund eingegangen, der ihn bis ins Mark verderben mußte.« (1984, 167 f.)

Auf den ersten Blick scheint die Einfügung dieser Erinnerung so drastisch in ihrer Umkehrung von Opfer und Täter (ein Jude als NS-Täter, ein deutscher Theologe als Opfer), dass man meint, es müsse sich hier um eine literarische Erfindung handeln, zumal die psychologische und moralische Charakterisierung des Dr. G. auf bekannten antisemitischen Motiven beruht. Der besonders gefährliche, denunziatorische Jude wird der masochistischen Perversion und satanischen Verbrüderung verdächtigt. Diese Begebenheit wird allerdings dadurch verkompliziert, dass es diesen Menschen tatsächlich gegeben hat.

Er hieß mit vollem Namen Dr. Erwin Goldmann und war getaufter Jude.[97] Er war also nach zeitgenössischer Nomenklatur ein »nichtarischer« Christ (und nicht einfach ein »Jude«, wie ihn Thielicke ausnahmslos bezeichnet). Goldmann war hochdekoriert aus dem Ersten Weltkrieg zurückgekommen und baute sich in der Weimarer Republik eine Zahnarztpraxis auf. Er gehörte zu den Honoratioren Stuttgarts, war fanatisch deutschnational eingestellt und hätte sich am liebsten, wenn es ihm erlaubt worden wäre, der NSDAP angeschlossen. Stattdessen wurde er, ebenso wie die wenigen anderen nationaldeutschen Juden, von den Nazis zurückgewiesen. Nachdem er 1933 sein Direktorenamt in den Stuttgarter Zahnkliniken verlor, versuchte er Selbstmord zu begehen. Im gleichen Jahr noch begann Goldmann, sich regional im »Paulusbund«, einem von den Nazis genehmigten »Reichsverband der nichtarischen Christen« (vgl. Gerlach 1987, 200-205), zu engagieren, wo er sich als Redner religiös-nationaler Ideen hervortat (siehe Röhm 1995, 39). 1937 musste er, wie andere »Voll- und Dreivierteljuden« (Benz 1997, 50), auf Anordnung der Nazis den Paulusbund verlassen; seine Facharztpraxis musste er 1939 schließen. Um seine Familie zu ernähren, wurde Goldmann Gartenarbeiter in einem Krankenhaus; von »1940 bis 1943 war er Mitarbeiter erst des SD, des Sicherheitsdienstes der SS, und dann der Gestapo« (1997, 54).[98] Die Dokumentenlage ergibt, dass Goldmann ein eifriger Informant gewesen sein muss, der auch nicht davor zurückschreckte, Bekannte zu denunzieren. Im November 1944 wurde er als Zwangsarbeiter zu schwerer körperlicher Arbeit in ein NS-Lager gesteckt, wo er offensichtlich seine Denunziationen fortsetzte. Im Mai 1945 wurde er als »Nazi-Kollaborateur« (64) inhaftiert, erst in einem Gefängnis, dann in einem alliierten Internierungslager bis 1948. Nach einem gerichtlichen Verfahren wurde ihm 1950 erlaubt, in Deutschland wieder eine Arztpraxis zu eröffnen. 1981 starb er in Stuttgart.[99]

In *Zu Gast auf einem schönen Stern* erfährt die Leserin keine dieser Details aus dem Lebensweg Goldmanns, obwohl Thielicke zu erkennen gibt, dass er über »Dr. G.«, wie er ihn ausnahmslos bezeichnet, auch nach dem Krieg informiert bleibt. Thielicke war seinerseits versucht, nach dem Krieg Goldmann bei den Alliierten zu denunzieren. Ihn plagten insbesondere die Gewissensqualen wegen dessen Wiedereröffnung der Arztpraxis. »Nach dem Zusammenbruch des Regimes habe ich mich lange mit der Frage gequält, ob ich die Untaten dieses Mannes ... den Behörden mitteilen müsse. Ich habe es dann nicht fertiggebracht, obwohl mir der Gedanke, ihn wie selbstverständlich in seinem ärztlichen Beruf fortfahren zu sehen, schwer erträglich war. Doch haben mich Anfang und Ende diese Absturzes so erschüttert, daß ich mich gehemmt fühlte, den ersten Stein zu werfen.« (1984, 168)

Goldmanns unmoralisches Verhalten – egal, wie seine nationalen Kränkungen interpretiert werden können – ist nicht zu entschuldigen. Er hat mit seiner Bespitzelung und Denunziation Menschen in Gefahr und zu Schaden gebracht.[100] Seine Handlungen stehen jedoch in keinem Verhältnis zur Vehemenz, mit der Thielicke mit ihm abrechnet. Die bedrohliche Diktion, von der auch das Porträt der beiden jüdischen Klassenkameraden bestimmt ist, schwingt in Thielickes abschließendem Urteil über Dr. G. mit. Er hätte ihn gerne den Behörden ausgeliefert. Nur der Rekurs auf ein Evangelienwort (»der werfe den ersten Stein«) hemmt den Wunsch nach retributiver Gewalt. Der Gedanke an seine erneute Arzttätigkeit in Deutschland ist Thielicke allerdings »schwer erträglich«.[101]

Diese tiefe Antipathie, die Thielicke in den achtziger Jahren zum Ausdruck bringt, erinnert an die öffentliche Meinung, mit der die Stuttgarter Bevölkerung zwischen 1945 und 1947 lebhaft an Goldmanns Entnazifizierungs- und Spruchkammerverfahren Anteil genommen hatte. Manche Bürger fanden ihn schuldiger als die »Gauleiter und Blockwarte, die SS-Offiziere und Propagandabeauftragten, die KZ-Wächter und Volksrichter«, schreibt Wolfgang Benz. Diese öffentliche Empörung erscheint umso fragwürdiger, wenn ehemalige »Gestapo- oder SD-Mitarbeiter … als freie Männer vor den Ermittlungsbehörden« als *Zeugen* gegen Goldmann aussagten und »seelenruhig zu Protokoll gaben, sie seien als Sachbearbeiter zuständig für die ›Judenfrage‹ gewesen« (Benz 1997, 69). Ihnen geschah weiter nichts. Vier Jahrzehnte später wiederbelebt Thielicke diese Heuchelei und Hysterie.

Die abwertende Beschreibung Goldmanns hat in Thielickes Buch eine unheimliche Parallele in der Entschuldung eines NS-Täters. Es geht um Gustav-Adolf Scheel, der, wie Goldmann, eine medizinische Ausbildung hatte, seine Arztpraxis aber erst nach 1945 eröffnete. In der Parallelität der Erzählungen offenbart sich das zweierlei Maß, mit dem Thielicke seine Urteile gefällt hat, und sie verdeutlicht, wie schamlos deutsche Theologen den Schutz der Täter in den Mittelpunkt ihrer nachkriegsdeutschen Seelsorge gestellt haben.

Der aufmerksame Leser hat Gustav-Adolf Scheel bereits als NS-Reichsstudentenführer kennen gelernt. Im Sommer 1939 hatte Thielicke während seiner Heidelberger Lehrtätigkeit studentische Vertreter zu ihm geschickt, um gegen das Teilnahmeverbot von Theologen am reichsweiten Ernteeinsatz zu protestieren. Scheel und Goldmann übten beide während des Nazi-Regimes ihren Arztberuf nicht aus, Scheel, weil er das Medizinstudium aufgrund seiner Nazi-Karriere vernachlässigt hatte, Goldmann, weil ihm als Juden die Approbation entzogen worden war. Beide landeten nach dem Krieg in alliierter Haft, Goldmann als Gestapo-Spitzel, Scheel, weil er zum NS-Gauleiter avanciert war.

Thielicke trifft sich mit Scheel nach dem Krieg im Ludwigsburger Internierungslager. Nach einem langen Gespräch kommt er zum Ergebnis, Scheel sei »einer der Anständigsten in den höheren Nazi-Regionen gewesen«. »In den späteren fünfziger Jahren«, so Thielicke weiter, »traf ich ihn in Hamburg wieder, wo er eine Arztpraxis betrieb ... Wie zur Sühne nahm er sich besonders seiner jüdischen Patienten an, deren Vertrauen er gewann.« (1984, 244)

In der Gegenüberstellung des Werdegangs der beiden Männer sticht der Skandal der moralischen Beurteilung ins Auge. In Thielickes Erinnerungsdiskurs ist der deutsche NS-Täter »anständig«, der jüdische Spitzel »mephistophelisch«. Während dem einen, der eine steile NS-Karriere hinter sich hatte, Verständnis und Sympathie entgegengebracht wird, bleibt für den anderen nur Unverständnis und Aggression. Thielicke kann dem ehemaligen NS-Gauleiter Scheel die Sühnewilligkeit (und damit implizit die Vergebung) zugestehen, weil er das Vertrauen seiner neuen jüdischen Klientel gewonnen hat, aber der Gedanke an Goldmanns erneute ärztliche Tätigkeit (die er ja nun an nachkriegsdeutschen Patienten unternahm) ist ihm unerträglich. Für schuldig gewordene Deutsche wird in der neuen bundesrepublikanischen Gesellschaft Platz geschaffen, kompromittierten Juden wird dieser bestritten. Ist die Mentalität Thielickes vielleicht doch der Denkschrift des Freiburger Kreises verpflichtet, worin es zur politischen Regelung der Judenfrage *nach* der NS-Diktatur unter anderem heißt, dass »jeder Staat das Recht haben muß, seine Grenzen gegen die jüdische Rückwanderung zu schließen, wenn er das um des Gesamtvolkes willen für nötig hält«? (Thielicke 1979, 151) Der Sohn von Erwin Goldmann wanderte jedenfalls aus Deutschland nach dem Krieg aus.[102] Thielicke dagegen nahm sich in den Nachkriegsjahren in »seelsorglicher Art ... [der] inneren Nöte« der deutschen »schwergeprüften Nachkriegsgeneration« an, eine »gewaltige, mir zugewiesene Verantwortung«, die ihn immer wieder nah an den Rand von »Erschöpfungszuständen« brachte (236).

Mit der dritten Begegnung befinden wir uns bereits in den Nachkriegsjahren. Thielicke hatte gerade seine kontroverse Karfreitag-Predigt von 1947 gehalten, worin er das Leid der Deutschen mit gewaltigen Worten beschwor (Thielicke 1947; vgl. auch Scharffenorth 1990).

Darin sprach er vom »gepeinigten Volk« – und meinte diesmal die Deutschen –, das zu Recht gegen »Unrecht und Willkür« (1984, 248) der Entnazifizierung protestierte. Nach der Predigt, so erinnert sich Thielicke, umringten ihn die Menschen, »schluchzten« und »sorgten sich« um ihn. Zustimmung erreichte ihn auch über eine »Fülle von Briefen«. So beglückwünschte ihn etwa der nationalsozialistische Autor Hans Grimm dazu, er habe »als wackerer deutscher Mann gesprochen«. »Zustimmende Briefe« kamen vor allem auch aus dem Ausland, so etwa vom »englischen Verleger und Autor Viktor Gollancz«, dessen Namen »damals bei uns in hohem Ansehen« stand. »Obwohl jüdischer Abstammung, warb er öffentlich für eine Versöhnung mit Deutschland.« (249 f.)

Gollancz – 1893 in London geboren und mit Publikationen progressiver Autoren ein erfolgreicher Verleger in England – hatte in den dreißiger und vierziger Jahren jüdische Flüchtlinge aus Deutschland unterstützt. Nach dem Krieg gewann er eine gewisse Popularität unter der deutschen Bevölkerung, weil er sich dem Hungerproblem in Deutschland zugewandt hatte und in seiner Schrift *What Buchenwald Really Means* (1945) die englische Leserschaft darauf aufmerksam machte, auch Deutsche hätten als Häftlinge in den NS-Konzentrationslagern gelitten. Wenn Thielicke Gollancz positiv erwähnt, dann wiederholt sich hier ein Motiv, das wir bereits bei Künneth als Repräsentanten der 1918er Kohorte kennen gelernt haben. Der Hinweis auf das freundschaftliche Verhalten ausländischer Juden (dort ein Russe, hier ein Engländer) ist den Theologen offenbar wichtig. Als Motiv verweist es auf die theologische Möglichkeit von Vergebung und Versöhnung; privat dient es zur Betonung der eigenen Unschuld.

Vielleicht lässt sich hierdurch auch erklären, warum so viele deutsche Theologen der 1918er und 1933er Kohorten dermaßen detailliert und stolz von ihren ökumenischen Kontakten und Auslandsreisen in den fünfziger Jahren berichtet haben – quasi eine Fortsetzung der Chiffre des »freundschaftlichen Verhältnisses zu Juden« nach 1945. Nicht selten weisen sie auf ihre USA-Aufenthalte hin und, in liberal-progressiven Kreisen, auf ihre Israel- und Osteuropareisen. Künneth rühmt sich seiner »weltweiten Kontakte« und erwähnt, wie Thielicke, insbesondere seine USA-Reisen.[103] Der Wunsch, nach der Shoah von Schuld freigesprochen, im eigenen Leid anerkannt und in die Normalität zurückgeführt zu werden, artikuliert sich als Subtext in diesen Berichten. »Nach dem Kriege war es nun wirklich eine Befreiung,

daß wir die Verbindung zu den Christen anderer Länder wiederherstellen konnten«, erklärt Hanns Lilje, der damit ihre Stimmungslage
treffend zum Ausdruck bringt (1973, 212).

Kohortenspezifische Variationen:
Juden als produktive Verwirrung

Zusammenfassend lässt sich feststellen, dass Theologenautobiographien der 1918er und 1933er Kohorten, trotz unterschiedlicher Erfahrungen, hinsichtlich der Abwesenheit jüdischen Leidens gewisse Parallelen aufweisen. Es ist in der Untersuchung über die konservativen
Theologen Künneth und Thielicke deutlich geworden, dass antijüdische Denkmuster gegenüber Veränderungen im intergenerationellen Prozess resistenter als andere ideologische Verblendungen sind.
Fragen zu Juden, Judentum, Antisemitismus und dem Holocaust,
wenn sie überhaupt direkt erwähnt werden, sind in keinem dieser autobiographischen Texte mit selbstkritischer Distanz behandelt worden. Ich habe dies als »präsente Abwesenheit« und »nicht-gewusstes
Wissen« um die Shoah bezeichnet.

Beide Phänomene finden sich auch in den autobiographischen
Texten der 1890er Kohorte, wie etwa in Wurms geschichtstheologi-
scher Parallelisierung des deutschen Volkes mit dem Volk Israels, oder
der Behauptung von Otto Dibelius, die Situation der Bekennenden
Kirche sei vergleichbar mit der der Juden in der ägyptischen Sklaverei
und babylonischen Gefangenschaft.[104]

Doch bereits mit den 1943ern setzt eine leichte Veränderung ein:
Das Schuldiggewordensein an den Juden drängt sich augenfälliger an
die Oberfläche der Texte. Das lässt sich sogar anhand der scheinbar
unbedeutenden Tatsache aufzeigen, dass jüngere Jahrgänge den autobiographischen Erzähldrang der Älteren über deren ökumenische und
touristische Reisen[105] nicht mehr teilen (und sich glücklicherweise
mit ihren theologisch-anthropologischen Reisebetrachtungen über
kulturelle Differenzen zurückhalten). Für die Jüngeren hat der Aufbruch der Nachkriegsdeutschen in die weite Welt nicht mehr den gleichen emotionalen Stellenwert. Die 1943er verweisen nicht mehr mit
dem gleichen Stolz wie ihre Vorgänger auf ihre ökumenischen Erfolge
und ihr Willkommensein im Ausland. Stattdessen treten mit den

Nachkriegskohorten zunehmend die menschlichen Begegnungen mit den »Anderen« und den ehemaligen Opfern (bzw. deren kollektiven Repräsentanten) in den Vordergrund, und diese Begegnungen werden als Herausforderung an das eigene theologische Denken verstanden.

Zink, als Vertreter der sogenannten »betrogenen, Stalingrader Generation« (die 1943er Kohorte), schreibt beispielsweise ausführlich über seine Reise in den Nahen Osten und nach Israel (1992, 245 ff.). Als Filmemacher und Fernsehpfarrer entdeckte er dort in den siebziger Jahren vor allem das biblische Land. Mit Kamera bewaffnet betrat er den historischen und politischen Boden jener, die kurz zuvor und in seiner Lebenszeit die Opfer deutscher Verfolgungen waren. Die Kamera schuf gleichzeitig Nähe und objektivierende Distanz. Sie half, eine ungeschützte Exponierung zu vermeiden. Geradezu symbolisch verdichtet, scheint die Kamera Zink vor direkter menschlicher Begegnung zu bewahren. Dem ehemaligen Wehrmachtssoldaten mag nur solch ein distanzierender Schritt der Annäherung möglich gewesen sein. Während der NS-Zeit und dem Krieg war der junge Zink in eine »tiefe Gespaltenheit« (1992, 33) des Bewusstseins gestürzt, um mit seinem Wissen über Konzentrationslager und die Judenvernichtung zurechtzukommen.[106] Nach dem Krieg und dem Abschluss des Studiums in den fünfziger Jahren war seine Generation, dessen ist sich Zink sehr bewusst, »auf die Herausforderungen der zweiten Jahrhunderthälfte denkbar schlecht vorbereitet« (1997, 69). So zeichnet sich die Position seiner Kohorte als die des Übergangs zwischen den 1933ern und 1948ern aus. Eine dezidierte »Theologie nach Auschwitz« haben die 1943er mit ihrem Erfahrungshorizont nicht entwickeln können.

Bewusste und selbstkritische theologische Aussagen nach Auschwitz zu artikulieren, war die historische Aufgabe der 1948er Kohorte, die in der Hitlerjugend aufwuchs und als Luftwaffenhelfer das Kriegsende erlebten (z. B. Moltmann 1997b; Hengel 1992, 73; Leich 1994). Vergleicht man die Israelreise Friedrich-Wilhelm Marquardts, eines 1948ers, mit den »archäologischen Entdeckungsfahrten ins Heilige Land« des älteren Jörg Zink (Staats 1994, 72), werden die Unterschiede zwischen den fast gleichaltrigen Kohorten deutlich. Als Berliner Studentenpfarrer begleitete Marquardt 1959 eine Gruppe deutscher Studenten nach Israel. Seine Erfahrungen in diesem Land lösten eine »totale Verwirrung« aus (Pangritz 2003, 19), gaben aber seiner Theologie, die sich von nun an mit der theologischen Relevanz Israels beschäftigte, einen entscheidenden Anstoß. Seine siebenbändige Dogmatik sei, so Marquardt später, »im Grunde nichts anderes als die Aufarbeitung« dieser Reise (zit. in Pangritz 2003, 33; siehe auch Meyer 2004).

Ebenso wie Marquardt rücken viele Vertreter der 1948er Kohorte Fragen nach Juden, Judentum und Antisemitismus stärker in den Mittelpunkt ihres theologischen Wirkens. Hier vollzog sich tatsächlich so etwas wie ein Generationswechsel. »Ich habe fast zehn Jahre meines jungen Erwachsenenseins mit der Frage meiner Generation zugebracht: Wie konnte das geschehen?«, schreibt Sölle in ihrer autobiographischen Reflexion. »Ich wollte sehr genau wissen, wann, wo, auf welche Weise, von wem Juden ermordet wurden.« Es sei ihr von daher klar gewesen, dass »jeder sinnvolle theologische Satz ›nach‹ Auschwitz geschrieben sein muß« (1987, 44). Diese Einstellung hat ihre Begegnungen mit jüdischen Kollegen geprägt, wie es ihre Besuche bei Elie Wiesel in den USA eindrücklich wiedergeben (Sölle 1995, 244-253).

Auch in den autobiographischen Skizzen jener 1948er, die sich der »Theologie nach Auschwitz« nicht im engeren Sinne verpflichtet fühlen, fällt auf, dass sie ihr theologisches Sprechen nicht mehr von der Realität der Vernichtung jüdischen Lebens trennen können. »Nirgends entgehe ich dem Gefühl, daß jener Holocaust meine Vorstellungen von der Welt, in der ich lebe, erschüttert hat«, schreibt Hans-Eckehard Bahr (1987, 52).[107] Er beruft sich auf die Zeugenschaft jüdischer Überlebender (etwa Viktor Frankl und Elie Wiesel) und fragt sich, ob bestimmte Glaubenssätze nur von Opfern ausgesagt werden können: »›Gott wird Zions gedenken‹. Ist das für uns, die nicht zu den Opfern gehören, nicht ein neuer Ausweg?« (53) Diese selbstkritische Anfrage wird aber nicht weitergedacht, sondern rasch wieder zurückgenommen. Ein vollständiges Ausgesetztsein des Christen gegenüber den Glaubensaussagen jüdischer Opfer hält Bahr auch gedanklich nicht lange aus. Er kehrt zu einem eher traditionellen Vergleich zurück: Die Gefühle der Überlebenden vor dem »KZ-Lagertor« (53) gleichen der Gottverlassenheit Jesu am Kreuz. Bahr versucht, sich mit dem Bild des Gekreuzigten der Situation jüdischer Überlebender anzunähern. Das Leiden des jüdischen Anderen soll verstehbar gemacht werden, indem es in eine dem christlichen Theologen bekannte Symbolsprache übersetzt wird. Die Identifikation mit dem religiös-symbolischen Leiden in der eigenen Tradition erlaubt die Annäherung an das konkrete Leiden der Anderen. Die Anderen, das sind zunächst die jüdischen Opfer; sie stehen allerdings auch stellvertretend für *alle* Opfer: »Wieviele andere Stimmen kamen in den letzten Jahren« zu diesem »Schrei der [jüdischen] Opfer hinzu« (Bahr 1987, 52)?

Die Opferzentrierung der »Theologie nach Auschwitz«, wie sie die 1948er Kohorte entworfen hat, ist von den Nachkriegsgenerationen, insofern sie sich damit beschäftigt haben, weiterentwickelt worden. Das knappe autobiographische Material erlaubt an dieser Stelle nur wenige Beobachtungen. Einerseits verstärkt sich die lebendige Begegnung mit dem Judentum, die, ganz im Sinne Marquardts, produktive Verwirrung auslöst; andererseits rückt auch die Problematik der Täterschaft ins wissenschaftliche und persönliche Blickfeld, begleitet von Widersprüchlichkeiten und Konflikten.

Die 1968er haben sich unter anderem mit Zorn, Enttäuschung und Trotz gegen vorgefundene institutionelle und ideologische Strukturen gewehrt, eine Auseinandersetzung, die sich auch an Fragen des Judentums, des Antisemitismus und Israels entzündete. Die Differenz zwischen produktivem Zorn einerseits und trotziger Abwehr andererseits kann beispielsweise an den Arbeiten von Leonore Siegele-Wenschkewitz (geb. 1944) und Christa Mulack (geb. 1943) nachvollzogen werden. Während sich Siegele-Wenschkewitz dem Tätermaterial theologie- und zeitgeschichtlich genähert hat und sich deshalb produktiv mit dem theologischen Antisemitismus auseinander setzen konnte,[108] publizierte Mulack eine patriarchatskritische, mit antijüdischen Denkmustern versehene populäre Studie zur *Weiblichkeit Gottes* (1983). Auf den Antisemitismusvorwurf reagierte Mulack verständnislos.[109] Jahre später noch sagt sie verstockt: »Mittlerweile sind wir alle übervorsichtig in Bezug auf den Antisemitismusverdacht. Wir dürfen ja nichts mehr sagen.« (1998, 73)

Unter den Nachkriegskohorten der 1979er und 1989er scheint sich hinsichtlich der Arbeit an einer Post-Shoah-Theologie der Trend zu verstärken, das theologische Denken im Angesicht der Opfer auf die theologische Konfrontation mit dem Erbe der Täter und der Täterschaft zu erweitern. Das setzt die grundsätzliche Disposition voraus, im »Eigenen« das bedrohlich Andere zu suchen, statt das Bedrohliche abzuspalten, zu projizieren und zu marginalisieren. Deshalb gibt es das vereinzelt geäußerte Bedürfnis, den (latenten) Antisemitismus auch in privaten Strukturen nachzuspüren. Dies kann in Form der Auseinandersetzung mit der eigenen Familiengeschichte oder im Bereich des persönlichen Glaubens geschehen. Dazu bedarf es eines analytischen Verstehens der diskursiven Funktion von Opfer- und Unschuldsmentalitäten, der Rolle von Zeugenschaft sowie der Dynamik intergenerationeller Tradierungsprozesse.

Ausblick:
Selbstrechtfertigung statt Bekenntnis

Der in die USA emigrierte Sozialwissenschaftler Karl Loewenstein sagte einmal, es sei das Recht des Menschen, kein Held werden zu müssen (zit. in Remy, 2002, 149). Er schrieb dies 1947 im Zusammenhang mit seiner Kritik an den deutschen Universitätsbehörden, die die Entnazifizierungsverfahren zur moralischen Reinwaschung missbrauchten. Aber es besteht kein Zweifel daran, dass es Loewenstein ernst war um jenes Menschenrecht. Wenn ich die Autobiographien evangelischer Theologen kritisch untersucht habe, dann nicht deshalb, weil ich in ihnen die Helden vermisse, die sich im Widerstand zum Nationalsozialismus und für die Verfolgten geopfert hätten. Soviel selbstaufopferndes Heldentum wird gar nicht erwartet, auch wenn man über jeden einzelnen Menschen dankbar sein kann, der sich in seinem mitmenschlichen Handeln nicht von NS-Rassenideologien beirren ließ. Aber es gibt auch ein Recht auf ein unheroisches, alltägliches (Über-) Leben, wie es umgekehrt keinen Zwang und keine moralisch einklagbare Verpflichtung gibt, Held und Märtyrer werden zu müssen – auch nicht während der menschenverachtenden, totalisierenden Dynamik eines diktatorischen, rassenideologischen und genozidalen Systems wie dem Nationalsozialismus. Die Zeiten waren komplex, die Ängste mächtig, die Anpassungs- und Überwinterungsstrategien vielfältig.

Trotzdem enttäuschen die meisten Theologenautobiographien jener Männer, die die NS-Zeit und den Holocaust als Erwachsene erlebt haben. Dies nicht etwa, weil wir Post-Shoah-Generationen dem Phantom des unanfechtbaren Helden nacheilten. Sie enttäuschen vielmehr, weil sie so viel Apologetik und so wenig Bekenntnis beinhalten. Keiner der Männer, die wir in diesem Beitrag kennen gelernt haben, ist der Herausforderung durch Auschwitz mit einer Bekenntnisschrift entgegengetreten, die bis in die Intimsphäre reicht und Fragen nach Fehlern und persönlicher Schuld offen darlegt. Besonders in den Erinnerungsdiskursen von Künneth und Thielicke ist deutlich geworden, wie sehr sie an Selbstrechtfertigung, moralischer Reinwaschung und Subjektverbergung teilgenommen haben. Sie möchten nach 1945 in ihrer moralischen (und männlichen) Integrität und Autorität anerkannt werden, schwelgen aber in wehleidigen Reminiszenzen. Sie haben sich auf das Leid der Deutschen versteift und die Leiden der Anderen verschwinden lassen.

Es gibt viele verständliche Gründe, warum diese Theologen keine selbstentblößenden und schonungslosen Bekenntnisschriften nach 1945 vorgelegt haben. Nennen wir einige: ihr Wunsch nach Reintegration und Normalisierung; ihre Abwehr vermuteter und tatsächlicher Anfeindungen; ihre Angst vor Bestrafung; die Scham retrospektiver Einsicht; ihr verwundeter nationaler und männlicher Stolz; gesellschaftliche Tabuisierung; ein unbearbeiteter Antijudaismus; die Gefahr der Kontamination durch das nicht-gewusste Wissen um die Shoah; die Blindheit gegenüber unausgenutzten Handlungsspielräumen; ihre Position in der ungeklärten Grauzone von Mittäter- und Mitwisserschaft. Solche Erklärungsmöglichkeiten entwerten aber nicht den Wunsch der Nachgeborenen, die theologisch geschulten Männer hätten Besseres leisten können. Vielleicht hätten sie sich mit ihren Lebenserinnerungen eher am augustinischen Modell der Konfession statt am modernen Modell der Selbstwürdigung von Leben und Werk orientieren sollen. Immerhin bietet das Christentum das traditionell bewährte, narrative Modell des reuigen Sünders an, das dem Autor ermöglicht, vergangene Irrtümer im neuen Licht des geläuterten Selbst öffentlich einzugestehen. Davon aber machen moderne Theologenautobiographien kaum Gebrauch.[110] So scheint die Ansicht vorzuherrschen, nicht sie als Theologen bedürften der Beichte. Stattdessen sehen sie sich als pastorale Vermittler im Schuld- und Sündendiskurs. In einer radikalen Bekenntnisschrift hätten sie sich verwundbar machen können. Stattdessen bleibt der Theologe als männlicher Protagonist stets im Zentrum der chronologisch fortschreitenden Erzählung.

Die meisten Erinnerungen setzen mit der Kindheit ein (Thielicke, Trillhaas, von Loewenich, Grüber, Dehn), andere mit der Studenten- und Soldatenzeit oder den ersten Berufserfolgen (Birnbaum, Scharf, Zink, Lilje, Diem, Wendland), wiederum andere mit dem Kirchenkampf (Asmussen, W. Niemöller, Hahn, Müller). Die Narration entgleitet nie der Kontrolle des männlichen Protagonisten. Er hat Herkunft, Familie und vor allem ein beruflich erfülltes und erfolgreiches Leben, auf das es sich lohnt, öffentlich zurückzublicken.[111] Nahezu alle Memoiren hangeln sich am kirchlichen oder wissenschaftlichen Werdegang dieser Männer entlang. Berufliches Werk und Wirken werden in den Vordergrund gerückt, die Privatsphäre aufs Notwendigste reduziert. Öffentliche Erfolge, Titel und Positionen werden hervorgehoben, die Intimsphäre weitgehend verschwiegen. Den Ehefrauen wird gewöhnlicherweise für ihre Aufopferung und ihr Verständnis kurz gedankt; die eigenen Kinder werden mit der wehmütigen Klage bedacht, nicht genug Zeit für sie gehabt zu haben. »Rückschauend muß ich freilich gestehen, daß in jenen Jahren meine Familie vielfach zu kurz kam«, schreibt Künneth (1979, 160). Thielicke schreibt, dass sich »unser Familienleben heiter und behaglich« gestaltete. Das sei »ausschließlich Liesels Verdienst [gewesen], während ich selber wie eh und je – zu meiner Schande sei es gestanden – durch meinen Beruf absorbiert war und für die Erziehung meiner Kinder weithin ausfiel … Zum Glück war der feministische Selbstverwirklichungsdrang von heute noch nicht ausgebrochen.« (1984, 296, 301) Unreflektiert bleibt die Geschlechterdifferenz, unrekonstruiert die eigene Männlichkeit. Vorausgesetzt werden patriarchalische Strukturen männlicher Öffentlichkeit.

Hätten nicht die epochalen Wandel des 20. Jahrhunderts, vor allem nach der Shoah, eine autobiographisch-theologische Erschütterung auslösen sollen? Hätte man nicht wenigstens einen tiefen Gram erwarten können? Das ist nicht geschehen. Weil sie mit beiden Beinen im Fluss der Tätergeschichte stehen, bleiben die autobiographischen Zeugnisse protestantischer Theologen mehrheitlich einem apologetischen Erinnerungsdiskurs verpflichtet. Der Nationalsozialismus und die Shoah haben das inszenierte Ich der Autoren bestenfalls partiell erschüttert. Sprachlich entbehren die Theologenautobiographien einer experimentellen Lebendigkeit, inhaltlich fehlt ihnen der Wille zur Entblößung. Es fehlt das Aufwühlende, Ungeordnete, Fragmentarische, Fragende, Suchende, Ungeschützte, Offenbarende, Unvollständige, Fehlbare, Ehrliche, Intime, Verwundbare. Lesen wir heute als Nachgeborene ihre geordneten, ordentlichen Selbstrechtfertigungen, wünschte man sich *nach Auschwitz* manchmal ein entblößendes, autobiographisch-theologisches Bekenntnisstammeln.

Literatur

Abramson, P. R., 2001: *Generations: Political*, in: International Encyclopedia of the Social & Behavioral Sciences, Volume 9 (N. Smelser/P. Baltes, editors-in-Chief), Amsterdam/Paris/New York

Adam, Klaus-Peter, 1994: *Der theologische Werdegang Walter Grundmanns*, in: Siegele-Wenschkewitz (Hg.), 171-199

Albertz, Heinrich, 1985: *Die Reise. 4 Tage und 70 Jahre*, München

Althaus, Paul, 1946: *Der Trost Gottes. Predigten in schwerer Zeit*, Gütersloh

- 1963 (2. Auflage): *Die Theologie Martin Luthers*, Gütersloh

Asmussen, Hans, 1961: *Zur jüngsten Kirchengeschichte. Anmerkungen und Folgerungen*, Stuttgart

Assel, Heinrich, 2003: *Politische Theologie im Protestantismus 1914-1945*, in: J. Brokoff/J. Fohrmann (Hg.), Politische Theologie. Formen und Funktionen im 20. Jahrhundert, Paderborn, 67-79

Bahr, Hans-Eckehard, 1987: *Träume vom Überleben. Von den Hoffnungen der Opfer lernen*, in: A. Grözinger/H. Luther (Hg.), 48-55

Bar-On, Dan, 1997: *Furcht und Hoffnung. Von den Überlebenden zu den Enkeln. Drei Generationen des Holocaust*, Hamburg

Barth, Karl, 1948-49: *»Parergon«. Karl Barth über sich selbst*, in: Evangelische Theologie 8, 268-282

- 1968: *Nachwort*, in: Schleiermacher-Auswahl (mit einem Nachwort von Karl Barth), München/Hamburg

Baur, Jörg, 1988: *Vermittlung in unversöhnten Zeiten. Zum Gedenken an Paul Althaus 1888-1966*, in: Kerygma und Dogma 34, 168-192

Behrenbeck, Sabine, 2003: *Between Pain and Silence. Remembering the Victims of Violence in Germany after 1949*, in: R. Bessel/D. Schumann (Hg.), Life after Death. Approaches to a Cultural and Social History of Europe during the 1940s and 1950s, Cambridge, 37-64

Benrath, Gustav Adolf, 1979: *Autobiographie*, in: Theologische Realenzyklopädie (TRE IV), 772-789

Benz, Wolfgang, 1997: *Patriot und Paria. Das Leben des Erwin Goldmann zwischen Judentum und Nationalsozialismus*, Berlin

Berg, Nicolas, 2000: *Zwischen individuellem und historiographischem Gedächtnis. Der Nationalsozialismus in Autobiographien deutscher Historiker nach 1945*, in: BIOS 13/2, 181-207

- 2002: *Perspektivität, Erinnerung und Emotion. Anmerkungen zum »Gefühlsgedächtnis« in Holocaustdiskursen*, in: G. Echterhoff/M. Saar (Hg.), Kontexte und Kulturen des Erinnerns, Konstanz, 225-251

- 2003: *Der Holocaust und die westdeutschen Historiker. Erforschung und Erinnerung*, Göttingen

Berger, Alan/Berger, Naomi (Hg.), 2001: *Second Generation Voices. Reflections by Children of Holocaust Survivors and Perpetrators*, Syracuse

Berliner, David, 2005: *The Abuses of Memory. Reflections on the Memory Boom in Anthropology*, in: Anthropological Quarterly 78/1, 197-211

Bethge, Eberhard, 1979: *Kirchenkampf und Antisemitismus. Ein autobiographischer Beitrag*, 1978, in: ebd., Am gegebenen Ort. Aufsätze und Reden, 1970-1979, München, 224-242

Birnbaum, Walter, 1973: *Zeuge meiner Zeit. Aussagen zu 1912 bis 1972*, Göttingen

Brunner, Emil, 1963: *Autobiographische Skizze*, in: Reformatio 12, 630-646

Bukiet, Melvin Jules, 2002: *Nothing Makes You Free. Writings by Descendants of Jewish Holocaust Survivors*, New York/London

Burrus, Virginia, 2004: *The Sex Lives of Saints. An Erotics of Ancient Hagiography*, Philadelphia

Childers, Thomas, 2005: »*Facilis descensus averni est«. The Allied Bombing of Germany and the Issue of German Suffering*, in: Central European History, Vol. 38/1, 75-105

Danielsmeyer, Werner, 1982: *Führungen. Ein Leben im Dienst der Kirche*, Bielefeld

Dehn, Günther, 1962: *Die alte Zeit, die vorigen Jahre. Lebenserinnerungen*, München

Dibelius, Otto, 1961: *Ein Christ ist immer im Dienst. Erlebnisse und Erfahrungen in einer Zeitwende*, Stuttgart

Diem, Hermann, 1974: *Ja oder Nein. 50 Jahre Theologie in Kirche und Staat*, Stuttgart

Diephouse, David, 1995: *Wanderer zwischen zwei Welten? Theophil Wurm und die Konstruktion eines protestantischen Gesellschaftsbildes nach 1945*, in: R. Lächele/J. Thierfelder (Hg.), 48-70

– 2000: *Antisemitism as Moral Discourse. Theophil Wurm and Protestant Opposition to the Holocaust*, unveröffentl. Vortrag, 30th Annual Scholars' Conference on the Holocaust and the Churches, Philadelphia

Dietzfelbinger, Hermann, 1984: *Veränderung und Beständigkeit. Erinnerungen*, München

Doehring, Bruno, 1952: *Mein Lebensweg. Zwischen den Vielen und der Einsamkeit*, Gütersloh

Ehmer, Hermann, 1995: *Karl Hartenstein und Helmut Thielicke. Predigt in der Grenzsituation*, in: R. Lächele/J. Thierfelder (Hg.), 71-88

– 1998: *Marie Wurm (1875-1951)*, in: R. Lächele/J. Thierfelder (Hg.), Wir konnten uns nicht entziehen. 30 Porträts zu Kirche und Nationalsozialismus in Württemberg, Stuttgart, 35-54

Ericksen, Robert, 1985: *Theologians under Hitler. Gerhard Kittel, Paul Althaus and Emanuel Hirsch*, New Haven/London

Fassnacht, Wolfgang, 2000: *Universitäten am Wendepunkt? Die Hochschulpolitik in der französischen Besatzungszone (1945-1949)*, Freiburg/München

Feld, Gerburgis/Henze, Dagmar/Janssen, Claudia (Hg.), 1998: *Wie wir wurden, was wir sind. Gespräche mit feministischen Theologinnen der ersten Generation*, Gütersloh

Feurich, Walter, 1982: *Lebensbericht eines Dresdner Gemeindepfarrers*, Berlin

Fogt, Helmut, 1982: *Politische Generationen. Empirische Bedeutung und theoretisches Modell*, Opladen

Frank, Niklas, 1987: *Der Vater. Eine Abrechnung*, München

Frei, Norbert, 1999: *Vergangenheitspolitik. Die Anfänge der Bundesrepublik und die NS-Vergangenheit*, München

Friedländer, Saul/Frei, Norbert/Rendtorff, Trutz/Wittmann, Reinhard (Hg.), 2002: *Bertelsmann im Dritten Reich*, München

Friedrichs, Lutz, 1999: *Autobiographie und Religion der Spätmoderne. Biographische Suchbewegungen im Zeitalter transzendentaler Obdachlosigkeit*, Stuttgart

Gerlach, Wolfgang, 1987: *Als die Zeugen schwiegen. Bekennende Kirche und die Juden*, (Institut Kirche und Judentum), Berlin

Gerstenmaier, Eugen, 1981: *Streit und Friede hat seine Zeit. Ein Lebensbericht*, Frankfurt

Giordano, Ralph, 1990: *Die zweite Schuld oder Von der Last Deutscher zu sein*, München

Glaser, Hermann, 1990: *Die Kulturgeschichte der Bundesrepublik Deutschland. Zwischen Protest und Anpassung, 1968-1989* (Bd. 3), Frankfurt

Gollancz, Viktor, 1945: *What Buchenwald Really Means*, London

Gollwitzer, Helmut, 1951: *...und führen, wohin du nicht willst. Bericht einer Gefangenschaft*, Bonn

Gössmann, Elisabeth, 2003: *Geburtsfehler weiblich. Lebenserinnerungen einer katholischen Theologin*, München

Graf, Friedrich Wilhelm, 1988: *Konservatives Kulturluthertum. Ein theologiegeschichtliches Prospekt*, in: Zeitschrift für Theologie und Kirche 85, 31-76

Greschat, Martin, 1990: *»Rechristianisierung« und »Säkularisierung«. Anmerkungen zu einem europäischen interkonfessionellen Interpretationsmodell*, in: J-C. Kaiser/A. Doering-Manteuffel (Hg.), Christentum und politische Verantwortung. Kirchen im Nachkriegsdeutschland, Stuttgart, 1-24

– 2000: *Protestantismus und Evangelische Kirche in den 60er Jahren*, in: A. Schildt/D. Siegfried/K. C. Lammers (Hg.), Dynamische Zeiten. Die 60er Jahre in den beiden deutschen Gesellschaften, Hamburg, 544-581

– 2002: *Begleitung und Deutung der beiden Weltkriege durch evangelische Theologen*, in: Thoß/Volkmann (Hg.), 497-518

Grossmann, Atina, 1991: *Feminist Debates about Women and National Socialism*, in: Gender and History 3, 350-358

– 1995: *A Question of Silence. The Rape of German Women by Occupation Soldiers*, in: October 72 (April), 43-63

Grözinger, Albrecht/Luther, Henning (Hg.), 1987: *Religion und Biographie. Perspektiven zur gelebten Religion*, München

Grüber, Heinrich, 1968: *Erinnerungen aus sieben Jahrzehnten*, Köln

Günther, Dagmar, 2001: *»And now for something completely different«. Prolegomena zur Autobiographie als Quelle der Geschichtswissenschaft*, in: Historische Zeitschrift 272, 25-61

Haffner, Sebastian, 2002: *Geschichte eines Deutschen. Die Erinnerungen 1914-1933*, München

Hahn, Hugo, 1969: *Kämpfer wider Willen. Erinnerungen des Landesbischofs von Sachsen D. Hugo Hahn aus dem Kirchenkampf 1933-1945* (bearbeitet und hg. von G. Prater), Metzingen

Hardtmann, Gertrud (Hg.), 1992: *Spuren der Verfolgung. Seelische Auswirkungen des Holocaust auf die Opfer und ihre Kinder*, Gerlingen

Heim, Karl, 1957: *Ich gedenke der vorigen Zeiten. Erinnerungen aus acht Jahrzehnten*, Hamburg

Heineman, Elizabeth, 2001: *The Hour of the Woman. Memories of Germany's »Crisis Years« and West German National Identity*, in: H. Schissler (Hg.), 21-56

Hengel, Martin, 1992: *A Gentile in the Wilderness. My Encounter with Jews and Judaism*, in: J. H. Charlesworth (Hg.), Overcoming Fear Between Jews and Christians, New York, 67-83

Herbert, Ulrich, 1995: *Generation der Sachlichkeit. Die völkische Studentenbewegung der frühen zwanziger Jahre*, in: ebd., Arbeit, Volkstum, Weltanschauung. Über Fremde und Deutsche im 20. Jahrhundert, Frankfurt, 31-58

Hermle, Siegfried, 1997: *Zum Aufstieg der Deutschen Christen. Das »Zauberwort« Volksmission im Jahre 1933*, in: Zeitschrift für Kirchengeschichte 108, 309-341

Hermle, Siegfried/Lächele, Rainer/Nuding, Albrecht (Hg.), 1988: *Im Dienst an Volk und Kirche. Theologiestudium im Nationalsozialismus. Erinnerungen, Darstellungen, Dokumente und Reflexionen*, Stuttgart

Herrmann, Volker, 1993: *Walter Birnbaum und die Volksmission (1932-1935)*, in: Diakonie 19, 325-329

Hertzsch, Klaus-Peter, 2000: *Praktische Theologie nach dem Zusammenbruch des Dritten Reiches*, in: K. Raschzok (Hg.), 279-297

Herzog, Dagmar, 2005: *Sex after Fascism. Memory and Morality in Twentieth-Century Germany*, Princeton

Heschel, Susannah, 1994: *Theologen unter Hitler. Walter Grundmann und das »Institut zur Erforschung und Beseitigung des jüdischen Einflusses auf das deutsche kirchliche Leben«*, in: Siegele-Wenschkewitz (Hg.), Christlicher Antijudaismus, 125-170

– 1998: *Abraham Geiger and the Jewish Jesus*, Chicago

Heukenkamp, Ursula, 2001: *Gestörte Erinnerung. Erzählungen vom Luftkrieg*, in: Amsterdamer Beiträge zur neueren Germanistik, 50/1, 469-492

Hirsch, Emanuel, 1951a: *Meine theologischen Anfänge*, in: Freies Christentum 10 (1. Okt.), 2-4

– 1951b: *Meine Wendejahre (1916-21)*, in: Freies Christentum 12 (1. Dez.), 3-6

Hirsch, Marianne, 1998: *Past Lives. Postmemories in Exile*, in: S. R. Suleiman (Hg.), Exile and Creativity, Durham and London, 418-446

- 2002: *Vergangene Leben. »Postmemory« im Exil*, in: B. Huhnke/B. Krondorfer (Hg.), 299-314

Hockenos, Matthew, 2004: *A Church Divided. German Protestants Confront the Nazi Past*, Bloomington

Hoffman, Eva, 2004: *After Such Knowledge. Memory, History, and the Legacy of the Holocaust*, New York

Huhnke, Brigitte/Krondorfer, Björn (Hg.), 2002: *Das Vermächtnis annehmen. Kulturelle und biographische Zugänge zum Holocaust*, Beiträge *aus den USA und Deutschland*, Gießen

Jahnke, Karl Heinz, 1993: *Hitlers letztes Aufgebot. Deutsche Jugend im sechsten Kriegsjahr 1944/45*, Essen

Jüngst, Britta, 2001: *Das Wort ohne Vokale. Eine feministisch-theologische Standortbestimmung*, in: K. v. Kellenbach/B. Krondorfer/N. Reck (Hg.)

Kaiser, Jochen-Christoph, 1989: *Protestanismus, Diakonie und »Judenfrage« 1933-1941*, in: Vierteljahrshefte für Zeitgeschichte 37, 673-714

Kellenbach, Katharina von, 1994: *Anti-Judaism in Feminist Religious Writings*, Atlanta

- 2000: *In der Nachfolge von Täterinnen. Feministische Überlegungen*, in: K. v. Kellenbach/S. Scholz (Hg.), 27-39

- 2001: *Theologische Rede von Schuld und Vergebung als Täterschutz*, in: K. v. Kellenbach/B. Krondorfer/N. Reck (Hg.), 46-67

- 2003: *Vanishing Acts. Perpetrators in Postwar Germany*, in: Holocaust and Genocide Studies 17/2 (Fall), 305-329

Kellenbach, Katharina von/Scholz, Susanne (Hg.), 2000: *Zwischen-Räume. Deutsche feministische Theologinnen im Ausland*, Münster

Kellenbach, Katharina von/Krondorfer, Björn/Reck, Norbert (Hg.), 2001: *Von Gott reden im Land der Täter. Theologische Stimmen der dritten Generation seit der Shoah*, Darmstadt

Kersting, Franz-Werner, 2002: *Helmut Schelskys »Skeptische Generation« von 1957*, in: Vierteljahrshefte für Zeitgeschichte, Vol. 50, 465-495

Klee, Ernst, 1989: *»Die SA Jesu Christi«. Die Kirche im Banne Hitlers*, Frankfurt

- 1992: *Persilscheine und falsche Pässe. Wie die Kirchen den Nazis halfen*, Frankfurt

Kleßmann, Christoph, 1993: *Kontinuitäten und Veränderungen im protestantischen Milieu*, in: A. Schildt/A. Sywottek (Hg.), Modernisierung im Wiederaufbau. Die westdeutsche Gesellschaft der 50er Jahre, Bonn, 403-417

Knitter, Paul, 1973: *Die Uroffenbarungslehre von Paul Althaus – Anknüpfungspunkt für den Nationalsozialismus? Eine Studie zum Verhältnis von Theologie und Ideologie*, in: Evangelische Theologie 33, 138-164

Koonz, Claudia, 1987: *Mothers in the Fatherland. Women, the Family, and Nazi Politics*, New York

Krondorfer, Björn, 1995: *Remembrance and Reconciliation. Encounters Between Young Jews and Germans*, New Haven

– 1996: *The Confines of Male Confessions: On Religion, Bodies, and Mirrors*, in: B. Krondorfer (Hg.), Men's Bodies, Men's Gods. Male Identities in a (Post-) Christian Culture, New York, 205-234

– 1998: *Biographische Arbeit in jüdisch/deutschen Begegnungsgruppen nach der Shoah*, in: Biographische Arbeit in der Erwachsenenbildung (Schriftenreihe Bundesministerium für Bildung, Wissenschaft, Forschung und Technologie), Berlin, 19-42

– 2000: *Of Faith and Faces. Biblical Texts, Holocaust Testimony and German »After Auschwitz« Theology*, in: T. Linafelt (Hg.), Strange Fire. Reading the Bible after the Holocaust, Sheffield, 86-105

– 2001: *Abschied von (familien)biographischer Unschuld im Land der Täter. Zur Positionierung theologischer Diskurse nach der Shoah*, in: K. v. Kellenbach/B. Krondorfer/N. Reck (Hg.), 11-28

– 2002a: *Eine Reise gegen das Schweigen*, in: B. Huhnke/B. Krondorfer (Hg.), 315-344

– 2002b: *Die Gegenwärtigkeit des Holocaust in interkulturellen Begegnungen. Stimmen der dritten Generation*, in: B. Huhnke/B. Krondorfer (Hg.), 345-363

– 2002c: *Revealing the Non-Absent Male Body. Confessions of an African Bishop and a Jewish Ghetto Policeman*, in: N. Truana et al. (Hg.), Revealing Male Bodies, Bloomington, 247-268

– 2004: *Theological Innocence and Family History in the Land of Perpetrators. German Theologians after the Shoah*, in: Harvard Theological Review 97/1 (January), 61-82

Künneth, Walter, 1932: *Die völkische Religiosität der Gegenwart*, Berlin-Spandau

– 1935: *Antwort auf den Mythus. Die Entscheidung zwischen dem nordischen Mythus und dem biblischen Christus*, Berlin

– 1947: *Der große Abfall. Eine geschichtstheologische Untersuchung der Begegnung zwischen Nationalsozialismus und Christentum*, Hamburg

– 1979: *Lebensführungen. Der Wahrheit verpflichtet*, Wuppertal

Ledig, Gert, 1999: *Vergeltung*, Frankfurt

Lächele, Rainer, 1995: *Vom Reichssicherheitshauptamt in ein evangelisches Gymnasium. Die Geschichte des Eugen Steimle*, in: R. Lächele/J. Thierfelder (Hg.), 260-288

Lächele, Rainer/Thierfelder, Jörg (Hg.), 1995: *Das evangelische Württemberg zwischen Weltkrieg und Wiederaufbau*, Stuttgart

Lehmann, Hartmut, 1999: *Hans Preuß 1933 über »Luther und Hitler«*, in: Kirchliche Zeitgeschichte 12/1, 287-296

Leich, Werner, 1994: *Wechselnde Horizonte. Mein Leben in vier politischen Systemen*, Wuppertal

Lichtenfeld, Manacnuc Mathias, 2000: *Georg Merz – Praktischer Theologe der Bekennenden Kirche*, in: K. Raschzok (Hg.), 51-80

Lilje, Hanns, 1948: *Im finstern Tal (2. Auflage)*, Nürnberg
– 1973: *Memorabilia. Schwerpunkte meines Lebens*, Nürnberg
Loewenberg, Peter, 1971: *The Psychohistorical Origins of the Nazi Youth Cohort*, in: The American Historical Review, Vol. 76/5 (December), 1457-1502
Loewenich, Walther von, 1979: *Erlebte Theologie. Begegnungen, Erfahrungen, Erwägungen*, München
Löhr, Wolfgang, 1990: *Rechristianisierungsvorstellungen im deutschen Katholizismus 1945-1948*, in: J-C. Kaiser/A. Doering-Manteuffel (Hg.), Christentum und politische Verantwortung. Kirchen im Nachkriegsdeutschland, Stuttgart, 25-41
Lösch, Anna-Maria Gräfin von, 1999: *Der nackte Geist. Die Juristische Fakultät der Berliner Universität im Umbruch von 1933*, Tübingen
Losemann, Volker, 1980: *Zur Konzeption der NS-Dozentenlager*, in: M. Heinemann (Hg.), Erziehung und Schulung im Dritten Reich. Veröffentlichungen der Historischen Kommission der Deutschen Gesellschaft für Erziehungswissenschaften (Bd. 4/2), Stuttgart, 87-109
Malitz, Jürgen, 1998: *Römertum im »Dritten Reich«. Hans Oppermann*, in: P. Kneissl/V. Losemann (Hg.), Imperium Romanum. Studien zur Geschichte und Rezeption, Stuttgart, 519-543
Marcuse, Harold, 2001a: *Legacies of Dachau. The Uses and Abuses of a Concentration Camp,1933-2001*, Cambridge
– 2001b: *Generational Cohorts and the Shaping of Popular Attitudes towards the Holocaust*, in: J. Roth/E. Maxwell (Hg.), Remembering for the Future. The Holocaust in an Age of Genocide, London, 652-663
Marquardt, Friedrich-Wilhelm, 1968: *Studenten im Protest (mit einem Geleitwort von H. Gollwitzer)*, Frankfurt
– 1985: Mich befreit der Gott Israels, in: Zum Frieden befreit. Predigthilfe und Texte zum Gedenkjahr 1985 (Aktion Sühnezeichen/Friedensdienste), Berlin
Martin, Gerhard Marcel, 1995: *Sachbuch Bibliodrama. Praxis und Theorie*, Stuttgart/Berlin/Köln
Matthiesen, Michael, 1998: *Verlorene Identität. Der Historiker Arnold Berney und seine Freiburger Kollegen, 1923-1938*, Göttingen
Merz, Georg, 1961: *Wege und Wandlungen. Erinnerungen aus der Zeit von 1892-1922* (nach seinem Tode bearb. von J. Merz), München
Metz, Johann Baptist, 1976: *Theologie als Biographie*, in: Concilium 12, 311-315
– 1984: *Im Angesichte der Juden. Christliche Theologie nach Auschwitz*, in: Concilium 20, 382-389
– 1997a: *Zum Begriff der neuen Politischen Theologie, 1967-1997*, Mainz
– 1997b: *Wie ich mich geändert habe*, in: J. Moltmann (Hg.), 41-47
McNutt, James, 2003: *Adolf Schlatter and the Jews*, in: German Studies Review 26/2, 353-370

Meyer, Barbara, 2001: »*Der Andere des Anderen ist ein Anderer*«. *Kritische Anmerkungen zur Theologie Friedrich-Wilhelm Marquardts*, in: K. v. Kellenbach/B. Krondorfer/N. Reck (Hg.), 110-122

– 2004: *Christologie im Schatten der Shoah – im Lichte Israels. Studien zu Paul van Buren und Friedrich-Wilhelm Marquardt*, Zürich

Meyer, Sybille/Schulze, Eva, 1984: *Wie wir das alles geschafft haben. Alleinstehende Frauen berichten über ihr Leben nach 1945*, München

Moeller, Robert, 1993: *Protecting Motherhood. Women and the Family in the Politics of Postwar West Germany*, Berkeley

– 2001: *War Stories. The Search for a Usable Past in the Federal Republic of Germany*, Berkeley

– 2002: *Die Vertreibung aus dem Osten und westdeutsche Trauerarbeit*, in: B. Huhnke/B. Krondorfer (Hg.), 113-148

Moltmann, Jürgen, 1997a: »*Die Grube*«: – »*Wo war Gott?*« *Jüdische und christliche Theologie nach Auschwitz*, in: M. Görg/M. Langer (Hg.), Als Gott weinte. Theologie nach Auschwitz, Regensburg, 45-60

– (Hg.), 1997b: *Wie ich mich geändert habe*, Gütersloh

Moltmann-Wendel, Elisabeth, 1997: *Wer die Erde nicht berührt, kann den Himmel nicht erreichen. Autobiographie*, Zürich/Düsseldorf

– 1998: *Theologie muß geerdet sein*, in: G. Feld/D. Henze/C. Janssen (Hg.), 52-59

Moses, Dirk A., 1999: *The Forty-Fivers. A Generation Between Fascism and Democracy*, in: German Politics and Society, Vol. 17/1 (Spring), 94-126

Müller, Eberhard, 1987: *Widerstand und Ergebung. Fünfzig Jahre Erfahrungen in Kirche und Gesellschaft*, Stuttgart

Mulack, Christa, 1998: *Erst physisches, dann geistiges Vagabundieren*, in: G. Feld/D. Henze/C. Janssen (Hg.), 68-74

Neß, Dietmar (Hg.), 1990: *Flüchtlinge von Gottes Gnaden. Schlesische Predigt 1945-1952*, Würzburg

Neuner, Peter, 2002: Einleitung, in: P. Neuner/G. Wenz (Hg.), *Theologen des 20. Jahrhunderts*, Darmstadt

Nieden, Susanne zur, 1993: *Alltag im Ausnahmezustand. Frauentagebücher im zerstörten Deutschland 1943-1945*, Berlin

Niemöller, Martin, 1934: *Vom U-Boot zur Kanzel*, Berlin

Niemöller, Wilhelm, 1961: *Aus dem Leben eines Bekenntnispfarrers*, Bielefeld

Nolan, Mary, 2005: *Germans as Victims during the Second World War. Air Wars, Memory Wars*, in: Central European History, Vol. 38/1, 7-40

Oldenhage, Tania, 2000: *(Un)heimliche Begegnungen mit dem Holocaust*, in: K. v. Kellenbach/S. Scholz (Hg.), 15-25

– 2002: *Parables for Our Time. Rereading New Testament Scholarship after the Holocaust*, Oxford, New York

Osten-Sacken, Peter von (Hg.), 2002: *Das mißbrauchte Evangelium. Studien zu*

Theologie und Praxis der Thüringer Deutschen Christen, Institut für Kirche und Judentum, Berlin

Pangritz, Andreas, 2003: *Mich befreit der Gott Israels. Friedrich-Wilhelm Marquardt – eine theologisch-biographische Skizze* (Aktion Sühnezeichen Friedensdienste), Berlin

Petersen, Birte, 2004: *Theologie nach Auschwitz? Jüdische und christliche Versuche einer Antwort* (3. Auflage, mit einem Beitrag über den aktuellen Stand der Diskussion von N. Reck), Berlin

Pieper, Josef, 1976: *Noch wußte es niemand. Autobiographische Aufzeichnungen 1904-1945*, München (im Englischen erschienen, 1987: No One Could Have Known. An Autobiography. The Early Years 1904-1945, übers. G. Harrison, San Francisco)

Poelchau, Harald, 1949: *Die letzten Stunden. Erinnerungen eines Gefängnispfarrers (aufgezeichnet von Graf A. Sternbock-Fermer)*, Berlin

– 1963: *Die Ordnung der Bedrängten. Autobiographisches und Zeitgeschichtliches seit den zwanziger Jahren*, Berlin

Preuß, Hans, 1938: *Miniaturen aus meinem Leben*, Gütersloh

Pyper, Jens Fabian (Hg.), 2002: *»Uns hat keiner gefragt«. Positionen der dritten Generation zur Bedeutung des Holocaust*, Berlin

Rammenzweig, Guy W., 1987: *Vom Erschrecken zur Solidarität. Persönliche Anmerkungen zu Wegen in die Pastoralpraxis*, in: A. Grözinger/H. Luther (Hg.), 56-66

Raschzok, Klaus, 2000a: *Wolf-Meyer Erlach und Hans Asmussen. Ein Vergleich zwischen der Praktischen Theologie der Deutschen Christen und der Bekennenden Kirche*, in: ebd. (Hg.), 167-202

– (Hg.), 2000b: *Zwischen Volk und Bekenntnis. Praktische Theologie im Dritten Reich*, Leipzig

Reck, Norbert, 2001: *Der Gott der Täter. Subjektverbergung, Objektivismus und die Un-/Schuldsdiskurse in der Theologie*, in: K. v. Kellenbach/B. Krondorfer/N. Reck (Hg.), 29-45

– 2004: *Perspektivenwechsel. Neue Fragen und Sichtweisen in der Theologie nach Auschwitz*, in: B. Petersen, 141-176

Remy, Steven, 2002: *The Heidelberg Myth. The Nazification and Denazification of a German University*, Cambridge

Roberts, Ulla, 1998: *Spuren der NS-Zeit im Leben der Kinder und Enkel. Drei Generationen im Gespräch*, München

Röhm, Eberhard, 1995: *Der württembergische Protestantismus und die »Judenfrage« im Zweiten Weltkrieg*, in: R. Lächele/J. Thierfelder (Hg.), 32-47

Rosenthal, Gabriele (Hg.), 1997: *Der Holocaust im Leben von drei Generationen. Familien von Überlebenden der Shoah und von Nazi-Tätern*, Gießen

Scharf, Kurt, 1988: *Widerstehen und Versöhnen. Rückblicke und Ausblicke* (2. Auflage), Stuttgart

Scharffenorth, Ernst-Albert, 1990: *Helmut Thielicke. Ein lutherischer Theologe in der Nachkriegszeit*, in: W. Huber (Hg.), Protestanten in der Demokratie. Positionen und Profile im Nachkriegsdeutschland, München, 145-166

Schelsky, Helmut, 1957: *Die skeptische Generation. Eine Soziologie der deutschen Jugend*, Düsseldorf/Köln

Scherzberg, Lucia, 2001: *Kirchenreform mit Hilfe des Nationalsozialismus. Karl Adam als kontextueller Theologe*, Darmstadt

Schissler, Hanna, 2001: *The Miracle Years. A Cultural History of West Germany, 1949-1968*, Princeton

Schlant, Ernestine, 1999: *The Language of Silence. West German Literature and the Holocaust*, New York/London

Schlatter, Adolf, 1924: *Erlebtes*, Berlin

Schleuning, Johannes, 1964: *Mein Leben hat ein Ziel. Lebenserinnerungen eines russlanddeutschen Pfarrers*, Witten

Schmid, Friedrich, 1988a: *Umbruch ohne Neuanfang?*, in: S. Hermle/R. Lächele/A. Nuding (Hg.), 354-360

– 1988b: *»Eine Insel des Friedens«. Die Jahre 1943-1945*, in: S. Hermle et al. (Hg.), 117-124

Schönherr, Albrecht, 1993: *Aber die Zeit war nicht verloren. Erinnerungen eines Altbischofs*, Berlin

Schottroff, Willy, 1987: *Theologie und Politik bei Emanuel Hirsch. Zur Einordnung seines Verständnisses des Alten Testaments*, in: Kirche und Israel 2, 24-49, 137-158

Schrade, Hubert, 1949: Der *verborgene Gott. Gottesbild und Gottesvorstellung in Israel und im Alten Orient*, Stuttgart

Schwan, Gesine, 1997: *Politik und Schuld. Die zerstörerische Macht des Schweigens*, Frankfurt

Sebald, W. G., 1999: *Luftkrieg und Literatur*, München

Siegele-Wenschkewitz, Leonore, 1980: *Neutestamentliche Wissenschaft vor der Judenfrage. Gerhard Kittels theologische Arbeit im Wandel deutscher Geschichte*, München

– (Hg.), 1988: *Verdrängte Vergangenheit, die uns bedrängt. Feministische Theologie in der Verantwortung für die Geschichte*, München

– (Hg.), 1994: *Christlicher Antijudaismus und Antisemitismus. Theologische und kirchliche Programme Deutscher Christen*, Frankfurt

– 1998: *Wir hatten das Empfinden, am Beginn einer Tradition zu stehen*, in: G. Feld/D. Henze/C. Janssen (Hg.), 129-136

Smid, Marikje, 1990: *Deutscher Protestantismus und Judentum 1932/1933*, München

Sölle, Dorothee, 1987: *Ohnmacht und Macht*, in: A. Grözinger/H. Luther (Hg.), 41-47

– 1995: *Gegenwind. Erinnerungen*, Hamburg (im Englischen erschienen 1999: Against the Wind. Memoir of a Radical Christian, übers. B. und M. Rumscheidt, Minneapolis)

- 1998: *Klarheit macht nicht notwendig lieblos*, in: G. Feld/D. Henze/C. Janssen (Hg.), 137-144

Staats, Reinhart, 1994: *Die zeitgenössische Theologenautobiographie als theologisches Problem*, in: Verkündigung und Forschung 39, 62-81

Staffa, Christian/Spielman, Jochen (Hg.), 1998: *Nachträgliche Wirksamkeit. Vom Aufheben der Taten im Gedenken*, Berlin

Stählin, Wilhelm, 1968: *Via Vitae. Lebenserinnerungen von Wilhelm Stählin*, Kassel

Stoltenhoff, Ernst, 1990: *Die gute Hand Gottes. Lebenserinnerungen des letzten rheinischen Generalsuperintendenten (1879– 1953)*, Köln

Stratton, Jon, 2003: *»It almost needn't have been the Germans«. The state, colonial violence and the Holocaust*, in: Cultural Studies 6/4, 507-527

Theweleit, Klaus, 1980: *Männerphantasien (Bd. 1 und 2)*, Hamburg

Thielicke, Helmut, 1948: *Die Schuld der Anderen. Ein Briefwechsel zwischen Helmut Thielicke und Hermann Diem*, Göttingen

- 1969: *Kulturkritik der studentischen Rebellion*, Tübingen
- 1979: *In der Stunde Null. Die Denkschrift des Freiburger »Bonhoeffer-Kreises«* (eingeleitet von H. Thielicke, mit Nachwort von P. v. Bismarck), Tübingen
- 1984: *Zu Gast auf einem schönen Stern. Erinnerungen*, Hamburg

Thoß, Bruno/Volkmann, Hans-Erich (Hg.), 2002: *Erster Weltkrieg, Zweiter Weltkrieg. Ein Vergleich*, Paderborn

Tillich, Paul, 1969: *Meine Suche nach dem Absoluten*, Wuppertal-Barmen

- 1971: *Begegnungen. Paul Tillich über sich selbst und andere* (Gesammelte Werke 12), Stuttgart

Tödt, Heinz Eduard, 1997: *Komplizen, Opfer und Gegner des Hitlerregimes. Zur »inneren Geschichte« von protestantischer Theologie und Kirche im »Dritten Reich«*, (Hg. von J. Dinger/D. Schulz), Gütersloh

Traub, Gottfried, 1949: *Erinnerungen*, München

- 1998: *Erinnerungen. Wie ich das »zweite Reich« erlebte. Tagebuchnotizen aus der Hitlerzeit*, Stuttgart (Selbstverlag)

Trautwein, Dieter, 2003: *»Komm Herr segne uns«. Lebensfelder im 20. Jahrhundert*, Frankfurt

Trillhaas, Wolfgang, 1976: *Aufgehobene Vergangenheit. Aus meinem Leben*, Göttingen

- 1978: *Die eigene Geschichte erzählen. Über Sinn und Unsinn von Autobiographien*, in: Evangelische Kommentare 11, 715-718

Tügel, Franz, 1972: *Mein Weg. 1888-1946. Erinnerungen eines Hamburger Bischofs* (Hg. C. Nicolaisen), Hamburg

Vesper, Bernward, 1977: *Die Reise*, Frankfurt

Vogt, Jochen, 1998: *Er fehlt, er fehlte, er hat gefehlt ... Ein Rückblick auf die sogenannten Väterbücher*, in: S. Braese/H. Gehle/D. Kiesel/H. Loewy (Hg.), *Deutsche Nachkriegsliteratur und der Holocaust*, Frankfurt, 385-399

Vollnhals, Clemens, 1989: *Evangelische Kirche und Entnazifizierung 1945-1949. Die Last der nationalsozialistischen Vergangenheit*, München
- 1991: *Entnazifizierung. Politische Säuberung und Rehabilitierung in den vier Besatzungszonen 1945-1949*, München
- 1992: *Die Hypothek des Nationalprotestantismus. Entnazifizierung und Strafverfolgung von NS-Verbrechen nach 1945*, in: Geschichte und Gesellschaft 18/1, 51-69
Volz, Konrad, 1988: *Als Offizier im Kolleg*, in: S. Hermle et al. (Hg.), 109-116
Weigel, Sigrid, 2002: *»Generation« as a Symbolic Form. On the Genealogical Discourse of Memory since 1945*, in: The Germanic Review 77, 264-277
Welzer, Harald, 1997: *Verweilen beim Grauen. Essays zum wissenschaftlichen Umgang mit dem Holocaust*, Tübingen
Wendland, Heinz-Dietrich, 1977: *Wege und Umwege. 50 Jahre erlebter Theologie, 1919-1970*, Gütersloh
Wierling, Dorothee, 2001: *Mission to Happiness. The Cohort of 1949 and the Making of East and West Germans*, in: H. Schissler (Hg.), 110-125
Wiese, Christian, 1994: *Jahwe – ein Gott nur für Juden? Der Disput um das Gottesverständnis zwischen Wissenschaft des Judentums und protestantischer alttestamentlicher Wissenschaft im Kaiserreich*, in: Siegele-Wenschkewitz (Hg.), Christlicher Antijudaismus, 25-94
Winter, Hans-Gerd, 2001: *»Du kommst, und niemand will dich haben«. Heimkehrertexte der unmittelbaren Nachkriegszeit*, in: Amsterdamer Beiträge zur neueren Germanistik 50/1, 283-296
Wurm, Theophil, 1951: *Tagebuchaufzeichnungen aus der Zeit des Kirchenkampfes*, Stuttgart
- 1953: *Erinnerungen aus meinem Leben*, Stuttgart
Zahrnt, Heinz, 1966: *Die Sache mit Gott. Die protestantische Theologie im 20. Jahrhundert*, München
Zink, Jörg, 1992: *Sieh nach den Sternen – gib acht auf die Gassen. Erinnerungen*, Stuttgart
- 1997: *Wie ich mich geändert habe*, in: J. Moltmann (Hg.), 1997b, 67-77

Anmerkungen

1. Ähnliches galt bis vor kurzem für die Geschichtswissenschaften. Mit Berufung auf Dagmar Günthers Arbeit schreibt Nicolas Berg, dass die »historische Auswertung von Autobiographien« deutscher Historiker »in weiten Teilen über die Benutzung als ›Fakten- und Praktiken-Steinbruch‹ und als ›Seelenspiegel‹ nicht hinausgekommen« sei (Berg 2003, 21). Dies kann auch für die Vorgehensweise der kirchlichen Zeitgeschichte geltend gemacht werden. Berg hat inzwischen diese Lücke in der Geschichtswissenschaft mit seinem Buch *Der Holocaust und die westdeutschen Historiker*

(2003) geschlossen, worin er autobiographisches Material diskurskritisch auswertet.

2. Zum Thema »Unschuldsmythos« und nachkriegsdeutsche Erinnerungspolitik vgl. Frei (1999) und Moeller (2001; 2002); siehe auch Nolan (2005) und Behrenbeck (2003).

3. In Anlehnung an das Buch *Von Gott reden im Land der Täter. Theologische Stimmen der dritten Generation seit der Shoah* (Kellenbach/Krondorfer/ Reck 2001).

4. Tradierungen und Kontinuitäten werden wissenschaftsgeschichtlich auch in anderen akademischen Disziplinen, Fakultäten und Gesellschaften untersucht. Siehe Berg (2003) für die westdeutschen Historiker; Malitz (1998) für die Altertumswissenschaften; von Lösch (1999) für die Juristische Fakultät der Berliner Humboldt Universität; Hans Böhms Essay über die »Volksdeutsche Forschungsgemeinschaften« (hsozkult.geschichte.hu-berlin.de/BEITRAG/essays/boeh0600.htm); George Leaman und Gerd Simon über die »Kant-Studien im Dritten Reich« (www.uni-mainz.de/ ~kant/kfs/ks/history/leaman.hmtl).

5. Siehe *Abschied von (familien)biographischer Unschuld im Land der Täter* (Krondorfer 2001) sowie die stark überarbeitete englische Fassung *Theological Innocence and Family History in the Land of Perpetrators* (Krondorfer 2004). Zur Subjektverbergung siehe Reck (2001; 2004, 159-162) und Krondorfer (2000).

6. In der Literatur wird abwechselnd von »drei Generationen« oder der »dritten Generation« geredet; vgl. Roberts (1998), Rosenthal (1997), Pyper (2002), Krondorfer (2002b).

7. Vgl. Hoffman (2004), Berger (2001), Bukiet (2002), Bar-On (1997) und Hardtmann (1992).

8. Die Nachkommen auf beiden Seiten sind in einer »nachträglichen Wirksamkeit« (Staffa/Spielman 1998) der Vergangenheit verstrickt, sei es durch ihre Familiengeschichte, kollektives Gedenken oder gesellschaftliche Erinnerungsdiskurse. Ich habe dies in langjähriger Begegnungsarbeit mit jungen amerikanischen Juden und nicht-jüdischen Deutschen beobachten können und andernorts beschrieben und analysiert (Krondorfer 1995; 1998; 2002b). Für Berichte und Essays über diese Begegnungen in den Worten der TeilnehmerInnen, siehe Krondorfer (Hg.), *Confronting Memory, Tolerating Differences. Encountering the Holocaust as a Third Generation* (Tenth Anniversary Edition, 1989-1999), und ders. (Hg.), *Memory Work and Post-Holocaust Identity. Confronting the Past as a Third Generation* (2003).

9. Ausgehend von der Generationstheorie des Sozialtheoretikers Karl Mannheim wird allgemein zwischen Alterskohorten und Generationen unterschieden. Allerdings gibt es wenig Einigkeit über den Gebrauch der austauschbaren Begriffe »politische Generation« und »politische Kohorte«. Ich folge im Wesentlichen Marcuse, der von politischen Kohorten redet

(siehe auch seine in Fußnoten diskutierte Anlehnung und Abweichung von Karl Mannheim und die Verweise auf die entsprechende gegenwärtige Debatte des Generationenbegriffs; 2001a, 520 ff.); ähnlich auch Loewenberg, der Kohorten von dem »loose term of ›generation‹« unterscheidet: »a cohort is the aggregate of individuals within a population who have shared a significant common experience of a personal or historical event at the same time« (1971, 1465). Dagegen Fogt (1982, 17-25) und Abramson (2001), die die Alterskohorten von »politischen Generationen« absetzen.

10. Seit der Veröffentlichung von *Legacies of Dachau* (2001a) hat Marcuse eine weitere Unterscheidung eingeführt (2001b): Er differenziert zwischen denjenigen, die den Nationalsozialismus als ein geschichtliches Ereignis selbst erlebt haben (politische Kohorte), und denjenigen, die sich auf jenes Ereignis nur über eine vermittelte, stellvertretende Erinnerung – also ohne eigene Erfahrung – beziehen (politische Generation). Demnach stellen die 1948er die letzte »politische Kohorte« dar, während die 1968er, 1979er und 1989er als »politische Generationen« bezeichnet werden müssen. Ich empfinde diese Unterscheidung eher verwirrend, und bleibe daher beim Begriff der politischen Kohorten. Das sollte insofern zu keinen Missverständnissen führen, da es in diesem Beitrag nicht um eine soziologische Methodendiskussion, sondern um Überschneidungen von Erinnerungsdiskursen und generationellen Differenzen geht. Letztlich sind diese Begrifflichkeiten und Klassifikationen Hilfsmittel, um Kontinuitäten, Tradierungen und generationelle Veränderungen klarer in den Blick zu bekommen.

11. Die angegebenen Geburtsjahre sind generelle Orientierungsdaten, die nicht mit allen individuellen Biographien und ihren jeweiligen Variationen übereinstimmen müssen. Für Theologenautobiographien sind diese Zuordnungen allerdings erstaunlich zutreffend.

12. Katholischerseits hat auch die Theologin Elisabeth Gössmann (geb. 1928) ihre Autobiographie vorgelegt (2003).

13. Es mag kein Zufall sein, dass der dem militärischen Milieu entstammende Begriff »Kohorte« auf die normativen Männerbiographien wie zugeschnitten erscheint. Dies ließe sich damit begründen, dass diese Männer häufig von Kriegsereignissen und -folgen einschneidend geprägt worden sind. »Sociological demographers have developed the highly suggestive concept of the ›cohort‹, a term whose Latin etymology significantly refers to a group of fighting men who made up one of the ten divisions of a legion in the Roman army« (Loewenberg 1971, 1465).

14. Marcuse unternimmt keine geschlechtsdifferenzierte Analyse, so dass sein Modell den Schein des Normativen trägt. Versuche, auf der Grundlage von frauenspezifischen Erfahrungen ein Kohortenmodell zu entwickeln, stehen noch aus. Nationalsozialismus und Holocaust aus der Frauenperspektive sind bereits Gegenstand zahlreicher Untersuchungen. Hier rü-

cken andere Erfahrungen in den Vordergrund, etwa der Kriegsalltag, die Heimat bzw. Heimatfront, der Luftkrieg, Flucht und Vertreibung, Vergewaltigungen und, in den Nachkriegsjahren, die sogenannten Trümmerfrauen und die Heimkehrerproblematik. Ein guter Überblick in Heineman (2001); auch Grossmann (1991; 1995), Koonz (1987), Moeller (1993), Meyer und Schulze (1984), Nieden (1993).

15. Siehe auch David Diephouse (1995, 51 f.), der schreibt, dass für Wurm die »Hauptgefahr … in den säkularen geistigen Traditionen der Aufklärung [lag], die man besonders in der ›gottlosen Sozialdemokratie‹ und in dem ›jüdischen Literatentum‹ zu erblicken glaubte«.

16. Vgl. Zahrnt (1966, 12-15). Einige Theologen empfanden gerade jenes *Manifest der Intellektuellen* als Zusammenbruch des Idealismus. Zahrnt (1966, 14) zitiert in diesem Zusammenhang Barths Erinnerungen an das Manifest vierzig Jahre später:»Mir persönlich hat sich ein Tag am Anfang des Augusts jenes Jahres [1914] als der *dies alter* eingeprägt, an welchem 93 deutsche Intellektuelle mit einem Bekenntnis zur Kriegspolitik Kaiser Wilhelms II und seiner Ratgeber an die Öffentlichkeit traten … [Ich bemerkte], daß die Theologie des 19. Jahrhunderts jedenfalls für mich keine Zukunft mehr hatte.«

17. Herbert 1995, 32 f. Herbert benutzt den Begriff der »politischen Generation« und unterscheidet zwischen drei Gruppen innerhalb der Ersten Weltkriegsgeneration: der »jungen Frontgeneration« (geboren 1890-1900), die als junge Männer begeistert in den Krieg zogen; der »Kriegsjugendgeneration« (1900-1910), für die der Krieg vor allem ein Jugenderlebnis war; und die »Nachkriegsgeneration« (nach 1910 Geborene), die weniger vom Ersten Weltkrieg als von den Inflationsjahren und der Jugendbewegung geprägt worden sind. In meinem Kohortenmodell überschneidet sich Herberts »Nachkriegsgeneration« und Teile der »Kriegsjugendgeneration« mit der 1933er Kohorte.

18. Assels Analyse der exemplarischen Opferbereitschaft hat die Zeit 1914-1945 im Blick. Sie bezieht sich vornehmlich auf die Formation der politischen Theologie Elerts, Althaus', Gogartens und Hirschs, allesamt Vertreter der 1890er. Seine Beobachtungen zur politischen Theologie im Protestantismus passen allerdings auch zu autobiographischen Aussagen der 1918er Kohorte, wie es im Textzitat Künneths deutlich wird.

19. Diese Beschreibung trifft in Herberts Klassifizierung auf die »Kriegsjugendgeneration« zu, die sich in meinem Modell mit der 1933er Kohorte deckt.

20. Eine Reihe von historischen und sozialwissenschaftlichen Abhandlungen unterscheiden aufgrund der zeitlichen Nähe ihrer Geburtsjahrgänge nicht zwischen den 1943ern und 1948ern, sondern reden stattdessen von der 1945er Generation. So zum Beispiel in dem hilfreichen Beitrag von Dirk Moses (1999), worin er allerdings unterschiedslos von den 1945ern als Hitlerjugend-, Flakhelfer- oder Wiederaufbaugeneration bzw. der skepti-

schen, suchenden und betrogenen Generation spricht. Ich folge hier Marcuse, da die Kriegserlebnisse die 1943er und 1948er auf sehr verschiedene Weise prägten; in den Theologenautobiographien wird dies insbesondere mit Bezug auf das Schweigen der 1943er deutlich.

21. Abgedruckt in: *Deutschland. Demokratie oder Vaterland. Die Rede an die Deutschen von Helmut Thielicke und eine Analyse ihrer Wirkung von Ekkehard Othmer*, Tübingen (1964, 15).

22. Der Autor dieses Beitrags gehört zur 1979er Kohorte, siehe Krondorfer 2001; 2002a.

23. Dieses Zitat ist keiner autobiographischen Skizze, sondern dem Kapitel »Der zeitgeschichtliche Ort der Bibliodrama-Bewegung«, in *Sachbuch Bibliodrama* entnommen (Martin 1995, 14).

24. Dorothee Wierling verbindet diesen »Glücksauftrag« mit der 1949er Kohorte, womit sie die geburtsstarken Jahrgänge von 1946-1955 meint, die sogenannten »baby boomers«. Sie schreibt: »Conceived amid the chaos of the late 1940s, the postwar children were supposed to be happy; their life experiences would console their parents, whose own lives had been marked by upheaval, want, and despair« (2001, 110). Wierling untersucht diesen Glücksauftrags in West- und Ostdeutschland.

25. Die unter der Kurzform »Ostdenkschrift« bekannt gewordene evangelische Denkschrift heißt mit vollem Titel *Die Lage der Vertriebenen und das Verhältnis des deutschen Volkes zu seinen östlichen Nachbarn*.

26. Die literarisch-autobiographische Auseinandersetzung der 1968er mit ihren Vätern umfasst z.B. Peter Härtlings (geb. 1933) *Nachgetragene Liebe*, Christoph Meckels (geb. 1935) *Suchbild. Über meinen Vater*, Sigfrid Gauchs (geb. 1945) *Vaterspuren*, Ruth Rehmanns, *Der Mann auf der Kanzel. Fragen an den Vater* (1979), Bernward Vespers (geb. 1938) *Die Reise* und Brigitte Schwaigers (geb. 1949) *Lange Abwesenheit*, siehe Schlant (1999, bes. 80-98) und Marcuse (2001, 542, n. 51). Jochen Vogt (1998) versteht diese Väterbücher als Generationsdiskurse, die sich zwar kritisch mit ihren kompromittierten Vätern auseinander setzen, aber die Themen Juden, Antisemitismus und Auschwitz weiterhin marginalisieren.

27. Der Film *Die Brücke* (Deutschland, 1959) basiert auf dem gleichnamigen Roman von Manfred Gregor (vgl. Moses 1999, 101). Regie führte Bernhard Wicki. Der Film handelt von 16-jährigen, die von der Schule weg zum Militär eingezogen wurden, um eine Brücke in einer deutschen Kleinstadt vor den anrückenden amerikanischen Truppen zu verteidigen.

28. Kellenbach/Krondorfer/Reck (2001). Einige Autoren und Autorinnen, die in diesem Band versammelt sind, gehören der 1989er Kohorte an.

29. Moses bezieht Giordanos »zweite Schuld« auf die Generationskategorie der 1945er (1999, 107).

30. Siehe dazu auch die Ausführungen Sigrid Weigels zur »concealed first generation« und einer verzerrten Genealogie (2002, 272).

31. Tradierungen infizierter theologischer Denkmuster und deren Transfor-

mationen zu einer konsensfähigen Theologie nach 1945 hat Lucia Scherzberg (2001) hervorragend für den katholischen Theologen Karl Adam herausgearbeitet. Ähnliches gilt für die kürzere Arbeit über den Katholiken Michael Schmaus (Reck 2001). Für die Praktische Theologie siehe Raschzoks *Zwischen Volk und Bekenntnis* (2000b). Für zeitgeschichtliche Studien über kompromittierte evangelische Theologen siehe Osten-Sacken (2002) und Siegele-Wenschkewitzs Arbeiten zu Gerhard Kittel (1980) und Adolf Schlatter (1994, 95-110). Diese Kontinuitäten haben sich auch personalpolitisch durchgesetzt. Nur in seltenen Fällen schieden kompromittierte Theologen nach dem Krieg ganz aus dem akademisch-theologischen Betrieb aus (wie etwa Walter Birnbaum, Emanuel Hirsch, Walter Grundmann und Wolf Meyer-Erlach); die meisten reintegrierten sich. Für Birnbaum und Hirsch siehe Ericksen (1985). Grundmann wurde als Pfarrer in der sächsischen Kirche nach 1945 wieder angestellt. Unangetastet konnte er in der DDR in den fünfziger Jahren Rektor des Eisenacher Katechetenseminars und nach 1970 Dozent in Leipzig werden (Heschel 1994; siehe auch Adam 1994). Meyer-Erlach, Dekan der theologischen Fakultät in Jena und NSDAP-Mitglied seit 1933, floh 1950 aus der DDR und übernahm auf Vermittlung Martin Niemöllers ein Pfarramt im hessischen Wördorf (siehe Raschzok 2000a, 174 f.). Kompromittierte Theologen im Umkreis von Grundmanns antisemitischem »Institut zur Erforschung und Beseitigung des jüdischen Einflusses auf das deutsche kirchliche Leben« fanden nach 1945 meist neue Anstellungen in der Kirche oder als Dozenten (Heschel 1994, 140, 148-153). Siehe auch Ericksen (1985) für den Werdegang der Theologen Kittel und Althaus.

32. *Adolf Schlatters Sicht des Judentums im politischen Kontext. Die Schrift Wird der Jude über uns siegen? von 1935*, in: Siegele-Wenschkewitz (1994, 95-110). Eine »Schlatter-Renaissance« erlebte Tübingen am »Ende der siebziger Jahre« (Siegele-Wenschkewitz 1994, 108) und ist seit den neunziger Jahren in den Vereinigten Staaten fortgesetzt worden (vgl. McNutt 2003).

33. Für Hirsch siehe Ericksen (1985, 120-197); über Niemöller schreibt Siegele-Wenschkewitz beispielsweise, dass er »in ungewöhnlicher Weise fähig und bereit war, sich mit einmal erworbenen Ansichten und Überzeugungen kritisch auseinanderzusetzen, wenn sie ihm für die Wahrnehmung und Bearbeitung von Wirklichkeit nicht mehr stimmig erschienen« (1994, 261).

34. Diese Information ist dem kurzen Nachwort seines Sohnes zu verdanken. Hier zeigt sich jene Geschlechterdifferenz, die für die Veröffentlichung autobiographischer Selbstäußerungen typisch ist: Die Tagebücher seiner Frau Marie Wurm, geb. Bruckmann, sind – mit Ausnahme für das Jahr 1934 – unveröffentlichte, private Gedanken geblieben. Nach dem Tode seiner Frau hat Wurm ihr Tagebuch von 1934 als *Tagebuchaufzeichnungen aus der Zeit des Kirchenkampfes* (1951) überarbeitet und herausgegeben.

In diesem Jahr stand Wurm unter Hausarrest. Diephouse bezeichnet diese Aufzeichnungen »als eine Art Tribut an die Häuslichkeit« (1995, 68) gerade in jener Zeit, die Wurm »als den eigentlichen Höhepunkt des Kirchenkampfes« (51) beschreibt. Zu Marie Wurms Porträt siehe auch Ehmer (1998).

35. Es gibt keinen Grund anzunehmen, dass Wurm bezüglich der Wortwahl der »politischen Völker« auf die Nazi-Propaganda einer jüdisch-bolschewistischen Weltverschwörung anspielt. Zu Wurms Parallelisierung der Alliierten und der Nationalsozialisten siehe auch Diephouse (1995, 56, 60; Hockenos (2004, 50 f.).

36. Vor und während des Ersten Weltkrieges bevorzugten Theologen und Prediger alttestamentliche Texte, da in ihnen »die Verschmelzung von Religion und Nation vorgegeben war« (Greschat 2002, 501).

37. Die Anspielung auf Jesaja bezieht sich auf Jes 45,15: »Fürwahr, du bist ein verborgener Gott, der Gott Israels, ein Erretter.« Ob Wurm hier auf das jüdische Konzept von *hester panim*, dem verborgenen Gott in der jüdischen Theodizeefrage, anspielt, ist unwahrscheinlich. Er wird eher an die lutherische Tradition des *Deus absconditus* gedacht haben (vgl. Althaus 1963, 238-248).

38. Das folgende Gedankengut über Jesaja, das Hubert Schrade 1949 in seinem Buch *Der verborgene Gott* vortrug, dürfte Wurm in Umrissen bekannt gewesen sein. Jesaja, schreibt Schrade, habe das religiöse und politische Schicksal Israels verkettet und »ihren Übermut, ihre Habgier, die Mißachtung des Rechts, das Drohnendasein [gegeißelt] ... Nicht daß er die neue Weltmacht [der Assyrier] als solche liebt. Aber er hängt seinen Glauben und seine Prophetie an den furchtbaren Gedanken, daß Assur von Jahwe zum Werkzeug erkoren ist, die Sünden seines eignen Volkes zu rächen« (1949, 176-177).

39. Aus einem Brief Zühlsdorffs an Broch von 1948, zit. in Berg (2002, 237). Brochs Mutter war in Theresienstadt ermordet worden. Nicolas Berg kommentiert diesen Abschnitt folgendermaßen: »Seine Aufzählung versuchte durch fast hysterische Überbietung ... die Legitimität eines Sprechens über Auschwitz zu entziehen ... Die Botschaft war unmissverständlich: Juden hatten ein ›Auschwitz‹ erlebt, Deutsche deren Hunderte«.

40. Thielicke beschreibt das Jahr 1945 weder als Kapitulation noch als Befreiung, sondern verwendet die problematische Formel »Fall und Abstieg«. Abstieg wovon? Von der Höhe des Nationalsozialismus? Der Weimarer Republik? Aber beide Systeme, so schreibt Thielicke, lehne er ab. Ähnlich unbestimmt ist das Wort »Fall«. Neben der Wendung »Aufstieg und Fall«, mit der historische Imperien beschrieben werden, suggeriert der Begriff im christlichen Kontext auch den »Sündenfall«; dies würde auf eine negative Konnotierung des Nationalsozialismus hindeuten, was allerdings, falls Thielicke wirklich darauf anspielt, im Kontext dieser Passage unaufgedeckt bleibt.

41. Eintrag »Thielicke« in *Biographisch-Bibliographisches Kirchenlexikon* (BBKL, Bd. XI, 1996, Spalten 1106-1113); siehe auch Eintrag »Künneth« (BBKL, Bd. XX, 2002, Spalten 886-985), wo Künneth als eine für viele »willkommene Identifikationsfigur konservativer Ansichten« bezeichnet wird.

42. Eine Mischung aus »Trotz« und »Selbstmitleid«, schreibt Berg, war auch unter westdeutschen Historikern in den fünfziger Jahren weit verbreitet (2003, 269).

43. Norbert Frei untersucht dies anhand der justitiellen Vergangenheitspolitik in den Anfangsjahren der Bundesrepublik, deren »Nutznießer« nicht die »Opfer des Nationalsozialismus« waren, sondern die »im Rahmen der politischen Säuberung entlassenen Beamten«, die »große Zahl der ›Mitläufer‹«, die »Entnazifizierungsgeschädigten« sowie ehemalige »Internierte« und die »meisten der von den Alliierten bestraften Kriegsverbrecher« (1999, 14). Robert Moeller macht dies anhand der westdeutschen Trauerarbeit in den frühen fünfziger Jahren über die Vertreibung aus dem Osten deutlich: »Aus diesem Fundus der Erfahrungen [von Flucht und Vertreibung] konnten die Westdeutschen schöpfen, um damit ihr Schicksal mit dem der Opfer des Nationalsozialismus vergleichen zu können.« (2002, 115; vgl. auch 2001) Ein Zitat aus Liljes *Memorabilia* illustriert Moellers These: »Die Vertreibungen Deutscher aus den östlichen Gebieten hatten bereits Formen angenommen, die an Unmenschlichkeiten vielfach an das heranreichten, was die Nazis getan hatten« (1973, 168).

44. *Gemeinschaft* und *Bewegung* waren »magische Wörter der Weimarer Zeit« (Kurt Sontheimer, zit. in Scherzberg 2001, 94). Zahlreiche theologische Visionen kirchlichen Handelns beriefen sich auf diese Begriffe, wie es sich auch in Theologenautobiographien widerspiegelt. Wilhelm Stählin, Karl Heim, Eugen Gerstenmaier, Wolfgang Trillhaas, Walter von Loewenich und, katholischerseits, Josef Pieper waren in der Wandervogel- und christlichen Jugendbewegung. Der positive Einfluss Stählins, eines 1890ers, auf die christliche Jugendbewegung wird von den 1933ern Trillhaas (1976, 58), Gerstenmaier (1981, 23) und von Loewenich (1979, 24 ff.) erwähnt; Pieper spricht mit ähnlicher Bewunderung über den katholischen Theologen Romano Guardini (1976, 42). Über die nahezu obligatorischen Studentenverbindungen schreiben Thielicke, Künneth und Scharf. Zu den liturgischen und pietistischen Erweckungs- und Bekenntnisbewegungen gehören Stählins Berneuchener Kreis (vgl. auch Wendland 1977, 116 ff.), Künneths und Liljes Jungreformatorische Bewegung sowie Günther Dehns Neuwerkbewegung (Dehn 1962, 230 ff.). Kurt Scharf bezeichnet auch die Bekennende Kirche als »Gemeindebewegung«, »Erweckungsbewegung« und »Bewegung des Widerstands« (1988, 82). Auch die Volksmission verstand sich als Bewegung (Birnbaum, Künneth). Dagegen vermeiden es nahezu alle Theologenautobiographien, die »völkische Studentenbewegung« (Herbert 1995, 58) oder die »völkische Ge-

meinschaft« positiv zu erwähnen, da diese Begriffe nach 1945 zu belastet waren, um sie, außer in Abgrenzung, zu benutzen. In den Anfangsjahren des Dritten Reichs haben Theologen allerdings mit diesen Ideen geliebäugelt und sie propagiert (vgl. z. B. kritische Studien zu Paul Althaus, etwa Friedländer et al. 2002, 197-208; Smid 1990, 281-288; Ericksen 1985; Knitter 1973). Eine Ausnahme bildet Birnbaums autobiographische Äußerung von 1973 über die »völkische Bewegung«: Er habe mit ihr »sonst nicht weiter … sympathisiert«, aber er sah in ihr – wie es aus einem Schreiben von 1931 hervorgeht, das er 1973 zustimmend zitiert – »wertvolle Ansätze«, wozu etwa »der Geist selbstverleugnender Kameradschaft, der Wille zum Dienst, Bereitschaft mit ganzer Kraft die geistige Verantwortung für das Schicksal unseres Volkes mitzutragen« zählt (1973, 128; vgl. auch Herrmann 1993).

45. Dass auch die 1943er und 1948er Kohorten mit der Idee des Schicksals vertraut waren, macht zum Beispiel Friedrich-Wilhelm Marquardts (geb. 1928) Tagebucheintrag vom Mai 1945 deutlich, wo er schreibt, er wisse nicht, ob die Niederlage eine »weise Fügung oder ein blindes wütendes Schicksal« sei (1985, 25). Im Unterschied zu den 1918er und 1933er Kohorten benutzt Marquardt den Eintrag, um sich kritisch mit dieser Mentalität auseinander zu setzen.

46. Siehe Berg (2003, 64-104). Die Schrift *Nach der Katastrophe* hatte Wilhelm Hoffmann, der Direktor der Württembergischen Landesbibliothek, geschrieben, wovon sich innerhalb eines Jahres zehntausend Exemplare verkaufen ließen (Berg 2003, 65).

47. Mit dem Begriff »Kriegsverurteilte« (statt NS-Verbrecher), der auch in politischen Debatten im westdeutschen Parlament benutzt wurde, konnte die Möglichkeit eines unrechtmäßigen Urteils durch die alliierte Besatzungsmacht suggeriert werden.

48. Theologen waren nicht die einzigen, die die Vergangenheit über christlich-religiöse Metaphern von Schuld und Vergebung, Buße und Strafe, Sühne und Prüfung zu bewältigen versuchten. Ein ähnlicher Erinnerungsdiskurs findet sich auch in Autobiographien deutscher Historiker. Nicolas Berg (2000) benennt ihre »religiöse Introspektion und ästhetische Tröstung« eine »theologisierende Flucht in den Irrationalismus« (190 f.). Berg (2003, 52) zitiert z. B. Gerd Tellenbach, der in seinem Buch *Die deutsche Not als Schuld und Schicksal* (1947) schreibt: »Kein anderes Volk hatte eine so schwere Prüfung zu bestehen«.

49. Lehmann (1999, 293); er bezieht sich auf die in Form eines Briefes von Hans Preuß verfasste Schrift, *Luther an die Deutschen von 1946*.

50. Diese Information findet sich im Nachtrag eines Briefes von Hermann Schlingensiepen an Just-Dahlmann (16. Juni 1964) (BA Koblenz, NL 415 Nachlass Just 000004). Schlingensiepen zitiert darin aus der Lebensbeichte Artur Wilkes, der als Erlanger Theologiestudent Vorlesungen bei Hans Preuß gehört hatte. Preuß hätte glaubhaft vermittelt, Hitler sei »ein end-

zeitlich Gottgesandter, dem wir uns zur Verfügung stellen müssten, weil er alleine noch die Welt vor dem Bolschewismus retten könne«. Wilke ist später der SS beigetreten und wurde als SS-Hauptsturmbannführer nach Weißrussland geschickt. In den frühen sechziger Jahren wurde er für gemeinschaftliche Beihilfe zum Mord an mehreren tausend Menschen zu zehn Jahren Haft verurteilt. Diesen Hinweis verdanke ich Katharina von Kellenbach.

51. Paul Althaus, *Der Trost Gottes. Predigten in schwerer Zeit* (1946; zit. in Baur 1988, 170 f.). Viele Predigten in den ersten Nachkriegsjahren schlagen einen ähnlichen Tenor an, so auch etwa der Band mit Predigten der Flüchtlings- und Vertriebenengemeinden, *Flüchtlinge von Gottes Gnaden. Schlesische Predigt 1945-1952* (Neß 1990).

52. Zitiert in der Titelei, mit dem Signum »ABCteam«: »Bücher, die dieses Zeichen tragen, wollen die Botschaft von Jesus Christus in unserer Zeit glaubhaft bezeugen«. Dieser Text sollte sicher ein Publikum, das sich zur konservativen Bekenntnisbewegung zählte, ansprechen. Künneth war einer der Wortführer der neuen Erweckungsbewegungen in der Bundesrepublik der sechziger Jahre (siehe Künneth 1979, Kapitel XIII, insbes. 240 f.; Greschat 2000, 567-571).

53. Die Unterschiede zwischen dialektischer und ordnungsbetonter Theologie, mit denen im Kirchenkampf der dreißiger Jahre gerungen wurde, sind nicht immer unüberwindbar gewesen. Zahlreiche Theologen haben sich weder theologisch noch kirchenpolitisch festgelegt bzw. ihre Positionen verändert, wie das Beispiel Friedrich Gogartens zeigt, der als Mitbegründer der dialektischen Theologie später den Deutschen Christen beitrat (vgl. Eintrag »Gogarten« in BBKL, Bd. 2, 1990, Spalten 263-264). Vgl. auch Liljes (1973, 132) sehr kritische Äußerung gegenüber Gogarten: Gogarten hätte nur wegen des allgemeinen Vergessens nach dem Krieg unangefochten seine Lehrtätigkeit weiter ausüben können.

54. Nach Ulrich Herbert ist es typisch für Künneths Jahrgänge, dass es deren »ältere Brüder« waren, die an der Front kämpften und dort noch »härter und radikaler« geworden seien (1995, 32).

55. Künneths Leibbursche im »Wingolf« war Wilhelm von Loewenich; er war der ältere Bruder Walther von Loewenichs, der »als Kriegspfarrer ein Opfer der Stalingrader Katastrophe wurde« (Künneth 1979, 47; über den Tod seines Bruders siehe auch Walther von Loewenich 1979, 153). Für kurze Beschreibungen des Wingolf siehe Wendland (1977, 48 f.), Künneth (1979, 48) und Heim (1957, 54). Dem Wingolf gehörten auch Emanuel Hirsch und Paul Tillich an (vgl. Ericksen 1985; Tillich 1969, 26 oder 1971, 66) sowie Helmut Schreiner, Stiftsvorsteher der Apologetischen Centrale, für die Künneth in Berlin arbeitete, und der Philosoph Brunstäd aus Rostock (vgl. auch Birnbaum 1973, 86). Brunstäd leitete wiederum Kurse in dem von Künneth geführten Berliner Johannesstift. Eugen Gerstenmaier, Schüler von Brunstäd, wurde dort Künneth vorgestellt. Neben der kame-

radschaftlichen und gemeinschaftlichen Korporationsromantik waren die Studentenverbindungen karrierefördernd. Karl Heim, der sich ausdrücklich in seinen Memoiren von den Korporationen distanziert, schildert ein eindrückliches Gespräch, in welchem ihn ein »Kandidat der Theologie, der später ein sehr hohes kirchliches Amt bekleidete«, zum Eintritt in die Verbindung aufforderte: »Sie [Heim] stehen jetzt ... vor der wichtigsten Entscheidung Ihres Lebens, von der Ihre ganze Zukunft abhängt: ... Zugang zur ganzen Weltkultur ... [oder] zeitlebens ein Winkeldasein« (1957, 40).

56. Künneth greift auf die Wortfamilie »sachlich«, »sachgemäß«, »sachkundig«, »Sachlichkeit« oder »Sachkenntnis« insbesondere dann zurück, wenn er seinen Kampf zwischen der biblischen Wahrheit und deren ideologischen Gegnern beschreibt, als müsse er ganz »sachlich« gegen die eigene Leidenschaftlichkeit ankämpfen. In *Memorabilia* (1973) verwendet Hanns Lilje, auch ein 1918er, einen ähnlichen Duktus, wobei er das Wort »sachlich« (»unsachlich«, »an der Sache orientiert«, »Sachzusammenhang«) meist im Rahmen seiner Arbeit und in Abgrenzung zum Persönlichen und Familiären benutzt. Auch bei ihm scheint dieser Gebrauch eine unterdrückte Emotionalität zu indizieren; siehe Herberts Beitrag zur »Generation der Sachlichkeit« (1995). Helmut Thielicke, ein 1933er, benutzt »sachlich« und »Sachlichkeit« vor allem in Bezug auf Fragen der Sexualität (1984, 16, 20).

57. Auf eine Ablehnung der ludendorffschen Ideologie konnten sich viele Theologen einigen. So auch Stählin in *Via Vitae*: Noch nie habe er so ein »brutal geistloses Gesicht« wie des General Ludendorffs gesehen, und »das dumme Zeug, das dann später seine Frau mit prophetischem Anspruch von sich gab, paßte dazu« (1968, 189). Mathilde Ludendorff, Frau des im Ersten Weltkrieg bekannt gewordenen Generals, verbreitete durch ihre Schriften und einen eigenen Verlag eine antikirchliche, virulent antikatholische und antisemitische völkische Religiosität. In ihrem Ludendorff Verlag (München) veröffentlichte sie ihre eigenen Schriften, wie etwa *Hinter den Kulissen des Bismarckreiches* (1931) und *Angeklagt wegen Religionsvergehens* (1930); ihr Mann publizierte im gleichen Verlag kurze Abhandlungen, wie etwa *Des Volkes Schicksal in christlichen Bildwerken* (1935); andere Autoren traten mit Titeln wie *Deutsche Gotteserkenntnis als Grundlage wehrhaften deutschen Lebens* (Meyer-Dampen, 1934) oder *Der Schlüssel zur Kirchenmacht* (Matthießen, 1937) hervor.

58. Stählin schreibt, dass sowohl sein eigener Berneuchener Kreis und »Männer wie Zoellner und Künneth« mit den Deutschen Christen »Front gegen die alte Kirche« (1968, 274) machen wollten. Stählin zitiert aus einem Brief Künneths an Ritter vom Mai 1933: »Ich bin wie Sie der Meinung, daß wir auch bei Betonung aller Unterschiede doch in einer großen jungen Front in wesentlichen Fragen mit den Deutschen Christen zusammengehen können.« (272)

59. Für eine gute Zusammenfassung dieser Flügelkämpfe zwischen luthe-
risch-konservativen und reformierten Theologen siehe Hockenos (2004,
23-35).

60. Auch in Bezug auf die »Dämonisierung« der NS-Zeit als legitimatorischer
Interpretationsversuch gibt es Parallelen zwischen protestantischen Theologen und westdeutschen Historikern (siehe Berg 2003, 53, 87 f.).

61. Walter Birnbaum, auch ein 1918er, redet ganz ähnlich von der Dämonie:
»[A]uch die Kirche war von unheimlichen Mächten gepackt, oder formu-
lieren wir es theologisch genauer: von dämonischen Einflüssen zersetzt.«
Birnbaum wollte mit dieser Aussage nicht den Nationalsozialismus erklä-
ren, sondern begründen, warum die Bereitschaft zur »großen erneuerten
Kirche im Volk« unter der Leitung der DC keinen Erfolg hatte (1973, 288).

62. Die Redewendung »Abfall von Gott« wurde auch katholischerseits benutzt; sie gehört, schreibt Wolfgang Löhr, »zum Vokabular der Rechristianisierungsvorstellungen der Nachkriegszeit, wobei zwischen theologischer und politischer Ebene nicht klar getrennt wird« (1990, 29). Löhr
zitiert bspw. den Trierer Bischof Bornewasser, der 1947 zu seinem 25-jäh-
rigen Bischofsjubiläum den »Abfall von Gott« als »die schmerzlichste
Wunde am deutschen Volkskörper« bezeichnet (29).

63. Siehe vor allem *Antwort auf den Mythus. Die Entscheidung zwischen dem
nordischen Mythus und dem biblischen Christus* (Künneth 1935).

64. LKAN Personen 83, (Künneth) Nr. 1. Das zweiseitige Schriftstück (unda-
tiert) trägt die Überschrift, »Auszug aus der Beilage des Fragebogens, der
der Militärregierung eingereicht wurde.«

65. Künneth rühmt sich in seiner Autobiographie, zur Entlastung der Kollegen Hermann Strathmann und Paul Althaus beigetragen zu haben (1979,
185 f.). Im Nürnberger Landeskirchlichen Archiv liegen Künneths Entlas-
tungsschreiben für Strathmann sowie den Tübinger Praktischen Theologen Karl Fezer, der Deutscher Christ und NSDAP-Mitglied war (LKAN
Personen [Künneth] Nr. 12 und Nr. 17). Dutzende anderer Gutachten
sind in Künneths Personenakten des LKAN zu finden. Künneth war keine
Ausnahme: In den Gemeinden und Kirchen haben überall Pfarrer, Theologen und Bischöfe Gutachten geschrieben und so zur Entnazifizierung
NS-Belasteter beigetragen. »Der Gemeindepfarrer besaß im Entnazifizierungsverfahren eine Schlüsselfunktion, da sein ›Persilschein‹ zählte.«
(Kleßmann 1993, 406; siehe auch Vollnhals 1989)

66. Einer der Ärzte, Ferdinand Hoff, dem Thielicke seine Rettung aus der bedrohlichen Krankheit verdankte (Thielicke 1984, 76), hat seine eigenen
Memoiren veröffentlicht, *Erlebnis und Besinnung. Erinnerungen eines Arz-
tes* (1971). Diesen Hinweis verdanke ich Reinhart Staats (1994, 65).

67. Über Thielickes Vortrags- und Predigttätigkeit in Stuttgart von 1942-
1944, siehe Ehmer (1995); Ehmers weitgehend apologetischer, unkriti-
scher Bericht lobt Thielickes Tätigkeit als »mutige Auseinandersetzung
mit der nationalsozialistischen Ideologie« (80).

68. Aus einem Briefwechsel mit dem Autor vom 26. Juni 2002.
69. Siehe Thielicke (1984, 70-76).
70. Zum verordneten NS-Dozentenlager siehe Losemann (1980).
71. Siehe Thielicke (1984, 188-193); vgl. auch seine autobiographische Skizze *Zur Einführung. Nach vier Jahrzehnten* (1979, 5-35; im Vorwort zur Denkschrift des Freiburger Kreises), die mit den Zeilen beginnt: »Als jüngstes und nun einzig überlebendes Mitglied … wurde ich angeregt, das im Folgenden abgedruckte Zeitdokument aus der dunkelsten Phase unserer Geschichte mit dem Kolorit eigener Erinnerungen zu versehen« (5).
72. Zur Tradition der Bekenntnisschrift als Möglichkeit männlicher Selbstoffenbarung, vgl. Krondorfer 1996 und 2002c. Nicolas Berg meint, Aspekte des augustinischen Bekenntnismodells seien in Autobiographien westdeutscher Historiker wirksam, aber er geht nicht näher auf das Besondere der christlichen Bekenntnisform ein (siehe insbes. 2003, 253-259, und sein Unterkapitel 3.1. zur »protestantischen Bußfertigkeit«).
73. In einer früheren autobiographischen Skizze gibt Thielicke das Jahr 1941 an, in welchem er »durch die Partei« aus dem »Heidelberger Lehramt gefeuert« wurde (1979, 7). Remys (2002) detaillierte Untersuchungen zur Nazifizierung und Entnazifizierung der Heidelberger Universität erwähnen Thielicke nie. Aber mehrere Personen überschneiden sich in Thielickes Erinnerungen und Remys Studie, wie etwa Professor Jelke, dessen Lehrstuhl Thielicke in den 30er Jahren innehatte. Von Thielicke erfahren wir über Jelke nur, er sei nach einem »Disziplinarverfahren … plötzlich wieder da« (1984, 125) gewesen; laut Remy war Jelke ein denunziatorischer Nazi, der die NSDAP-Mitgliedschaft 1933 beantragte und sie 1937 erhielt. Dekan Odenwald, der die Entlassung Thielickes veranlasst hatte, wird von Thielicke als labile, systemkonforme, aber »Gemütlichkeit« (123 f.) ausstrahlende Person beschrieben; dass er ein Nazi war, ist in Thielickes kurzem Porträt wohl impliziert, aber nicht eigens beim Namen genannt. Remy (36, 133) weist darauf hin, dass Odenwald trotz ehemaligen, pro-demokratischen Neigungen seit 1933 Deutscher Christ und seit 1939 NSDAP-Parteimitglied war. Der Pädagoge Ernst Krieck, zeitweilig Rektor, dessen SS-Uniform bei Thielicke »Wallungen des Widerwillens« (123) hervorrief, galt während der Nazifizierung der Heidelberger Universität als »the most radical« Nazi (Remy 2002, 31). Ihm galt nach 1945 Thielickes seelsorgerliches Mitleid, »als er mir nach dem Zusammenbruch aus dem Internierungslager Moosburg, nicht lange vor seinem Tod, einen Brief schrieb, in dem er mich um Verzeihung bat und andeutete, daß er wieder zurückgefunden habe zu dem, was früher einmal seinem Leben Halt gegeben hatte« (Thielicke 1984, 123).
74. Scheel muss mit der NS-Hierarchie gut vernetzt gewesen sein. So konnte er beispielsweise seinen Tübinger Kommilitonen Eugen Steimle an den SD, den Sicherheitsdienst des Reichsführers SS, vermitteln. Steimle war später in leitender Funktion als Teil der Einsatzgruppen an mehreren

Mordaktionen in der Sowjetunion beteiligt (siehe Lächele 1995, insbes. 260).

75. Bischof Wurm erinnert sich in seiner Autobiographie daran, wie sich der junge Dr. Thielicke, gegen den in Heidelberg »intrigiert« wurde, an ihn wandte »mit der Frage, ob er in der württembergischen Kirche Verwendung finden könne. Wir übertrugen ihm zunächst die Versehung einer erledigten Pfarrstelle« und errichteten später für ihn »ein theologisches Amt mit dem Auftrag, die wissenschaftliche Fortbildung der Pfarrer zu fördern« (1953, 169).

76. Ehmer (1995, 78) schreibt, mit der Einrichtung dieser Stelle habe man erhofft, dass »Thielicke nach dem Krieg wieder ins akademische Lehramt zuückkehren sollte«. Es schien recht problemlos, Thielicke dieses privilegierte Amt zu verschaffen; viel schwerer tat sich die württembergische Landeskirche mit Einstellungsgesuchen »nichtarischer« Pfarrer, die von anderen Landeskirchen aus ihrem Amt entfernt worden waren (siehe Röhm 1995, 33, 37).

77. Volker Hage, »Nachwort« zu Ledigs Roman (Ledig 1999, 207). Ledig wurde 1921 geboren; seine Kriegserfahrungen als 1943er Kohorte – der »Stalingrader Generation« – speisen seine erbarmungslose Beschreibung der Kriegsgrausamkeiten. Sebalds (geb. 1944) distanziertere, literarisch-analytische Sicht des alliierten Luftkrieges weist ihn als Repräsentant der 1968er Kohorte aus.

78. Marokkanische Truppen waren Teil der französischen Besatzungsmacht. Der volle Text liest sich folgendermaßen: »Marokkaner, denen Schreckensmeldungen voranliefen, überfluteten unsere Dörfer. Man hörte die Schreie der vergewaltigen Frauen. Auch in unser Haus drangen zwei schwerbewaffnete Kerle« (203). Dass vor allem den afrikanischen Truppen Vergewaltigungen vorgeworfen werden, muss auch unter Gesichtspunkten eines rassistischen Vorurteils gelesen werden.

79. Interessanterweise fehlt in Thielickes bekannter Auseinandersetzung mit der These der deutschen Kollektivschuld von 1947 diese unerfreuliche Vermischung von Internierungs- mit Konzentrationslagern. Es wäre noch zu prüfen, wann diese polemische Verdrehung bei Thielicke einsetzt.

80. Siehe Stählin (1968, 493-498). Vgl. auch Kurt Scharfs Erinnerungen an seine Seelsorgetätigkeit in den Internierungslagern (1988, 161-165) und die Dokumente, die Vollnhals (1991) über Internierungslager zusammengetragen hat.

81. Der Vorwurf des »Pharisäismus« wurde kritischen Stimmen im Inland und Ausland entgegengehalten, die konkret die Schuld der Deutschen im Nationalsozialismus zu verorten suchten. Deutsche Bischöfe warfen es beispielsweise den englischen Christen vor (siehe Hockenos 2004, 106), Thielicke warf es den Schweizern vor (1984, 232), und westdeutsche Historiker warnten vor »billigem Pharisäismus« in den eigenen Reihen (Berg 2003, 226).

82. Der bekannte Nachkriegssoziologe Helmut Schelsky meinte, es sei vor allem die »skeptische Generation« (die 1948er) gewesen, die die 1968er Generation vehement abgelehnt hätten. Aber hier mag ein Stück Projektion mitspielen. Als Vertreter der 1933er Kohorte haben sowohl Schelsky (geb. 1912) als auch Thielicke (geb. 1908) die sogenannte »skeptische Generation« gegenüber den 1968ern in Schutz genommen und ihnen die Ablehnung der 1968er untergeschoben. Schelsky und Thielicke reagierten als 1933er selbst ausgesprochen emotional und polemisch auf die Studentenrebellion. Schelsky war, wie Thielicke, als Student in der SA gewesen, und bekam noch 1943 eine außerordentliche Professur an der braunen Reichsuniversität Straßburg. »Die wachsende Unduldsamkeit« gegenüber der 1968er Bewegung, konstatierte Kersting (2002, 495), »dürfte zumindest bei Schelsky auch ein Reflex der so lange verdrängten *eigenen* Intoleranz als junger SA-Student gewesen sein« (Hervorh. im Original). Herbert (1995, 58) bestätigt, dass es gerade die Jahrgänge waren, die ihre Karriere unter den Nazis begonnen hatten und nach dem Krieg in der Bundesrepublik fortsetzten, die mit besonderer Irritation auf die 68er reagierten. Zu Schelsky, siehe auch Moses (1999).

83. Siehe auch Thielickes *Kulturkritik der studentischen Rebellion* (1969). Wie anders die 1948er Kohorte mit dieser Zeit umgegangen ist, wird im Vergleich zu Marquardts *Studenten im Protest* (1969) deutlich. Siehe auch Pangritz (2003, 28 f.).

84. Winter schreibt, dass in den Heimkehrertexten »eine gewisse Fixierung des Heimkehrenden auf sich selbst, auf das eigene Leiden« deutlich wird, während »die vielleicht größeren Leiden anderer Menschen, gar anderer Völker ... kaum in den Blick kommen« (2001, 285).

85. Zur in der DDR lebenden Kohorte der 1948er siehe Hertzsch: Sie habe die »Biographie- und Traditionsabbrüche« von 1945 mit den Erfahrungen von 1989 zusammengebracht (2000, 280). Siehe auch die Autobiographie des thüringischen Bischofs Werner Leich (1994).

86. Das Spektrum autobiographischer Selbstrechtfertigungen bezüglich des Kirchenkampfes umfasst den nationalsozialistischen Hamburger Bischof Franz Tügel (1972), den Deutschen Christen Walter Birnbaum (1973), den national-konservativen Künneth (1979), den rheinischen Generalsuperintendenten Ernst Stoltenhoff (1990), sächsischen Bischof Hugo Hahn (1969), den Kieler Theologen Wendland (1977) und Werner Danielsmeyer (1982) sowie den Bekenntnispfarrer Wilhelm Niemöller (1961) und den progressiven Berliner Bischof Kurt Scharf (1988). Scharf schreibt in seinem Nachwort, er sei gegenüber Autobiographien grundsätzlich misstrauisch, da die »Versuchung zur ›Selbstrechtfertigung‹ ... unvermeidbar groß« (230) sei. Seine Erinnerungen folgen aber auch einem rechtfertigenden Diskurs, da er die Bekennende Kirche gegen »die Ahnungslosigkeit« der jüngeren Generationen verteidigen möchte (34; vgl. auch 69 f.).

87. Vgl. Kurt Scharf, der sich heftig gegen diesen Vorwurf wehrt; er zitiert in

diesem Zusammenhang aus Wilhelm Niesels Untersuchung, worin es heißt, es sei »töricht« zu behaupten, die »Bekennende Kirche habe nur die Angriffe auf die Kirche abgewiesen, also nur für sich selber gekämpft« (Scharf 1987, 107).

88. Zur nachkriegdeutschen Rechtfertigung der evangelischen Kirche, siehe die ausgezeichnete Untersuchung von Hockenos (2004). Wolfgang Gerlach fasst die Situation der Bekennenden Kirche in den dreißiger Jahren mit den folgenden Worten zusammen: »Die Fülle der erbeten oder unerbeten eingegangenen Gutachten zum Arierparagraphen und zur Judenfrage, die sich bald und fast ausnahmslos als heilloser Bankrott einer sich selbst isolierenden Katheder-Theologie erweisen sollte, gibt ein erschütterndes Bild von der kirchlich-theologischen und kirchenpolitischen Situation jener Tage wieder: während Christen 5 Jahre lang über Römer 9-11 reflektierten und diskutierten, um sich Klarheit zu verschafften, ob und wie ein Christ den in Lebensgefahr befindlichen Juden und Judenchristen helfen ›darf‹, wurden in den NS-Zentralen die Fahrpläne für die Kurswagen zur Deportation vorbereitet.« (1987, 387 f.)

89. Zu Wurms Protestbriefen von 1943 an das Reichskirchenministerium, den Reichsminister des Innern und Adolf Hitler persönlich siehe Röhm (1995, 42 f.). Zur »Judenfrage« siehe Gerlach (1987, 339-352): »Wie die meisten Antisemiten war auch Wurm ›nur‹ für die Ausschaltung der Juden, nicht für ihre Ausrottung« (342). Zu Wurms antisemitischem Diskurs auch Diephouse (2000).

90. Das spiegelt sich bspw. in Künneths Beobachtung wider, dass die »Verkündigung« nach dem Krieg »in steigendem Maße ein positives Echo fand« (1979, 187). Scharf (1987, 26 f.) beobachtet, dass die Kirchen »nie so voll« waren wie nach Kriegsende, denn man »verlangte nach Weisung aus dem Wort Gottes«. Eberhard Müller (1987, 55) stellt ein ähnlich großes Interesse an den Universitäten fest, wo die Studenten nach den »Erschütterungen des Krieges ... im christlichen Glauben ein neues Fundament« suchten. Thielicke führt die Popularität seiner Vorlesungen darauf zurück, dass er das »Vakuum« nach dem Zusammenbruch der Nazi-Ideologie für die »innerlich nach neuen Wegen suchende Heimkehrergeneration« (1984, 229) mit christlichen Inhalten füllen konnte.

91. Berg beobachtet diese Struktur im autobiographischen Material westdeutscher Historiker: »Wir finden demnach das Thema ›Auschwitz‹ nicht als Erzählung, sondern als deren Vermeidung. Und dennoch ist es von einer fast durchgängigen – wenn auch negativen – Präsenz ... Es wird mitgedacht, aber nicht ausgesprochen« (2003, 55).

92. Smid (1990, 364-372) nennt Künneths Schriften *Rasse und Gott* (1928), *Kirche und national-völkische Bewegung* (1932) und *Die Kirche und die Judenfrage in Deutschland* (1933). Keine dieser Schriften ist in der ansonsten recht vollständigen Bibliographie erwähnt, die von H. G. Pöhlmann

und W. Kopfermann zusammengestellt und der Autobiographie Künneths angehängt worden ist.

93. Daran, so Smid, ändere auch der Aufruf der Jungreformatorischen Bewegung nichts, den Künneth zusammen mit Hanns Lilje im Mai 1933 der Öffentlichkeit vorstellte. Darin hieß es, die kirchliche Ausschließung von Nichtariern sei »grundsätzlich« abzulehnen. Allerdings, so Smid, stand jetzt »nicht mehr die staatliche Neuregelung der Judenfrage, sondern die Neuordnung der Deutschen Evangelischen Kirche« (1990, 372) auf dem Spiel.

94. Kurt Scharf empört sich häufig über den Skandal der Judenverfolgung in seiner Autobiographie, schreibt aber selten über persönliche Begegnungen (z. B. 1988, 136). Er erwähnt in diesem Zusammenhang wiederholt die politische Arbeit des Büro Grübers, das deutschen Juden und nichtarischen Christen zum Untertauchen oder zur Flucht ins Ausland verhalf.

95. Nach Gerlach (1987, 359) ist Constantin von Dietze der Verfasser des Anhangs zur Judenfrage; von Dietze hatte den Freiburger Kreis nach der Kristallnacht 1938 ins Leben gerufen.

96. Siehe auch Thielicke (1984, 105, 127). Thielicke benutzt den Begriff auch in der Beschreibung des »kränkliche[n], gekrümmte[n] und stark sehbehinderte[n]« Theologen Emanuel Hirsch. »Das Förderzeichen der SS, das er auf seinem Rockspiegel trug, wirkte bei seinem Phänotyp makaber.« (105) Ob Thielicke versteckt auf jüdische Merkmale bei Hirsch anspielt, ist nicht eindeutig zu sagen, aber offensichtlich ist Hirsch ihm nicht ganz geheuer, obwohl er ihn in Schutz zu nehmen sucht. Lilje erinnert sich in seinen Memoiren an Hirsch als einen »Mann«, der wegen seiner »kleinen Gestalt« und eines Namens, »den viele als Indiz jüdischer Abstammung auslegten, ... offenbar gegen einen verborgenen Komplex« kämpfte (1973, 135).

97. Die Daten zu seinem Leben sind der Dokumentation von Benz (1997) entnommen.

98. Goldmann erhielt für seine Dienste vom SD eine monatliche Aufwandsentschädigung von 20 bis 25 Reichsmark, von der Gestapo erhielt er nichts (Benz 1997, 54).

99. In einem kleinen, rechtslastigen Verlag hat Goldmann seine eigene Autobiographie 1975 veröffentlicht, *Zwischen zwei Völkern – ein Rückblick. Erlebnisse und Erkenntnisse*, Königswinter.

100. Siehe z. B. die Geschichte des N., zu dessen Verhaftung 1943 Goldmann beigetragen hatte. Thielicke und der Historiker Benz sind sich darüber einig, dass Goldmann der Gestapo Informationen über N.s anti-NSDAP Gesinnung zugespielt hatte. Aber ihre Berichte unterscheiden sich in einem Punkt: Laut Benz (1997, 56) floh Goldmann für vier Tage während der Reichskristallnacht zu N., der ein ehemaliger »Patient« und »Freund« Goldmanns war. In Thielickes Erinnerung ist Goldmann von

N. aufgenommen worden, nachdem sein Haus durch Bomben zerstört wurde. N., der ein »Nachbar« Thielickes war, wurde diese »Liebestat gegenüber einem Juden« zum Verhängnis, schreibt der Theologe (Thielicke 1984, 168).

101. Eine interessante Gegendarstellung aus Erwin Goldmanns Sicht findet sich im Vernehmungsprotokoll vom 6. Juni 1945 seines Spruchkammerverfahrens. Goldmann nimmt direkt Bezug auf Thielicke, auch auf bestimmte Vorwürfe, die Thielicke offensichtlich als »Anlage 19« dem Spruchkammerverfahren eingereicht haben muss (abgedruckt in Benz 1997, insbes. 98-101). In seiner Vernehmung, sehr typisch für Täter und Mittäter, bagatellisiert Goldmann seine Spitzeltätigkeiten und verteidigt sich gegen die Anschuldigungen.

102. Information aus einem Brief von Frau Tugendhat vom 26. Juni 2002 (im Besitz von B. K.). Benz zitiert eine Mahnung des Sohnes zum Verfahren gegen seinen Vater: Man solle nicht jene vergessen, »die ihn durch ihre feige und traurige Haltung in der ganzen Rassenfrage haben schuldig werden lassen« (1997, 70).

103. Künneth 1979, 179, 216; vgl. Thielicke 1984, 324 ff. Siehe auch Lilje (1973, 208-246), der sich seiner ökumenischen Kontakte und Weltreisen nach dem Krieg rühmt. Wendland schreibt über seine USA- und Südafrikareise in den Jahren 1954 und 1960 (1977, 191 ff., 224 ff.). Siehe auch Trillhaas' Kapitel, »Auf den Straßen der Welt« (1976, 242 ff.) und Scharfs Kapitel »Unsere Nachbarn im Osten« und »Impulse aus dem Fernen Osten« (1987, 134 ff., 175 ff.). Über ökumenische Beziehungen aus der DDR-Perspektive siehe Schönherr (1993) und Grübers Kapitel »Zeuge in Jerusalem« (1968, 405).

104. Zu Wurm siehe oben das Kapitel »Männerleben«; zu Dibelius siehe Hockenos (2004, 52 f.).

105. Siehe z. B. Thielickes publizierte Reiseberichte, *Vom Schiff aus gesehen. Tagebuch einer Ostasienreise* (1959) und *So sah ich Afrika. Tagebuch einer Schiffsreise* (1971).

106. Als Schüler erinnert sich Zink an jüdische Klassenkameraden, als junger Soldat an Menschentransporte in die KZs. »Fortan war mir klar, was ein KZ wirklich sei und wozu es diente.« (1992, 33)

107. Vgl. auch die DDR-Perspektive in Hertzsch (2000). Bahr (geb. 1928) und Hertzsch (geb. 1930) sind Praktische Theologen.

108. Siegele-Wenschkewitz (1994; 1988; 1980). Sie hat schon 1977 bemerkt, wie sehr das »Verhalten von Theologie und Kirche gegenüber der nationalsozialistischen Judenverfolgung, die Selbstbesinnung der Christenheit auf ihren Anteil am Judenhaß ein tabuisiertes Thema zu sein« schien (1980, 39).

109. Der Vorwurf des Antisemitismus wurde in der feministisch-theologischen Bewegung stark diskutiert; vgl. von Kellenbach (1994, 32-37) und Siegele-Wenschkewitz (1988, 12-53). Die Heftigkeit dieser Diskus-

sion taucht noch Jahre später in verschiedenen Interviews mit »feministischen Theologinnen der ersten Generation« auf (Feld et al. 1998; siehe auch Moltmann-Wendel, 1997).

110. Deshalb kann für Theologenautobiographien nicht geltend gemacht werden, was Nicolas Berg als Fazit für die Lebenserinnerungen westdeutscher Historiker der 50er Jahre formuliert. Bei ihnen gäbe es einen »Wunsch nach autobiographischer Beichte«, auch wenn sich dies mit ihrer Weigerung, über diese Zeit »Auskunft zu geben«, widerspräche (Berg 2003, 267).

111. Vgl. Philipe Lejeunes Kritik an einer solchen pflichtbewussten, geradezu bürokratisch fortschreitenden autobiographischen Prosa (1989, 235). Siehe auch Virginia Burrus (2004), die in Bezug auf christliche Hagiographien den autobiographischen Schreibakt als männliches Privileg interpretiert, denn nur Männer besäßen die dafür notwendige öffentliche Erinnerungsfähigkeit.

»… er verfolgt die Schuld der Väter an den Söhnen und Enkeln, an der dritten und vierten Generation« (Ex 34,7)

Nationalsozialismus, Holocaust und Schuld in den Augen dreier katholischer Generationen

Norbert Reck

Ein Erlebnis am vorletzten Tag der Abfassung dieses Essays: In einer Münchener U-Bahn-Station warten die Leute auf die verspätete Bahn. Eine Frau, das graue Haar sehr kurz geschnitten, läuft wild gestikulierend zwischen ihnen hin und her, beginnt laut zu sprechen, nicht zu einer bestimmten Person, sondern an alle gerichtet. Ihr Blick wirkt manchmal seltsam entrückt, als habe sie noch einen anderen Adressaten vor dem inneren Auge; manchmal sucht sie auch den Augenkontakt zu den Wartenden, auf die sie dann heftig einredet, bis die sich von ihr abwenden. »Ich bitte um Entschuldigung«, ruft sie immer wieder, in aggressiv-vorwurfsvollem Ton, »ich bitte um Entschuldigung, dass ich lebe. Ich bitte um Entschuldigung, dass ich geboren bin. Ich bitte um Entschuldigung, dass ich keine Jüdin bin. Ich bin eine Arierin, ich kann nichts dafür. Warum wirft man mir vor, dass ich keine Jüdin bin?! Meine Mutter war eine Deutsche, sie war kein Nazi. Sie hat sogar, sooft es ging, den Verfolgten ein Stück Brot oder Kuchen gereicht. Obwohl sie in der Partei war. Ich bin nach dem Krieg geboren, aber ich habe alles sorgfältig recherchiert … In Auschwitz hatten die Jüdinnen noch kürzeres Haar als ich jetzt … Entschuldigung, dass ich geboren bin. Ich bitte um Entschuldigung!«

Selten bekommt man den hilflosen Kampf eines Menschen mit seinen Schuldgefühlen so öffentlich demonstriert. Bei den meisten Deutschen kommt es nicht zu solchen Ausbrüchen wie bei dieser offenkundig verwirrten Frau. Doch nach neueren Erkenntnissen sehen sich gegenwärtig mehr als zwei Drittel aller Deutschen in Zusammenhang mit dem Holocaust kollektiven Beschuldigungen ausgesetzt. Bei einer Erhebung des Bielefelder Instituts für interdisziplinäre Konflikt-

und Gewaltforschung im Jahr 2004 gaben 68,3 Prozent der Befragten an, sie ärgerten sich darüber, dass man die Deutschen auch heute noch wegen der Verbrechen an den Juden anklage (Heitmeyer 2004, 150 f.). Oft werden dabei »die Juden«, »die Amerikaner« oder auch »die Politiker« als Ankläger ausgemacht – auch wenn seit Jahrzehnten weit und breit keine Vertreter der Kollektivschuldthese mehr aufgetreten sind. Offenbar erleben aber diese Menschen jeden Zeitungsartikel über den Nationalsozialismus, jede Erzählung eines Verfolgungsschicksals der NS-Zeit, jede einschlägige TV-Sendung als Anschuldigung, von der sie sich persönlich bedrängt fühlen.

Wie am Beispiel der Frau in der Münchener U-Bahn zu sehen ist, hat dieses Gefühl des persönlichen Bedrängtseins zwei Pole: die Familiengeschichte und den gesellschaftlichen Diskurs. Die Frau konnte sich einerseits mit der NSDAP-Zugehörigkeit der Mutter nicht abfinden (und bediente sich deshalb der weit verbreiteten Erzählung vom verschenkten Brot, um die Sache für sich erträglicher zu machen), andererseits setzte ihr sicher der Prozess der gesellschaftlichen Selbstaufklärung über die NS-Zeit zu, in dem seit einiger Zeit die Erkenntnis der massenhaften Einbeziehung der deutschen Bevölkerung in das nationalsozialistische Gesellschaftsprojekt immer wichtiger wird. Den daraus resultierenden Druck kann man durch psychisches »Ausrasten« an öffentlichen Orten ablassen (»Ich bitte um Entschuldigung!«) oder durch schwelende Ressentiments gegen die Siegermächte des Zweiten Weltkriegs und die Verfolgten des Nationalsozialismus. Gibt es keine anderen, vielleicht fruchtbareren Weisen des Umgangs damit?

Eine Antwort auf diese Frage möchte ich versuchen anhand einiger Beobachtungen am Pol der NS-Aufarbeitungsdiskurse. Unmittelbar nach dem Zweiten Weltkrieg galt insbesondere die katholische Kirche in Deutschland als »intakt« gebliebene Organisation, die infolgedessen auch bei den Aufarbeitungsdebatten mit höchster Autorität sprach. Deshalb halte ich die katholischen Beiträge in diesen Debatten für besonders aufschlussreich. Ich untersuche sie darauf hin, welche Rolle in ihnen die Frage nach der Schuld spielt, wer für schuldig an den NS-Verbrechen gilt und wie empfohlen wird, mit dieser Schuld umzugehen.

Weil es im vorliegenden Rahmen nicht um eine umfassende Sichtung aller katholischen Äußerungen zum Thema gehen kann, habe ich mich entschieden, das Augenmerk exemplarisch zunächst auf vier Theologen zu richten, die in der Nachkriegszeit sowohl wissenschaftlich angesehen als auch breiten Bevölkerungskreisen bekannt waren: Karl Rahner, Heinrich Fries, Michael Schmaus und Romano Guardini. Und weil eine Ahnung davon gewonnen werden soll, wie sich ihre Positionen in der Bevölkerung niederschlugen, steht nicht ihr Gesamtwerk im Mittelpunkt, sondern jeweils *eine* möglichst populäre Einzelschrift mit höherer Auflage oder mehreren Nachdrucken. Es ist durchaus denkbar, dass manche dieser Autoren die hier vorgestellte Position später nicht mehr vertreten haben; aber das ist in diesem Zuammenhang unerheblich, weil es nicht um Autorenportraits geht, sondern um das, was zur Veröffentlichungszeit in den gesellschaftlichen Diskurs eingespeist wurde.

Um zu verfolgen, wie sich in den anschließenden Jahrzehnten der Schulddiskurs weiterentwickelt hat, werden sodann aus zwei der nachfolgenden Theologengenerationen wiederum je vier Autorinnen und Autoren – nun in knapperer Form – auf ihre Position zu Nationalsozialismus und Schuld sowie zu ihren Vorgängergenerationen befragt (Joseph Ratzinger, Elisabeth Gössmann, Johann Baptist Metz und Georg Denzler als Vertreter der 1927 bis 1930 Geborenen; Regina Ammicht-Quinn, Rainer Bucher, Lucia Scherzberg und Jan-Heiner Tück als Nachkriegsgeborene).

Was die Benennung dieser Generationen angeht, sind hier noch einige Präzisierungen nötig. In einem familialistischen Modell wäre alles klar: Die *erste Generation* sind die Eltern, die *zweite* deren Kinder und die *dritte* die Enkelkinder. Überträgt man dies aber in einen politisch-geschichtlichen Rahmen, wird die Sache schwieriger. Jene Deutschen, die die Nazizeit als handlungs- und verantwortungsfähige Erwachsene erlebt haben und die man familialistisch als *erste Generation* bezeichnen würde, gehörten ja unterschiedlichen Altersgruppen mit entsprechend unterschiedlichen sozialen Prägungen an: Es ist nicht gleichgültig, ob die Schulzeit im Kaiserreich oder in der Weimarer Republik stattfand, ob der Erste Weltkrieg oder der Schwarze Freitag von 1929 zu den einschneidenden Erlebnissen in der Jugend gehörten. Dasselbe gilt für die Angehörigen der *zweiten Generation*. Ihre Sichtweisen können sich gravierend unterscheiden, je nachdem, ob sie etwa in den späten zwanziger Jahren geboren wurden und ihre Sozialisation im nationalsozialistischen Schulsystem und in den NS-Kinder- und Jugendorganisationen erhielten oder ob sie in den frühen vierziger Jahren geboren wurden und keine einschneidenden Erfahrungen mit dem NS-Staat mehr machen mussten. In ähnlicher Weise ist auch die *dritte Generation* als Nachkriegsgeneration sehr ungenau charakterisiert, denn natürlich ist es ein Unterschied, ob man mit Adenauers Parole »Keine Experimente« oder mit den Debatten über die Ostverträge aufgewachsen ist.

Deshalb haben z. B. Harold Marcuse (2001) und Björn Krondorfer (in diesem Buch) anstelle des Generationenmodells ein Kohortenmodell benutzt, mit dessen Hilfe enger umgrenzte Alterskohorten anhand bestimmter, besonders prägender Erfahrungen genauer in den Blick kommen. Wenn es darum geht, den Wandel politischer und theologischer Einstellungen über einen längeren Zeitraum zu beschreiben, ist dies sicher sinnvoll.

Für meine Überlegungen, die hier eher Schlaglichter werfen wollen, habe ich eine einfachere Begrifflichkeit gewählt, die handlich und zugleich unmissverständlich ist. So spreche ich im Folgenden trotz aller Risiken weiter von der *ersten Generation*, um die Erwachsenen der Nazizeit zu bezeichnen. Für deren Kinder verwende ich Begriffe im Anschluss an das Modell der »politischen Generationen« (vgl. Fogt 1982; Herbert 2003): Die Bezeichnung *Hitlerjugend-Generation* oder *Flakhelfer-Generation* steht für die, deren Schulzeit und Jugend in die Nazizeit fiel (vgl. Heinrich 1997; Klönne 1959; Rosenthal 1986), während die jüngeren, etwa zwischen 1938 und 1948 Geborenen, die sich mit ihren Eltern später manchmal auch kritisch-aggressiv auseinander setzten, zur sogenannten *68er-Generation* gezählt werden (vgl. Bude 1995). Die nach 1948 Geborenen sodann, die Enkel und Enkelinnen der in der NS-Zeit Erwachsenen, werde ich hier der Einfachheit halber als *Nachkriegsgenerationen* oder als *Nachgeborene* ansprechen.

Es versteht sich von selbst, dass ich als Verfasser dieser Beobachtungen dazu keinen distanzierten, neutralen Standpunkt einnehmen kann. Als 1961 Geborener gehöre ich zu den Nachkriegsgenerationen und bin mit der »neuen Ostpolitik« und ersten Ansätzen zur Verständigung mit Polen, mit der »Anerkennung des Leids der anderen« großgeworden. Ich kann die Perspektive und die Sichtweisen meiner Generation nicht einfach hinter mir lassen und eine andere, frei zu wählende Warte einnehmen. Ich kann nur diese Voraussetzungen, soweit sie mir vor Augen stehen, benennen und so meine eigenen erkenntnisleitenden Interessen offenlegen.

Zuletzt noch ein Wort zur Methode: Bei der Analyse der nun folgenden Texte von Theologen und Theologinnen ist es nicht meine Frage, ob sie die Wirklichkeit, von der sie sprechen, »korrekt« abbilden. Anders als die traditionellen Abbildtheorien interessiert mich an diesen Texten vor allem, welche Wirklichkeit sie selbst *schaffen*, indem sie selbst bereits Sprechakte, also Handlungen, sind (vgl. Searle 1971; Austin 1972). Sätze wie »Gott sah alles an, was er gemacht hatte: Es war sehr gut« (Gen 1,31) oder »Ich habe dich beim Namen gerufen, du gehörst mir« (Jes 43,1) oder »Ich liebe dich« sind als solche Sprechakte unverkennbar: Sie verändern die Wirklichkeit der Welt, sie stellen Beziehungen her, die so zuvor nicht bestanden hatten.[1] Dasselbe gilt aber auch für so unscheinbare Wörter wie »wir«, »heutzutage« oder »endlich«, ganz zu schweigen von »arisch« oder »jüdisch«: Indem Situationen, Zustände, Vorgänge oder Menschen damit in Verbindung gebracht werden, finden Sprechakte statt, die »Weltbilder zum Ausdruck bringen [...] und durch die Wiederholung der entsprechenden Worte diese Weltbilder perpetuieren« (Landwehr 2001, 10).[1]

Darum also geht es: Es soll untersucht werden, wie die verschiedenen Texte katholischer Autorinnen und Autoren bestimmte Sichtweisen der NS-Zeit erzeugen, wie sie Schuld- und Unschuldsbewusstsein hervorrufen und wie durch Wiederholungen bestimmter Vorstellungen innerhalb derselben Generation schließlich die allgemeine Überzeugung genährt wird: So ist es gewesen. Zum besseren Verständnis, warum manche Anschauungen in einer Generation »mehrheitsfähig« werden und warum spätere Generationen diesen Anschauungen nicht mehr folgen, werde ich zusätzlich zeitgeschichtliche Beobachtungen sowie Erkenntnisse sozialwissenschaftlicher und psychologischer Untersuchungen heranziehen. Am Ende dieses Gangs durch die Generationen soll noch einmal überlegt werden, was die Beobachtungen an den Texten für die vielen von Schuldgefühlen heimgesuchten Deutschen bedeuten und welche Alternativen sich aus der Analyse für einen Umgang mit unverarbeiteter Schuld ergeben.

Die *erste Generation* und die Frage nach der Schuld

Es liegt auf der Hand: Nach dem Ende des Zweiten Weltkriegs stehen die Erwachsenen in Deutschland insgesamt vor der Frage, wie sie sich zu den NS- und Kriegsverbrechen stellen und wie sie ihr eigenes Erleben und Tun in der Nazizeit bewerten. Diese Frage bestimmt die Auskünfte der ersten Generation bis in die Gegenwart hinein: »Das lebensgeschichtliche Erzählen findet unter dem latenten Druck statt, erwägen zu müssen, ob man Schuld an den NS-Verbrechen hat, ob man die Führer faszinierend fand und ob man gar selbst ›Nazi‹ war.« (Welzer 1997, 172) Unter den Augen der internationalen Öffentlichkeit und dann im Zuge der Entnazifizierung (die meist als Kollektivanklage empfunden wurde, obwohl gerade sie zwischen unterschiedlichen Graden der NS-Beteiligung differenzierte; vgl. Jarausch 2004, 64-75) bekommen die Äußerungen meist einen Ton der Rechtfertigung oder versuchen sich in der Selbstdarstellung als Opfer (Welzer 2002, 81 ff.; Jensen 2004, 75 ff.). Seltener kommt es zu offenen Erwägungen der Schuldhaftigkeit des eigenen Handelns oder Nichthandelns.

Einige frühe Eindrücke davon, aus den Monaten unmittelbar vor und nach Kriegsende, hat der US-Offizier Saul K. Padover aufgezeichnet. Bei Vernehmungen unter der deutschen Bevölkerung in den bereits amerikanisch besetzten Gebieten seit Herbst 1944 stieß Padovers *Psychological Warfare Division* (»Abteilung für psychologische Kriegsführung«) wieder und wieder auf die sogenannten »Mussnazis«. Die rechtfertigten sich mit der Erklärung, sie seien eigentlich »unpolitisch« und gewiss keine überzeugten Nazis gewesen, aber ohne Parteimitgliedschaft wäre ihre Karriere beeinträchtigt worden (Padover 1946, 122, 135, 151 u. ö.). Außerdem wären alle »den Märtyrertod gestorben«, wenn sie etwas gegen das Regime hätten unternehmen wollen, »denn es habe so großer Terror geherrscht« (210). Padover fasst diese Rechtfertigungs- und Opferdiskurse unter dem Stichwort der *Larmoyanz* zusammen:

> Fast alle, die dem Naziregime ablehnend gegenüberstehen, klagen darüber, wie schwer sie es hatten. Sie fließen über vor Selbstmitleid. Diese Larmoyanz ist eine mehr oder weniger unbewußte Methode zur Rechtfertigung des eigenen Mitläufertums. In all den Kriegsjahren waren die Deutschen die wohlgenährtesten Leute in Europa, und bis auf die Ausgebombten und Flüchtlinge haben sie weniger gelitten als alle anderen europäischen Völker. Trotzdem klagen sie unablässig. (Padover 1946, 91)

Diese Feststellungen treffen auch für die katholische Bevölkerung zu. Die Konfession hatte in der Regel keinen Einfluss darauf, ob jemand für oder gegen Hitler war. Mehrere katholische Würdenträger hatten sich zwar öffentlich gegen Hitler exponiert, aber dies hatte viele Katholiken nicht daran gehindert, Mitglied der NSDAP zu werden. Wähler der katholischen Zentrumspartei waren »in Scharen« zu den Nazis übergelaufen (Padover 1946, 135). In dem mehrheitlich katholischen Eifelstädtchen Roetgen beispielsweise hatte bereits 1932, vor Hitlers Machtübernahme, fast die Hälfte der Katholiken die NSDAP gewählt. Und zum Zeitpunkt der Besatzung durch die Amerikaner gab sich noch immer etwa ein Drittel der Bevölkerung als Nazis zu erkennen (85).

Nach Kriegsende thematisieren die deutschen Bischöfe in offiziellen Stellungnahmen immer wieder das Thema der Schuld. Sie leugnen diese nicht, aber sie verwahren sich immer wieder gegen die Vorstellung einer Kollektivschuld. Dazu greifen sie Karl Jaspers' Differenzierungen im Schuldbegriff (Jaspers 1946) modifiziert auf und nehmen mit dem Hinweis auf unterschiedliche Abstufungen des Schuldigwerdens insbesondere die »einfachen« ehemaligen Parteigenossen in Schutz (vgl. Bücker 1989, 28 ff.). »In der Frage moralischer Schuld wird eine milde seelsorgerliche Linie gegenüber den Gläubigen gewählt.« (Bendel-Maidl/Bendel 2002, 142) Sie sollen nicht vergrämt werden, denn das vorrangige Ziel jener Jahre ist die Wiedergewinnung der Menschen für ein aktives kirchliches Leben.

Auch die wichtigen katholischen Theologen der Nachkriegszeit haben sich diesem Ziel verschrieben. Ihre Auseinandersetzung mit der Schuldfrage folgt aber, wie sich im Folgenden zeigen wird, jeweils eigenen theologischen Akzentsetzungen.

In der Fastenzeit 1946 wendet sich *Karl Rahner* (1904-1984) mit Predigten an die Öffentlichkeit, die bald darauf unter dem Titel *Von der Not und dem Segen des Gebetes* veröffentlicht und bis heute immer wieder neu aufgelegt werden. Die Schwierigkeit zu beten gehöre wahrhaftig zur »Not des Menschen in unserer Zeit«, verrät der Klappentext einer Ausgabe des Büchleins aus den fünfziger Jahren; und der Ansatz bei der aktuellen »Not des Menschen« entspricht in jeder Hinsicht Rahners pastoralem Verständnis von Theologie. So kommt er bereits auf den ersten Seiten auf eine verbreitete Erfahrung in den späteren Kriegsjahren zu sprechen:

Erinnert ihr euch an die Nächte im Keller, an die Nächte der tödlichen Einsamkeit inmitten qualvollen Menschengedränges, an die Nächte der

Hilflosigkeit und des Wartens auf den sinnlosen Tod, an die Nächte, wo die Lichter erlöschen, wo das Grauen und die Ohnmacht ans Herz greifen, wo man den Mutigen und Unbefangenen mimt und wo einem die eigenen harmlos kecken und tapfer gefassten Worte so eigentümlich hölzern und leer klingen, einem gleichsam schon sterben, bevor sie den anderen gefunden haben, wo man es dann aufgibt, wo man dann schweigt, wo man nur noch hoffnungslos wartet auf das Ende, den Tod? Einsam, ohnmächtig, leer. (Rahner 1946, 10)

Was Rahner hier wachruft und mit eindringlichen Worten als kollektive Erinnerung installiert, ist eine Situation des Opferseins und der Ohnmacht. Ihre Erwähnung sichert Zustimmung – offenbar können solche traumatischen Erlebnisse in der Nachkriegszeit ohne Scheu angesprochen werden; sie gehören keineswegs zu den Themen, unter die man nun endlich einen »Schlussstrich« ziehen solle. Das intim-vertrauliche »ihr« der Anrede macht dabei aus der anonymen Zuhörer- bzw. Leserschaft eine Art später »Volksgemeinschaft«, verbunden in der Erinnerung an das »Sein zum Tode« in den Luftschutzkellern während des Bombenkriegs.

Damit ist Rahner aber noch nicht am Ziel. Denn ihm geht es nicht um das selbstgenügsame Spiel auf der Klaviatur der Larmoyanz. Nach einer weiteren Verschärfung – durch das Ansprechen der Erfahrung des Verschüttetwerdens (die weniger Menschen aus eigenem Erleben, aber alle vom Hörensagen kennen) – folgt eine überraschende Wendung:

Und wenn dann der Keller wirklich verschüttet wird, dann – ist das Bild des Menschen von heute fertig. Denn so sind wir Menschen von heute, auch wenn wir aus den verschütteten Kellern wieder herausgekrochen sind, auch wenn der Alltag wieder angefangen hat, auch wenn man es wieder versucht, sich die Pose des Mutigen und Lebensfrohen zu geben (ach, wie ist diese Pose doch im Grunde so zum Weinen seltsam, dieses Theater, das wir uns und anderen vorspielen wollen). Wir Menschen von heute sind noch immer die Verschütteten, weil wir als solche eigentlich schon in das äußere Schicksal hineingegangen sind, weil das äußere Schicksal – bei Gott, es ist so, auch wenn es noch so phantastisch und romantisch klingt – doch nur der Schatten der Ereignisse ist, die sich in den Tiefen der Menschen begeben haben: daß nämlich die Herzen verschüttet sind. (Rahner 1946, 10 f.)

Der verschüttete Keller wird zum Bild des Menschen »von heute«. Aber Rahner nutzt damit nicht eine Erinnerung als bloße Metapher für seine Zwecke. Sein Vorgehen ist vielschichtiger. Er sucht nicht einen Vergleichspunkt in der Vergangenheit, um etwas in der Gegenwart deutlicher zu machen; er erklärt das Verschüttetsein vielmehr zur *eigentlichen* Wirklichkeit – auch noch in der Gegenwart: »Wir Menschen von heute sind noch immer die Verschütteten«; das wieder aufgenommene Alltagsleben hingegen sei nur »Theater«. Damit zieht Rahner in den Zustand des Verschüttetseins eine zweite Ebene ein: Dieser Zustand ist auch eine geistige, innere Realität, die dem »äußeren Schicksal« schon länger vorausging – und eben deshalb auch noch in der Gegenwart andauert. Das »äußere Schicksal« sei nur »der Schatten der Ereignisse [...], die sich in den Tiefen der Menschen begeben haben«.

Rahner geht auf diese Weise hinter die »Stunde Null« zurück; er braucht die Kriegswirklichkeit, genauer: die existentiell bedrohliche Situation der Lebensgefahr, um in der nur vermeintlichen Realität der Nachkriegszeit sagen zu können, wo Gott ist. Erst wenn das Verschüttetsein als aktuelle Situationsbeschreibung akzeptiert wird, »wirst du merken, daß du [...] in das verschüttete Herz einkehren mußt, um den dort zu finden, der immer schon dort war und wartete, den wahren, lebendigen Gott. [...] Er ist da. Er ist mitten in deinem verschütteten Herzen.« (Rahner 1946, 19) So kommen, in diesem Status des Opferseins, Mensch und Gott zusammen: Nicht nur Menschen wurden verschüttet, auch Gott selbst teilt dieses Schicksal, er selbst wurde »verschüttet von der Schuld und der Hoffnungslosigkeit der Welt« (23).

Mit dem Stichwort der Schuld kommt nun ein weiteres, ein ethisches Moment in die Argumentation: Bislang wurde über die Verantwortung für das Verschüttetsein noch kein Wort verloren; jenseits der Bildebene stehen hier immer noch die alliierten Bomberverbände als die Verursacher im Raum. Auch ein ehemals »brauner Priester« hätte wohl so reden können (vgl. Spicer 2002, 2005). Rahner aber hat keine Schuldzuweisungen an die ehemaligen »Reichsfeinde« im Sinn; genausowenig interessiert ihn allerdings eine Auseinandersetzung mit den tatsächlichen Verbrechen in Krieg und Nationalsozialismus und mit der Verantwortung der Einzelnen dafür. Als wirkliche Schuld gibt es für ihn »eigentlich nur eine [...]: nicht zu glauben an Dich und an die Unbegreiflichkeit Deiner Liebe« (Rahner 1946, 25).

Mit dem Gedanken des »inneren« Verschüttetseins, das schon vor seiner »äußeren« Realisierung bestand, zieht Rahner eine Linie, die bis weit vor die NS-Zeit reicht. Die Schuld des Unglaubens und des Abfalls von Gott habe ihre Wurzeln in der europäischen Emanzipationsgeschichte, im Streben des Menschen nach Freiheit, im Streben danach, »in sich die autonome Person von unantastbarer Würde« zu entdecken (Rahner 1946, 29). Dies alles habe den Menschen in eine »ganz seltsame Knechtschaft« geraten lassen. Aber: »Ich meine jetzt nicht das äußere Zwangssystem der verflossenen Jahre, ich meine auch nicht die Knechtschaft des Hungers und der Not, die folgte und jetzt herrscht. Ich meine eine andere Knechtschaft: Der autonome Mensch geriet in eine Knechtschaft von *innen* her.« (28)

Damit sind nun »äußeres Schicksal« und »innere Knechtschaft« deutlich aufeinander bezogen und zugleich voneinander geschieden, weniger im Sinn der platonischen Dichotomisierung von Körper und Seele, sondern eher gemäß Heideggers Unterscheidung von Uneigentlichem und Eigentlichem. Der Nationalsozialismus ist dabei ebenso wie die Nachkriegszeit dem »äußeren Schicksal« zuzuschlagen; die »innere Knechtschaft« reicht wesentlich tiefer. Sie ist das *eigentliche* Problem, ihr gilt das vorrangige Interesse Rahners. Die *realgeschichtlichen* Situationen der Lebensgefahr und der Todesangst im Krieg machen diese eigentliche Knechtschaft schmerzhaft bewusst und rufen somit zur *Entscheidung* für Gott.

Diese Entscheidung erzeugt dann eine weitere Distanz gegenüber dem »äußeren Schicksal«: »Solange die Hände gefaltet bleiben, gefaltet bleiben auch im entsetzlichsten Untergang, solange umgibt uns […] die Huld und das Leben Gottes, und alle Abstürze in das Entsetzen und in den Tod sind nur ein Fallen in die Abgründe der ewigen Liebe.« (Rahner 1946, 92)

Nur vor diesem Hintergrund, vor den festgehaltenen *eigentlichen* Verhältnissen, wendet Rahner sich dann an sein Publikum auch mit kritischen Fragen, die Aspekte der Mittäterschaft in der NS-Zeit und der Larmoyanz nach der Niederlage ansprechen:

> Warum fordert ihr plötzlich bei Gott Abhilfe für das, was ihr selber angerichtet habt? Seid ihr nicht selbst schuld, weil ihr gesündigt habt? Schreit ihr nicht nur, weil es *euch* schlecht geht, während ihr seelenruhig schweigt, wenn Unglück und Gemeinheit die andern verfolgen? […]
> Glaubt ihr nicht dann Gottes Reich in der Welt in Gefahr, wenn die Reichsschuldverschreibungen, die gerade *ihr* gekauft habt, im Kurse sinken? […]
> Warum bagatellisiert ihr denn nicht einmal eure Not? Ist es denn so schlimm, wenn von der Spezies Mensch im Kampf ums Dasein regelmäßig

ein gut Teil zugrunde geht? Ihr habt doch in den letzten Jahren solche Theorien sehr gebilligt! Jedenfalls hat die Praxis aus solchen Theorien den meisten von euch wenig schlaflose Nächte gemacht. (Rahner 1946, 82-84)

Bemerkenswert ist, dass Rahner hier nicht als er selbst spricht. Er legt diese Worte – innerhalb eines längeren »fiktiven Zitats« – Gott in den Mund. Nur so ist es ihm offenbar möglich, Dinge anzusprechen, die sehr wohl ein Thema der Zeit sind und ihm sehr wohl vor Augen stehen. *Direkt* kann er sie anscheinend nicht thematisieren. Er scheut sich, hier wirklich konkret zu werden. Und sein Publikum pauschal anzugehen, über dessen konkretes Tun und Unterlassen er nichts weiß, scheint ihm wohl ebenso prekär. Die »Stimme Gottes in unserem Gewissen« (Rahner 1946, 82) aber darf offenbar solche Anklagen äußern – wenigstens in allgemeiner Form.

So gerät Rahner allerdings in ein Dilemma, aus dem er sich (im Rahmen der hier diskutierten Predigten) nicht wieder lösen kann: Einerseits hat er den Nationalsozialismus bereits als »äußeres Schicksal« entwichtigt und die Schuldfrage ganz traditionell als Frage der Anerkennung Gottes eingeengt; andererseits bricht bei ihm der Wunsch zur Anklage gelegentlich in unerwarteter Schärfe hervor. Diese Gespaltenheit drückt sich dann auch bei seinen Reflexionen über die Schuld aus: So betont er einerseits, dass es bei der Gewissenserforschung immer um die »je-meinige« Schuld gehe (Rahner 1946, 127) und dass es nicht in Frage komme, sich hinter einer allgemeinen Schuldigkeit zu verstecken (121); andererseits versucht er, das Bibelwort, keiner dürfe sagen, er sei ohne Sünde (1 Joh 1,10), ernst zu nehmen. Es will ihm aber nicht gelingen, daraus für das Phänomen einer massenhaften Schuld, die dennoch keine Kollektivschuld ist, konkrete Einsichten zu gewinnen. Zudem ist Rahner im Jahr 1946 noch weit entfernt von seinem späteren Gedanken der Einheit von Nächsten- und Gottesliebe (Rahner 1965). Er bleibt im traditionellen katholischen Schuldverständnis befangen, in dem die Schuld gegenüber Gott eine sublime Bagatellisierung der Schuld gegenüber dem Nächsten bedeutet.

Die einzige Konsequenz, die sich aus seinen Gedanken schließlich ergibt, ist darum die Aufforderung zur Rückkehr zu Gott, die Erinnerung an die »wahre Berufung, die einfach darin besteht, christlich zu sein« (Rahner 1946, 150). Das Ungenügen dieser Konsequenz scheint Rahner zu spüren, und so schließt er diesen Überlegungen die inständige Frage an: »Werden wir als Christenheit und als Volk endlich beten, viel beten, innig beten, beten um das Reich Gottes und um eine neue Begnadigung der Geschichte unseres Volkes, so wenig wir auch ahnen können, wie sie geschehen soll?« (151) Weil offenbar die konkrete Benennung von Schuld nicht möglich ist, ergeht also zuletzt die Aufforderung *an alle*, die auf der Nachkriegsgesellschaft lastende Schuld selbst zu übernehmen – indem sie bei Gott um *Begnadigung* beten.

Das ist erstaunlich: Nachdem Rahner seine Leser- und Zuhörerschaft zunächst als Opfergemeinschaft konstituiert hat, entlässt er sie schließlich mit diffusen Andeutungen einer massiven Schuld *des Volkes*, angesichts deren auch ihm selbst unklar ist, wie Gott diese Schuld begnadigend lösen könnte. Der Einstieg mit dem kollektiven Opfer-Selbstbild steht so der Auseinandersetzung mit konkreter Schuld im Wege. Sie kann nicht mehr als konkrete Schuld der vielen Einzelnen benannt werden, also bleibt sie diffus als *allgemeine* Schuld auf den Schultern aller. Auch der Weg der Reue und Buße ist verbaut, wenn man sich selbst unter die Opfer und Leidtragenden rechnet. So bleibt die Schuld einzig eine unangenehme Last, um deren Erleichterung man nur – ohne klare Hoffnung – beten kann.

Drei Jahre nach Rahners Predigten hat *Heinrich Fries* (1911-1998) unter dem Titel *Nihilismus. Die Gefahr unserer Zeit* (1949) ebenfalls eine Auseinandersetzung mit dem »geistigen Erbe« des Nationalsozialismus vorgelegt. Auch für ihn sind »Schutt und Asche, Ruinen und Trümmerfelder« nur die »äußere Darstellung des Nichts«, ein »kleines und schwaches Zeichen« einer bedeutenderen unsichtbaren Wirklichkeit, nämlich der »Vernichtung der Seelen, der Herzen, des Geistes« (Fries 1949, 19). Auch er spricht seine Leser und Leserinnen zunächst als Opfer an: als Opfer des Krieges, des Zusammenbruchs von »unvernichtbar scheinenden Ordnungen« (36), von Hunger, Kälte und Obdachlosigkeit, als Trauernde um die Toten und Vermissten, als arglos Betrogene: »Die Jugend der Welt und vor allem die deutsche Jugend hat geglaubt und gehofft, gelitten und geblutet. Sie ist furchtbar enttäuscht worden von denen, deren Name und Worte das tägliche Brot ihrer Seele waren. Die Überlebenden fühlen sich mißbraucht, geschändet und verraten.« (38)

Zugleich geht es Fries aber, wie Rahner, nicht um Klage, sondern um die Frage der Schuld und ihrer Dimension. Anders als Rahner trägt Fries seine Anklage jedoch nicht als plötzlichen Ausbruch vor, der merkwürdig unverbunden neben den anderen Gedanken stünde. Fries versucht vielmehr, Verbindungslinien zu ziehen zwischen dem Opferstatus der Indoktrinierten und unfreiwillig Verpflichteten einerseits und ihren menschlichen Verhärtungen andererseits. So beschreibt er die NS-Zeit als Zeit des überbetont Männlichen und Heroischen, als Zeit der Härte gegen sich und andere (Fries 1949, 64), verschärft schließlich noch vom Krieg:

> Die unmenschliche Kriegführung hat die Menschen noch mehr zerrüttet und verhärtet durch das, was die Menschen leisten mußten in einem schonungslosen »Einsatz« und durch das, was sie erlitten an Gefährdung und Schrecken, an Not und Tod. [...]
> Die ganze Erde bebte und die Welt hob sich fast aus den Angeln, aber es hat den Menschen nicht erschüttert. Er hat sich an alles, auch an das Furchtbarste gewöhnt. [...]
> Phänomene, von denen einst ein einziges ausgereicht hätte, die Menschen erzittern und erschrecken zu lassen, so daß Jahre nicht genügten, diesen Schrecken zu ertöten oder vergessen zu machen, wurden dem heutigen Menschen nichts Besonderes mehr: Der Feuerregen vom Himmel, der Anblick ganzer Berge von Leichen, die dämonische Grausamkeit, das millionenfache Verbrechen, die Erfahrung des Todes in allen Gestalten. (Fries 1949, 65f.)

Unter dem Eindruck dieser Erlebnisse vor allem der letzten Kriegsjahre, die auch für die deutschen »Volksgenossen« immer schmerzvoller wurden und die Jahre der Hitler-Begeisterung vergessen machten, fließen für Fries Opfer- und Tätersein in eins: »Aus dieser seelischen Empfindungslosigkeit wird der Mensch zum brutalen, rücksichtslosen Egoisten, den die Not weder beten noch helfen noch lieben lehrte, der nichts kennt als sich selbst und der zur Erfüllung seiner Wünsche, wenn es sein muß, über Leichen schreitet.« (1949, 67)

So gelangt Fries von den seelischen Schäden der sich als Opfer Verstehenden zur Beschreibung der Tätermentalität. Dabei leugnet er das Moment der persönlichen Verantwortung nicht, auch wenn Opfersein, Irrtum und Schuld bei ihm eng beieinander liegen – wie im folgenden, seine Betrachtungen zusammenfassenden »Schuldbekenntnis«:

> Die Überbetonung des Männlichen, die Gestaltung der Welt und die Bildung des Menschen nach einseitig männlichen Zielsetzungen und Ideen, die Verherrlichung der Macht und des Kampfes, die Anbetung des Erfolgs

und der Leistung, die Heroisierung der Härte und des Einsatzes, die Verachtung des Mitleids und der Barmherzigkeit und der vielgeschmähten passiven Tugenden, die Verstoßung der Schwachen und Kranken, der Hilfsbedürftigen und Hilflosen, die Vernichtung »lebensunwerten« Lebens war das Zeichen unserer unmittelbaren Vergangenheit, der Irrtum, das Unglück und die Schuld unserer Generation. (Fries 1949, 74)

Dieses informelle Bekenntnis, das immerhin Geschehnisse auflisten möchte, die insgesamt als »das Zeichen unserer unmittelbaren Vergangenheit« gelten sollen, erwähnt den millionenfachen Mord an den Juden Europas mit keinem Wort (ebensowenig wie andere NS-Verbrechen, die im Jahre 1949 bereits bekannt gewesen sind). Im Wesentlichen enthält es zwei Punkte der Anklage: die Verherrlichung des Soldatisch-Männlichen und die Verfolgung der Schwachen und Kranken, wobei insbesondere die »Euthanasie«-Morde Erwähnung finden. Sie waren bekanntlich bereits in der NS-Zeit ein Anlass für kirchlichen Protest, geäußert vor allem vom Münsteraner Bischof von Galen (vgl. hierzu Griech-Polelle 2002). So wird man sagen können, dass sich die katholische Kirche bei keinem der beiden Punkte mitangeklagt oder auch nur mitbeschämt fühlen musste. Insofern geht es hier Fries nicht um die eigene oder kirchliche Schuld, sondern um die »der anderen«, worauf auch die Rede von der »Schuld unserer Generation« hindeutet: Wie schon bei Rahner wird die Schuld nicht konkreten Trägern, sondern pauschal einem Kollektiv zugeordnet, in diesem Fall der Generation, die Fries, seine Leserinnen und Leser einschließend, »unsere« nennt. Wiederum bestimmt also nicht konkrete Verantwortungsübernahme die Rede von der Schuld, sondern die Verteilung der realen Schuld auf möglichst viele.

Um aus dieser Schuld einen Ausweg zu zeigen, weist Fries nun darauf hin, dass auch die Bibel Herzenshärte und den »Widerstand des Menschen gegen das werbende oder fordernde Wort Gottes« kenne: »Dieser Zustand der Verschlossenheit stammt bei den Menschen, die die Bibel beschreibt, aus derselben Wurzel, aus der alle Schuld des Menschen zutiefst kommt, aus der Selbstherrlichkeit, aus der gegen Gott gerichteten Autonomie, aus dem Non serviam des menschlichen Stolzes und Trotzes.« (Fries 1949, 68) Auch Jesus habe schon bittere Erfahrungen mit dieser Verhärtung der Menschen machen müssen. »Der pharisäischen Verstocktheit und der Herzenshärtigkeit der Juden« (70) gegenüber sei Jesus seltsam ohnmächtig gewesen und habe feststellen müssen, dass »selbst die Taten seiner Macht und Liebe die

Wut der Verhärteten nur noch mehr entflammten und ihre Verbitterung und ihren Haß ins Maßlose steigerten bis zum Gottesmord« (71).

Das Urbild für die menschliche Verhärtung ist nach Fries also das jüdische Volk, ihr Kern ist die Verweigerung der Liebe, insbesondere der Liebe Christi. Die Parallele zur Verhärtung der Deutschen in der NS-Zeit ist offensichtlich; auch den Deutschen fehlt es demnach an Offenheit für Christus und sein Heilsangebot. Und auch den Deutschen ist nun widerfahren, was den Juden »immer wieder« passiert sei: »Die Verstocktheit des jüdischen Volkes brach Gott immer wieder, indem er es in die Hand seiner Feinde gab.« (Fries 1949, 69) So bleibt aber auch den Deutschen »in der Hand ihrer Feinde« dieselbe Hoffnung wie den Juden, die Hoffnung auf Umkehr. Denn für die Juden gilt: »Wenn aber der immer neu unternommene Versuch, ohne Gott das Heil zu finden, dieses Volk an den Rand der völkischen Existenz führte – es blieb immer noch ein Rest, der umkehrte.« (70)

Dass dieser Satz auch als Aussage über die Juden seiner eigenen Zeit gelesen werden könnte, ist Fries wohl nicht bewusst gewesen. Dass die Juden der Gegenwart, die ebenfalls gerade wieder »an den Rand der völkischen Existenz« gebracht worden waren, aufgrund ihrer Gottlosigkeit selbst schuld am Holocaust seien, wäre eine fatale theologische Deutung des nationalsozialistischen Judenmords. Wahrscheinlicher ist, dass in Fries' Denken die realen Juden und Jüdinnen der Gegenwart einfach nicht existierten. Sowenig wie sie in seinem Schuldbekenntnis als eine zentrale Gruppe der NS-Opfer vorkommen, sowenig spielen sie in seinen theologischen Gegenwartsanalysen eine Rolle. Wo Fries über »die Juden« spricht, sind sie für ihn allein als biblisches Symbol interessant: »Die Verstocktheit der Juden ist das Zeichen auch der jetzigen Generation.« (1946, 70) Und mit der »jetzigen Generation« meint Fries seine deutschen nichtjüdischen Altersgenossen. Die sind demnach »wie Juden«, wenn sie weiter an ihrer nazistischen Verhärtung festhalten, wenn sie sich weiter Christus verweigern wollen.

Fries hat mit diesen Worten sicher keine Aufstachelung zur Judenfeindschaft im Sinn. Er will für den Glauben werben, will die Herzen für Christus öffnen, für den Glauben an die Erlösung durch das Kreuz Christi: »Denn das Kreuz ist der Inbegriff und die höchste Darstellung der Liebe Gottes. Vom Kreuz fällt der Strahl des Lichts auch in die dunkelste Qual des Geistes und in die tiefste Nacht des Herzens. Wem das Geheimnis des Kreuzes Christi aufging, der kennt keinen Nihilismus mehr.« (Fries 1946, 76 f.)

Mit der Betonung der *Liebe* Gottes geht es Fries zugleich um die Erneuerung der christlichen Theologie, die sich nicht mehr um Vorstellungen von Macht und Überlegenheit zentrieren soll. Dafür aber braucht er »die Juden« als Negativfolie. Er installiert sie als Symbol für eine Haltung, die er zuvor als Inbegriff des Bösen in der Nazizeit beschrieben hat: die Haltung der Verstocktheit und Verhärtung der Herzen. Erst im Zusammenhang mit *dieser* Haltung spricht Fries von Schuld. So sind bei ihm die Juden engstens verbunden mit Nihilismus, Härte und Schuld, während das Christentum für Erlösung und Liebe steht.

Was bei Fries eher verhalten zum Ausdruck kommt, erscheint bei *Michael Schmaus* (1897-1993) in unverblümter Klarheit. Schmaus, der es im Juli 1933 in einer Rede an der Universität Münster unternommen hatte, Brücken zu bauen »zwischen katholischem Christentum und nationalsozialistischer Weltanschauung« (Schmaus 1933), hat sich nach 1945 niemals wieder öffentlich zu seiner damaligen Vision einer »Opfergemeinschaft von unerschütterlich in Gott gegründeten, aus dem deutschen Volkstum genährten, demütig auf Gott vertrauenden, ihrer Verantwortung bewußten, von Christus geformten deutschen Menschen« (1933, 46) geäußert. Stattdessen macht er sich 1949 in einem Aufsatz mit dem Titel *Das Verhältnis der Christen und Juden in katholischer Sicht* an die Neubestimmung des katholisch-jüdischen Verhältnisses und stellt mit Paulus fest, dass trotz der »Nichtanerkennung Christi […] das auserwählte Volk dennoch das auserwählte bleibt« (Schmaus 1949, 188). Deshalb hat das jüdische Volk also durchaus noch ein »Lebensrecht«, mag es auch »für den oberflächlichen Betrachter veraltet und ohne Daseinssinn sein« (1949, 189). Der »Daseinssinn« des jüdischen Volks bestehe nach Paulus in der Hinwendung zu Christus, und bis dahin schicke Gott immer wieder geschichtliche Katastrophen, um es an seine Bestimmung zu erinnern:

> Gottes Absicht bei seinen Gerichten über das auserwählte Volk geht nicht auf das Verderben, sondern auf die Rettung. Der widerstrebende Teil Israels soll durch den Sturz aus seiner einstigen Höhe und durch alle Heimsuchungen zur Besinnung gerufen werden. Nur weil Gott sein Volk nicht vergessen kann, züchtigt er es hart und oft. (Schmaus 1949, 189)

Dass das keine Paulus-Auslegung mehr ist, sondern bereits eine theologische Interpretation des Holocaust, meint auch der Kirchenhistoriker Hermann Greive. Er versteht diesen Schmaus-Satz so: »Es waren also letztlich gar nicht die Nationalsozialisten, die die Juden töteten, es waren gar nicht die Christen, die aktiv und passiv das Ihre dazu beitrugen, es war vor allem nicht er, M. Schmaus selbst, der einmal davon gesprochen hatte, daß das jüdische Volk seinen ›Wahn mit der Verwerfung büßen‹ müsse und ›charakterlose Überfremdung‹ abzuwehren sei, es war vielmehr – Gott, der alle diese Züchtigungen vornahm.« (Greive 1969, 277, mit Zitaten aus Schmaus 1933, 34, 21, vgl. auch Reck 2001)

In dieser Perspektive ist natürlich die Reflexion über die Schuld am Holocaust kein drängendes Thema. Die knappen Überlegungen zum Stichwort »Schuld« im Werk von Schmaus bewegen sich ganz im traditionellen Rahmen, der schon bei Rahner sichtbar wurde. In seiner *Katholischen Dogmatik* definiert Schmaus Schuld in aller Kürze so: »Durch Gehorsam gegen Christus und die Gemeinschaft mit ihm wird der Mensch der Gottesherrschaft teilhaftig. […] Darum ist der Unglaube gegen ihn die letzte, die entscheidende Schuld.« (1963, 283) Im Hintergrund steht damit auch hier das jüdische Volk als Inbegriff des Unglaubens und damit der »entscheidenden Schuld«. Wo allerdings Fries nur an biblische Motive anknüpft, hat Schmaus auch das nach-neutestamentliche Judentum klar im Blick, das – wie in seinen oben stehenden Ausführungen – nur noch den Lebenszweck der Bekehrung zu Christus hat:

> Mit der Ankunft des Neuen Bundes ist der Alte Bund veraltet. Die christliche Offenbarung hingegen ist ewig jung. Diejenigen aber, welche sie vorbereiten, haben mit ihrem Kommen den eigentlichen Sinn ihres Daseins verloren. Ihre Tragik, ja ihre Schuld besteht darin, daß sie sich nicht als Vorläufer verstehen und daher beim Erscheinen des Neuen nicht im Neuen aufzugehen bereit sind. Es ist in einem gewissen Sinne paradox, daß das alttestamentliche Gottesvolk trotz dieser Überalterung gleichzeitig mit dem neutestamentlichen noch weiter besteht. Diese Paradoxie wird jedoch verständlich, wenn man bedenkt, daß es für die zweite Ankunft Christi noch eine wichtige Aufgabe zu erfüllen hat. (Schmaus 1963, 105)

So kann Schmaus auch 1963, in der »weitgehend umgearbeiteten« sechsten Auflage seiner Dogmatik (die erste Auflage erschien 1941), noch sprechen: Juden, die Juden bleiben, sind schuldig, haben keinen Daseinssinn mehr. Für eine Gesellschaft, die um ihr Selbstverständnis nach dem Holocaust ringt, enthält diese Gegenüberstellung jüdischer Schuld und christlicher Gottesherrschaft eine klare Botschaft.

Ganz anders verteilt sind die Gewichte in einer Rede, die *Romano Guardini* (1885-1968) 1952 an der Universität Tübingen hielt. Sie hatte den Titel *Verantwortung. Gedanken zur jüdischen Frage.* Im Gegensatz zu den bisher besprochenen Texten von Guardinis Kollegen soll es hier also von vornherein um die zentrale Opfergruppe des Nationalsozialismus gehen. Und auch wenn die Formulierung des Untertitels an das Schreckenswort »Judenfrage« erinnert, führt der Obertitel sofort die ethische Kategorie ein, unter der diese »Frage« verhandelt werden soll: Verantwortung. Und diese Verantwortung bestehe gegenüber der Tatsache, »daß eine große Anzahl von Menschen, die keine Schuld auf sich geladen hatten, um Ehre, Eigentum und Leben gebracht worden sind« (Guardini 1952, 12).

Guardini weiß, dass er dabei mit »Gefühlen der Abwehr und Abneigung; mit dem Willen, zu rechtfertigen oder anzuklagen« (1952, 10) rechnen muss, ebenso mit dem Versuch der Leugnung der Tatsachen. Demgegenüber hält er von Anfang an fest: »*Diese Dinge sind geschehen, und jeder, der es wissen will, weiß es heute.*« (13, Hervorh. im Original, ebenso in allen weiteren Guardini-Zitaten) Eine ernsthafte Auseinandersetzung müsse die Anerkennung der geschichtlichen Tatsachen zur Grundlage haben; auf eine Diskussion der Opferzahlen will Guardini sich deshalb ebensowenig einlassen wie auf Relativierungen, die aus »Instinkten der Selbstbehauptung« (10) kommen.

Etwas irritierend ist dann zunächst, welche Einzelfragen Guardini aus dem Zusammenhang seiner Überlegungen ausschließt. So will er aus der »Gegenüberstellung ›Antisemitismus – Philosemitismus‹ […] vollkommen heraustreten« (Guardini 1952, 11), und ebensowenig will er darüber sprechen, »wie weit der Einzelne damals um [diese Dinge] gewußt hat; wie weit sie der Allgemeinheit bekannt waren; wie weit jeweils die Zustimmung, die Mithilfe und daher die Verantwortung ging« (13 f.). Das ist erstaunlich. Denn ist nicht der Antisemitismus etwas, dem nachgegangen werden müsste, wenn man klären will, wo die Verantwortung für die Verfolgung der Juden liegt? Und sind nicht Fragen nach Mitwissen, Unterstützung und Mittäterschaft zentral, gerade wenn es um die Klärung von Verantwortlichkeiten geht? Zur Begründung seiner Ablehnung dieser Fragen fügt Guardini einen Satz an, der alle gängigen Unschuldsbeteuerungen der Zeit zusammenfasst: »Zweifellos haben viele davon nichts oder nur Unbestimmtes gewußt – wenigstens so lange, als noch irgendeine Möglichkeit der Einflußnahme bestand. Ebenso zweifellos haben viele die Vorgänge verurteilt und getan, was in ihrer Macht lag, um den Betroffenen zu helfen.« (14) Alle diese Behauptungen stellt Guardini nicht in Frage; sie gelten »zweifellos«, sollen also weder bezweifelt noch diskutiert werden.

Guardini geht es um etwas anderes. Für ihn besteht das eigentliche Thema darin, »daß im Rechtsbereich des deutschen Staates, im Lebensbereich des deutschen Volkes jene Dinge geschehen sind.« (Guardini 1952, 14) Er will also nicht herausfinden, wo die jeweils Einzelnen für das Zusammenleben in Deutschland mitverantwortlich sind; ihn beschäftigt vielmehr, dass ein Staat, der Hüter von Recht und Ordnung sein sollte, selbst zum Verfolger wird und über das Existenzrecht der Menschen entscheidet. Besonders mit Hilfe der modernen technischen und bürokratischen Mittel ergeben sich für die politischen Ziele eines Staates neue Möglichkeiten. Wohl mit Blick auf das umfassende Netzwerk aus Erfassung, Deportationen und Vernichtungszentren stellt Guardini fest, »daß sich hier die Instinkte der Tiefe unmittelbar mit Ratio und Technik verbunden haben und damit *etwas heraufgekommen ist, das es bis dahin noch nicht gegeben hat: die Einheit von Unmenschlichkeit und Maschine.*« (17)

So prägnant diese Formulierung sein mag – sie ist nicht Guardinis Versuch, die Einzigartigkeit der nationalsozialistischen Judenvernichtung auf den Punkt zu bringen, denn er sieht die gleichen Prinzipien auch in der Sowjetunion und in Maos China am Werk. Gemeinsam sei all diesen neuen Herrschaftsformen der »Autonomismus des neuzeitlichen Staates« (1952, 19), der selbst über Recht und Unrecht bestimme und sich keiner göttlichen Hoheit mehr verpflichtet fühle. Genau darin sieht Guardini die Wurzel dieser staatlichen Vernichtungstendenzen; und diese Tendenzen bestehen nicht nur zur NS-Zeit, sondern auch jetzt, 1952, in den kommunistischen Staaten – so dass auch gegenwärtig »jeder Volksteil, welcher der die Staatsapparatur beherrschenden Gruppe ›unerwünscht‹ scheint, davon betroffen werden könne« (28). Diese aktuelle bzw. zukünftige Gefahr sei es schließlich auch, die »jeden von uns« zur Verantwortung und Stellungnahme rufe. Nicht das Mitgefühl für die Opfer der Nazizeit muss also die Verantwortung wecken, sondern die Sorge, jeder könne heute selbst zum Opfer werden.

Was hat dies alles noch mit der »jüdischen Frage« zu tun? Weist der irritierende Gebrauch dieses Ausdrucks letztlich doch auf einen irritierenden Umgang mit dem Holocaust hin? Tatsächlich fällt auf, dass Guardini sich trotz des Titels seiner Rede ausschließlich für die Kritik neuzeitlicher Staatsgebilde interessiert. Über das spezielle Verfolgungsschicksal der europäischen Juden, über ihre Deportationsgeschichte in den verschiedenen Ländern, über ihre Versuche, Widerstand zu leisten, etc. fällt kein Wort. Auch die keineswegs nebensächliche Frage, warum sich die neuzeitliche Vernichtungsgewalt so geballt gerade gegen die Juden richtete, stellt Guardini nicht. Er ist nicht in der Lage zu sagen, was seine Neuzeitkritik mit der »jüdischen Frage« zu tun hat. Beim einzigen Mal, da er die Juden in seiner Rede beim Namen nennt und die Shoah nicht abstrahierend einen »Vorgang« oder »diese Dinge« nennt, kann er sie nur als »Symbol« für grundlegendere Entwicklungen sehen:

> Ein solches, die geschichtliche Stunde aufhellendes Symbol war auch die systematische Ausrottung der Juden. In ihr ist nicht nur das Verhältnis von Recht und Pflicht, auf welchem jedes Staatsleben ruht, gebrochen, sondern *es ist grundsätzlich jedes Recht aufgehoben worden. Denn Recht besteht absolut, für jede Person als solche, oder es besteht überhaupt nicht.* Ein ganzer Volksteil wurde zum bloßen Objekt eines Verfahrens degradiert. Dieses Verfahren war mit vollem Bewußtsein auf die Ausrottung ausgerichtet. Und wenn es auch seine äußerste Verschärfung erst von einem bestimmten Zeitpunkt ab erfuhr, während des Krieges, als bestimmte Kreise die innenpolitische Führung in die Hand bekamen, so ruhte es doch auf einer vom Staat zur offiziellen Doktrin erhobenen Lehre.« (Guardini 1952, 27)

Es ist aufschlussreich, dass Guardini hier die Radikalisierung der Vernichtungspolitik in den vierziger Jahren »bestimmten Kreisen« und der »offiziellen Doktrin« der NS-Führung zuschreibt. Die Verfolgung gerade der Juden kann er nicht anders erklären als mit dem partikularen, eher zufälligen Willen einer Führungsclique. Mit seinem Verständnis des neuzeitlichen Staates, in dem »[d]as Bewußtsein einer göttlichen Hoheit, vor welcher das geschichtliche Tun Rechenschaft abzulegen hat [...], verblaßt« (1952, 24), findet er jedenfalls keinen Zugang zu den Fragen, die sich speziell vom millionenfachen Mord an den Juden her stellen. Für die Denunziationen aus der Bevölkerung, die Beteiligung an Boykottaktionen gegen jüdische Geschäfte, für Arisierungsgewinnler und die zunehmende Unterstützung des Ausschlusses der Juden aus dem gesellschaftlichen Leben hat Guardini keine Aufmerksamkeit. Und das Nachdenken über die Judenfeindschaft, zu deren jahrhundertealter Tradition er als christlicher Theologe sich durchaus zur Rechenschaft aufgerufen fühlen könnte, hat er von vornherein ausgeschlossen.

Vermutlich liegt hier auch der Schlüssel zu Guardinis befremdlichem Nicht-Umgang mit der realen jüdischen Geschichte, für sein kühles Desinteresse am eigentlichen Thema seines Vortrags: Die »jüdische Frage« interessiert ihn hier nur insofern, als er sie einbauen kann in seine Kritik des neuzeitlichen Säkularismus. Bei einer Thematisierung von Antisemitismus und Antijudaismus ließe sich die Gegenüberstellung von christlichem Staatswesen und neuzeitlich-gottlosem Totalitarismus nicht mehr so überzeugend präsentieren.

Zugleich spricht sich Guardini aber für eine entschiedene »Aufarbeitung« des Geschehenen aus. Dazu gehöre zuerst die »Einsicht, daß Unrecht getan worden ist und worin dieses Unrecht bestand« (Guardini 1952, 37); sodann solle man »[z]um eigenen Unrecht Stellung nehmen und sich von ihm lossagen. Und es in der jeweils möglichen und gemäßen Weise wieder gutmachen.« Damit rekurriert Guardini auf die klassischen drei Schritte des Umkehrprozesses, wie sie sowohl in der jüdischen als auch in der christlichen Tradition bekannt sind: Reue – Bekenntnis – Wiedergutmachung. Allerdings fragt sich, wem er diese Schritte empfiehlt, da er schon eingangs festgestellt hat, dass kaum jemand etwas von den Verbrechen wusste, dass kaum jemand etwas dagegen tun konnte und dass die meisten dennoch alles getan hätten, was ihnen möglich war. Er hält auch jetzt noch einmal fest: »Schuldig werde ich nur durch das, was ich selbst tue oder unterlasse« (33). Klar ist für ihn, dass es keine Kollektivschuld gibt. Was es hingegen gebe, sei »die Solidarität des Einzelnen mit seinem Volk und aller Einzelnen in diesem Volke untereinander« (33). Und wie jeder an den großen Leistungen seines Volkes teilhabe, so müsse auch jeder »das Unrecht, das da geschieht, in seine Verantwortung aufnehmen. Es trifft seine Ehre; und er ist gehalten, das Seine zu tun, damit es in Ordnung komme.« (Guardini 1952, 33f.)

Guardini setzt so den Verantwortungsbegriff umfassender an als den Schuldbegriff, den er ausschließlich personal verstehen möchte. Aber er kann diese Unterscheidung nicht durchhalten. Auch wenn er sich während seines gesamten Vortrags bemüht, die Frage der persönlichen Schuld in Zusammenhang mit dem Nationalsozialismus weit wegzuschieben, kommt er zuletzt nicht umhin, noch einmal zu sagen, *»daß in der Geschichte unserer letzten zwanzig Jahre etwas Ungeheuerliches steht, das noch vollkommen unaufgearbeitet ist«.* (1952, 39) Und dieses Ungeheuerliche betrifft offenbar alle Deutschen und erhält nun auch die Bezeichnung, die Guardini schließlich doch nicht umgehen will: »*Es ist Schuld*. Es lastet auf dem Gewissen des Volkes, dem bewußten oder dem unbewußten, dem Lebensgewissen, und verlangt Bereinigung.« (39) Offen bleibt dabei, wie diese »Bereinigung« aussehen soll, da Guardini zu keiner konkreten Thematisierung schuldhaften Verhaltens bereit ist und am Ende die Schuld dem »Gewissen des Volkes« überantwortet wird.

Rahner, Fries, Schmaus und Guardini: Jeder dieser vier Theologen der ersten Generation übte auf das katholische Denken im Nachkriegsdeutschland bedeutenden Einfluss aus. Vergleicht man ihre Aussagen zu Krieg, Nationalsozialismus und Shoah miteinander, werden – bei aller Verschiedenheit – gewisse gemeinsame Muster erkennbar.

Das vorrangige Interesse aller vier ist der Ruf zur Umkehr, zu Gott bzw. zu Christus, nicht aber eine Auseinandersetzung mit dem Nationalsozialismus. Die Wirklichkeit des Nationalsozialismus konstruieren sie im Rahmen ihres Interesses lediglich als eine – extreme – Etappe innerhalb einer großräumigeren Entwicklung, die bis an den Beginn der Neuzeit zurückreicht. Als Charakteristika dieser Entwicklung gelten ihnen aber nicht (wie man vermuten könnte) Antisemitismus, Nationalismus und Rassismus, sondern Autonomie- und Freiheitsstreben, Abkehr von Gott und Säkularismus. In diesen Bestrebungen, deren Träger über sich selbst hinaus keine höheren Werte anerkennen, sehen sie eine Tendenz zur Unfreiheit und zum Terror, gegen die sie die Humanität des Christentums verteidigen wollen.

Vor diesem Hintergrund ist es klar, dass die christliche Theologie und das Handeln der Kirche nicht zu einem Thema des kritischen Nachdenkens werden. Ebenso klar ist, dass etliche wichtige Opfergruppen des Nationalsozialismus – Gewerkschafter, Sozialisten und Kommunisten, Homosexuelle und Juden – nicht als Verfolgte und Opfer wahrgenommen werden, sondern als Teil des Problems: als solche, die ebenfalls ihr Nein zu Gott bzw. Christus gesagt haben. Deshalb ist es kein Zufall, dass lediglich der nationalsozialistische Mord an den Kranken und Behinderten in einem der vorgestellten Texte explizite Erwähnung findet. Der Holocaust an den Juden taucht indessen nur als abstraktes Faktum auf, während für Theologen wie Michael Schmaus – wie ich glaube, ihn verstehen zu müssen – die Juden sogar als Träger der »entscheidenden« Schuld gelten.

Gleichwohl sind Betrachtungen über Schuld für die erste Generation ein zentrales Thema. Die nach und nach erscheinenden Berichte über die NS-Verbrechen und die weltweite Bestürzung darüber setzen die Erwachsenen jener Jahre unter einen gewissen Reflexions- und Auskunftszwang. Für Theologen, die die NS-Geschichte als Geschichte des Abfalls von Gott verstehen, sind es aber, gemäß dieser Logik, immer »die anderen«, die schuldig geworden sind: die Neuheiden, die zur NSDAP übergelaufenen Zentrumswähler, die plötzlich von der »Eugenik« Begeisterten ... Das alles wird gelegentlich scharf wahrgenommen, während etwa die aktive Unterstützung der Nazipartei als Bagatelle gilt, solange die Betreffenden sonntags im Gottesdienst gesehen wurden. Das Sensorium für Schuld gegenüber den Mitmenschen und für Schuld im Sinne von Kooperation, Schweigen und Wegsehen ist stark unterentwickelt auf Kosten der Schuld gegenüber Gott, auf die sich alle argwöhnische Aufmerksamkeit richtet.

Weil also konkrete »irdische« Schuld, die auf direkte oder indirekte Weise zu den Verbrechen des Nationalsozialismus beitrug, aus theologischen Gründen kaum wahrgenommen und benannt wird und weil man für die christlichen und kirchlichen Schuldanteile aus denselben Gründen blind ist, weil aber der Berg von Schuld nach dem Krieg unübersehbar ist, kommt es in vielen Texten – bei aller Ablehnung der Kollektivschuld – zu pauschalen Schuldzuschreibungen an Kollektive wie die deutsche Christenheit (Rahner), die Generation der damals Erwachsenen (Fries) oder das deutsche Volk (Guardini). So tragen diese »Theologien der solidarischen Schuldübernahme« zu einer befreienden Aufklärung über die Nazizeit nichts bei, sondern konservieren eher die Menge der unbestimmten Schuld, die auf der Gesellschaft lastet.

War es aber für einen anderen Umgang mit der Schuld nicht noch zu früh? War die katholische Theologie in den frühen Nachkriegsjahren ebenso wie die Bevölkerung einfach »noch nicht im Besitz der Kategorien [...], unter denen das Geschehene ethisch zu bewältigen ist« (Guardini 1952, 31)? Das muss verneint werden, wenn man zur Kenntnis nimmt, was jenseits der Theologie in jenen Jahren bereits von Angehörigen der ersten Generation gedacht und formuliert werden konnte.

In seinem Werk *Der SS-Staat* hatte der Politikwissenschaftler *Eugen Kogon* (1903-1987) bereits 1946 Reflexionen über Schuld und Verantwortung vorgelegt, die sich in wesentlichen Punkten von den oben dargestellten Positionen unterscheiden. Seine andere Perspektive entstand freilich aus einem anderen Lebenslauf.

Kogon, ursprünglich jüdischer Herkunft, war in einer Pflegefamilie und dann in katholischen Internaten erzogen worden. Er wurde ein überzeugter Christ, zunächst mit durchaus rückwärtsgewandten Idealen. Zu Beginn seiner publizistischen Laufbahn träumte er von der Revitalisierung des mittelalterlichen christlichen Ständestaates, weshalb er zunächst auch den italienischen Faschismus und den Nationalsozialismus begrüßte. Auch einige judenfeindliche Passagen sind in seinen Texten der frühen dreißiger Jahre zu finden. Bald aber wandelte er sich zu einem entschiedenen Gegner des NS-Regimes, kam 1936 und erneut 1937 in Gestapo-Haft, wo man ihm unter anderem die Unterstützung antinationalsozialistischer Kräfte im Ausland vorwarf. Im März 1938 erfolgte die dritte Verhaftung und im September 1939 die Deportation in das KZ Buchenwald, dessen Gefangener Kogon bis zur Befreiung 1945 blieb (vgl. Lange 2004).

Im Schlusskapitel des *SS-Staats* versucht Kogon unter dem Titel »Das deutsche Volk und die Konzentrationslager« eine christlich-ethische Interpretation der Nazizeit, die im Anschluss an das Kapitel 25 des Matthäusevangeliums davon ausgeht, »daß Gott uns in Menschengestalt zu erscheinen pflegt, in der Gestalt des ›geringsten der Brüder und Schwestern‹, um uns auf die erlösende Probe der Menschlichkeit zu stellen« (Kogon 1946, 406). Demnach lassen sich die Liebe zu Gott und die Liebe zu den Menschen nicht trennen; sie sind eins. Kogons Augenmerk gilt darum zuallererst den Verfolgten: den Juden, geistig Behinderten, Flüchtlingen und Gefangenen, die Anspruch auf die tätige Solidarität der Deutschen gehabt hätten.

Das Ende der NS-Herrschaft hätte in Kogons Augen ein Anlass sein können, »den geschichtlichen und gesamtseelischen Wurzeln der Schuld nachzuspüren« (1946, 408). Dem sei aber die These von der deutschen Kollektivschuld im Wege gestanden, denn sie habe trotz lauterer Absichten nicht zu allgemeiner Besinnung, sondern zu heftigen Abwehrreflexen geführt. Das »Gleichmacherische« dieser Anklage sei über die unterschiedlichen Abstufungen der Mittäterschaft hinweggegangen und habe den Leuten umso deutlicher vor Augen geführt, dass ein »höherer Richter« sie sicher »nicht auf eine und dieselbe Anklagebank mit Verbrechern und Aktivisten der NSDAP gesetzt hätte« (409).

Den gängigen Unschuldsmythen des Nichtwissens und Nichts-tun-Könnens widerspricht Kogon gleichwohl. Sicher hätten die we-nigsten *genau* gewusst, was in den Konzentrationslagern vor sich ging, aber zugleich habe es zahlreiche Gelegenheiten gegeben, bei denen *et-was* zu erfahren war, und zahlreich waren auch die Aktivitäten und Geschäfte, an denen man sich *nicht* hätte beteiligen müssen:

> Kein Deutscher, der nicht gewußt hätte, daß es Konzentrationslager gab. Kein Deutscher, der sie für Sanatorien gehalten hätte. Wenig Deutsche, die nicht einen Verwandten oder Bekannten im KL gehabt oder zumindest gewußt hätten, daß der oder jener in einem Lager war. Alle Deutschen, die Zeugen der vielfältigen antisemitischen Barbarei geworden, Millionen, die vor brennenden Synagogen und in den Straßenkot gedemütigten jüdi-schen Männern und Frauen gleichgültig, neugierig, empört oder schaden-froh gestanden haben. Viele Deutsche, die durch den ausländischen Rund-funk einiges über die KL erfahren haben. Mancher Deutsche, der mit Konzentrationären durch Außenkommandos in Berührung kam. Nicht wenige Deutsche, die auf Straßen und Bahnhöfen Elendszügen von Gefan-genen begegnet sind. [...] Kaum ein Deutscher, dem nicht bekannt gewe-sen wäre, daß die Gefängnisse überfüllt waren und daß im Lande unent-wegt hingerichtet wurde. Tausende von Richtern und Polizeibeamten, Rechtsanwälten, Geistlichen und Fürsorgepersonen, die eine allgemeine Ahnung davon hatten, daß der Umfang der Dinge schlimm war. Viele Ge-schäftsleute, die mit der Lager-SS in Lieferbeziehungen standen, Indus-trielle, die vom SS-Wirtschafts-Verwaltungs-Hauptamt KL-Sklaven für ih-re Werke anforderten, Angestellte von Arbeitsämtern, die wußten, daß die Karteikarten der Gemeldeten Vermerke über die politische Zuverlässigkeit trugen und daß große Unternehmen SS-Sklaven arbeiten ließen. Nicht we-nige Zivilisten, die am Rande von Konzentrationslagern oder in ihnen selbst tätig waren. Medizinprofessoren, die mit Himmlers Versuchsstatio-nen, Kreis- und Anstaltsärzte, die mit professionellen Mördern zusam-menarbeiteten. Eine erhebliche Anzahl von Luftwaffenangehörigen, die zur SS komandiert worden sind und etwas von den konkreten Zusammen-hängen erfahren haben. Zahlreiche höhere Wehrmachtsoffiziere, die über die Massenliquidierungen russischer Kriegsgefangener in den KL, außer-ordentlich viele deutsche Soldaten und Feldgendarmen, die über die ent-setzlichen Greueltaten in Lagern, Ghettos, Städten und Dörfern des Ostens Bescheid gewußt haben. (Kogon 1946, 413 f.)

Angesichts dieses bedrückenden Panoramas stellt Kogon die Frage nach den Handlungsperspektiven. »Als Volk«, so stellt er fest, sei Deutschland gegen die nationalsozialistischen Verbrechen nicht auf-gestanden, »weil es bis jetzt ein politisches Volk im Sinne des Wortes nicht gewesen ist« (1946, 416). Aus geschichtlichen Gründen sei es bisher nicht dazu gekommen, dass die vielen Einzelnen zu einem gemeinsam handelnden Kollektiv zusammengefunden hätten. Bis in die Gegenwart sei Deutschland eine Ansammlung autoritätshöriger Einzelner geblieben. »Der einzelne konnte und wollte mit Aussicht auf Wirkung und Erfolg nichts mehr tun, weil die anderen einzelnen fehlten, die gleich gehandelt hätten. So wurden die höheren Pflichten der Menschlichkeit und der Bergpredigt, die jedem gegenüber gelten, der unser menschliches Antlitz trägt, allmählich überdeckt von einem angstgeborenen und angstbeherrschten Opportunismus.« (418) Es könne den Deutschen aber nicht zum Vorwurf gemacht werden, dass ihnen die Voraussetzungen zum gemeinsamen Handeln fehlten; kollektive Schuldzuweisungen seien nicht sinnvoll: »Was das deutsche Volk in langen Generationsreihen nicht hervorgebracht hat, kann ihm auch nicht moralisch zur Last gelegt werden.« (419)

Entwickelt Kogon damit einen Unschuldsbeweis auf höherem Niveau? Durchaus nicht. Die universalen »Pflichten der Menschlichkeit« seien keineswegs gegenstandslos, wenn sie nicht von einem intakten Kollektiv vertreten werden; denn neben der Ebene der *kollektiven* Verantwortungszusammenhänge gebe es immer auch die Ebene der *individuellen* Verantwortung. Und die ist damit nicht abgetan. »Die Gebote des höchsten sittlichen Kodex« (1946, 419) – allen voran jenes, nicht zum Mörder zu werden –, seien auch im persönlichen Gewissen verankert und würden durch keinen Befehl, keinen Zwang und keinen Terror relativiert oder außer Kraft gesetzt. Von ihrer Beachtung könne sich keiner ausnehmen, »kein Bischof und kein Pfarrer, kein großer und kein kleiner Politiker, kein Lehrer, kein Unternehmer, kein Ingenieur, kein Arbeiter – niemand, weder Mann noch Frau« (419). Diese Gebote gelten, auch wenn man vor ihnen versagt. An ihnen entscheidet sich die Frage der individuellen Schuld oder Unschuld:

Wo die vielen einzelnen […] dem Anruf ihres persönlichen Gewissens nicht Folge geleistet oder das Gewissen in sich getötet haben, und wäre es nur durch Gewöhnung, da liegt in der Tat Schuld vor. Auch in der Politik, die von den Geboten der Sittlichkeit nicht frei ist. Der Geistliche, der nicht geholfen und die Gelegenheit nicht gesucht hat, wo er helfen konnte, ist schuldig. Der Richter, der nicht– wie so mancher seiner Kollegen im Deutschland des Dritten Reiches – genau die Art und die Länge der zu verhängenden Freiheitsstrafe abwog, um zu verhindern, daß der Verurteilte ein KL-Opfer der Gestapo wurde, ist schuldig. Das gleiche gilt vom Arzt,

dem der unsittliche Parteiantrag gestellt war, zu sterilisieren oder uner-
wünschte Leute geistesschwach zu schreiben und sie so den bekannten
Mordanstalten zu überantworten, vom Journalisten, vom Universitätspro-
fessor, vom Betriebsführer, vom Staats- und Kommunalbeamten, vom Offizier, vom Arbeiter, vom Soldaten, von jedem. (Kogon 1946, 419)

All diese einzelnen Situationen, die Gewissensentscheidungen und Taten erfordern, hat Kogon vor Augen, wenn er dazu aufruft, sich zu
überlegen, ob man »immer und unter allen Umständen seine Pflicht,
die wahre Pflicht« getan habe (1946, 419). Die Vorstellung von Schuld
bleibt dabei immer konkret, hängt am persönlichen Tun oder Unterlassen, nicht am Deutschsein oder an einer pauschalen »Solidarität«
mit dem deutschen Volk. Mit anderen Worten: Kogon will nicht, dass
alle Deutschen gemeinsam an der Last der Schuld tragen; er will Aufklärung, Selbstaufklärung der jeweils Einzelnen über das, was sie getan oder unterlassen haben. Sein Glaube schließt die Überzeugung
ein, dass man seine Schuld bereuen und sie eingestehen kann. So könne der Reuige dann auch Gott gegenübertreten, den er zuvor nicht im
»Geringsten unter seinen Brüdern und Schwestern« erkannt habe und
der nun als Richter vor ihm stehe. Der Reuige könne in ihm »den
Erlöser sehen aus Irrtum, Verbrechen, Blutschuld, Schande und Not,
den *Erlöser zu Freiheit und Menschenwürde*« (420).

Kogons Gedanken wirken streng, sie verzichten auf jede Opferrhe-
torik und Larmoyanz. Ihre Wirklichkeitskonstruktion ist geprägt von
einem scharfen Blick für die vielen Möglichkeiten der Kollaboration
und des Arrangements mit dem Regime. Gewiss: Es ist die Perspektive
des KZ-Überlebenden, die so nur von einer Minderheit der Deutschen geteilt wird. Gerade in ihrer klaren Schärfe aber zeigt diese Perspektive einen gangbaren Ausweg aus der Schuld: Sie fordert auf zur
Gewissenserforschung und zum Einstehen für die eigene (Mit-) Täterschaft – während Kogons Generationsgenossen die Einzeltäter
nicht behelligen wollen und stattdessen die Gemeinschaft zum Tragen
der Schuldlast auffordern (wenn sie nicht gleich die Schuld zu einer
jüdischen Sache erklären). Und während jene Theologen kaum in der
Lage sind, von den Opfern her zu denken, solange diese keine Christen sind, skizziert Kogon mit seinen Überlegungen eine Ethik der
menschlichen Solidarität, die *allen* gegenüber gilt, die »unser menschliches Antlitz« tragen. Damit bezeugt er ein Reflexionsniveau, wie es
1946 durchaus erreichbar war – unter den Verfolgten und aktiv am
Widerstand gegen das NS-Regime Beteiligten.

Die *Hitlerjugend-Generation* und das Problem der Loyalität

Für die nachfolgende Generation, die *Hitlerjugend-* oder *Flakhelfer-Generation*, die die Nazizeit aus kindlicher bzw. jugendlicher Perspektive erlebt hat und zu jener Zeit noch keine schwerer wiegenden Entscheidungen über das eigene Leben fällen musste, stellen sich die Fragen nach Schuld und Verantwortung anders: Sie werden weniger als Fragen empfunden, die das eigene Handeln betreffen, sondern eher als solche, die sich primär auf die Generation der Eltern und Lehrer beziehen. Dabei geht es aber nicht um ein nüchternes, distanziertes Abwägen, denn eine Distanz besteht hier ja gerade nicht. Bestimmend ist vielmehr das sozialpsychologische Bedürfnis, die eigenen Bezugspersonen in der ersten Generation als »gute Menschen« zu sehen. Das familiäre Zusammenleben wie auch die berufliche Zusammenarbeit wären unmöglich, wenn man bei den betreffenden Personen keine Anhaltspunkte für die eigenen Loyalitätsbedürfnisse fände.

Wie das Forschungsprojekt »Tradierung von Geschichtsbewusstsein« (vgl. Welzer 2002) speziell für die familiären Verhältnisse herausgearbeitet hat, werden diese Loyalitätsbedürfnisse und -verpflichtungen durch die Nazizeit nicht relativiert, sondern sogar verstärkt: »Gerade das Wissen, dass der Nationalsozialismus ein verbrecherisches System war, das Millionen von Opfern gefordert hat, ruft in den Nachfolgegenerationen das Bedürfnis hervor, eine Vergangenheit zu konstruieren, in der ihre eigenen Verwandten in Rollen auftreten, die mit den Verbrechen nichts zu tun haben.« (207)

Wo die Angehörigen der ersten Generation in ihren Erzählungen noch Widersprüche zulassen und nicht für jede ihrer Handlungen schlüssige Erklärungen haben, ist die Hitlerjugend-Generation an eindeutigeren Bildern, an Bildern der Unschuld, interessiert. Welche Rolle dieses Interesse bei der Wirklichkeitserzeugung dieser Generation spielt, soll am Beispiel von vier Theologen und Theologinnen gezeigt werden, die zwischen 1927 und 1930 geboren wurden. Von ihren hier diskutierten Texten, die sich auf die Nazizeit beziehen, stammen die frühesten aus den achtziger Jahren des 20. Jahrhunderts und die jüngsten aus den ersten Jahren des 21. Jahrhunderts. Dementsprechend fortgeschritten ist die gesellschaftliche Auseinandersetzung mit dem Nationalsozialismus, auf die die Texte mehr oder weniger deutlich Bezug nehmen.

An *Joseph Ratzingers* (* 1927) Erinnerungen *Aus meinem Leben* fällt zunächst auf, wie beinahe hermetisch die Erzählung gegen alle Arten kritischer Fragen zur Nazizeit abgedichtet ist. Ob dabei das persönliche Bedürfnis nach Eltern, »die mit den Verbrechen nichts zu tun haben« (Welzer) oder der Blick auf die interessierte Öffentlichkeit die Erzählung stärker bestimmt hat, ist kaum zu entscheiden. Jedenfalls kann Ratzinger gar nicht oft genug betonen, wie sehr sein Vater, ein Gendarm, von Anfang an gegen die Nazis eingestellt war. Ein Ortswechsel Ende 1932 (!) wird damit begründet, dass der Vater »sich wohl zu sehr gegen die Braunen exponiert« habe (Ratzinger 1998, 16). Natürlich war das für einen damals Fünfjährigen schwer einzuschätzen, und das »wohl« im Satz zeigt an, dass Ratzinger dafür keine handfesten Anhaltspunkte hat, aber das im Rückblick gerne so sehen möchte.

Genaueres über die polizeilichen Aufgaben des Vaters erfahren die Leser nicht, dafür umso mehr über dessen Inneres: »Mein Vater litt darunter, daß er nun einer Staatsgewalt dienen mußte, deren Träger er als Verbrecher ansah, wenn auch gottlob der Dienst auf dem Dorf einstweilen davon kaum betroffen wurde.« (Ratzinger 1998, 17) So »versteht sich von selbst«, dass der Vater nicht an der polizeilichen Bespitzelung von Priestern »teilnahm«, sondern »im Gegenteil Priester warnte und unterstützte, wenn er wußte, daß ihnen Gefahr drohte« (17).

Gewiss musste solche »Nichtteilnahme« an dienstlichen Aufgaben zu Schwierigkeiten oder gar Auseinandersetzungen mit der Staatsgewalt führen, mit den entsprechenden Sorgen und Belastungen für die ganze Familie, und gewiss würden Erinnerungen an solche Konflikte in den familiären Erzählschatz Eingang finden, zumal solche Geschichten nach dem Krieg zu den begehrten Anhaltspunkten für Widerständigkeit und Anstand zählten. Aber davon erzählt Ratzinger – über den zitierten Satz hinaus – nichts.

Erzählt wird schließlich noch vom ungeduldigen Warten des Vaters auf seine Pensionierung: »Die vielen Nachtdienste, die zu seinem Auftrag gehörten, setzten ihm zu. Mehr noch bedrückte ihn die politische Situation, in der er seinen Auftrag erfüllen musste. Er nahm einen längeren Krankheitsurlaub, währenddessen er oft mit mir gewandert ist und mir aus seinem Leben erzählt hat.« (Ratzinger 1998, 24) Wieder erwartet man als Leser, nun Genaueres von der beruflichen Situation und den Konflikten des Vaters zu erfahren, aber wieder bricht nach diesen Sätzen die Erzählsequenz ab. Sie diente somit nur ein weiteres Mal zur Betonung des väterlichen Antinazismus, wiederum ohne konkrete Einzelheiten.

Ratzinger erzeugt auf diese Weise ein Bild von der unbefleckten katholischen Integrität des Vaters. Beglaubigt wird sie allein mit ungefähren Andeutungen widerstandsähnlicher Aktivitäten und mit dem Hinweis auf gesundheitliche Belastungen, so dass jedes kritische Rückfragen als ungehörig erscheint. Zugleich aber weckt die Erzählung Erwartungen, die dann enttäuscht werden.

Wie weit das gezeichnete Bild die historische Wirklichkeit wiedergibt, will ich hier nicht untersuchen. Meine Frage ist vielmehr auch hier, welche Wirklichkeit der Text selbst schafft. Im Kontrast zu den weit gängigeren Geschichten, wie sie etwa bei Saul Padover überliefert werden, wonach gerade für Beamte und Staatsdiener der Druck, in die NSDAP einzutreten, beträchtlich gewesen sein soll (vgl. etwa Padover 1946, 114, 117, 122, 123), ist die Erzählung von einem zwar nicht belastungsfreien, aber doch im Wesentlichen unkompromittierten katholischen Leben während der NS-Zeit, das zugleich nichts von Zusammenstößen oder Problemen mit der Staatsgewalt zu erzählen weiß, doch recht überraschend.

Ratzingers Erzählung illustriert damit in allem die Vorstellung, dass Katholiken und Nazis nichts miteinander zu tun hatten, dass Nazismus Abfall vom Glauben war und gläubige Katholiken deshalb frei von jeder Nähe zum Nationalsozialismus waren, dass ein Sieg Hitlers »ein Sieg des Antichristen [wäre], der apokalyptische Zeiten für alle Gläubigen, und nicht nur für sie, heraufführen mußte« (Ratzinger 1998, 31). Erzeugt wird auf diese Weise eine Wirklichkeit der Unschuld gläubiger Katholikinnen und Katholiken. Die wirklich Schuldigen (ohne dass das Wort fällt) sind dagegen die »überzeugten Nazis« (18), die Anhänger »germanischer Religion« (19) oder »entschiedene Vorkämpfer des neuen Regimes« (27).

Jenseits dieses so installierten Gegensatzes zwischen »Glauben« und »Ideologie« kommt dann aber noch eine dritte Sphäre zur Sprache: jene des »Unheimlichen« (Ratzinger 1998, 20) und des »Donnergrollens der Weltgeschichte« (27). Gemeint sind damit jene Veränderungen, die man für nicht beeinflussbar hielt, gegenüber denen man nur Opfer war. Zum Ausdruck kommt dies in zahlreichen sprachlichen Wendungen: »die große Geschichte überfiel uns« (17), »sie mußten teilnehmen« (17), »er mußte dienen« (17), »er mußte seinen

Auftrag erfüllen« (24) »erheblicher Druck« (26), »Gewaltakte des Dritten Reiches« (29), »der Krieg ging seinen Weg unerbittlich weiter« (31), »der Herrschaft Hitlers unterworfen« (31), »wurden einberufen« (33), »in die Waffen-SS hineingepreßt« (37), »mußten marschieren« (40) usw.

In dieser Sprache ist noch etwas zu ahnen von den realen Konflikten des Mitmachens, vom Bedürfnis, sein Verhalten doch zu rechtfertigen oder angesichts offenkundiger Zwänge zu erklären. Zugleich aber tragen diese Formulierungen dazu bei, die Konflikte zu *entwirklichen,* indem die gesellschaftlich-politischen Verhältnisse zu einer Art *Schicksal* gemacht werden, das »unerbittlich« über die Menschen hereinbricht.

Ratzingers Erzählung folgt nicht *historischen* Fragen, sondern jenem *theologischen* Schema, das ebenfalls bei den vier bereits vorgestellten Theologen der ersten Generation den Hintergrund ihrer Erwägungen bildete: das Schema des »natürlichen« Gegensatzes von Nazis und Christen. Die Frage nach Schuld oder Unschuld bezieht sich so vor allem auf das Verhältnis zum Glauben; die tief gläubigen Eltern Ratzingers erscheinen in strahlendem Licht, während der Bereich des »Unheimlichen«, gegen das man nichts tun kann, aus dem Blickfeld des ethischen Fragens gerückt wird.

Derart lupenrein kann *Elisabeth Gössmann* (* 1928), eine der Pionierinnen der katholischen feministischen Theologie, ihr Elternhaus nicht darstellen. Schon im Vorschulalter, so berichtet sie in ihrer Autobiographie *Geburtsfehler: weiblich,* sah sie ihren Vater zum ersten Mal in SA-Uniform, als Zehnjährige bekam sie etwas von den Novemberpogromen 1938 mit, noch ohne die Vorgänge wirklich zu verstehen; sie genoss die Wanderungen und das Musizieren bei den »Jungmädeln«, aber bei der »Kinderlandverschickung« nach Oberammergau fürchtete sie beim gemeinsamen Duschen mit anderen Mädchen, es könnte Gas statt Wasser aus den Duschen kommen (vgl. Gössmann 2003, 58, 96, 121, 129 f.).

Diese hoch ambivalente Mischung aus freudigen und beängstigenden Erlebnissen verstärkt natürlich den Wunsch nach Eindeutigkeit in Bezug auf ihre Familie wie auch auf Michael Schmaus, der in den fünfziger Jahren Gössmanns Doktorvater wird. Ihre diesbezüglichen Bedürfnisse spricht sie offen an: »Auch ich habe ›Unschuldswünsche im Hinblick auf meine Familie‹ [...] und meinen Doktorvater, glaube aber nicht, dass ich dadurch ›verführbar‹ bin, zumal ich – im Gegensatz zu meinem Vater – mit meinem Doktorvater über die Sache sprechen konnte.« (Gössmann 2003, 473)

Was ihren Doktorvater Schmaus und dessen zeitweise oder längerfristige Nähe zum Nationalsozialismus betrifft (vgl. hierzu ausführlicher Reck 2001; 2005), möchte Gössmann dessen eigener Erklärung glauben, dass er nur »für kurze Zeit diese Denkweise, nämlich die Hoffnung auf eine mögliche Zusammenarbeit zwischen Kirche und Nazis, geteilt habe, aber dann bald durch die Tatsachen eines anderen belehrt worden sei« (Gössmann 2003, 460). Ihre guten Erfahrungen mit Schmaus seit der Zeit ihres Studiums sind für sie Grund genug, ihm auch »rückwirkend«, mit Blick auf die NS-Zeit, zu vertrauen: »Zwar kannte ich ihn erst seit 1950, aber er hat mir niemals Anlaß gegeben, ihm zu mißtrauen.« (461) Damit bestätigt Gössmann auch für die berufliche Sphäre einen »wichtigen intergenerationellen Tradierungsmechanismus«, wie er für familiäre Beziehungen beschrieben wurde: »die Generalisierung des Ausschnitts der persönlichen Erfahrung auf die gesamte Biographie des geliebten Menschen« (Welzer 2002, 65).

Bezüglich der eigenen Eltern waren solche Rückprojektionen natürlich nicht nötig. Elisabeth Gössmann hat vieles vom Leben der Eltern in der Nazizeit mit kindlichen, aber wachen Augen mitbekommen. So erzählt sie davon, dass ihr Vater seit 1935 das Haus mit einer Hakenkreuzfahne beflaggt (Gössmann 2003, 60), sonntagmorgens »des öfteren« zum SA-Dienst geht (67), seiner Tochter als einem »deutschen Mädchen« verbietet, mit Kriegsgefangenen zu sprechen (111), und stolz auf deren Karriere als »Schaftführerin« beim BDM ist (121). Aber all dies – darin materialisiert sich ihr »Unschuldswunsch« – macht ihn für die Tochter offenbar nicht zum »Nazi«; auch Jahrzehnte später, als sie ihre Autobiographie schreibt, fragt sie sich nicht, was ihr Vater da eigentlich beim »Dienst« in der SA getan hat und was er wohl von den nationalsozialistischen Projekten gewusst haben mag. Als er schließlich auch der NSDAP beitritt, ist für sie klar, dass dieser Schritt nur seiner Karriere als Zollbeamter geschuldet ist; ein Schritt, den sie im Übrigen selbstverständlich auch anderen zugesteht:

Mein eigener Vater war seit Herbst 1937 in der Partei. Im Frühjahr 1938 klappte es dann mit der Beförderung, die er gewiß verdient hatte. Warum sollten kinderreiche Familien nicht um anderer Vorteile willen, die sie so dringend brauchten, ein Gleiches tun? Wer das vorherige Elend gesehen hatte, brauchte nicht wie ich ein Kind zu sein, um Verständnis aufzubringen; es sei denn, er hätte über die Hintergründe tiefer nachgedacht. (Gössmann 2003, 94)

Mit den zusätzlichen Bemerkungen, die sie an die Erzählung von der Beförderung des Vaters anhängt, reagiert Gössmann zugleich auf den kritischen Nachkriegsdiskurs, der die Mitgliedschaft in NS-Organisationen moralisch in Zweifel zieht. Wer das tue, habe über die »Hintergründe«, das »Elend«, nicht tief genug nachgedacht. Auf diese Weise greift Gössmann auf ein Deutungsmuster zurück, das schon Padover (1946, 78, 135, 151 u. ö.) immer wieder begegnet ist und auch von den Sozialwissenschaftlerinnen und -wissenschaftlern um Harald Welzer als übliches Rechtfertigungsmuster identifiziert wurde, »die Deutung nämlich, dass die Mitgliedschaft in NS-Organisationen primär auf ökonomische Beweggründe und nicht auf ideologische Überzeugungen zurückzuführen ist« (Welzer 2002, 153). Für die so Argumentierenden rechtfertigt der Hinweis auf wirtschaftliche Vorteile die Mitgliedschaft in NS-Institutionen offenbar voll und ganz. Mit einer ideologischen Nähe zum Nazismus habe dies nichts zu tun; Nazis sind immer nur »die anderen« (vgl. Welzer 2002, 150-156).

Auch die Mitgliedschaft ihrer Mutter im »Deutschen Frauenwerk« (DFW) deutet Gössmann dementsprechend als Zugeständnis an den protestantischen Vater (Gössmann 2003, 121), für den es ein Karrierehindernis gewesen sei, eine katholische Frau geheiratet und die katholische Erziehung der Kinder versprochen zu haben. Beglaubigt wird die Lauterkeit des Vaters auch hier (wie bei Ratzinger) mit einer Erkrankung, an deren psychosomatischer Ursache Gössmann keinerlei Zweifel hat: »Bei meinem Vater führte dieser Konflikt zwischen Karrierestreben und Versprechenstreue nach vielen Magenbeschwerden zu einem Geschwür am Zwölffingerdarm, das im Marienhospital geheilt werden mußte. Es war wohl eine zeittypische Krankheit damals.« (90)

So konstruiert Gössmann die NS-Diktatur als eine Zeit, unter der viele in erster Linie litten und krank wurden. Dass dabei in ihrer Familie die Konfession von Mutter und Kindern ein besonderes Problem war, das nur durch zusätzliche NS-Mitgliedschaften gemildert werden konnte, macht aus dem Katholizismus auch hier wieder eine *per se* antinazistische Sache: »Daß Katholischsein der Obrigkeit nicht angenehm war, wurde mir immer klarer.« (Gössmann 2003, 89)

Damit findet sich auch in Gössmanns Erzählung noch eine Spur von der grundsätzlichen Oppositionalität des Katholizismus, die bei Ratzinger den roten Faden der Darstellung abgibt. Gössmanns wesentliches Argument für die elterliche Unschuld bleibt aber, dass diese sich nur aus Karrieregründen an verschiedenen NS-Institutionen beteiligten und darum gewiss keine Nazis waren. Die damit installierte Unschuldsfeststellung geht also weit über das Muster der gläubigen Katholikinnen und Katholiken hinaus und schließt u. a. auch Parteimitglieder ein, die damit ihr »vorheriges Elend« hinter sich lassen wollten – mit entsprechenden Konsequenzen für das Bild vom Nationalsozialismus.

Ganz anders stellt *Johann Baptist Metz* (* 1928) sein Verhältnis zur nationalsozialistischen Vergangenheit dar. Für ihn gibt es keine Kontinuität zwischen seiner Kindheit im Nationalsozialismus und seinem späteren Leben; vielmehr habe er »einen tiefen Riß in [s]einer christlich-theologischen Biographie« (1988), und dieser Riss kennzeichne ihn als einen Theologen, »dem langsam, vermutlich viel zu langsam, bewußt wurde, daß er christlicher Theologe nach Auschwitz ist« (1988). Den Prozess seines Bewusstwerdens, »nach Auschwitz« zu leben und theologisch zu arbeiten, datiert Metz in die sechziger Jahre, und demgegenüber hebt er seine Kindheit und seinen kindlichen Glauben scharf ab:

Ich komme vom Land, aus einer erzkatholischen bayerischen Kleinstadt. Juden kamen in ihr eigentlich nicht vor, sie blieben auch nach dem Krieg eine augenlose Größe, ein vages Klischee; Anschauungen für »die Juden« holte man sich bei uns aus – Oberammergau! Die Katastrophe von Auschwitz, die schließlich zu einer Katastrophe unseres Christentums wurde, blieb außerhalb; sie drang nicht durch – obwohl meine Heimatstadt kaum 50 km von jenem Konzentrationslager entfernt ist, in dem Dietrich Bonhoeffer, nicht zuletzt wegen seiner Einstellung gegenüber den Juden, sein Leben lassen musste. Das kirchliche Milieu der Kleinstadt, aus der ich komme, und auch das der Nachbarstadt, in der ich mein Abitur machte, hat mich nicht an Auschwitz erinnert. […]
In der religiösen Praxis, die ich (als Junge während der Nazizeit) praktiziert habe, kamen die Juden auch nicht vor. Wir haben mit dem Rücken zu Auschwitz weitergebetet und Liturgie gefeiert. Erst spät begann ich mich zu fragen, was denn dies für eine Religion sei, die man ungerührt mit dem Rücken zu einer solchen Katastrophe weiterpraktizieren kann. (Metz 1984, 383-385)

Die unversehrte, von allen Ereignissen der Zeit unbeeindruckte Religiosität seiner Kindheit (die bei Ratzinger als Garant für die katholische Resistenz gegenüber dem Nazismus gilt) erscheint Metz also im Rückblick als ein Teil des Problems, als ein Symptom der Katastrophe des Christentums. Die Borniertheit gegenüber den Juden und die Kaltherzigkeit des Weiterbetens und Weiterfeierns, die sich durch nichts unterbrechen lässt, werden für Metz zu zentralen Kritikpunkten an der Religiosität der ersten Generation. In der Konsequenz entwickelt er eine Theologie, für die Leidempfindlichkeit und das bleibende Bezogensein auf das Judentum zu wesentlichen Kategorien werden.

Der »Riss« in seiner theologischen Biographie führt Metz aber nicht zur direkten Kritik an der Theologie seiner Vorgänger. Neben der bekannten grundlegenden Auseinandersetzung mit seinem Lehrer Karl Rahner, in dessen Theologie »Auschwitz nicht vorkam« (Metz 1984, 384), spricht Metz die theologiegeschichtlichen Traditionen, von denen er sich abgrenzt, nur sehr allgemein an, nennt aber keine Namen. Dass er sich zu dem, was nach 1945 in Kirche und Theologie gesagt wurde, durchaus in skeptischer Distanz befindet, zeigen die Fragen von Metz, wie tragfähig eigentlich die kirchlichen und theologischen Bekenntnisse seien:

> Kann man sich auf unser Erschrecken verlassen, auf unser Schuldbekenntnis – auf unsere Scham darüber, daß wir mit dem Rücken zu Auschwitz gelebt und gebetet haben, auf unser Entsetzen über unsere geheime oder gar offene Komplizenschaft mit der mörderischen Judenfeindschaft der Nazis, auf unser Erschrecken über die Teilnahmslosigkeit, mit der wir Deutschen das jüdische Volk und die wenigen von uns, die sich auf seine Seite gestellt hatten, in tödliche Einsamkeit stießen …? Kann man sich auf unsere christliche Theologie verlassen, darauf, daß sie ihre Lektion endlich gelernt hat, daß sie auf der Hut ist vor jenem geheimen Antisemitismus, der in der Theologie ja kaum als kruder Rassismus auftritt, sondern in metaphysischem oder psychologischem Gewand […]? Hat uns die Erinnerung an Auschwitz in unserem Christsein verändert? Sind wir tatsächlich eine »Kirche nach Auschwitz«? Oder sind wir als Christen, als Kirche heute so, wie wir gestern waren? Sprechen wir als christliche Theologen heute so, wie wir gestern, vor Auschwitz, gesprochen haben? […]
> Ich will nicht rechten und nicht streiten, nicht anklagen oder beschwören. Ich möchte vielmehr den Blick über den binnenkirchlichen Bereich hinaus auf unsere gegenwärtige politische und kulturelle Situation in Deutschland und in Europa richten. (Metz 1991, 267)

Diese Passage erscheint mir aus drei Gründen bemerkenswert:

Erstens verwendet Metz auffällig radikale Formulierungen wie etwa die von der »Komplizenschaft mit der mörderischen Judenfeindschaft der Nazis«, die innerkirchlich bis heute kaum konsensfähig sind, die aber zeigen, dass er nicht gewillt ist, der ersten Generation generelle Unschuld zu attestieren.

Zweitens gebraucht Metz hier ein schillerndes »Wir«, um seine Punkte zu präsentieren: Das reicht von einem kirchlichen Nachkriegs-Wir, das fragt, ob denn auf »unsere Scham« Verlass sei, über ein kirchliches NS-Zeit-Wir, das von »unserer« Komplizenschaft spricht, bis hin zu einem deutschen Wir, das verantwortlich ist für die Verstoßung des jüdischen Volks. Als gemeinsames christlich-deutsches-zeitenübergreifendes Wir kündet es von einer Schuldübernahme, wie sie etwa Karl Rahner – wie gezeigt – seinen Mitchristen nahelegte, von einer Schuldübernahme, die die konkreten Täter unbenannt lässt und die weiterhin unbearbeitete Schuld stattdessen dem christlichen Kollektiv auflädt.

Das bekräftigt Metz drittens, indem er die explizite Auseinandersetzung ablehnt: »Ich will nicht rechten und nicht streiten, nicht anklagen oder beschwören«; die gewählten Begriffe rücken ein solches Unterfangen in den Bereich der unfeinen Rechthaberei und des Zanks. Mir scheint allerdings, dass sich gerade in dieser Zurückhaltung auch bei Metz der sozialpsychologische Zwang zur Loyalität gegenüber der ersten Generation bemerkbar macht: Allgemeine Kritik ist möglich, aber zu konkreten Konflikten soll es nicht kommen.

So findet sich Metz in einer unentschiedenen Zwischenposition wieder: Seine Worte über die Naziverbrechen lassen keinen Zweifel daran, dass für ihn keinerlei Form der Kollaboration mit dem NS-Staat zu rechtfertigen ist; seine Ablehnung einer Benennung der Protagonisten von Judenfeindschaft und Teilnahmslosigkeit verstellt ihm aber den Weg zu einer genaueren Kritik. Damit bleibt ihm nur das Mittragen an einer Schuld, die nicht die seine ist, und der Blick »über den binnenkirchlichen Bereich hinaus auf unsere gegenwärtige politische und kulturelle Situation«.

Der Kirchenhistoriker *Georg Denzler* (* 1930) kennt – schon aufgrund seines Fachs – keine solche Scheu, Namen zu nennen. Seine Arbeiten über die katholische Kirche im Nationalsozialismus thematisieren die »Verstrickungen« und ideologischen Nähen kirchlicher Würdenträger und katholischer Theologen; seine Nachforschungen über Karl Adam, Michael Schmaus, Anton Stonner, Friedrich Zoepfl und viele andere sammeln Indizien für NS-Parteizugehörigkeiten, für antisemitische und rassistische Einstellungen (Denzler 1984; 1996; 2000; 2003). Bei alledem geht es für Denzler aber auch um die Beziehung zur ersten Generation, um Schuld, Liebe und Wahrheit. Letztere drei Begriffe tauchen – bei einem Historiker vielleicht unerwartet – als Schlüsselbegriffe auf den ersten Seiten von Denzlers Streitschrift *Widerstand oder Anpassung?* (1984) auf. Das Stichwort Schuld stammt aus einem Gedicht des von der SS ermordeten Dichters Albrecht Haushofer (1903-1945), das Denzler seinem Buch voranstellt. In dem Gedicht bekennt Haushofer, schuldig geworden zu sein, indem er nicht früh genug Widerstand geleistet habe: »ich hab gewarnt – nicht hart genug und klar! / und heute weiß ich, was ich schuldig war« (zit. n. Denzler 1984, 8). Das wird man im Sinne Denzlers auch so verstehen dürfen, dass sich heute – in ungefährlicheren Zeiten – wieder schuldig macht, wer die Wahrheit »nicht hart genug und klar« ausspricht. Und um die Liebe zur Wahrheit geht es Denzler, auch wenn diese Wahrheit unbequem sein mag. Er weiß genau, dass für manche in der Kirche die ausgesprochene Wahrheit als Lieblosigkeit gilt, und ihr Tabu, das meist unausgesprochen über der Nazizeit schwebt, laute: »Wenn einer wirklich liebe [...], in unserem Fall die Kirche liebe, dann verschweige er eben aus Liebe das Negative, das Böse, obwohl es eine Tatsache sei.« (Denzler 1984, 9)

Im Zentrum von Denzlers Arbeiten steht also keineswegs das nüchterne Sammeln historischer Fakten, sondern die Liebe zur Wahrheit, die ans Licht kommen muss, wenn sie nicht wieder zu Schuld werden soll, und – vor allem – die Liebe zur Kirche. In meinen Augen ist es ein dringendes Loyalitätsbedürfnis gegenüber der Kirche, das Denzler vorantreibt. Er sucht nach Anhaltspunkten, stolz auf seine Kirche und ihre Menschen sein zu können. Als genau recherchierendem Historiker sind ihm aber Stilisierungen wie bei Ratzinger und Rechtfertigungen wie bei Gössmann nicht möglich, ebensowenig die vorsichtige Zurückhaltung von Metz.

Denzlers zusammengetragene Indizien bescheren ihm mal Enttäuschung, mal Bestätigung; sie reichen in manchen Fällen für ein weiteres loyales Miteinander oder in anderen Fällen eben für einen Bruch mit den entsprechenden Personen. Eine Variante ergibt sich dann, wenn ein Angehöriger der ersten Generation sich zu einem Wort des

Bedauerns oder zu einer Art Schuldbekenntnis aufrafft. So kann Denzler im Fall des ehemaligen NSDAP-Mitglieds Joseph Lortz einmal erfreut konstatieren:

> Zum Glück gibt es wenigstens einen katholischen Autor, den Kirchenhistoriker Joseph Lortz, der sich nicht scheute, in seiner »Geschichte der Kirche« ein Schuldbekenntnis abzulegen: »Die schwerste Einzelbelastung aus der neuesten Geschichte sind die grauenhaften Massenverbrechen, die im ›Dritten Reich‹ Hitlers an den Juden begangen wurden (6 Millionen Getötete), ohne daß das christliche Gewissen die Kraft aufgebracht hätte, das Unheil zu bannen oder doch laut genug dagegen zu protestieren.« Und er schließt daran eine Gewissenserforschung, die jeder Christ anstellen müßte: »Nach jenem verbrecherischen Geschehen ohne Vergleich ist jedem einzelnen Christen die Frage nach dem jüdischen Bruder gestellt. [...]« (Denzler 1996, vgl. auch 1984, 106)

Denzlers Formulierung »Zum Glück gibt es wenigstens einen ...« macht deutlich, dass er tatsächlich nach Belegen sucht, um seinen Loyalitätsbedürfnissen nachgeben zu dürfen. Dass Lortz' »Schuldbekenntnis«, das den Massenmord an den Juden eine »Einzelbelastung« nennt, der gegenüber das abstrakte »christliche Gewissen« nicht genügend Kraft gehabt habe, gerade *kein* tapferes Einstehen für die eigene Schuld ist, sondern eher ein Musterbeispiel für jenen »wohlorganisierten inneren Widerstand gegen die Durcharbeitung eines Stücks unserer Geschichte« (Mitscherlich 1967, 10), scheint Denzler nicht zu irritieren. Er ist froh auch über solche schwachen Worte des Bedauerns, wenn sie es ihm ermöglichen, sich wenigstens auf einige Vertreter der Vorgängergeneration freundlich beziehen zu können.

Wenn man hier zum Kontrast die Einschätzung der Kirchenhistorikerin und Lortz-Biographin *Gabriele Lautenschläger* (* 1952) heranzieht, wird deutlich, wie stark die Sehnsucht in der Hitlerjugend-Generation ist, ein Einvernehmen mit der ersten Generation zu finden. Lautenschläger als Nachkriegsgeborene jedenfalls sieht in Lortz' spärlichen Stellungnahmen »ausschließlich Äußerungen, die der eigenen Rechtfertigung, nicht aber einer tieferen Einsicht in die allgemeinen Ursachen und Wirkungen dieser Epoche dienen« (Lautenschläger 1987, 395 f.). Sie findet es bezeichnend, »daß Lortz auch Jahrzehnte später sein Verhältnis zu Hitler als das eines unschuldig-ahnungslos Betrogenen darstellt, der auf einen ›Lügner‹ hereingefallen sei, nicht aber – wie es die entsprechenden Quellen nahelegen – als das eines Verehrers und Bewunderers, der jahrelang an einen Verbrecher ›glaubte‹« (398).

Ratzinger, Gössmann, Metz und Denzler: Die Positionen und Temperamente dieser vier Vertreter der Hitlerjugend-Generation könnten kaum unterschiedlicher sein. Gemeinsam aber ist ihnen allen der tiefe Wunsch, in Frieden mit ihren Bezugspersonen der ersten Generation zu leben. Der Protest und der offene Bruch mit den Eltern oder Vorgängern, wie er dann bei einigen in der 68er-Generation ausbrach, ist ihnen fremd. Sie sehen dafür entweder, wie Ratzinger und Gössmann, gar keinen Grund, weil sie bei Eltern und Lehrern alles in Ordnung finden, sie schrecken, wie Metz, vor der vermeintlichen Hässlichkeit des Nachfragens und Anklagens zurück oder klammern sich, wie Denzler, an den Strohhalm einer politisch korrekten Äußerung der Betroffenheit.

Die NS-Zeit wird von allen *verurteilt*, nicht aber näher *untersucht*. Auch dem Historiker Denzler geht es nicht um tiefere Zusammenhänge, sondern in erster Linie um die Frage, *auf welcher Seite* die theologischen Vorgänger jeweils moralisch standen. Genaueres über die Verquickung von Menschenfeindlichkeit und Christentum im Denken der ersten Generation möchte offenbar niemand von ihnen herausfinden. Mit anderen Worten: Die Nazizeit ist für die Angehörigen dieser Generation eine Zeit, an die feierlich-mahnend erinnert wird, und ein Anlass zur Aufforderung, künftig wachsamer und sensibler zu sein. Die Wirklichkeit, die sie – oft mit dem Anspruch, als Zeitzeugen zu sprechen – herstellen, ist eine Wirklichkeit, in der die Täter allenfalls irgendwelche gesichts- und namenlosen »anderen« sind (außer bei Denzler), aber *niemals* die eigenen Angehörigen oder Lehrer. Weil die Täter damit im Nachdenken der Hitlerjugend-Generation nicht vorkommen, ist auch konkrete, unbearbeitete Schuld kein Thema für sie oder wird dem Schamgefühl eines kollektiven »Wir« überantwortet.

Die *Nachgeborenen* und die Suche nach der Wahrheit

Für die folgenden, nach 1945 geborenen Generationen differenziert sich das Bild. Verschiedene, zum Teil einander widersprechende gesellschaftliche und theologische Tendenzen wirken sich in komplexer

Weise auf die Nachgeborenen aus. Wichtig scheinen mir die folgenden:

1. Für den familiären Bereich gilt grundsätzlich, dass auch die Angehörigen der Nachkriegsgenerationen »ihre eigenen Eltern bzw. Großeltern so positionieren, dass von diesem Grauen [des Nationalsozialismus und des Holocaust] kein Schatten auf sie fällt« (Welzer 2002, 47). Loyalitätswünsche und die Angst vor dem Ansichtigwerden von Schuld spielen somit weiterhin eine wichtige Rolle.

2. Wo dabei (trotzdem) eine ungefähre Ahnung von unbearbeiteter Schuld der Eltern oder Großeltern mitspielt, kann sich das so auswirken, dass die Nachgeborenen diese Schuld stärker empfinden als die Betreffenden selbst. Der Psychologe Jürgen Müller-Hohagen (* 1946) hat mit solchen Fällen immer wieder in seiner Beratungspraxis zu tun: »Oft, und das nicht nur in Zusammenhängen mit der NS-Zeit, empfinden Schuldige kein Schuldgefühl und quälen sich umgekehrt Menschen mit Schuldgefühlen, die eigentlich unschuldig sind. So ist es häufig vorgekommen, dass sich die Kinder von Tätern und Mitmachern schuldig fühlten an Stelle ihrer Eltern.« (Müller-Hohagen 2005, 197) Unter die psychischen Folgen davon rechnet Müller-Hohagen diffuse Angst, überzogene »Sachlichkeit« als Folge der Angstabwehr, unbewusstes Ausagieren der elterlichen Schuldaspekte, irrationale Schuldgefühle, übermäßiges Sorgen für andere (Parentifizierung), verfestigte Loyalitätsbindungen an die Eltern, Schwierigkeiten beim Umgang mit Schuld auch in alltäglichen Kontexten, Desorientierungen im ethischen Bereich und fehlendes Vertrauen in Mitmenschlichkeit (198 f.).

3. Aufgewachsen sind die Nachgeborenen mit der Theologie ihrer Vorgängergenerationen, die es in den meisten Fällen – wie gezeigt – vermieden haben, die wirklichen Taten und Täter des Nationalsozialismus zu benennen, und stattdessen zum gemeinsamen Tragen der Schuld an den NS-Verbrechen aufforderten. So unterstützt deren Theologie beide der zuvor genannten Tendenzen auch in den folgenden Generationen: einerseits die Unschuldswünsche hinsichtlich der eigenen Familie, insofern konkrete Schuld nicht thematisiert wird, und andererseits die Übertragung der Schuldgefühle an die Nachkommen, insofern *alle* zum Gebet und zum Mittragen der Schuld aufgerufen werden.

4. Zugleich aber entwickeln sich die Diskurse über Nationalsozialismus und Shoah im Laufe der Jahrzehnte erheblich weiter: Immer

mehr rücken die Opfer ins Blickfeld des gesellschaftlichen Interesses; auch die »vergessenen Opfer« werden häufiger thematisiert (Zwangsarbeiter, Sinti und Roma, Deserteure, Kriegsdienstverweigerer, Euthanasie-Opfer, Prostituierte, Bettler, Obdachlose, Homosexuelle, Behinderte, Zeugen Jehovas, Zwangssterilisierte – vgl. Projektgruppe 1988); Zeitzeugen und -zeuginnen geben Einblicke in die Lebensgeschichten der Verfolgten; Reflexionen über die Shoah sind zunehmend in Philosophie (z. B. Theodor W. Adorno, Emmanuel Levinas) und Dichtung (z. B. Paul Celan, Nelly Sachs) zu finden; historische Forschungen erweitern das Wissen über das NS-Herrschaftssystem und über die Einbeziehung breitester Kreise der Bevölkerung in die großen Projekte des Regimes (vgl. Aly 2005). Auch gelten die Verbrechen der Nazizeit seit der Gedenkrede des Bundespräsidenten Richard von Weizsäcker am 8. Mai 1985 als nicht mehr zu leugnender Teil der Nationalgeschichte. Damit treten neben die Familienlegenden, Rechtfertigungsdiskurse und Schuldabwehrreflexe der deutschen Nachkriegsgesellschaften mehr und mehr Bilder und Geschichten von der »anderen Seite« des Geschehens: von Opfern und Überlebenden der Verfolgung. Die darin liegenden Widersprüche schaffen allmählich die Grundlage für einen kritischeren Umgang mit der NS-Geschichte und machen für die Nachgeborenen die Frage dringlich: »Wie war es eigentlich wirklich?«

5. Während so die Angehörigen der älteren Generationen erst allmählich – im Laufe der Diskursentwicklung – etwas von der Dimension der NS-Verbrechen begreifen lernten, ist das gesellschaftliche und politische Bewusstwerden der Nachkriegsgenerationen von Anfang an verbunden mit Erzählungen von Konzentrationslagern, Krieg und Verfolgung. Auch die gläubigen Christinnen und Christen unter ihnen werden – noch bevor ihr Glaube sich fest in der christlichen Tradition verwurzeln kann – konfrontiert mit dem *Zivilisationsbruch*, das heißt u. a. mit der Tatsache, »daß eine *grundlose Vernichtung* von *Menschen* möglich und wirklich geworden ist« (Diner 1988, 31; vgl. auch Diner 1987). Dazu gehört auch, dass offenbar nichts aus dieser christlichen Tradition, die in Europa breit und mächtig war, geholfen hat, die millionenfachen Morde zu verhindern.

Für die Theologinnen und Theologen der Nachkriegsgenerationen ergibt sich aus dieser spannungsreichen Situation, dass die Kontinuität zu den Vorgängergenerationen nur noch mit Mühe aufrechtzuerhalten ist oder aufgegeben werden muss. Das Hören auf die Verfolgten erlaubt es nicht mehr, über die NS-Zeit primär mit dem Blick auf die deutschen Leiden zu sprechen und die Mittäterschaft von Christen und Christinnen zu übergehen. Damit stellen sich die religiösen Fragen für die Nachgeborenen oft grundsätzlicher, sie zielen auf die Glaubwürdigkeit des Christentums insgesamt und suchen nach den Ursachen der weitgehenden Passivität der Gläubigen vor dem Unrecht, der Duldung oder Unterstützung des nationalsozialistischen Projekts.

Zugleich wird die Tradierung der unbearbeiteten Schuld, die dem Mittragen und Gebet aller Christen anheim gestellt wird, in steigendem Maße als unerträglich empfunden. Während viele der Nachgeborenen noch – weitgehend erfolglos – Linderung in der Beteuerung suchen, sie seien »damals« nicht auf der Welt gewesen und könnten infolgedessen auch nicht schuldig sein, setzt sich unter Theologinnen und Theologen die Erkenntnis durch, dass aktive Wege zu einem anderen Umgang mit der Schuld aus der Nazizeit gefunden werden müssen. Das vermeintlich loyale Schweigen über den Taten und Worten von Eltern, Großeltern und Lehrern führt nicht weiter und ist sogar ein Zurückweichen vor der eigenen Verantwortung. Bisher am besten hat das – aus psychologischer Perspektive – Jürgen Müller-Hohagen auf den Punkt gebracht: »Soweit wir das Verschweigen, Verdrängen, Verleugnen unserer Vorgängergenerationen fortführen, verharren wir in einer transgenerationellen Komplizenschaft, werden wir selbst zu Urhebern von Gewalt, begehen wir Schuld, und sei es durch Unterlassung.« (Müller-Hohagen 2005, 197) Die meisten theologischen Versuche, das Verleugnen der Schuld nicht länger fortzusetzen, beginnen deshalb mit Betrachtungen der Theologien und Taten von Christen der ersten Generation.

So bezieht sich etwa *Regina Ammicht-Quinn* (* 1957) in einer Passage ihres Buchs *Von Lissabon bis Auschwitz* (1992) als eine der ersten deutschen Theologinnen kritisch auf die Deutung des Holocaust als göttliche Vorsehung, die auf die endgültige Bekehrung der Juden zielt, und auf den Dankgottesdienst, den die Einwohner der osteuropäischen Stadt Chmielnik nach der ersten deutschen Vernichtungswelle 1941 für ihre »Erlösung von den Juden« abhielten (Ammicht-Quinn 1992, 211). Sie denkt darüber nach, was solche Tatsachen für die Glaubwürdigkeit des Christentums bedeuten, ob etwa »ein bis dahin schlechthin Gutes, die christliche Glaubensüberzeugung, sich verkehrt haben könnte in Verantwortungslosigkeit« (212). Solche Fragen stellten sich und müssten endlich auch von der Theologie aufgegriffen werden. Das Bekenntnis der eigenen tiefen Erschütterung über die Shoah sei keineswegs ausreichend: »Es geht darum, daß dieses *Bekenntnis* dauerhaft umgesetzt wird in *Erkenntnis*.« (211) Bedingung dafür sei aber, dass die Shoah als erkenntnistheoretischer Bruch anerkannt werde, als ein Bruch der Kontinuität, die auf begrifflicher Ebene nicht mehr wieder herstellbar sei. Nur unter dieser Voraussetzung könne sich die Theologie verändern und werde die Notwendigkeit erkannt, »die antijüdische Geschichte von Kirche und Theologie aufzuarbeiten und Aussagen der Christologie zu überdenken, als deren linke Hand der Antisemitismus beschrieben wird. Gleichermaßen bleibt das sozio-theologische Phänomen, daß eine nicht geringe Anzahl Deutscher sich gleichzeitig als Christen definieren und als ›Antichristen‹ verhalten konnten, erklärungsbedürftig.« (214)

Rainer Bucher (* 1956) beschäftigt sich mit der NS-Zeit im Rahmen einer umfassenden Frage nach den Bedingungen der *Kirchenbildung in der Moderne* (1998). Für ihn ist das theologische Nachdenken über den Nationalsozialismus ein Nachdenken über eine Geschichte von Schuld und Sühne. Um sich dieser Geschichte zu stellen, sei es notwendig, die Perspektive der Opfer aufzugreifen und von *dieser* Perspektive aus »die eigene Option damals, als das Täter-Opfer-Geschehen begann, zu beleuchten. Auf die Seite der Opfer darf sich nur stellen, wer analysiert, wo er bzw. die Tradition, in der er steht, eigentlich damals, als die Täter zu Tätern und die Opfer zu Opfern wurden, zu finden war. […] Ohne die Analyse, welche Optionen wichtige Vertreter der eigenen Denk- und Glaubenstradition damals trafen und warum sie es taten, bleibt jede Selbstidentifikation mit den Opfern ambivalent.« (Bucher 1998, 181 f.) Bucher widmet sich deshalb den 1933 bereits renommierten Theologen Lortz, Schmaus und Adam, die damals »eine eindeutige, öffentliche und differenziert begründete Option für Hitlers Gesellschaftsprojekt« trafen (13). Er fragt: »Was brachte innovative, gegenwartssensible, zu Recht später auch berühmte Theologen dazu, Hitler enthusiastisch zu begrüßen? Welche Probleme belasteten diese Theologen, daß sie ausgerechnet in Hitlers Gesellschaftsprojekt für sie eine adäquate Lösung sahen? Welche religiösen Strukturen und welche theologiehaltigen Diskurse […] wies dieses Gesellschaftsprojekt selber auf, daß es so attraktiv werden konnte?«

(13) Der kritische Blick aus der Perspektive der Opfer führt Bucher also nicht zu einer pflichtschuldig-raschen Verurteilung der drei, sondern zu intensiverem Nachfragen. So kann er zeigen, dass diese Theologen »Hitlers Projekt als ein religiöses Projekt« (14) begriffen, und nach einer Analyse von »Hitlers Theologie« wird deutlich, dass Lortz, Adam und Schmaus sich gerade von Hitlers theologisch legitimiertem anti-pluralem Modernismus eine Problemlösungshilfe für die zwischen Antimodernismus und Liberalismus festgefahrene Kirche erhofften: »Sie versprachen sich eine Dynamisierung von Kirche und Glauben, ökumenische Öffnung, die Stärkung der Stellung der Laien, letztlich eine neue, wenn auch weiterhin im liberalen Sinne anti-moderne Inkulturation des Christentums in die deutsche Gesellschaft.« (215) Dafür waren sie bereit, »den Preis der fatalen Übernahme völkisch-rassischer Basisannahmen« (216) zu bezahlen.

Lucia Scherzberg (* 1957) hat einem der drei von Bucher genannten Theologen, Karl Adam, eine ausführliche Studie gewidmet: *Kirchenreform mit Hilfe des Nationalsozialismus* (2001). Auch Scherzberg geht dabei einer umfassenderen Fragestellung nach: Sie will die Bedeutung der jeweiligen gesellschaftlichen und politischen Kontexte für die Entstehung von Theologie erhellen und untersucht deshalb, »in welcher Weise historische Ereignisse und Konstellationen auf die wissenschaftliche Reflexion der Theologie Einfluss nehmen« (Scherzberg 2001, 11). Am Beispiel des Werdegangs und der Theologie von Karl Adam geht sie dieser Fragestellung nach. Sie zeigt dabei, »dass Adams Verstrickung in den Nationalsozialismus viel tiefer war als bisher angenommen und dass andere katholische Theologen ebenfalls eine starke Affinität zum Nationalsozialismus aufwiesen.« (322) Ähnlich wie Bucher sieht Scherzberg den Hintergrund von Adams NS-Sympathien in dem Interesse, seiner Kirche aus der unfruchtbaren Situation der neuscholastischen Erstarrung herauszuhelfen. Aber das Erkennen solcher Hintergründe taugt nicht zur Verharmlosung der bewussten Kollaboration. Sie hält entschieden fest: »Die theologischen und strukturellen Probleme innerhalb der katholischen Kirche dürfen jedoch nicht als Entschuldigung dafür herhalten, dass ein Theologe wie Adam in seinem Reformwillen eine menschenverachtende Theologie entwickelte, als sei er damit nur etwas über das Ziel hinaus geschossen bzw. habe in seiner politischen Naivität gar nicht erkannt, auf was er sich eingelassen hatte.« (323)

Auch wenn hier nur knapp skizziert werden konnte, wie Ammicht-Quinn, Bucher und Scherzberg als Nachgeborene in ihren Arbeiten auf das theologische Erbe der ersten Generation Bezug nehmen, dürfte deutlich geworden sein, dass es allen um übergeordnete Fragestellungen geht und nicht primär darum, Christen und Theologen an den Pranger zu stellen oder schuldig zu sprechen. Ihr Interesse ist die Weiterentwicklung der Theologie, die Suche nach neuen, glaubwürdigen Perspektiven. Doch der Weg dorthin ist ohne kritische Sicht auf die theologische Vergangenheit, ohne die Benennung theologischer Abwege und die Thematisierung von »Schuld und Sühne« (Bucher) für sie nicht gangbar. Geschichtskonstruktionen, die (unter den Deutschen) keine Verantwortlichen und keine Täter, sondern nur Opfer und allenfalls »Verstrickte« kennen, sind für sie nicht mehr akzeptabel. Die Beibehaltung von Unschuldsmythen und der Vorstellung von intakter katholischer Integrität während der NS-Zeit würde den Blick verstellen, wenn Denkwege geklärt, geistesgeschichtliche Wurzeln bestimmter Haltungen ans Licht gebracht und theologische »Brücken« zu rassistischen und antisemitischen Ideologien erkennbar gemacht werden sollen. Die Generationen der Nachgeborenen bestehen deshalb darauf, dass in die Konstruktionen der Wirklichkeit unbedingt auch die Diskurse und Zeugnisse der NS-Verfolgten als kritische Korrektive aufgenommen werden müssen.

Die Frage »Wie konnte das nur geschehen?« ist für diese Autorinnen und Autoren darum weit mehr als eine rhetorisch-pathetische Beschwörungsformel: Sie soll ernsthaft beantwortet werden. Die öffentliche Bekundung von Erschrecken angesichts der Shoah und Befremden angesichts einer opferblinden, selbstbezüglichen Theologie genügt nicht: Sie muss zu *Erkenntnis* werden (Ammicht-Quinn). Dementsprechend fehlt diesen Arbeiten jede Feierlichkeit und jede Beschwörung des Grauens; die Rhetorik des »Unbegreiflichen« des Holocaust oder des »Unaussprechlichen« der Leiden (vgl. Mandel 2001) fällt weg, weil es stattdessen um nüchterne theologische Kritik geht. Und die Anrufung der »unermesslichen Schuld« der Shoah sucht man ebenfalls vergebens – denn für die, die damit begonnen haben, einzelne Handlungen und Sprach-Taten sowie ihre Urheber zu benennen, ist Schuld nicht mehr die große, dunkle Wolke, die über allen hängt, sondern wieder etwas Konkretes und Personales, dessen zugehörige Personen ausfindig gemacht werden können.

Selbstverständlich besteht auch unter den Nachgeborenen in diesen Fragen keineswegs Einhelligkeit. *Jan-Heiner Tück* (* 1967) etwa sucht einen anderen Weg aus der als unerträglich empfundenen Situation der Schuldbelastung. In seinem Aufsatz *Das Unverzeihbare verzeihen?* hat er die »Unumkehrbarkeit« der Verbrechen der Shoah vor Augen: Mit einem Blick auf die Täter, die ihn ebenso beschäftigen wie seine Generationskollegen, stellt er fest, diese könnten zwar ihre Opfer – wenn sie denn wollten – nicht wieder zum Leben erwecken, sich selbst aber doch wenigstens in ein anderes Verhältnis zu ihnen setzen: »Sie können bereuen und wiedergutmachen (wenn es dazu nicht zu spät ist) oder in selbstherrlicher Attitüde ihre Schuld leugnen und sich selbst zum ›Opfer‹ des totalitären Regimes stilisieren.« (Tück 2004, 175) Spiegelbildlich Ähnliches gelte für die »Seite« der Opfer: Sie könnten »gegenüber den Tätern den Standpunkt der Unversöhnlichkeit einnehmen« (175), aber wären sie auch in der Lage, so fragt Tück, »das Unmögliche zu tun und Unverzeihliches zu verzeihen« (175)? Das wäre dringlich, meint er; die Überzeugung jedenfalls, dass »bestimmte Vergehen« bleibend unvergebbar seien, würde die Hoffnung auf universale Versöhnung untergraben und die Vorstellung sakramentaler Absolution radikal in Frage stellen. Um der Aufrechterhaltung der Hoffnung willen fragt Tück deshalb: »Kann Gott dem Täter seine Sünden vergeben, ohne dass die Opfer in das Vergebungsgeschehen involviert werden?« (175) Mit dieser Problemformulierung legt Tück unterschwellig nahe, dass er die Hauptschwierigkeit für die Versöhnung im Unwillen der Opfer sieht und dass die theologische Spekulation sich darum drehen muss, wie ein Gott gedacht werden kann, der *trotz der Vorbehalte der Opfer* Vergebung in die Welt bringt.

Dass dies für einen christlichen Theologen ein höchst prekäres Unterfangen ist, weiß Tück, und deshalb bemüht er für seine Argumentation fast ausschließlich jüdische Kronzeugen (die wohl weniger in Verdacht geraten dürften, etwas zu verharmlosen). Denjenigen unter ihnen, deren Äußerungen seinem Ansinnen zuwiderlaufen, vor allem weil sie meinen, sie hätten als Lebende kein Recht, im Namen der Toten Vergebung zu gewähren (Jankélévitch 2003), hält Tück allerdings bald »Vergebungsverweigerung« vor. Zu ihnen gehören neben Vladimir Jankélévitch auch Elie Wiesel und Emmanuel Levinas.

Deren Hauptargument aber, das auf Respekt vor den Toten zielt, die sich nicht mehr selbst äußern können, greift Tück auf – allerdings von einer anderen Warte aus. Er tut dies, wenn er auf den klassischen

Prozess der Umkehr mit den Schritten der Reue, des Bekennens und der Wiedergutmachung zu sprechen kommt. Im ursprünglichen Verständnis sind diese drei Schritte von dem Gedanken bestimmt, den Opfern einer Übeltat wenigstens nachträglich Gerechtigkeit widerfahren zu lassen – insbesondere durch den Schritt der Wiedergutmachung. Tück betrachtet diesen Umkehrprozess indessen aus der Perspektive der Täter, die ein Interesse an Vergebung haben. Er fragt: »Was aber, wenn die Opfer tot sind und keine Vergebung mehr aussprechen können, wenn also jede Wiedergutmachung *(satisfactio)* zu spät kommt?« (Tück 2004, 182) Wie kommen die Täter dann zu ihrer Vergebung?

Hier wird der jüdischstämmige Pariser Kardinal Lustiger für Tück ein wichtiger Gewährsmann. Lustiger misst der Rolle der Menschen beim Verzeihen einen eher geringen Wert zu und tritt dafür ein, Vergebung allein von Gott her zu denken: »Gott allein kann verzeihen.« (Lustiger 1986, 415) Wenn es also ausschließlich Gott zukomme, Sünden zu vergeben und zudem eine Wiedergutmachung im Horizont der Geschichte nicht mehr möglich sei, dann gehe der Prozess der Vergebung, »im Angesicht der anderen mit der eigenen Schuldgeschichte in die Wahrheit zu kommen, über den Tod hinaus« (Tück 2004, 183). Tück denkt Vergebung deshalb christologisch, »im Namen des auferweckten Gekreuzigten [...], der sich auf Golgotha mit allen rettend identifiziert hat« (183) und der nach biblischem Zeugnis sein Blut vergossen habe »zur Vergebung der Sünden« (Mt 26,28). Nach Lustiger seien die Leiden der Holocaust-Opfer »ein Teil der Leiden des Messias« (Lustiger 1986, 416), woraus sich auch für Tück eschatologisch eine Hoffnung auf postmortale Versöhnung ergibt: »Die Opfer von Terror und Gewalt können sich (wohl nicht aus eigenem Vermögen, aber in freier Zustimmung zur Gabe der Vergebung des auferweckten Gekreuzigten) die Haltung des bedingungslosen Verzeihens zu eigen machen und mit Christus in ihren Tätern vergebungsbedürftige Nächste und potentielle Brüder und Schwestern sehen.« (Tück 2004, 185)

Angesichts dieser reichen Gabe der Vergebung, die die Möglichkeit zu einer allumfassenden Versöhnung eröffne, ist für Tück klar, was noch schlimmer wäre als alle Verbrechen der Shoah: »Definitive Vergebungsverweigerung auf Seiten der Opfer oder definitive Annahmeverweigerung von Vergebung auf Seiten der Täter wären dann die eigentlich unverzeihlichen Akte, weil sie die alle retten wollende Liebe

des auferweckten Gekreuzigten gering achteten und ausschlügen.«
(185) Hier parallelisiert Tück noch einmal Opfer und Täter, aber die
Opfer haben bei Tück offensichtlich eine Bringschuld; sie sollen sich
nicht länger verweigern, sie sollen sich der Gabe Christi nicht mehr
verschließen, sie sollen vergeben.

Und die Täter? Schreit der Sinn für Gerechtigkeit nicht nach gött-
lichem Zorn, nach der Tilgung der abgründig Bösen aus dem Buch
des Lebens – wie es die Bibel formuliert? Tück konzediert: »Ein Gericht ohne Gerechtigkeit wäre in der Tat absurd«, doch im Nachsatz
kommt ein anderes Bedürfnis zum Ausdruck, wenn er anfügt: »aber
was wäre eine Gerechtigkeit ohne Liebe« (185). Tück geht der Frage
nicht weiter nach, was ein von Liebe getragenes Gerechtigkeitsver-
ständnis in diesem Fall konkret bedeuten könnte; sein Interesse ist
eindeutig die Überwindung der Forderung nach Gerechtigkeit durch
seine Vorstellung von Liebe. Mit Hans Urs von Balthasar setzt er darauf, dass letztlich die Gerichtsaussagen im Neuen Testament gerin-
ger wiegen als die »rettende und versöhnende Kraft des Kreuzes«
(185).

So zeigt sich am Ende, dass es Tück letztlich nicht um Versöhnung
zwischen den Menschen und um eine Hoffnung nach der Zeit des
Hasses geht, sondern um eine Perspektive der Absolution für die Täter, um »die Idee des *bedingungslosen*, unendlichen, gnadenvollen, an-
ökonomischen Verzeihens, das dem Schuldigen auch dann verzeiht,
wenn dieser gar nicht um Verzeihung gebeten hat« (180 f.), wie er im
Anschluss an Jacques Derrida (2000) formuliert. Tod und Auferste-
hung Jesu Christi, wie Tück sie versteht, haben vor allem die Funktion, geschichtliche Schuld zu löschen und die Täter großzügig heim-
zuholen. Reue und Umkehr sind dafür nicht notwendig, wären sie
doch nur »ökonomische« Vorleistungen für die erhoffte Ware der Rettung. Das *eigentlich* Unverzeihliche ist demnach die Verweigerung gegenüber dem Vergebungsangebot Christi; dass dabei die jüdischen
Opfer als »Vergebungsverweigerer« wieder einmal als die eigentlich
Schuldigen in Betracht kommen, ist mehr als fatal. Demgegenüber
ist die Tatsache, dass dabei christologische Deutungen über die Selbst-
deutungen der Opfer (die für Tücks Reflexion keine Rolle spielen)
triumphieren, kaum noch erwähnenswert.

Obwohl Tück sich darum bemüht, auf der Höhe der Debatte und
der aktuellen Korrektheit zu argumentieren, indem er die Namen
zahlreicher jüdischer Überlebender des Holocaust erwähnt und keine

Zweifel an seiner Abscheu vor den Verbrechen lässt, geht es ihm inhaltlich eher darum, eine *Kontinuität* der christlichen Verkündigung angesichts der Shoah zu konstruieren. Insofern kann die Benennung der christlichen Anteile der Schuld nicht sein Thema sein. Er braucht vielmehr eine Vergebungsperspektive für die Täter, die ohne Reue und Schuldbekenntnis auskommt. Weil dies eine Abkehr vom »Hören auf die Opfer« bedeutet, kehrt in seinen Text ersatzweise die Rhetorik der »Unaussprechlichkeit« und der feierlichen Beschwörung der »verstummten Schreie der Opfer« und der »verzweifelten Trauer der Überlebenden« zurück, die den Eindruck der christlichen Unangefochtenheit angesichts des Grauens mildern soll.

Ausblick: Schuld oder Verantwortung?

Ich kehre zurück zum Ausgangspunkt dieser Überlegungen: zur Frage, was die zusammengetragenen Beobachtungen für die Tatsache bedeuten, dass sich auch heute noch die meisten Deutschen wegen der Shoah unter Anklage sehen.

Die vorgestellten Texte geben in ihrer Gesamtheit eindrucksvoll Zeugnis vom Mechanismus der *Tradierung von Schuld:* nicht nur deshalb, weil die Mehrheit der Vertreter der ersten Generation das Mittragen der Schuld allen Christen bzw. allen Deutschen anempfiehlt, sondern auch, weil die folgenden Generationen vom Thema ganz offensichtlich weiter umgetrieben werden und sie darum erneut – und jeweils auf ihre Art – nach Umgangsweisen mit der Schuld aus der NS-Zeit suchen.

Dabei ist es unerheblich, ob Theologie und Kirche als Urheber dieser Schuldtradierung anzusehen sind oder den gesellschaftlichen Tradierungsprozess eher widerspiegeln. Wichtiger ist, dass in den Textanalysen zwei Elemente sichtbar werden, durch die die Schuldtradierung in Gang kommt: Das eine ist die Vermeidung der Benennung der Täter, das andere ist die Delegierung der Schuld an ein Kollektiv. Dadurch wird die Befragung der real stattgehabten Geschichte abgebrochen, und die verbleibende unbearbeitete Schuld wird – als Schuld*gefühl* – weitergereicht.

In den diskutierten Texten können fünf verschiedene Grundpositionen zur Schuldfrage ausgemacht werden:
1. Schuldig an den NS-Verbrechen sind nicht die Christen, sondern

irgendwelche *anderen*. Trotzdem sollten *alle* an dieser Schuld mittragen und beten.

2. Schuldig an den NS-Verbrechen sind auch Christen. Trotzdem sollten *alle* an dieser Schuld mittragen, damit sie nicht erneut schuldig werden.

3. Die *eigentliche* Schuld besteht im Nein zu Christus – Träger dieser Schuld sind vor allem die Juden.

4. In Christus ist die Möglichkeit der Vergebung für alle eröffnet. Sich dem zu verschließen ist die schlimmste Schuld.

5. Schuld ist immer konkret; schuldig an bestimmten Taten sind deren Täter. Wenn von Schuld gesprochen werden soll, muss dies mit Blick auf die Täter geschehen.

Während die ersten beiden Positionen die Schuldtradierung begünstigen, scheint die dritte Position via Ressentiment einen Ausweg aus der Schuld zu weisen. Aber vermutlich handelt es sich da eher um den Eintritt in einen Teufelskreis: Es ist unwahrscheinlich, dass der Hass auf Juden von den eigenen Schuldgefühlen befreit. Wer (wie etwa die erwähnte Frau in der Münchener U-Bahn) seine Schuldgefühle von der eigenen Familie übernommen hat, wird bei jedem öffentlichen Debattenbeitrag von Juden an den familiären »Stachel im Fleisch« erinnert werden, was wiederum den eigenen Hass auf Juden steigern wird.

Die vierte Position, die Vorstellung einer postmortalen Versöhnung, ist zunächst nur eine Spekulation, die die Hoffnung nähren mag, wenigstens in der Zukunft von der diffus lastenden Schuld befreit zu werden. Für das bleibende irdische Leben kann sie nur mit Ressentiments gegen die »Vergebungsverweigerer« dienen, die sich der Spekulation nicht anschließen wollen.

Nur die fünfte Position bricht eindeutig mit dem Schweigen über die Täter. Sie thematisiert die Taten, seien es große oder kleine, Handlungen oder Worte, und übernimmt damit Verantwortung für eine Tradition, die als die *eigene* akzeptiert wird. Gerade dadurch, dass ein eigener, persönlicher Bezug der Verantwortung hergestellt wird, kann zugleich die diffuse Schuldübernahme zurückgewiesen werden. Das eröffnet die Chance, auf diese Weise von pauschalen Schuldgefühlen frei zu werden, dafür müssen aber wohl der Vorwurf der Nestbeschmutzung und jener der Lieblosigkeit (wie ihn Georg Denzler schon zu hören bekam) in Kauf genommen werden. Liegt in dieser Antwort also wirklich eine Verheißung der Befreiung von falschen

Schuldgefühlen und eine Hoffnung auf Versöhnung zwischen den Menschen?

Während der Arbeit an den Texten der verschiedenen Theologengenerationen musste ich immer wieder an das merkwürdige Bibelwort denken, wonach Gott »die Schuld der Väter an den Söhnen und Enkeln, an der dritten und vierten Generation« (Ex 34,7) verfolge. Ist es das, was wir auch in den Generationen nach der Shoah erleben? Mir wurde immer deutlicher, dass es bei diesem Wort nicht um einen eifernden Gott geht, der die unschuldigen Kinder für die Schuld der Väter bestraft. Die Botschaft ist vielmehr, dass niemand seine Schuld mit ins Grab nehmen kann. Sie vergeht nicht einfach mit dem Tod, sie bleibt in der Welt. Denn Schuld ist eine zwischenmenschliche Struktur, eine Art von Gewalt, die ein Täter in die Welt gebracht hat. Sie verschwindet nicht mit seinem Tod, wenn er es versäumt hat, sie zu bekennen und dafür Buße zu tun. Die Gewalt bleibt, der Schmerz bleibt, die Schuld bleibt – wenn nichts dagegen getan wird.

Wenn hier die Nachkommen der Täter nichts unternehmen, dann bleiben Gewalt und Hass weiter bestehen. Wenn die Lügen der Täter nicht endlich Lügen genannt werden, existieren sie fort – anstelle der Wahrheit. Wenn die Schuld der Täter nicht Schuld genannt wird, kommt es nicht zur Versöhnung mit den Opfern und deren Nachkommen. Die Nachkommen der Täter sind hier in der Verantwortung. Sie sind nicht schuldig, aber sie müssen ihre Verantwortung wahrnehmen. Sonst bleibt die Aufgabe an der jeweils nächsten Generation hängen, bis in die dritte und vierte Generation oder noch länger. Das ist kein böses Prinzip, sondern die nüchterne Realität der Gewalt in dieser Welt.

Es geht also diesem biblischen Satz um die Verantwortungsübernahme in einer gewaltgesättigten Welt und – zugleich! – um die Durchbrechung der Tradierung von Schuld. Man könnte auch sagen: Es geht um die Aufkündigung der »transgenerationellen Komplizenschaft« (Müller-Hohagen). Hier stehen wir heute. Es wäre besser gewesen, die Täter wären selbst für ihre Taten eingestanden. Das ist aber weitgehend unterblieben. Die Arbeit ist noch nicht getan. Auch für die christliche Theologie gilt deshalb: Wer Verantwortung für sie übernehmen will, muss bereit sein, in der eigenen Tradition Falsches falsch und Böses böse zu nennen, Täter und Taten beim Namen zu nennen. Das ist eine konfliktreiche, nicht immer schöne Angelegenheit. Das verspricht Streit mit denen, die weiterhin die Täter verteidigen. Aber darauf liegt tatsächlich auch eine Verheißung: die Verheißung, dass manche Lügen nicht mehr weiterwirken können und die kommenden Generationen mit weniger Gewalt, Schmerz und Schuld konfrontiert sein werden.

Literatur

Die Jahreszahlen nach den Namen beziehen sich in der Regel auf das Jahr des ersten Erscheinens des zitierten Texts bzw. auf das Jahr der Abfassung. Steht beim Verlagsort eine weitere Jahreszahl, bezieht sie sich auf das Erscheinungsjahr der zitierten Ausgabe.

Adam, Karl, 1940: *Die geistige Lage des deutschen Katholizismus*, in: Diözesanarchiv Rottenburg N 67, Nachlass Karl Adam, Nr. 32

Aly, Götz, 2005: *Hitlers Volksstaat.Raub, Rassenkrieg und nationaler Sozialismus*, Frankfurt am Main

Ammicht-Quinn, Regina, 1992: *Von Lissabon bis Auschwitz. Zum Paradigmawechsel in der Theodizeefrage*, Freiburg i.Ue./Freiburg i. Br.

Austin, John L., 1972: *Zur Theorie der Sprechakte*, Stuttgart

Bendel, Rainer (Hg.), 2002: *Die katholische Schuld? Katholizismus im Dritten Reich – Zwischen Arrangement und Widerstand*, Münster

– 2002a: *Kirche der Sünder – sündige Kirche? Beispiel für den Umgang mit Schuld nach 1945*, Münster

Bendel-Maidl, Lydia/Bendel, Rainer, 2002: *Schlaglichter auf den Umgang der deutschen Bischöfe mit der nationalsozialistischen Vergangenheit*, in: Bendel 2002a, 137-161

Bucher, Rainer, 1998: *Kirchenbildung in der Moderne. Eine Untersuchung der Konstitutionsprinzipien der deutschen katholischen Kirche im 20. Jahrhundert*, Stuttgart

Bude, Heinz, 1995: *Das Altern einer Generation. Die Jahrgänge 1938 bis 1948*, Frankfurt am Main

Bücker, Vera, 1989: *Die Schulddiskussion im deutschen Katholizismus nach 1945*, Bochum

Denzler, Georg, 1984: *Widerstand oder Anpassung? Katholische Kirche und Drittes Reich*, München

– 1996: *Wenn Gottesgelehrte völkisch denken*, in: Süddeutsche Zeitung. SZ am Wochenende, 21./22. Dezember

– (Hg.), 2000: *Theologische Wissenschaft im »Dritten Reich«*, Frankfurt 2000

– 2003: *Widerstand ist nicht das richtige Wort. Katholische Priester und Theologen im Dritten Reich*, Zürich

Derrida, Jacques, 2000: *Das Jahrhundert der Vergebung. Verzeihen ohne Macht*

– *unbedingt und jenseits der Souveränität*, in: Lettre international, Nr. 48, 10-18

Diner, Dan, 1987: *Zwischen Aporie und Apologie. Über Grenzen der Historisierbarkeit des Nationalsozialismus*, in: ders. (Hg.), Ist der Nationalsozialismus Geschichte? Zu Historisierung und Historikerstreit, Frankfurt am Main, 62-73

– 1988: *Aporie der Vernunft. Horkheimers Überlegungen zu Antisemitismus und Massenvernichtung*, in: ders. (Hg.), Zivilisationsbruch. Denken nach Auschwitz, Frankfurt am Main, 30-53

Fogt, Helmut, 1982: *Politische Generationen. Empirische Bedeutung und theoretisches Modell*, Opladen

Fries, Heinrich, 1949: *Nihilismus. Die Gefahr unserer Zeit*, Stuttgart

Gössmann, Elisabeth, 2003: *Geburtsfehler weiblich. Lebenserinnerungen einer katholischen Theologin*, München

Greive, Hermann, 1969: *Theologie und Ideologie. Katholizismus und Judentum in Deutschland und Österreich 1918-1935*, Heidelberg

Griech-Polelle, Beth A., 2002: *Bishop von Galen: German Catholicism and National Socialism*, New Haven/London

Guardini, Romano, 1952: *Verantwortung. Gedanken zur jüdischen Frage*, München

Heinrich, Horst-Alfred, 1997: *Die Flakhelfer-Generation. Versuch einer empirischen Bestimmung*, in: Psychosozial, Nr. 68, 23-42

Heitmeyer, Wilhelm (Hg.), 2004: *Deutsche Zustände*, Folge 3, Frankfurt am Main

Herbert, Ulrich, 2003: *Drei politische Generationen im 20. Jahrhundert*, in: Jürgen Reulecke, (Hg.): Generationalität und Lebensgeschichte im 20. Jahrhundert. München, 95-114

Jankélévitch, Vladimir, 2003: *Das Verzeihen. Essays zur Moral und Kulturphilosophie*, Frankfurt am Main

Jarausch, Konrad, 2004: *Die Umkehr. Deutsche Wandlungen 1945-1995*, München

Jaspers, Karl, 1946: *Die Schuldfrage*, in: ders., Hoffnung und Sorge. Schriften zur deutschen Politik 1945-1965, München 1965

Jensen, Olaf, 2004: *Geschichte machen. Strukturmerkmale des intergenerationellen Sprechens über die NS-Vergangenheit in deutschen Familien*, Tübingen

Kellenbach, Katharina von u. a. (Hg.), 2001: *Von Gott reden im Land der Täter. Theologische Stimmen der dritten Generation seit der Shoah*, Darmstadt

Klönne, Arno, 1959: *Die Hitlerjugendgeneration. Bemerkungen zu den politischen Folgen der Staatsjugenderziehung im Dritten Reich*, in: Politische Studien 10, 93-99

Kogon, Eugen, 1946: *Der SS-Staat. Das System der deutschen Konzentrationslager*, München [13] 1983

Landwehr, Achim, 2001: *Geschichte des Sagbaren. Einführung in die Historische Diskursanalyse*, Tübingen

Lange, Ansgar, 2004: *Eugen Kogon als christlicher Publizist*, in: Die Neue Ordnung 58, Nr. 3

Lautenschläger, Gabriele, 1987: *Joseph Lortz (1887-1975). Weg, Umwelt und Werk eines katholischen Kirchenhistorikers*, Würzburg

Lustiger, Jean-Marie, 1986: *Die Gabe des Erbarmens*, in: ders., Wagt den Glauben, Einsiedeln, 412-417

Mandel, Naomi, 2001: *Rethinking »After Auschwitz«: Against a Rhetoric of the Unspeakable in Holocaust Writing*, in: boundary 2, 28. Jahrg. (2001), Heft 2, 203-228

Marcuse, Harold, 2001: *Legacies of Dachau. The Uses and Abuses of a Concentration Camp. 1933-2001*, Cambridge

Metz, Johann Baptist, 1984: *Im Angesichte der Juden. Christliche Theologie nach Auschwitz*, in: Concilium 20, 382-389

– 1988: *Gotteslehrerin für uns alle. Gedanken zum Verhältnis von Kirche und Synagoge*, in: Süddeutsche Zeitung. SZ am Wochenende, 17./18. Dezember

– 1991: *Kirche nach Auschwitz*, in: M. Marcus u.a. (Hg.), Israel und Kirche heute. Beiträge zum christlich-jüdischen Gespräch, Freiburg, 110-122; zit. nach dem Neuabdruck in: Bendel 2002, 261-273

Mitscherlich, Alexander und Margarete, 1967: *Die Unfähigkeit zu trauern. Grundlagen kollektiven Verhaltens*, München, 19. Aufl. 1987

Müller-Hohagen, Jürgen, 2005: *verleugnet – verdrängt – verschwiegen. Seelische Nachwirkungen der NS-Zeit und Wege zu ihrer Überwindung*, München

Padover, Saul K., 1946: *Lügendetektor. Vernehmungen im besiegten Deutschland 1944/45*, München 2001

Projektgruppe für die vergessenen Opfer des NS-Regimes (Hg.), 1988: *Verachtet – verfolgt – vernichtet. Zu den »vergessenen« Opfern des NS-Regimes*, Hamburg, 2., überarb. Aufl.

Rahner, Karl, 1946: *Von der Not und dem Segen des Gebetes*, Freiburg 1958

– 1965: *Über die Einheit von Nächsten- und Gottesliebe*, in: ders., Schriften zur Theologie, Bd. VI, Einsiedeln u.a., 277-298

Ratzinger, Joseph, 1998: *Aus meinem Leben. Erinnerungen (1927-1977)*, München

Reck, Norbert, 2001: *Der Gott der Täter. Subjektverbergung, Objektivismus und die Un-/Schuldsdiskurse in der Theologie*, in: Kellenbach, aaO., 29-45

– 2005: *»Wer nicht dabeigewesen ist, kann es nicht beurteilen«. Diskurse über Nationalsozialismus, Holocaust und Schuld in der Perspektive verschiedener theologischer Generationen*, in: Münchner Theologische Zeitschrift 56, Heft 4, 342-354

Rosenthal, Gabriele, 1986: *Die Hitlerjugend-Generation*, Essen

Scherzberg, Lucia, 2001: *Kirchenreform mit Hilfe des Nationalsozialismus. Karl Adam als kontextueller Theologe*, Darmstadt

Schmaus, Michael, 1933: *Begegnungen zwischen katholischem Christentum und nationalsozialistischer Weltanschauung*, Münster, 2. Aufl. 1934

– 1940: *Brief an Karl Adam*, in: Diözesanarchiv Rottenburg N 67, Nachlass Karl Adam, Nr. 33

– 1949: *Das Verhältnis der Christen und Juden in katholischer Sicht*, in: Judaica 5, 182-191

– 1963: *Katholische Dogmatik*, Bd. II/2, München, 6. weitgehend umgearbeitete Aufl. (1. Aufl. 1941)

Searle, John R., 1971: *Sprechakte. Ein sprachphilosophischer Essay*, Frankfurt am Main

Spicer, Kevin, 2002: *»Gespaltene Loyalität. »Braune Priester« im Dritten Reich am Beispiel der Diözese Berlin*, in: Historisches Jahrbuch 122, 287-320

– 2005: *»Im Dienst des Führers«. Pfarrer Dr. Philipp Haeuser und das »Dritte Reich«*, in: Lucia Scherzberg (Hg.), Theologie und Vergangenheitsbewältigung, Paderborn, 17-31

Tück, Jan-Heiner, 2004: *Das Unverzeihbare verzeihen? Jankélévitch, Derrida und eine offen zu haltende Frage*, in: Communio 33, 174-188

Welzer, Harald, u. a., 1997: *»Was wir für böse Menschen sind!« Der Nationalsozialismus im Gespräch zwischen den Generationen*, Tübingen

– 2002: *»Opa war kein Nazi«. Nationalsozialismus und Holocaust im Familiengedächtnis*, Frankfurt am Main

Anmerkung

1. Damit schließe ich mich nicht den radikalen konstruktivistischen Theorien an, die die Wirklichkeit insgesamt als Erzeugnis sprachlicher Akte ansehen möchten. Ich gehe davon aus, dass die nichtsprachliche, geschichtliche Wirklichkeit eine eigene Dynamik zeigt, indem sie immer wieder die Diskurse über die Wirklichkeit *unterbricht* und zum Umdenken zwingt. Gleichwohl darf die wirklichkeitserzeugende Funktion von Sprechakten nicht unterschätzt werden. Gerade die Schaffung von Schuld- und Unschuldsbewusstsein kann für die davon erreichten Menschen eine nachhaltige und sehr »reale« Veränderung ihrer Wirklichkeit bedeuten.

Schuld und Vergebung

Zur deutschen Praxis christlicher Versöhnung

Katharina von Kellenbach

Und die Wahrheit ist auch hier, wie üblich, konkret.

(Klüger 1992, 73)

Auf meinem Nachttisch in Berlin liegt ein Buch, das enthält in eng-
lischer Sprache die zweiundfünfzig besten Predigten des Jahres 1944,
ein amerikanisches Buch mit ausgezeichneten Predigten mit fabelhaf-
ten Gedanken, mitten hineingestellt in die Gegenwart und doch nicht
flach, aber eines fehlt darin vollkommen, das Wort »Schuld«. Zwei oder
drei Geschichten befassen sich mit dem Krieg, besonders in Anwendung auf Deutschland. In den übrigen achtundvierzig Predigten findet
man nur ganz selten einmal das Wort Schuld oder Sünde, ganz zu
schweigen von dem Wort Versöhnung oder Vergebung. Christus ist darin ein Lehrer, nur eines ist er nicht, der Heiland der Sünder, das, was er
sein soll und will … Unserer evangelischen Kirche wird heute die Möglichkeit gegeben, wieder einmal die Christusbotschaft in ihrem ganzen
Reichtum und in ihrer Kraft zu hören und weiterzugeben.

(Niemöller 1946a, 18)

Theologische Wahrheit ist konkret, sie wird in spezifischen kulturellen
Kontexten entwickelt. Deutsche Nachkriegstheologie ist von der Auseinandersetzung mit der Gewaltherrschaft der Jahre 1933-1945 geprägt und hat »Schuld und Vergebung« zum Schwerpunktthema
christlicher Verkündigung gemacht, was, wie Martin Niemöller treff-
lich beobachtete, in anderen Nationalkirchen nicht der Fall ist.[1] Die
Vergebung der Schuld wurde sowohl in individuellen Seelsorgebezie-
hungen und in Gemeindegottesdiensten gefeiert als auch auf politischer Ebene national und international beschworen. Das Mysterium
der Bekehrung, das aus einem Saulus einen Paulus, und somit aus
einem schuldbeladenen Sünder einen neugeborenen Heiligen macht,
bot sich in einzigartiger Weise als Paradigma für die »Stunde Null« an.
Dieser Beitrag untersucht theologische Diskurse auf ihre prakti-

schen und politischen Wirkungen hin und arbeitet sowohl mit den Methoden historisch-empirischer Forschung als auch der normativ-theologischen Analyse. Die historischen Dokumente der Lager- und Gefängnisseelsorger sollen daraufhin befragt werden, ob es der christlichen Botschaft der Sündenvergebung gelungen ist, die NS-Täter nicht nur in eine lebendige Gottesbeziehung, sondern auch in ein neues ethisches Veranwortungsgefühl zu führen und in ihnen ein Verständnis für die Not und das Leiden ihrer Opfer zu wecken. Dieser Arbeit liegen gewisse normative Erwartungen an eine gelungene Umkehr und Bekehrung zum christlichen Glauben zugrunde: Von einem geläuterten Sünder, zumal einem verurteilten NS-Täter, der zum Glauben bekehrt wird, wird eine radikale Abkehr von nationalsozialistischen Grundsätzen und die Bereitschaft zum Bruch mit den ehemaligen Kameraden erwartet. An die Stelle des Treueschwurs zur Volksgemeinschaft muss mit dem christlichen Glaubensbekenntnis die Einsicht in die Würde aller Menschen als Kinder Gottes treten, die sich ganz besonders im Einsatz für die Opfer menschenverachtender Ideologien bewährt. Statt solch »teurer Gnade« (Bonhoeffer 1961) wurde das Wort von der Sündenvergebung aber oft zum Freibrief, das den NS-Tätern erlaubte, sich von der Verantwortung für ihre Vergangenheit loszusprechen, ohne sich mit den katastrophalen Konsequenzen im Leben der Opfer auseinander zu setzen.

Einige der hier vorgestellten Seelsorger traten mit einem radikalen Programm christlicher Umkehr vor die internierten und gefangenen NS-Täter. So zum Beispiel Martin Niemöller, der in den Jahren 1945 und 1946 durch die besetzte amerikanische Zone reiste und den gefangenen NS-Funktionären in den Interniertenlagern »das Christentum [als] … die letzte und einzige Hoffnung für das zusammengeschlagene und zusammengebrochene Europa und alle seine Völker« (Niemöller 1946b, 12) predigte. Für ihn war die Schuldvergebung das Tor zur Umkehr: »Rufen wir es unseren Brüdern und unseren Feinden zu: ›Dir sind deine Sünden vergeben‹ … Er trug unsere Schuld und vergab sie; und wir sollen nicht vergeben?« (13) Er fasste das Evangelium, das in den Internierungslagern verkündet werden sollte, folgendermaßen zusammen:

Aber das ist die frohe Botschaft, daß Gott uns geliebt hat »und gesandt seinen Sohn zur Versöhnung der Sünden«. Er hat seinen Sohn gesandt für uns, daß er unsere Schuld hinwegnähme, unsere Schuld, die wir zu einem Berg aufgetürmt haben, der uns erdrücken muß. Diese Botschaft redet von einem Wunder, von dem allein zu reden und zu verkünden lohnt: Für uns armselige, jämmerliche, feige und sündige Menschen, die in ihrer Schuld sterben müssen und nicht mehr wissen wohin, opfert Gott seinen Sohn. Er macht Frieden mit uns ... Da bleibt uns wohl gar nichts anderes übrig als zu dem Kreuz unseres Herrn Jesus Christus hinzugehen, unsere Schuld auf uns zu nehmen und sie ihm zu bekennen, daß er sie von unseren Schultern und Herzen nehme. (Niemöller 1946c, 12)

Niemöller vertritt hier die evangelische Version der Rechtfertigungslehre, die den Opfertod Jesu am Kreuz als stellvertretende Sühne für die Sünden der Menschen hervorhebt. Jesus Christus nimmt die Strafe, die dem Sünder zukommt, freiwillig im Leiden am Kreuz auf sich und versöhnt ihn dadurch mit Gott, mit sich selbst und dem Nächsten. Dieses stellvertretende Sühneopfer kann nur dankbar als Geschenk und Gnade angenommen und nicht durch »Werke« verdient werden. Wer aufrichtig an dieses Heilsgeschehen im Kreuzestod Jesu Christi glaubt, der ist von der Erbsünde (in der Taufe) erlöst und wird von den Strafkonsequenzen nachträglich begangener Sünden (in Beichte und Abendmahl) befreit. Der Glaube befähigt zum radikalen Bruch mit dem alten Adam und ermöglicht die Wiedergeburt in Christus.

Diese Versöhnungslehre wurde im nationalen und politischen Kontext Nachkriegsdeutschlands in besonderer Weise relevant. Mit dieser Botschaft sollten Männer und Frauen, die an Gewaltherrschaft, Vernichtungskrieg und Völkermord mitgewirkt hatten, missioniert und bekehrt werden. Allerdings, so möchte ich empirisch zeigen, führte diese kirchliche Verkündigung allzu oft nicht zum radikalen Bruch mit nationalsozialistischen Ansichten, sondern wurde durch die ideologisch verzerrte Realität inhaftierter und verurteilter NS-Täter gefiltert und in deren Verleugnungs- und Rechtfertigungsstrategien assimiliert.

Religiöse Bekehrungen sind für viele Nationalsozialisten überliefert. Namentlich bekannt sind zum Beispiel die Bekehrungen etlicher Verurteilter aus den Nürnberger Prozessen, die vom amerikanischen Pfarrer Henry Gerecke der *Missouri Lutheran Synod* betreut wurden (Railton 2000, 112-137). In ihren Memoiren beschreiben der Auschwitz-Kommandant Rudolf Höss (Höss 1965; vgl. Deselaers 1997), der Generalgouverneur Hans Frank (1953), der Leiter des Reichswirtschaftshauptamts Oswald Pohl (1950) und Hitlers Architekt Albert Speer (Speer 1975; vgl. Sereny 1995) ihre Rückkehr zum Christentum. Progressive und konservative Vertreter der römisch-katholischen und evangelischen Kirchen waren sich überraschend einig im Ruf nach kirchlicher Missionsarbeit an inhaftierten NS-Männern und -Frauen in den alliierten Internierungslagern. Die Bekehrung ehemaliger Nazis hatte kirchliche Priorität (Wember 1992, 208-224; Biess 2001, 65-67), und beide Kirchen drängten auf seelsorgerliche Präsenz in den Militärgefängnissen und Internierungslagern, um den inhaftierten Deutschen einen Neuanfang auf christlicher Grundlage zu ermöglichen. In den Internierungslagern sahen kirchliche Vertreter einen »aufgebrochenen Ackerboden für den Samen«[2] und ein »zur Ernte reifes Feld«[3]. Hier lagen die ehemaligen Herrenmenschen als Gefangene auf offenem Feld oder saßen in ehemaligen Konzentrationslagern (Dachau, Buchenwald) und regulären Gefängnissen (Landsberg/Lech, Ludwigsburg). »All diese Not macht das Herz empfangsbereit«, lauteten die Berichte.[4] »Das Zurückfluten der Ausgetretenen«[5] gestaltete sich in einem lebhaften Konkurrenzkampf zwischen den beiden Volkskirchen, eine Rivalität, die ihrer institutionellen, ökumenischen Kooperation im Dienst an den Gefangenen keinen Abbruch tat.

Betrachtet man diese kirchlichen »Heimkehrer« genauer, stellt man fest, dass die bekehrten NS-Täter auch nach der vollzogenen Bekehrung jegliche Schuld an ihren Taten abstritten. Wohl bekannten sie sich zu ihrer generellen Sündhaftigkeit und einer allgemeinen Schuld vor Gott. Sie schlossen dabei aber meistens die moralische oder kriminelle Schuld an den Massenmorden explizit aus. Damit deutet sich bereits an, dass die praktizierte Schuld- und Vergebungslehre *prinzipiell* und nicht nur *punktuell* an der spezifischen Situation der NS-Täter gescheitert ist. Eine Schuldeinsicht und wünschenswerte christliche Umkehr ehemaliger NS-Funktionäre scheiterte weniger an individueller Glaubensschwäche der Bekehrten oder am individuellen Versagen der Seelsorger. Vielmehr versagte sie angesichts der Tatsache, dass der Tatbestand nicht bereut, gebeichtet und bereinigt wurde. Nationalsozialistische Mörder – die Personen in meiner Untersuchung waren alle an Massentötungen beteiligt – unterscheiden sich grundsätzlich von »normalen« Kriminellen. Wie die inhaftierten Täter (und etliche ihrer Seelsorger) immer wieder betonten, hatten sie kein damals gültiges Gesetz gebrochen und, ihrer Meinung nach, nicht aus »niedrigen Beweggründen« gehandelt. Sie behaupteten, nicht aus eigenem Antrieb oder mit individuellem Täterwillen, sondern gemeinschaftlich und aus gesellschaftlichem Pflichtbewusstsein gehandelt zu haben. Den Tätern selbst erschienen solche staatlich legitimierten Taten moralisch nicht angreifbar. Der erste Schritt im traditionellen Prozess der Sündenvergebung ist aber die Reue, die sich ohne Unrechtsbewusstsein gar nicht erst entwickeln kann. Darin stimmen Judentum und Christentum sowie römisch-katholische und lutherisch-reformierte Überlieferungen überein.

Für die jüdische Tradition formulierte Maimonides drei notwendige Bestandteile der *t'shuvah* [Umkehr], die im Judentum seit der Tempelzerstörung ohne Vermittlerrolle und ohne Sühneopfer erlösend wirken. Ein Sünder muss, erstens, aufrichtig bereuen und die Sünde verurteilen, zweitens eine mündliche Beichte ablegen und um Vergebung bitten und, drittens, den festen Vorsatz fassen, die Übertretung nicht zu wiederholen (Yad, Teshuva 2,2; Maimonides 1927, 387). Diese drei Bestandteile der Vergebung wurden in der *Summa Theologiae* des Thomas von Aquin aufgenommen und zur Grundlage der römisch-katholischen sakramentalen Bußpraxis gemacht (Goldstein 1974, 123). Im katholischen Ritus wird das Sakrament der Absolution und Sündenvergebung erst erteilt, wenn die folgenden Bedingungen erfüllt sind: die Reue und Zerknirschung des Herzens *(contritio cordis)*, eine detaillierte mündliche Beichte vor den Ohren eines Priesters *(confessio oris)* und schließlich eine genugtuende Bußleistung, die vom Priester auferlegt wird *(satisfactio operis)*. Wer diese Schritte durchlaufen hat, empfängt das Sakrament der Absolution und gilt als geläutert und von göttlicher Strafandrohung befreit.

Die protestantische Kritik, die sich am römisch-katholischen Missbrauch sakramentaler Bußpraxis entzündet hatte, stellte ihre eigene Beicht- und Bußlehre in den Rahmen der Rechtfertigungslehre. Danach kann sich ein Sünder die Erlösung nicht selbsttätig (durch Werke) verdienen, sondern empfängt die Gnade der Erlösung unverdient, allein aus Gottes vollmächtigem Gnadenakt. Die Vergebung der Sünden nimmt der Bußfertige passiv entgegen, sie kann nicht durch aktives menschliches Streben nach Verbesserung erreicht werden. Deshalb kann die Reue keine Vorbedingung der göttlichen Vergebung sein, weil sie sonst menschliche Leistung (Stichwort: Werksgerechtigkeit) voraussetzte. Allein der Glauben wirkt erlösend. Dennoch besteht auch für Luther die »Bekehrung als Buße aus den Elementen der Reue *(contritio)* und des Glaubens *(fides salvifica)*« (Wagner 1981, 474). Luther definiert die Reue im *Kleinen Katechismus für die gemeinen Pfarrherren und Prediger* als »die ernste und wahrhaftige Traurigkeit des Herzens, welches um seiner aus dem göttlichen Gesetz erkannten Sünden willen vor Gottes Zorn und dessen gerechten Strafen erschrocken und betrübt ist« (Luther 1885, 95). Zum Glauben gehört, laut Luther, die Erkenntnis »der Wahrheit des Wortes Gottes« und die Ergriffenheit von der »göttlichen Gnade und Barmherzigkeit in Christo in der evangelischen Verheißung durch den Heiligen Geist« (96). Reue und Glauben bewirken in der Bekehrung einen »neuen Gehorsam«, der die »Frucht der Buße« (97) hervorbringt. Reue, Beichte und Buße bleiben wichtige Elemente im Versöhnungsprozess evangelischer Rechtfertigungslehre, auch wenn die reuige Einsicht nicht mehr als zwingende Vorbedingung der Sündenvergebung gesehen wird. So lässt Luther den Beichtenden vor der Absolution ein Sündenbekenntnis sprechen, das an der jüdischen *t'shuvah* und katholischen Bußlehre festhält: »Das alles ist mir leid [*contritio*]. Ich bitte um Gnade [*confessio*]. Ich will mich bessern [*satisfactio*]« (Metzger 1980, 37).

Im Folgenden soll das historische Material der Seelsorge an NS-Tätern danach gesichtet werden, ob sich die Verurteilten zu Reuegefühlen gegenüber ihren Taten durchringen konnten, ob sie ihre Tötungshandlungen offen zugeben konnten und ob sie versuchten, ihre Umkehr in genugtuenden Werken der Restitution und Wiedergutmachung umzusetzen.

Contritio Cordis – Herzliche Reue

Um die Antwort auf die erste Frage gleich vorwegzunehmen: NS-Täter zeigten im Allgemeinen keine Reue, weil ihnen ihre von Amts wegen begangenen Gewalttaten nicht leid taten und sie darin kein Unrecht zu sehen vermochten. Konnte ihnen trotzdem die Absolution erteilt werden? Dies war das Dilemma, mit dem sich die evangelischen Gefängnisseelsorger in Landsberg/Lech, im *War Criminal Prison # 1*, in den Jahren 1945-1951 konfrontiert sahen. Dort arbeiteten zwei deutsche evangelische Gefängnisgeistliche, nachdem der amerikanische lutherische Militärpfarrer Henry F. Gerecke abgezogen worden war (Railton 2000): August Eckardt (Juni 1948–Juni 1949)[6] und Karl Ermann (Juni 1949–Juni 1951)[7]. Sie sahen ihre seelsorgliche Aufgabe darin, die Verurteilten der Nürnberger Prozesse (IMT–*International Military Tribunals*) und der amerikanischen Nachfolgeprozesse durch die schwierige Zeit der Tribunale, der Haft und der Vorbereitung auf die Vollstreckung der Todesstrafe zu begleiten. Neben zahlreichen

Einzelgesprächen, Gottesdiensten und Liederabenden hielten sie Außenkontakte zu den Familien und zur kirchlichen und allgemeinen Öffentlichkeit. Sie standen den Männern (die sieben Frauen in Landsberg/Lech werden von den Pfarrern nur am Rande erwähnt)[8] emotional und seelisch bei und bereiteten sie auf den Tod durch den Strang vor. August Eckardt und Karl Ermann waren von der amerikanischen Militärbehörde eingestellt worden, nachdem sie ihre Entnazifizierungsurkunden vorgelegt hatten. Sie waren keine Mitglieder der NSDAP gewesen[9] und rechneten sich dem kirchlichen Widerstand gegen die nationalsozialistischen Übergriffe auf die Kirche in Bayern zu. Beide wurden nach relativ kurzer Amtszeit in Landsberg/Lech abrupt zwangsversetzt, weil sie sich zu stark mit den Gefangenen solidarisiert und gegen Gefängnisregeln verstoßen hatten. Sie hatten Briefe aus dem Gefängnis geschmuggelt, Kontakte zur Solidaritätsbewegung wie der *Stillen Hilfe*[10] unterhalten und widerrechtlich Informationen an die Presse weitergeleitet.

Pfarrer August Eckardt begleitete in den Anfangsjahren viele Todeskandidaten und setzte sich das Ziel, die Todgeweihten »aufrecht und mannhaft die letzte Prüfung«[11] bestehen zu lassen. Aus seinen Berichten über die letzten Abendmahle der Verurteilten, die er für Ehefrauen, Familienangehörige und Amtskollegen verfasste, wird deutlich, dass es ihm weniger darum ging, ein Schuldbewusstsein in den Häftlingen zu wecken, als darum, einen Todgeweihten »gestärkt und innerlich der Vergebung der Sünden gewiss«[12] zur Hinrichtung zu geleiten. Das »in gläubiger Andacht«[13] entgegengenommene Abendmahl erlaubte seinen Todeskandidaten, den letzten Gang in »mannhafter Haltung«[14] zu gehen und sich noch ein »männliches Lebewohl«[15] zuzurufen. Eckardt schreibt: »Unter Händeauflegen durfte ich ihm die Vergebung seiner Sünden und die Gewissheit der ewigen Seligkeit im Namen Gottes zusprechen und ihn damit begnadigt an die Schwelle führen, über die Gottes Barmherzigkeit eine glaubende Seele aus der Zeitlichkeit in die Ewigkeit überführt.«[16] In einem anderen Brief berichtet Eckardt: »Wenn er heute am Morgen noch das heilige Abendmahl begehrt und empfangen hat, so ist es mir die Bestätigung dafür, daß er im Frieden und mit Gott versöhnt aus diesem Leben scheiden wird.«[17] Das Ziel der Sündenvergebung, die den Männern in diesen Abendmahlsfeiern Frieden schenkte, war »männliche Standhaftigkeit«[18] und nicht die *contritio cordis*, die Luther als »Zerknirschung« oder »Traurigkeit des Herzens« beschreibt. Vom

Glauben versprechen sich die verurteilten Täter (und ihre Pfarrer) Ermutigung, Trost und Zuspruch, aber keine »ernstliche und wahrhaftige Traurigkeit des Herzens« (Luther 1885, 95). Ihr innerer Friede war nicht das Resultat einer Erlösung von der Schuld nach der schmerzhaften Konfrontation mit ihr, sondern ihre standhafte Verdrängung.

Männliche Standhaftigkeit

Am Beispiel des Inhaftierten Hans Hermann Schmidt werden die theologischen und diskursiven Strategien deutlich, mit der jeder Anflug von Zerknirschung und Traurigkeit des Herzens vermieden wurde. Schmidt wurde im Dachauer Prozess als Adjutant des KZ-Kommandanten von Buchenwald[19] zum Tode verurteilt. Er war der letzte der »Landsberger Rotjacken«, wie die zum Tode Verurteilten in der Presse genannt wurden, und wurde am 7. Juni 1951 hingerichtet. Vor ihm waren Oswald Pohl (Chef des Wirtschafts- und Verwaltungshauptamts der SS), Paul Blobel (Sonderkommando 4a), Otto Ohlendorf (Einsatzgruppe D), Erich Naumann (Einsatzgruppe B), Dr. Werner Braune (Einsatzgruppe 11b) und Georg Schallermair (Dachauer Prozess) zum Galgen geführt worden. Die letzten Worte der Verurteilten wurden von Zeugen auf Englisch festgehalten und liegen in den *National Archives* in Washington D.C. Pfarrer Ermann benutzte sie als Grundlage für seine Predigt im Trauergottesdienst im Landsberger Gefängnis, der am 10. Juni 1951 stattfand. Alle sieben hatten unter dem Galgen noch einmal ihre Unschuld beteuert.[20] Auch Hans Schmidt weist jegliche Verantwortung für Gewalttaten im KZ Buchenwald ab:

> Herr Oberst! Ich lege an dieser Stelle noch einmal ~~feierlichen~~ Protest ein gegen das Urteil, das zu dieser Hinrichtung geführt hat. Vor dem Angesichte Gottes, vor dem ich im nächsten Augenblick stehen werde, versichere ich, dass ich der Verbrechen nicht schuldig bin, die man mir zur Last gelegt hat … Ich erkläre, dass ich nichts anderes getan habe, als was Sie meine Herren, eben jetzt auch tun: Ich habe Befehle ausgeführt, die mir rechtmäßig gegeben worden waren. Ich scheide als der letzte der Landsberger Todeskandidaten. Ich sterbe unschuldig.[21]

Pfarrer Ermann, der Schmidt beim Verfassen dieser letzten Worte geholfen hatte, unterstützte seine Reueverweigerung. In einem Brief an seinen Amtsbruder Pfarrer Schloemann, der Schmidt in seiner Heimatgemeinde beerdigen sollte, verteidigt Ermann die fehlende Reue, indem er zwischen juristischer Schuld und geistlicher Schuld vor Gott unterscheidet. Er behauptet, Schmidt habe seine Sünden vor Gott bekannt und bereut, obwohl er juristische und moralische Schuld ablehne. In Ermanns Erklärung der letzten Worte Schmidts wird deutlich, welche rhetorischen Strategien ein Täter und sein Seelsorger benutzten, um sich von der Leidens- und Lebenswirklichkeit der Opfer zu distanzieren.

> Herr Schmidt ist im Jahre 1948 aus ehrlicher Überzeugung wieder in die evang. Kirche eingetreten und ist dieser Überzeugung bis an sein Ende treu geblieben. Es gab in den 3 Jahren kaum einen Gottesdienst, an dem er nicht teilgenommen hat. Er war ein aufmerksamer Hörer des Wortes Gottes ... Die Beichte war ihm kein Lippenbekenntnis, sondern er wußte von mancherlei Schuld und Versäumnis in seinem Leben und hat offen davon gesprochen. Aber zu einer Bejahung der Schuld, die ihm das Gericht zugeschrieben hat, konnte er bei aller Gewissensprüfung nicht kommen. Er war ohne sein Zutun auf die Stelle des Adjutanten in Buchenwald gekommen, ist sich keiner Grausamkeit bewußt gewesen, sondern hat den schuldigen militärischen Gehorsam geleistet. Ich könnte mir denken, dass Sie über die letzten Worte des Herrn Schmidt ... ein wenig erschrecken. Ist daraus nicht Unbußfertigkeit zu lesen? Aber ich kenne Herrn Schmidt gut genug, um zu wissen, daß es ihm dabei nur um die juristische Schuld geht, die er nicht anerkennen wollte, die er nicht anerkennen kann. Seine Schuld vor Gott hat er in den letzten beiden Feiern der Beichte und des Hl. Abendmahls ... aufrichtig bekannt und mit einem verlangenden Herzen die Vergebung seiner Sünden entgegengenommen.[22]

Laut Pfarrer Ermann ist sich Schmidt keiner Grausamkeit in Buchenwald bewusst. Ein solches Nichtwahrnehmen-Wollen und Nichtempfinden der ihn umgebenden Gräuel deckt sich mit der traditionellen Definition der Sünde als Verblendung und Verstockung. Schmidt war verblendet und konnte keine Grausamkeiten im Konzentrationslager erkennen, obwohl er als Adjutant des Kommandanten für alle Strafmaßnahmen in Buchenwald zuständig war. Auch wenn Verantwortung für und Teilnahme an ordnungsgemäßen Hinrichtungen als berufliche »Gehorsamsleistung« betrachtet werden können, ist die Abwesenheit jeglichen Mitgefühls für die Häftlinge in Buchenwald nur schwer nachvollziehbar. Es hätte Ziel des Beicht- und Sündenvergebungsvorganges gewesen sein müssen, ihn aus dieser erbarmungslosen Versteinerung zu erwecken und ihm die Grausamkeit Buchenwalds bewusst zu machen. Allerdings hätte das wohl seinen inneren Frieden beeinträchtigt. Eine seelsorgerliche Strategie, welche den Täter mit der Qual seiner Opfer konfrontiert, riskiert erhebliche psychologische Konflikte, Depressionen oder gar Selbstmord. Die Landsberger Pfarrer wollten solch emotional bedrohliche Folgen bewusst oder unbewusst vermeiden. Sie sahen ihre Aufgabe eher im reibungslosen Verlauf des Strafvollzugs. So schreibt August Eckardt in seinem »Bericht über die Amtstätigkeit am WCP in Landsberg/Lech vom 16.6.-31.12.1948«: »Die wesentliche Aufgabe bestand jedoch in der seelsorgerischen Vorbereitung auf die bevorstehende Todesstunde. Erhebende Zeugnisse von Standhaftigkeit, Glaubensfreudigkeit und Todesbereitschaft gehören mit zu den ergreifendsten Erfahrungen dieses Dienstes.«[23]

Die kirchlichen Ritualhandlungen garantierten den problemlosen Vollzug der Hinrichtungen und bestärkten die hartnäckige Gesinnung der NS-Täter: Gott »stärke mir den letzten Gang, damit ich ihn als Mann bestehen kann«, bittet Todeskandidat Hermann Damman im Abschiedsbrief an seine Angehörigen.[24] Die mannhaft bestandene letzte Prüfung wird zur Inszenierung nationalsozialistischer Hingabe, Treue und Opferbereitschaft. Pfarrer Lonitzer schildert in seiner Grabrede für Prof. Dr. Karl Brandt, der als Generalbevollmächtigter für das deutsche Sanitätswesen wegen seiner Teilnahme am Euthanasieprogramm in Landsberg am 2. Juni 1948 hingerichtet wurde: »So konnte er mit freiem Schritt hinüberschreiten, aufrecht, in ewige Freiheit, wie er es selbst nannte. Was er dabei auf der Schwelle zur Freiheit mit klarer Stirn mannhaft gesprochen hat, das galt nicht nur den fremden Vollstreckern des rechtlosen Urteils vor ihm, sondern uns allen zu verpflichtendem Vermächtnis, seinem geliebten deutschen Volk, und auch in die einmal gerechter urteilende Geschichte hinein ist es gesagt.«[25] Brandts letzte Worte, die Pfarrer Lonitzer »zur Losung für den heutigen Abschied« benutzt, beschwören einen theologisch aufgeladenen Opfertod: »Die Macht will Opfer … ich bin ein solches Opfer! Aber eben darum ist es auch keine Schande, auf diesem Schafott zu stehen: Ich diene hier bereit und mit ganzem Einsatz meinem Vaterland! … Der Galgen von Landsberg ist das Symbol innerer Verpflichtung aller Aufrechten und Aufrichtigen.«[26] Die Landsberger Todeskandidaten identifizierten sich mit der Christusrolle, der Galgen wurde ihnen zum Symbol des Kreuzes, ihr Tod zum stellvertretenden Opfertod für das gesamte deutsche Volk.

Statt Gewissensregung, Bedauern oder Selbsterkenntnis kennzeichnen die letzten Minuten der Hingerichteten trotziges Rechthaben und beharrliche Hoffnung, dass ihr gehorsamer Opfertod einst zur strahlenden Wiedergeburt eines erstarkten Deutschlands führen möge. Diese Gesinnung wird von den amtierenden Pfarrern nicht als Indiz unzureichender Bekehrung gesehen. Im Gegenteil, im Gedächtnisgottesdienst für die letzten »Landsberger Rotjacken« am 10. Juni 1951 betont Pfarrer Ermann die »Kraft« und »Stärkung«, die »ihr aufrechtes gehorsames Gehen auf dem letzten Gang für ihre Lieben zuhause und für alle, die mit ihnen verbunden waren, bedeutet«.[27] Er versteht ihren »Gehorsam« christologisch und ruft den »ohnmächtigen Christus« an, dessen »Ohnmacht der Liebe stärker ist als alle Waffenrüstung und aller Haß der Welt« (ebd.).

Vermerke über Hinrichtungen, die wegen verzweifelten, zusammengebrochenen oder hysterischen Todeskandidaten gestört worden wären, sind nicht bekannt. Noch vor seiner Hinrichtung im israelischen Gefängnis von Ramleh am 31. Mai 1961 – der letzten Hinrichtung für nationalsozialistische Verbrechen – beschwört Adolf Eichmann seinen inneren Frieden, quasi als letzten Rechtfertigungsbeweis. Er lässt seiner Frau Vera durch Pfarrer Hull ausrichten: »Bestellen Sie meiner Frau, ich hätte alles ruhig hingenommen und in meinem Inneren hätte ich Frieden gehabt, was mir die Gewähr dafür gebe, dass ich im Recht bin«. (Hull 1964, 136) Der innere Frieden galt Tätern und Seelsorgern gleichermaßen als Bestätigung wirksamen Glaubens und gesegneter Lebensführung. Ermutigung, Trost und Zuspruch vermittelten Glaubensfestigkeit, die es den verurteilten Tätern ermöglichte, die letzte Prüfung »mannhaft« zu bestehen. Pfarrer Ermann lobt die beharrliche Leugnung persönlicher Verantwortung der letzten Todeskandidaten als Standhaftigkeit und heroische Rebellion gegen die Rechtsprechung der Siegermächte: »Sie haben noch in den letzten Stunden vor Gottes Angesicht sich gegen Beschuldigungen, die der Wahrheit widersprachen, zur Wehr gesetzt und haben sich dagegen verwahrt, dass Handlungen, die unter dem harten Zwang militärischer Notwendigkeiten erfolgten, zu gemeinen Verbrechen abgestempelt wurden. Sie haben bis zum letzten Atemzug für die Wahrheit Zeugnis abgegeben.«[28]

Die wahre Reue als tiefe Traurigkeit des Herzens hätte diesen inneren Frieden unterminiert. Echte Trauer über die angerichtete Verheerung enthält eine Sprengkraft, die einstige Gewissheiten und ehemalige Überzeugungen erschüttern kann. Sie fand im Großen und Ganzen nicht statt.

Reue als Zerknirschung

In den Akten der Landsberger evangelischen Pfarrer wird nur ein einziger Todeskandidat erwähnt, der während der Beichte – vom »ganzen Schmerz über die Rätselhaftigkeit solchen Geschehens« überwältigt – »in Tränen ausbrach«.[29] Dr. Werner Raabe war aus einem anderen Gefängnis nach Landsberg/Lech überführt worden, nachdem sein Gnadengesuch von General Clay abgelehnt worden war. Pfarrer Eckardt zeigt sich in einem Kondolenzschreiben an den Vater Werner Raabes geradezu überrascht, dass es dem Sohn »nicht darum zu tun [war], die Schwere seiner Verfehlung irgendwie abzumildern«.[30] In keinem anderen Zusammenhang erwähnt Eckardt, dass ein Täter ihm »die Einzelheiten der Tat schilderte«[31] und das Beichtgebet unter Tränen sprach.

Raabes vorheriger Seelsorger war Harald Poelchau, der sich während der NS-Zeit als Berliner Gefängnispfarrer in Tegel mutig in der Untergrundsarbeit der Bekennenden Kirche eingesetzt hatte. Poelchau hatte politische Gefangene der Gestapo betreut; seine Erfahrungen in der NS-Zeit erschienen unter dem Titel *Die letzten Stunden. Erinnerungen eines Gefängnispfarrers* (1949). Ist es denkbar, dass Poelchau aufgrund seines illegalen Widerstands gegen das Hitlerregime und die Judenverfolgungen seine Seelsorge nach 1945 weniger am inneren Frieden und der seelischen Stabilisierung der Täter orientierte? Ein Briefwechsel zwischen Poelchau und Eckardt bezüglich Werner Raabes lässt zunächst vermuten, dass Poelchau als erfahrener Gefängnisseelsorger tatsächlich mit NS-Tätern anders umging als die Landsberger Pfarrer. In einem Brief an Eckardt beschreibt Poelchau die Schwierigkeiten, Raabe zu einer ehrlichen Beichte zu ermutigen:

Sie dürfen mir glauben, dass es wirklich nicht leicht war, das Eis zu brechen, das diesen Menschen umgab, als ich ihn das erste Mal besuchte. Im Laufe der Zeit hat Raabe sich aber dann in ganz besonderer Weise an mich angeschlossen … ich habe das ganze Jahr hindurch den Eindruck gehabt, dass Raabe etwas mit sich herumträgt, was in unmittelbaren Zusammenhang mit der Tat (Raubmord) steht, worüber er aus irgendwelchen Gründen mit keinem Menschen gesprochen hat, selbst mit seiner

Mutter nicht … Ich konnte mich des Eindrucks nicht erwehren, dass er ein Geheimnis mit ins Grab genommen hat, das er aus irgendeinem uns unverständlichen Grund nicht preisgegeben hat.[32]

Diese Beschreibung erfüllt die Erwartungen einer Seelsorgearbeit, die erfolgreich die Dimension der Reue mit einbezogen hat: Der Seelsorger hat sich in eine intensive Beziehung zum Sünder begeben und eine Schuldeinsicht bewirkt, um dem Täter das Evangelium der Sündenerlösung verkünden und ihn von Schuld, Scham und Schweigen erlösen zu können. Bei Werner Raabe schien eine Reue zum Ausdruck zu kommen, die – mit Melanchthon – zu Recht als »Leid oder Schreckenhaben über die Sünde« (Schnurr 1986) beschrieben werden kann, gleich einem Erschrecken, das den Sünder seelisch überwältigt. Der Schock der Bewusstwerdung löst tiefe Scham aus, die einen Menschen verwundbar macht und bis an den Rand des Suizids stoßen kann. Dr. Werner Raabe war von der Erinnerung an seine Tat, berichtet Pfarrer Eckardt in seinem Kondolenzschreiben an dessen Vater, so »erschüttert, daß er, wie Sie wissen, im Gefängnis Lehrter Str. freiwillig aus dem Leben zu scheiden beabsichtigte. Der Versuch sollte nach höherer Bestimmung nicht gelingen. So hatte ich in den Stunden unseres Beisammenseins Gelegenheit, Einblick zu nehmen in die innere Wandlung, die ihm das Jahr Gefangenschaft durch Gottes Gnade geschenkt« hat.[33]

Der Fall Raabe illustriert die hohen emotionalen Kosten der Reue, die für eine innere Wandlung notwendig sind. Nicht nur Werner Raabe versuchte sich das Leben zu nehmen, auch seine Mutter war selbstmordgefährdet und musste in ein Krankenhaus eingeliefert werden. Weisen solche emotionalen Risse im Leben der Täter und ihrem sozialen Umfeld darauf hin, wie gefährlich die Bewusstwerdung von Schuld tatsächlich sein kann? Martin Niemöller erklärt jedenfalls das Fehlen jeglichen Schuldbekenntnisses unter internierten Nationalsozialisten als Angst vor den potentiell lebensbedrohlichen Konsequenzen solcher Erkenntnis:

Wenn sich einer bekennen würde, könnte der Mensch noch einen Moment leben, könnte der Mensch noch eine Stunde Schlaf finden, muß der Mensch nicht hingehen wie Judas und in die Nacht hinausschreiten und sich erhängen? … Deshalb hängen die Menschen sich auf, wenn sie zur Erkenntnis der Verantwortung kommen. (Niemöller 1946d, 7)

Tatsächlich haben sich nur die wenigsten aus Schuldgefühlen aufgehängt. Raabe schien die große Ausnahme zu sein, ein Beispiel des

Entsetzens, das einen NS-Täter packen müsste, wenn er sich des wahren Ausmaßes begangener Grausamkeiten gewahr wird.

Allerdings entpuppte sich der Fall Raabe nicht als Ausnahme, sondern als Bestätigung der Regel. Die Todesstrafe war gegen ihn nicht wegen nationalsozialistischer Verbrechen verhängt worden, sondern weil er bei einem Schwarzmarkthandel einen amerikanischen Soldaten getötet hatte.[34] Der 25-jährige Zahnarzt Dr. Werner Raabe hatte den GI mit einer Axt auf dem Tempelhofer Flugplatz erschlagen, als dieser für 312 Dosen Schokoladensoße mehr als die vereinbarten 30.000 Mark verlangte. Raabes Gewalttat entspricht also der traditionellen Verbrechensdefinition, die mit klassischen juristischen und seelsorgerlichen Kategorien begriffen und verarbeitet werden kann. Raabe hatte aus »niedrigen Beweggründen« des Zornes, der Habgier und der Angst (die Verteidigung plädierte auf Selbstverteidigung) das Gesetz gebrochen und einen Menschen getötet. Das Gericht, die Gefängnisseelsorger, seine Familie und er selbst konnten die kriminelle und moralische Schuld dieser Tat problemlos erkennen. Die Reue, die bei Raabe so eindrucksvoll bezeugt ist, war nicht das Resultat einer gelungenen Seelsorge, sondern Indiz einer grundlegend anderen Situation. Im Unterschied zum Buchenwald-Adjutanten Hans Schmidt, der an der Tötung Tausender beteiligt war, aber jeden Schuldvorwurf von sich wies, war sich Werner Raabe seiner Schuld am Tod eines Mannes bewusst.

Offenbar sind die persönlichen Folgen von Gewaltverbrechen, die in der scheinbar legitimierenden Umgebung einer Tätergesellschaft begangen werden, juristisch, moralisch und seelsorgerlich schwerer zu verarbeiten als normale Kriminalität. Jedenfalls deutet die nachkriegsdeutsche Seelsorge auf diesen Tatbestand hin: An der generell ausbleibenden Reue der NS-Täter offenbaren sich die Grenzen christlicher Seelsorgeintervention. Pfarrer und Seelsorger betraten die Internierungslager und Gefängnisse mit einem Konzept von »Schuld und Vergebung«, das die Reue voraussetzte. Auf die totale Verweigerung reagierten die Seelsorger, indem sie den Beteuerungen ihrer Schützlinge Glauben schenkten und ihr fehlendes Schuldbewusstsein als Indiz ihrer juristischen und moralischen Unschuld akzeptierten. Oder sie hofften, dass die Gnade der gewährten Sündenvergebung irgendwann später die Reue doch noch erwecken könne.

Weder die praktizierenden Seelsorger noch die systematische und praktische Theologie beschäftigten sich ernsthaft mit der Tatsache, dass die Mehrheit der auf zwischen 100.000 und 300.000 geschätzten NS-Täter, die an den Mordprogrammen der Nationalsozialisten aktiv beteiligt waren (de Mildt 1996, 21; 1998; Friedrich 1994, 367), keine Schuldgefühle oder Reue entwickelte. Ein explizites Schuldbewusstsein ist für die NS-Täter weder in der Krisensituation der unmittelbaren Nachkriegszeit noch in den späteren Jahren des bundesrepublikanischen Wirtschaftswunders oder des real existierenden Sozialismus bezeugt. NS-Täter wurden reintegriert und verhielten sich wie ganz normale Männer, die mit ihren Albträumen weder die Praxen der Psychotherapeuten frequentierten noch die Amtsstuben der Seelsorger aufsuchten (Bar-On 1989). Simon Wiesenthal, der Gründer des Jüdischen Dokumentationszentrums in Wien, der »seine gesamte berufliche Arbeit der Aufdeckung von Verbrechen gegen Juden widmete«, sagte in einem Interview des deutschen Fernsehens im März 1985, er habe »unter 1400 Naziverbrechern lediglich drei erlebt …, die sich als schuldig bezeichneten« (zit. in Wagner 1986, 155). Diese erschreckend niedrige Zahl deckt sich mit den hier untersuchten Dokumenten der evangelischen Gefängnisseelsorger.

Dieser Befund spricht für die enorme Wirksamkeit psychologischer, rhetorischer und moralischer Abwehrmechanismen, mit denen die begangenen Gewalttaten nicht als solche erkannt und jede individuelle Handlungskompetenz dafür abgestritten werden konnte. Rückblickend empfanden sich die NS-Täter als Opfer unmenschlicher Befehle der sogenannten Hauptschuldigen, vor allem von den bereits verstorbenen Hitler, Himmler und Heydrich. In ihren Selbstdarstellungen stilisierten sie sich zu Befehlsempfängern, die innerlich widerstrebend, aber gehorsam die Befehle einiger weniger ausgeführt hatten. Beispielhaft für diese Rhetorik, die in ihrer ungezählten Wiederholung den gesellschaftlichen Diskurs in der Bundesrepublik bis zur Goldhagen-Debatte (1996) dominierte, soll hier Schmidts Verteidiger Froeschmann zu Wort kommen. Froeschmanns Nachruf auf Hans Schmidt wurde während des evangelischen Trauergottesdienstes in Landsberg/Lech verlesen. Darin wird Schmidt als ehrenwerter Beamter und Soldat dargestellt, der seelisch unter seinem Einsatz in Buchenwald gelitten hatte:

Um einen Mann richtig zu beurteilen, muss man sich in die Lage versetzen, in der er sich befand. Hans Schmidt tat seine Pflicht als Soldat und Beamter auf seinem Posten, auf den ihn, den Widerstrebenden, ein widriges Geschick gestellt hatte, immer bestrebt, die Leiden der unglücklichen Gefangenen zu lindern. Er hat nichts beschönigt, was er an Hässlichem hat wider seinen Willen ansehen müssen. Aber er fühlte sich persönlich frei von jeder Schuld. Er wehrte sich gegen Lüge und Entstellung und dieses Bewusstsein der Schuldlosigkeit gab ihm die Kraft, bis zum bitteren Ende an eine Wendung seines Schicksals zu glauben … So starb er als Opfer einer unheilvollen, erschütternden Zeit, die ihren Fehlern gar zu gern das Gewand eines gültigen Gesetzes umhängt. Aus solchem Tun kann kein Friede und keine Versöhnung der Völker erwachsen … Kamerad Hans Schmidt, deine Frau, dein Junge und dein Mädel sind das sichtbare Vermächtnis deines Glaubens an das deutsche Volk … Dein Glaube muss Wahrheit werden. Deutschland wird leben und wenn wir sterben müssen.[35]

Diese Gedächtnisrede Froeschmanns exemplifiziert die rhetorischen Strategien, mit denen NS-Täter und ihre Unterstützer die eigene Unschuld zementierten und jedes Nachfragen verhinderten: »Wer nicht dabei gewesen ist, kann es nicht beurteilen«, mit dieser Logik verlieren alle, die nicht in Buchenwald ihre »Pflicht« getan hatten, die Befugnis zum ethischen oder politischen Urteil (Reemtsma 2001, 9-30). Schmidt wird zum Opfer eines gesichts- und namenlosen »widrigen Geschicks«, und seine Pflichtauffassung raubt ihm allen Handlungsspielraum. Die Opfer tauchen in diesem Diskurs nicht auf. Das Selbstmitleid der Täter verdrängt ihre Leidenserfahrung. Sie werden nur als etwas »Hässliches« erwähnt, was der Täter wider Willen anzusehen hatte, oder als Unglückliche, denen leider nicht geholfen werden konnte.

Typisch für die Täterperspektive ist die verschleiernde Sprache über die Taten selbst. Es wird nicht von Buchenwald, sondern vom »Posten« gesprochen; es werden keine konkreten Taten oder »Aktionen« (in sich schon ein Codewort) beschrieben, sondern von der »unheilvollen, erschütternden Zeit« oder den »fürchterlichen Ereignissen des Krieges« geredet. Passivkonstruktionen verbergen die handelnden Subjekte. Ein »widriges Geschick« stellte den »Widerstrebenden« auf den Posten, nicht ein SS-Vorgesetzter, der namentlich genannt werden könnte. Nur »wider Willen« wollte man Hässliches angesehen haben, selbstverständlich hätte man selber so etwas nie ausgeführt. Welche »Pflichten« der »Soldat« und »Beamte« in Buchenwald erledigt hatte, ist so wenig präzisiert, wie die Schuld, von der er sich »persönlich frei« wähnt. Froeschmanns Nachruf ist charakteristisch für den Ton vieler Briefe, Eingaben und Dokumente, die die Täter und ihre Unterstützer verfasst haben. Ihre Lektüre macht vergessen, dass unschuldige Menschen ermordet wurden. Opfer tauchen in der Gedankenwelt der Täter nur selten als handelnde, menschliche Subjekte auf, es sei denn, sie werden als zwielichtige Ankläger und Verfolger (z. B. in der Rolle als Berufszeugen) charakterisiert.

Reue im Sinne eines Erschreckens über das dem Nächsten zugefügte Leid, ein aufrichtiges Bedürfnis nach Vergebung, schlägt sich nicht in den Akten der Seelsorger im Landsberger Gefängnis nieder. In manchen Beichtgesprächen mag ehrlich und schonungslos über die Verbrechen gesprochen worden sein und es kann im Abendmahl und den Gottesdiensten durchaus Momente echter Reue und ein Verlangen nach Vergebung gegeben haben. Aber das Tagebuch des Pfarrers August Eckardt reflektiert dies nicht. Im Gegenteil, sein Tagebuch benutzt ähnlich vage Tatumschreibungen wie die Angeklagten. In seinem »Nachdenklichen Rückblick« aus dem Jahre 1985 stellt Eckardt resümierend fest: »Ob sie sich schuldig fühlten im Sinne der ihnen zur Last gelegten Verbrechen? Viele von ihnen nicht.« Bezeichnenderweise fährt er fort: »Die Kirchen beider Konfessionen forderten *eben deshalb zu Recht und mit Leidenschaft* eine unabhängige Appellationsinstanz als einzig möglichen Ausweg aus der angerichteten Verwirrung von Recht und Unrecht.« (Hervorh. K. v. K.)[36] Das fehlende Schuldbewusstsein der Landsberger Häftlinge war dem Pfarrer kein Indiz missglückter Seelsorge, sondern bewies fehlerhafte alliierte Rechtssprechung, die den Angeklagten ihre Schuld nicht zweifelsfrei nachweisen konnte. Mit Verweis auf die kollektive Natur der Verbrechen entließ Eckardt die Landsberger Häftlinge aus der persönlichen Verantwortung.

Es ist gerade die politische Dimension der Gewalt, die es den Seelsorgern schwer machte, sie mit den herkömmlichen Mitteln individueller Beicht- und Bußpraxis zu fassen. Noch 1963 protestierte eine Gruppe Gefängnisgeistlicher gegen das *Wort des Rates der EKD zu den NS-Verbrecherprozessen vom 13. März 1963* (Henkys 1965, 339–342) mit dem Argument, einzelne Täter dürften nicht für staatlich legitimierte Verbrechen belangt werden. Die EKD-Denkschrift wollte die westdeutschen Gerichte der sechziger Jahre zu schärferem Vorgehen gegen NS-Verbrecher anhalten. Gegen die Forderung der EKD, die Gerichte mögen »einzelne Verbrecher zur Verantwortung ziehen und aburteilen« (Henkys 1965, 340), verwahrte sich die »Arbeitsgemeinschaft der Bergischen Gefängnisgemeinde«. Die Arbeitsgemeinschaft sprach von der »Verflochtenheit des Einzelnen mit der

Verantwortung unseres Gesamtvolkes« und plädierte für eine »generelle Amnestie« und Verjährung (344 f.). Die Verurteilung einzelner NS-Täter »würde der Exkulpierung unseres Volkes in ungeahnter Weise Vorschub leisten und damit jene Schulderfahrung« verhindern, die »bei den Gewissensentscheidungen für die Zukunft« (344) wichtig sei. Der Arbeitskreis sah einen klaren Unterschied zwischen individuell begangener Gewalt und Gewalt, die im »Namen des Volkes« verübt wurde. Der Arbeitskreis schrieb:

> Wenn das Wort des Rates der EKD anführt, daß der Prozeß ja auch für einen Kindesmörder nach 17 Jahren noch die Zustimmung des Volkes erfährt, so ist der Hinweis auf diesen Zusammenhang nicht stichhaltig. Denn der Kindesmörder hat gegen den erklärten Willen des Volkes und das Gesetz gehandelt. Der NS-Rechtsbrecher jedoch handelte mit Zustimmung und im Auftrage des Staates und in Übereinstimmung mit dem »gesunden Volksempfinden«. Deshalb ist es nicht verwunderlich, daß die Öffentlichkeit die Strafverfolgung eines Kindesmörders nach 17 Jahren akzeptiert, ihr jedoch bei den NS-Verbrechen mit tiefem Widerstand und »Unverständnis« gegenübersteht. (zit. in Henkys 1965, 342)

Während der Mörder eines Kindes moralische und juristische Schuld auf sich lädt (und vermutlich zur Reue angehalten werden kann), entzieht sich die Ermordung tausender Kinder, die im Namen der nationalsozialistischen Rassenideologie, Eugenik oder der Kriegspolitik vollzogen wurde, der individuellen Ethik und persönlichen Sündenvergebung. »Unentwirrbar ist bei diesem historisch-politischen Schuldanhäufungsprozeß das Schuldmaß des einzelnen«, klagen die Anstaltspfarrer (Henkys 1965, 344). Die NS-Täter entzogen sich der Definition »ordinärer Krimineller«, weil sie ihre Schuld hinter den Befehlsstrukturen eines totalitären Regimes verbargen. Ihre Zerstörung war »im Auftrage und mit Billigung dieses Volkes« (343) geschehen und konnte deshalb, so die Seelsorger, nicht individuell gerichtlich verurteilt und vermutlich auch nicht individuell betreut, gebeichtet und gebüßt werden. Diese Unfähigkeit, die von einem Individuum innerhalb einer politischen Gemeinschaft verübten Unrechtstaten präzise zu benennen und zu verurteilen, lähmte Täter wie Seelsorger. Sie verhinderte das Aufkeimen echter Reue, ganz unabhängig davon, ob die Reue als Ausgangspunkt der Sündenvergebung (katholischer Ritus) oder als Endpunkt der Rechtfertigung und Versöhnung mit Gott (evangelische Lehre) gesehen wurde.

Ein kirchliches »Ja« zur Sündenvergebung, ein »Nein« zur Forderung nach Reue – so ließe sich die Situation der Seelsorge an den NS-Tätern in Nachkriegsdeutschland zusammenfassen. Diese Einstellung spiegelt sich auch in der von Hans Asmussen eigens angefertigten *Agende für den Dienst der Lagerpfarrer in Kriegsgefangenen- und Interniertenlagern* wider. Die darin formulierte Absolutionsformel für den Beichtgottesdienst, die im Jahre 1947 als erster Akt der EKU gemeinsam von den lutherischen und reformierten Vertretern verabschiedet wurde, lässt jeden Verweis auf die Reue als integralen Bestandteil der Absolution vermissen. Die Vergebung der Sünden konnte den NS-Kompromittierten und -Tätern von nun an ohne konkrete Schuldeinsicht zugesprochen werden. Dies markiert den Tiefpunkt der Bedeutung der Reue im Versöhnungsverständnis in der evangelischen Tradition.

In älteren Agenden war die Reue durchaus noch Bedingung für die Absolution. So heißt es beispielsweise in der 1897 erlassenen *Agende für das Heer*:

> Auf solch ein Bekenntnis verkündige ich *allen, die ihre Sünde herzlich bereuen* und sich des Verdienstes Jesu Christi in wahrem Glauben trösten, kraft meines Amtes als berufener und verordneter Diener des Wortes, die Gnade Gottes und die Vergebung eurer Sünden im Namen des Vaters und des Sohnes und des heiligen Geistes. (1897, 32-33; Hervorh. K. v. K.).

Dieser Verweis auf die Reue von 1897 findet sich in der *Agende für den Dienst der Lagerpfarrer in Kriegsgefangenen- und Interniertenlagern* von 1947 nicht mehr. Hier heißt es:

> Der allmächtige Gott hat sich euer erbarmt, vergibt auch wahrhaftig alle eure Sünde um seines lieben Sohnes willen. Und ich als verordneter Diener der Kirche Jesu Christi verkündige euch auf Befehl unseres Herrn Jesus Christi solche Vergebung aller eurer Sünden. (1947, 33)[37]

Abgesehen von der anstößigen Befehlssprache in Asmussens Formulierung, die den SS-Männern in den Internierungslagern vertraut geklungen haben muss, fehlt das Wort von der Reue. Wurde in der älteren Agende noch ein »Bekenntnis bußfertigen Glaubens« erwartet (1897, 33), so wird in Asmussens Agende die Reue nur in einem einzigen Gebet erwähnt, während von der »grundlosen Barmherzigkeit« und Gnade Gottes wiederholt gesprochen wird. Die Gnade göttlicher Vergebung gilt auch solchen Sünden, »die wir nicht erkennen« (1947, 34). Diese Formulierung spricht in eine Situation hinein, in der die

Mehrzahl der zu Bekehrenden wenig Schuldbewusstsein zeigte und eine Verurteilung ihrer politisch-professionellen Handlungen als NS-Funktionäre und SS-Angehörige empört ablehnte.

Um die theologische Verlagerung von einem Gott, der Reue und Besserung verlangt, zum gnädigen, vergebenden und barmherzigen Gott zu verdeutlichen, sollen noch einmal Martin Luthers Erklärungen zur Beichte im *Kleinen Katechismus* zitiert werden. Sie lassen keinen Zweifel daran, dass die Reue zum zentralen Bestandteil der Schlüsselgewalt des Pfarrers gehört:

> Ich glaube, was die berufenen Diener Christi aus seinem göttlichen Befehl mit uns handeln, sonderlich wenn sie die öffentlichen und unbußfertigen Sünder von der christlichen Gemeinde ausschließen, und die *so ihre Sünden bereuen und sich bessern wollen*, wiederum entbinden, daß es Alles so kräftig und gewiss sei, auch im Himmel, als handelte es unser lieber Herr Christus mit uns selber. (Luther 1888, 154, Hervorh. K. v. K.)

Obwohl mit der Reformation die Reue nicht mehr zur Vorbedingung der Versöhnung gemacht werden sollte, weil wahre Einsicht erst in der Begegnung mit Gott und im göttlichen Gnadenakt der Vergebung geschehen könne (vgl. Gestrich 1997, 57-69; Wagner 1981, 473-487), hat erst die evangelische Nachkriegskirche jeden Hinweis auf »Gottes gerechten Zorn, [dessen] zeitliche und ewige Strafe [ihr] wohl verdienet habt« (Agende für das Heer 1897, 28), aus der Liturgie des Beichtgottesdienstes gestrichen. Stattdessen fokussierte sie ihre Predigt auf den vergebenden Gott der Barmherzigkeit. Undenkbar erscheinen in Nachkriegsliturgien Warnungen, wie die aus der 1897er Agende für das Heer:

> Gott ist nicht ein Gott, dem gottlos Wesen gefällt, wer böse ist, bleibt nicht vor Ihm. Irret euch nicht, Gott lässt sich nicht spotten; denn was der Mensch säet, das wird er ernten … Ungnade und Zorn, Trübsal und Angst über alle Seelen der Menschen, die da Böses thun. Der Tod ist der Sünde Sold. (29)

Die Bußpredigt

Einer der wenigen, die mit Bußpredigten durch die Internierungslager und Gefängnisse zogen, war Martin Niemöller. Seine Predigten, Radioansprachen, Vorträge und Schriften sorgten für allgemeine Entrüstung unter den Hörern, die ihn als »Eiferer«, »Fanatiker«, »Richter und Ankläger« bezeichneten.[38] So predigte Niemöller am 1. Juli 1946 im Frauenlager 77 in Ludwigsburg die »Botschaft Jesu Christi: Tut Busse (sic!), kehrt um, denn das Himmelreich ist nah herbeigekommen.«[39] Die elfseitige, einzeilig getippte »Niederschrift aus mehreren unvollständigen Stenogrammen« beginnt mit der Beschreibung des Elends, des Hungers und der physischen Bedrohung des deutschen Volkes, das Niemöller auf seinen Reisen begegnete, und leitet dann zum »eigentlichen Elend« über, nämlich der fehlenden »persönliche[n] Verantwortung. Die wiederzufinden, um die ringen wir augenblicklich. Persönliche Verantwortung, in der die Persönlichkeit zum Ausdruck und zum Einsatz kommt, ist bei uns in einem furchterregenden Masse nicht erst seit 1933 verschwunden, aber in den letzten 15 Jahren in besonderer Weise.« Als Beispiel zitiert er Julius Streicher, Herausgeber des *Stürmer*, dessen Prozess Niemöller in Nürnberg als Beobachter beigewohnt hatte. Streicher stritt glatt ab, jemals »gegen Juden gehetzt« zu haben. »Der Mann weiss, dass das deutsche Volk diese 6 Millionen bezahlen muss, aber er sagt: ›Ich bin daran unschuldig.‹ Man kann durch ganz Deutschland ziehen – und ich bin gezogen – [und] fand Menschen, die alle auf der Flucht waren vor der Verantwortung.« Niemöller weist darauf hin, dass Gesetze »mit metaphysischen Wurzeln« wie das Gebot »›Du sollst nicht töten‹ … in der Praxis weitgehendst ausser Kraft gesetzt worden« sind und mahnt in Anlehnung an die ehemalige Beichtliturgie: »Wer gegen den Gott der Bibel heute misstrauisch ist, ist sehr blind. Was er uns sagt, das schien mal für 12 Jahre ausser Kraft getreten zu sein. Dass Gott sich nicht spotten lässt, steht vor unseren Augen; dass der Mensch erntet was er sät, merken wir jetzt.« Er bekennt sich zur »Solidarität der Schuld« und berichtet von seinem Nachkriegsbesuch im KZ Dachau, wo ihm schlagartig bewusst wurde, dass die Tötungen in Dachau schon vor seiner Inhaftierung 1937 begonnen hatten und dass er an der Verfolgung »aktiver Kommunisten« und »unwerten Leben[s]« in der Zeit von 1933-1937 mitschuldig war: »Da war meine weisse Weste dahin. … Wo warst Du von 33 – 37?«

Seine »christliche Botschaft von Busse (sic) und Glaube« sorgte schon während des Vortrags für Unruhe unter den Zuhörern und das »Lager war nach dem Vortrag wie ein aufgescheuchter Bienenschwarm«[40]. Lagerpfarrer Huene (auch: Hühn) bat die internierten Frauen um schriftliche Reaktionen auf den Besuch. Ihre handschriftlichen und getippten Stellungnahmen, sowie Zusammenfassungen der Diskussionen unter den Frauen, wurden gesammelt und am 29.11.1946 von Lagerpfarrer Dr. Joachim Müller an Hans Asmussen in der Kirchenkanzlei weitergeleitet.

Die Frauen »erschütterte« am meisten, dass in »Pastor Niemöllers Rede« so wenig von »Gottes allverzeihende[r] Liebe, ... seine[r] Güte und sein[em] Erbarmen« zu hören gewesen sei.[41] »Wäre es nicht an der Zeit, von der allumfassenden Liebe zu sprechen?«[42] fragt eine Frau. »Es hat ihm die Liebe gefehlt«[43], lautet ein anderes Urteil. »Von einem Mann der Kirche erwartet man mit Recht in erster Linie Liebe und Trost«,[44] schreibt die Dritte. »Wollte er aber uns Frauen, die wir jetzt in tiefster seelischer Not sind, als Pfarrer Trost und Gottvertrauen bringen, so ist ihm das leider nicht geglückt.«[45] Die Erwartungen der Internierten sind hier klar formuliert: Sie wünschen sich Trost, Beistand, Liebe, Unterstützung, Mitleid und Verständnis »für unsere traurige Lage« sowie ein »mitfühlendes Herz«. So klagt eine andere:

> Wir als Muetter und Frauen, die dem Vaterlande Soehne und Maenner opferten, wollten von einem Pfarrer andere Worte, als die der Anklage, wir wollten von ihm gestaerkt werden fuer den Weg, den wir hier und auch einmal draussen wieder gehen muessen ... Wir waeren dankbar gewesen, wenn [wir] die christliche Liebe ... haetten fuehlen duerfen und er uns gestaerkt haette unsere seelische Not und Bedraengnis hier im Lager tragen zu koennen.[46]

Die »Ernüchterung und Verbitterung«[47] der Bußpredigt von Niemöller wird mit dem »segensreichen«[48] Schaffen der Lagerpfarrer Dr. Joachim Müller und Huene kontrastiert. Zu ihnen konnte man immer »mit unseren Sorgen kommen«.[49] »Die Rede Pfarrer Niemöllers [machte] fast alles, was bisher von den Geistlichen beider Konfessionen im Lager an positiver Arbeit geleistet wurde, zunichte.«[50] An Niemöller wird bemängelt, er befasse sich »mit Politik« und spräche nicht als »Seelsorger«. Einige Stellungnahmen verteidigen sich explizit gegen Niemöllers Schuldvorwurf und beteuern Unschuld und Unwissenheit: »Dass in den Kz. so Furchtbares passierte, bedauern wir tief, aber wir sind immer wieder bereit unter Eid auszusagen, dass wir von diesen Greueltaten nichts wussten.«[51] Von den KZs wollten auch diese Frauen nichts gewusst haben, obwohl fast ein Drittel der Insassen dort ihren Dienst getan hatte. Laut einem Bericht des Lagerkirchengemeinderats vom 27.1.1947 bestand das Ludwigsburger Frauenlager aus 1023 Häftlingen, von denen 50 % der NS-Frauenschaft oder dem BDM angehört hatten. 20 % waren »SS-Helferinnen« und die verbleibenden 25-30 % wurden als »Sonderfälle« charakterisiert, »darunter Aufseherinnen der nationalsozialistischen Konz.Lager ... (Solche über 300). Unter ihnen sehr schlimme Elemente«.[52] Unter diesen schlimmen 300 Frauen befanden sich auch die Aufseherinnen des ehemaligen Frauenkonzentrationslagers Ravensbrück. Niemöllers leidenschaftliches Plädoyer für »echte menschliche Verantwortung« stößt unter diesen Frauen auf einhellige Ablehnung:

Ich habe eine Erklärung dafür gesucht, warum den allermeisten die Einsicht einer Schuld so schwer wird, und kam zu dem Schluß, daß gerade unseren jüngeren Kameradinnen, die ganz und gar in der nationalsozialistischen Weltanschauung aufgewachsen sind, die Begriffe Schuld, Reue und Busse (sic) im christlichen Sinne ja gänzlich unbekannt sind und sie darum gar nicht zu einem Schuldbekenntnis im Sinne Pfarrer Niemöllers kommen können. Im großen und ganzen (sic) hatte ich nach den Unterredungen mit den Kameradinnen den Eindruck, daß durch den Vortrag Martin Niemöllers ungeheuer viel Verwirrung angerichtet wurde, ein Ergebnis, das von dem Redner sicher nicht erwartet und gewünscht wurde.[53]

Niemöller war von diesen negativen Reaktionen nicht allzu überrascht, aber dennoch enttäuscht. Kurz vor dem Vortrag im Frauenlager hatte er zum Jahrestag seiner eigenen Befreiung, am 22. Juni 1946, resigniert an Hans Asmussen geschrieben und seinen Rücktritt als stellvertretender Vorsitzender der EKiD eingereicht. Er fühlte sich auf »ein totes Gleis« geschoben: »Die Behandlung der Schuldfrage und damit die Predigt von Buße und Glaube werden nicht ernst genommen. Der Wille, ein Neues zu pflügen und die Erkenntnisse der vergangenen 12 Jahre mit ihren Konsequenzen ernst zu nehmen, ist sichtlich nicht vorhanden.« (Zit. in Oeffler 1987, 121) Karl Barth antwortet auf Niemöllers Brief am 29. 6. 1946 mit einem bissigen Trostschreiben:

Es ist klar wie die Sonne, dass du ihnen – und nun eben wirklich nicht nur Hans Meiser, sondern auch Hans Asmussen und wohl noch manchem anderen ekklesiastischen Hans bis zutiefst in die BK hinein – unheimlich und unbequem bist und dass es irgend eine Ecke in ihrer Seele gibt, in welcher sie wohl wünschten, es stünde zu Dachau oder anderwärts ein wunderschönes Gedächtniskirchlein, zu welchem sie alle Jahre einmal wallfahren und wo sie dann – Heiliger Martin, bitt für uns arme Sünder! – etliche Horen zu deinen Ehren singen könnten, statt dass du in deinem so bedauerlich ramponierten Auto immer noch im Land herum fährst und taktlose Dinge sagst, die sie dann mitausbaden müssen. (Zit. in Oeffler 1987, 124)

In der Tat musste Hans Asmussen die Reaktionen auf Niemöllers Rede im Männerlager Camp 74 und dem dazugehörigen Frauenlager Camp 77 »mitausbaden«, als er die beiden Lager am 21. November 1946 besuchte. Das Protokoll seines Besuches vermerkt, dass er sich von den Häftlingen über ihre Situation im Lager informieren ließ und ihre »Beschwerden, Bitten und Anliegen«[54] entgegennahm (die schriftlichen Stellungnahmen der Frauen zu Niemöllers Rede wurden eine Woche später nachgeschickt). Asmussen beginnt seine Ansprache mit der Versicherung, dass er »Verständnis und starkes Mitgefühl mit den Männern habe … Sie, die Internierten, seien Opfer zweier Systeme und darum eine Gemeinschaft. Es habe niemals einen Augenblick gegeben, in dem die Leitung der evangelischen Kirche den Internierten nicht als Brüder zur Seite gestanden hätte.«[55] Die Betonung der Solidarisierung sowie die Bestätigung ihres Opferstatus beruhigten die Zuhörer erheblich. Laut Protokoll fiel das Wort von Schuld oder Buße in seiner einstündigen Rede zum Thema »Ein Wort der evangelischen Kirche an und für die Internierten« kein einziges Mal. Asmussen unterstreicht: »[D]ie Kirche lässt sich von Ihnen nicht trennen, wir gehören zusammen. Wir freuen uns, wenn die Tore der Freiheit für Sie sich öffnen. Es ist keiner zuviel, wir heißen Sie alle herzlich willkommen.«[56] Damit drückt er eine evangelische Vergebungsbotschaft aus, die sich dezidiert von Niemöllers Bußbotschaft abhebt. Während die Internierten Niemöller wie einen »Faustschlag« erlebten, fällt die Beurteilung des Besuches von Asmussen erheblich positiver aus:

> Rückschauend kann festgestellt werden, dass die Anwesenheit von Präsident H. Asmussen viel Gutes und Positives gebracht hat. Seine herzlichen und brüderlichen Worte am Schlusse seiner Rede haben bei vielen Kameraden wie Balsam gewirkt. Er hat in uns die Gewißheit hinterlassen, dass es draußen in der evangelischen Kirche Männer gibt, die für uns eintreten und dass wir hinter dem Stacheldraht nicht vergessen sind. Wir hoffen mit Gott, dass der Kampf der Kirche für uns nicht vergeblich sei …[57]

Die *Agende für den Dienst der Lagerpfarrer in Kriegsgefangenen und Interniertenlagern*, die von Asmussen 1947 geschrieben wurde, muss innerhalb dieses Kontexts gesehen werden. Sie reflektiert die Erfahrung, dass jeder Versuch über Schuld und Reue in den Internierungslagern zu predigen, die Gemüter in Rage versetzte. Die Lagerpfarrer berichteten, dass es besonders der praktisch-kirchlichen Unterstützung, der Anteilnahme, dem Trost und der Barmherzigkeit zu verdanken sei, dass die internierten Männer und Frauen in die Gottesdienste gelockt werden konnten. Die Schulddiskussion aber stoße die Männer »vor den Kopf« und erzeuge »Verhärtung«[58]. Je mehr sich die Pfarrer mit den inhaftierten Tätern als deutsche Männer solidarisierten, desto »erfolgreicher« verlief die Missionsarbeit. Ein Pfarrer bemerkt lobend: »Schicksalsverbundenheit mit den Internierten schlug Brücken von Herz zu Herz und bewirkte, daß in den seelsorgerlichen Gesprächen eine Sprache gesprochen wurde, die das Verstehen erleichterte und ermöglichte.«[59] Gespräche über begangenes Unrecht erzeugten Zwist, »ein geistliches, erbauendes und tröstendes Wort«[60] dagegen schaffte Eintracht. War sich Asmussen bewusst, dass die neu erlassene Beichtliturgie, in der die Gnade und Barmherzigkeit Gottes hervorgehoben, aber der Verweis auf Schuld, Reue und Buße auf ein Mindestmaß beschränkt wurde, der »Volksmeinung« in den Lagern entgegenkam? Das ist schwer zu beweisen. Aber es ist sicher kein Zufall, dass der Duktus der Beichtliturgie von 1947 von einer Tradition abweicht, in der von Reue, Schuldbewusstsein und Vorsatz zur Besserung die Rede ist. Jede Reueerwartung hätte das Vorhaben, die Internierten zu stabilisieren und gesellschaftlich zu integrieren, behindert. Hätte man auf einen Ausdruck der Reue gepocht, wären leidenschaftliche Auseinandersetzungen unausweichlich geworden. So verteidigt sich der Lagerpfarrer des Frauenlagers gegen den Vorwurf, es werde im Lager zu viel über Schuld gesprochen:

> Wie schwer es den Seelsorgern wird, die christliche Botschaft recht zu verkündigen, davon gab kürzlich ein Fall Kenntnis, der sich offenbar in Stuttgart schnell herumgesprochen hatte: es werde im Lager viel zu viel von Schuld gesprochen! Ich bin der Sache nachgegangen. Der Fall hat sich völlig aufgeklärt. Eine Besucherin hatte im Lager von einer Gefangenen gehört, welchen Eindruck Niemöller gemacht habe, und hatte dies verallgemeinert und auf die Tätigkeit des Lagerpfarrers bezogen, der seinerseits weit davon entfernt ist, den Frauen nur einseitig Schuld zu predigen.[61]

Zusammenfassend lässt sich festhalten: Nach 1945 passte die Botschaft göttlicher Vergebung und die kirchliche Aufnahmebereitschaft ohne Läuterung nahtlos in die Erwartung und Hoffnung der Täter, aus der Verantwortung für die Verwirklichung der Vision deutschen Herrenrassentums entlassen zu werden. Die so verstandene Sündenvergebung zementierte die Schlussstrichmentalität, die einen Neubeginn ohne Rückschau auf die vergangene Barbarei fabrizieren wollte. Die praktizierte Versöhnung verweigerte die ethische, psychologische und politische Konfrontation mit den Schrecken, welche die Opfer erlitten und die Täter verbrochen hatten. Dieses Rechtfertigungsverständnis bricht mit der evangelischen Tradition, in der die Reue nicht als beliebig und belanglos gesehen wird. Praktisch-theologisch betrachtet haben die reuelosen Bekehrungen wohl wenig bewirkt, um die Seelen der Täter zu erlösen. Politisch gesehen halfen die Rituale der Sündenvergebung den Tätern, die nachkriegsdeutsche Krise zu überwintern und sich am gesellschaftlichen Neuaufbau zu beteiligen. Reue und Trauer über die unsägliche Gewalt stellte sich erst Jahrzehnte später bei den Kindern und Kindeskindern der Täter ein.

Die systematische und praktische Theologie werden sich noch eingehender mit der historischen Erfahrung der Reuelosigkeit im Kontext politischer Gewalt beschäftigen müssen, wenn die christliche Versöhnungsbotschaft in Gesellschaften, die Diktaturen und Völkermordverbrechen überwinden wollen, nicht völlig ihres Inhalts entleert werden soll.

Confessio Oris – Mündliche Beichte

Die christliche Tradition hat die menschliche Disposition zur Selbsttäuschung mit dem Begriff der Sünde beschrieben: Man kann die Reueverweigerung ehemaliger NS-Täter als Sünde im Sinne der Verblendung, Verstockung, Hartherzigkeit, Entfremdung, Unnahbarkeit, Hartnäckigkeit und Verbohrtheit verstehen. Reue und Selbsterkenntnis sind schon Zeichen dafür, dass die Macht der Sünde gebrochen ist und eine innere Wandlung eingesetzt hat. Diese Erlösung wird von Gott initiiert und vom Menschen passiv als Gnade erfahren. Man kann aber auch von den Sünden im Plural sprechen und damit die konkreten Unrechtstaten und Gesetzesübertretungen meinen, die in der Beichte reuig bekannt und vom Pfarrer oder Priester vergeben werden. Die Erkenntnis der ganzen Schwere und Tragweite solch sündiger Handlungen kann nach reformatorischer Lehre erst dort voll und ganz eintreten, wo sich die Liebe und Vergebung Gottes schon durchgesetzt hat. Das heißt: Eine ehrliche Beichte ist immer schon Merkmal einsetzender Umkehr.

Das leuchtet ein: Ein NS-Täter, dem seine Partizipation an Massenmorden ehrlich leid tut und der seine Handlungen wahrheitsgetreu schildern und um Vergebung bitten kann, ist der Verstrickung in menschenfeindliche Ideologien schon ein Stück weit entkommen. Aber die überwältigende Mehrheit verurteilter NS-Täter konnte sich nicht zu einem offenen und ehrlichen Geständnis ihrer Gewalttaten durchringen – außer im Kreis ehemaliger Kameraden.[62] Sie verweigerten den Perspektivenwechsel aus der eigenen Realität heraus in die Leidenswirklichkeit der Opfer.

Allerdings wuchs der Druck zu einem solchen Perspektivenwechsel in den sechziger Jahren, in denen sich das gesellschaftliche Klima und das öffentliche Bewusstsein in der Bundesrepublik veränderten. Im Zuge der Ulmer Einsatzgruppenprozesse (1958) und des Eichmannprozesses in Jerusalem (1961) (Krause 2002) begann sich in den Medien und in intellektuellen Kreisen die Erkenntnis durchzusetzen, dass nationalsozialistische Gewalttaten nicht als »schreckliche Kriegsereignisse« abgetan werden konnten, sondern als Tötungsverbrechen einen strafbaren Tatbestand nach westdeutschem Kriminalrecht erfüllten (Just-Dahlmann 1988; Henkys 1965). Viele NS-Täter, die sich nach der erfolgreichen Reintegration in den fünfziger Jahren in Sicherheit wähnten, wurden von der 1958 gegründeten *Zentralen Landesjustizstelle zur Verfolgung nationalsozialistischer Verbrechen* in Ludwigsburg ermittelt und mussten sich erneut oder zum ersten Mal wegen Beteiligung am Völkermord gerichtlich verantworten.

Anhand der Seelsorgetätigkeit von Professor Hermann Schlingensiepen möchte ich zunächst darstellen, warum den öffentlichen Geständnissen der NS-Täter in dieser veränderten gesellschaftlichen Situation eine wichtige seelsorgerliche und politische Rolle zukam. Mit der öffentlichen Beichte der Angeklagten, zum Beispiel in Form von Schlussworten im Gerichtssaal, sollten sie ihre Abkehr vom Nationalsozialismus und ihre christliche Erneuerung glaubhaft demonstrieren. Täter und Seelsorger waren sich der Symbolwirkung eines »aufrichtige[n] Geständnisses in der Verhandlung«[63] bewusst. Zäh rang Hermann Schlingensiepen in »seinem Briefwechsel mit angeklagten und verurteilten Gewalttätern der Hitlerzeit«[64] nicht nur um deren innere Wandlung in der Stille ihrer Herzen und Haftzellen, sondern auch um eine öffentliche »Wahrheitsbekennung« und »Geständnisfreudigkeit«[65] zum Abschluss der Gerichtsverhandlungen.

Meine Beispiele behandeln also nicht die geheime Ohrenbeichte, in der ein Priester im Namen Gottes und an Stelle der Opfer die Absolution ausspricht, denn diese unterliegt dem Beichtgeheimnis und wird nicht aktenkundig. Es geht in diesem Teil vielmehr um öffentliche Geständnisse vor Gericht, in der Presse und vor den Opfern. Öffentliche Schuldbekenntnisse sind in mehrer Hinsicht problematisch: Sie werden meistens unter Druck abgelegt und sind oft widersprüchlich: einerseits bekennt sich ein Täter zur Schuld, gleichzeitig kann er weiterhin seine Unschuld beteuern. Außerdem erwarten sich Täter von einem öffentlichen Schuldbekenntnis Strafmilderung und Begnadigung. Sie sind also interessegeleitet und nicht genuin. Dennoch können die folgenden Beispiele helfen, die Bedeutung der Beichte im Versöhnungsprozess zu analysieren.

An den brieflichen Auseinandersetzungen Hermann Schlingensiepens mit inhaftierten NS-Tätern in den sechziger Jahren wird deutlich, wie hartnäckig sich die Gefangenen auch zwanzig Jahre nach dem Zusammenbruch des NS-Regimes noch weigerten, die Unrechtmäßigkeit ihrer Gewalttaten einzugestehen, sei es im privaten Briefwechsel oder im öffentlichen Forum. Sie sahen sich auch in den sechziger Jahren als gesellschaftliche »Sündenböcke«, denen eine Schuld aufgebürdet werden sollte, die sie nicht persönlich verantworten wollten. So bezeichnete zum Beispiel Otto Bradfisch – der für Vernichtungsaktionen des Einsatzkommandos 8 in Minsk, Mogilew, Bialystok und Baranowitschi verurteilt wurde – seine Situation als »symbolhaft«. »Einzelne Sündenböcke«, so meinte er, müssten »aus Gründen der Staatsräson – Wiederherstellung des aussenpolitischen Prestiges« stellvertretend für die Schuld des deutschen Volkes ihren »Kopf für die verfehlte, ja verbrecherische Politik einer deutschen Regierung hinhalten«.[66] Schlingensiepen widersprach dieser Haltung der Angeklagten vehement und versuchte sie, vom Wert des mündlichen Schuldbekenntnisses zu überzeugen.

Gnade und Geständnis:
Prof. Dr. Hermann Schlingensiepen

Professor Hermann Schlingensiepen, geboren 1896, war als aktives Mitglied der Bekennenden Kirche mehrfach von der Gestapo verhaftet und mit Lehrverbot an der Bonner Universität belegt worden.

Nach seiner krankheitsbedingten Pensionierung und Emeritierung von der Kirchlichen Hochschule Bethel 1957 engagierte er sich in der Seelsorge für NS-Täter. Er begann eine umfangreiche Korrespondenz mit verhafteten und verurteilten NS-Tätern, die von der Prozesswelle der sechziger Jahre erfasst worden waren. Sein umfangreicher Nachlass im Düsseldorfer Archiv der Evangelischen Kirche im Rheinland enthält Briefe an Eichmann in Jerusalem, den Angeklagten des Frankfurter Auschwitz-Prozesses, verschiedene Staatsanwälte, Gefängnisseelsorger, Politiker, jüdische Persönlichkeiten und Freunde aus der Bekennenden Kirche. Er besuchte Angeklagte im Gefängnis und setzte sich karitativ, politisch und persönlich für ihre Belange ein, oft in enger Zusammenarbeit mit Dr. Hans Stempel, dem »EKD-Beauftragten für Kriegsverurteilte im ausländischen Gewahrsam«, aber auch mit der NS-Hilfsorganisation »Stille Hilfe«. Seine seelsorgerliche Aufgabe fasst er folgendermaßen zusammen:

> Einmal, den Betreffenden die Erkenntnis ihrer Schuld zu erleichtern und sie nach Möglichkeit zu vertiefen, weil alle Verharmlosung und alle Rechtfertigungsversuche ja nur ein neues Unrecht an ihren Opfern und deren Angehörigen sein würden. Zum anderen das nicht weniger wichtige Ziel, ihnen glaubhaft zu machen, dass sie vor Gott ihre verlorene Ehre zurückgewinnen können in demselben Augenblick, in dem sie anfangen, sich nach der Vergebung ihrer schweren Schuld auszustrecken. Dabei lag es mir dann besonders daran, ihnen meine Solidarität … vertrauenswürdig zu machen.[67]

Im Prinzip befürwortete Hermann Schlingensiepen die Notwendigkeit juristischer Strafverfolgungen von NS-Verbrechen, obwohl er sich konsequent für Strafmilderung einsetzte und jedes Gnadengesuch, das ihm vorgelegt wurde, befürwortete. Er sah das kirchliche Zeugnis darin, »auf der einen Seite für die Gerechtigkeit [zu] eifer[n] wie es der Herr getan hat und auf der anderen Seite in unermüdlicher Barmherzigkeit den Schuldigen und Verlorenen nachzugehen«.[68] Er betrachtete die strafrechtliche Verurteilung nationalsozialistischer Gewalttaten als einen wichtigen Teil deutscher »Vergangenheitsbewältigung«, konnte aber dem Absitzen von Haftstrafen keinen großen Wert abgewinnen: »Mit Hans Stempel bin ich der Meinung, dass zwar die ausstehenden Urteile klar und eindeutig gefällt werden müssen, auch um der Beschuldigten selbst willen, dass aber dann wirklich in weitem Masse (sic) Begnadigungen statthaben sollten.«[69] Die deutsche Schuld sollte gemeinsam getragen werden: »Weil wir Deutschen der älteren Generation aber ohne Ausnahme uns in einem tiefen Sinne mit Ihnen solidarisch wissen müssen, würde ich es begrüßen, wenn Menschen mit offenen Augen und tapferen Herzen sich bereit fänden, freiwillig Ihre Strafe zu teilen.«[70] Von dieser gemeinsamen Schuld dürften sich weder die deutschen Kirchen, worin er die Bekennende Kirche explizit mit einschloss, noch das Rechtswesen ausnehmen. So konnte Schlingensiepen dem Angeklagten Otto Bradfisch darin Recht geben, dass in »ungeheurem Ausmass die Justiz an den Verbrechen Hitlers beteiligt war«[71]. Das deutsche Rechtswesen sei keiner »Entnazifizierung« unterzogen worden und die Richter seien ihrerseits »befangen«, hatte Bradfisch in einem Brief an Schlingensiepen argumentiert. Auch Schlingensiepen witterte hinter harten Verurteilungen individueller Täter die Gefahr der Selbstvergewisserung kompromittierter Richter und einer selbstgefälligen Öffentlichkeit. Schlingensiepen unterstützte zwar den Ruf der EKD-Denkschrift zu NS-Verbrecherprozessen von 1963 für härtere Gerichtsurteile und gegen skandalöse Freisprüche (Henkys 1964, 339–342), arbeitete jedoch unermüdlich für Begnadigungen und Freilassungsgesuche. Seiner Meinung nach vermochten Gefängnisstrafen die Gewissen der NS-Täter nicht zu erwecken.

Als evangelischer Pfarrer hoffte Schlingensiepen, den Tätern in der Ermittlungshaft die Liebe Gottes in brüderlicher Solidarität bezeugen zu können und sie zu einem öffentlichen »Ausdruck des Bedauerns«[72] vor der Urteilsverkündung zu bewegen. Wer der »Wahrheit die Ehre« geben konnte und ein »aufrichtiges Geständnis in der Verhandlung« im »Lichte des Wortes Gottes« abzulegen wusste, der sollte sich »Gottes Sünderliebe« und des »Trost[es]« sicher sein.[73] Schlingensiepen versuchte auch Adolf Eichmann von dem »ungeheure[n] Mass der Mitverantwortung, das wir Deutschen alle für Ihren Weg und Ihr jetziges Schicksal tragen«, zu überzeugen. Er wünschte, Eichmann möge »es vielleicht sogar als eine Art innerer Befreiung ansehen, mit Ihrem Ja zu dem über Sie ergangenen Urteil den Opfern der nationalsozialistischen Schreckenszeit eine, wenn auch für sie selbst zu spät kommenden sittliche Genugtuung geben zu können.«[74] Diejenigen Täter, schreibt er an Eichmann, »die ihr Urteil mit rückhaltloser Bereitschaft und innerster Bejahung entgegengenommen« haben, taten dies »in der Erinnerung an den Tod Jesu für uns, seine verlorenen Brüder … nach inneren Kämpfen mit Gott und mit sich selbst«[75]. Eichmann möge doch in seinem Schlusswort zu einer demütigen Annahme seines Urteils finden, und seine Reue gegenüber den Opfern in einem Geständnis ausdrücken.

Adolf Eichmann antwortete nicht auf seine Briefe und ließ sich weder im Gerichtssaal noch unter dem Galgen zu einem Schuldgeständnis bewegen. Der amerikanische Seelsorger William L. Hull von der *Zion Apostolic Mission*[76] in Jerusalem, der Eichmann im israelischen Gefängnis in Ramleh besuchte, fasst Eichmanns Haltung folgendermaßen zusammen: »Zu beichten habe ich nichts, ich habe nicht gesündigt. Ich bin vor Gott mit keiner Schuld belastet. Ich habe nichts getan, jedenfalls nicht Unrechtes. Und ich empfinde keine Reue.« (Hull 1964, 74) Eichmann trat unter den Galgen mit den folgenden letzten Worten: »Mein ganzes Leben war ich gottgläubig, und ich sterbe gottgläubig.«[77] Weder Schlingensiepen noch der amerikanische Pfarrer konnten in Eichmann Zweifel an der gottgläubigen Naturideologie der SS-Religion und der Rechtmäßigkeit seiner Handlungen erwecken.

Ton und Inhalt der Täter-Dokumente aus den sechziger Jahren unterscheiden sich trotz zeitlicher Distanz und den politischen Umwälzungen in Deutschland kaum vom rechtfertigenden Duktus der Landsberger Häftlinge. So verweigert Robert Mulka, der als Adjutant des Lagerkommandanten Rudolf Höss im Frankfurter Auschwitzprozess verurteilt wurde, jegliche Schuldeinsicht. Schlingensiepen hatte Mulka gebeten, er möge doch ein Schlusswort finden, worin das Gericht »einen ehrlich gebrochenen Mann vor sich sähe, der vor dem Angesicht Gottes und so vielem grausig vergossenen Blut tief erschrocken ist und nach der Vergebung und Barmherzigkeit Christi ausschaut«[78]. Dies provozierte Mulka zur folgenden Aussage:

Bei aller Anerkennung der Richtigkeit und Wirksamkeit ihrer lieben Zeilen muß ich Ihnen, Herr Professor, aber aus voller Überzeugung und nach tiefem Nachdenken über die damaligen Geschehnisse gestehen, daß ich … mit *reinem* Herzen und *reinem* Gewissen vor *seinen* Richterstuhl treten kann und das in der Erkenntnis und Hoffnung, daß ›ER‹ uns sein Wort erhält und daß ›ER‹ weiß, was Recht und Unrecht, sowie was ›Lüge und Wahrheit‹ i s t! [Hervorh. im Original][79]

Wie sein Kollege Hans Schmidt aus dem KZ Buchenwald, war Mulka Adjutant eines KZ-Kommandanten gewesen (April 1942–März 1943). Das Frankfurter Gericht sah es als erwiesen an, dass »während seiner dienstlichen Tätigkeit … die organisatorischen Voraussetzungen der Massenvernichtung im großen Stil … geschaffen (Umbau der Bauernhäuser zu Gaskammern, Einrichtung der vier Krematorien mit unterirdischen Gaskammern)« [80] wurden. Schlingensiepen bemängelt an Mulkas Schlusswort: Es »konnte … so scheinen, und so war es fast bei allen Angeklagten, als bedauerten Sie sich selbst mehr, als die Opfer jener furchtbaren Greuel« [81]. Auch zwanzig Jahre nach den Nürnberger Prozessen blieb das Selbstmitleid als tätertypischer Abwehrmechanismus undurchdringlich. Mulka wurde zu 14 Jahren Haft verurteilt. Allerdings durfte der 71-jährige Mulka – wie Ben-Chorin erbittert in einem Brief an Schlingensiepen klagt – »in Hamburg in seiner Villa [leben] und seinen Garten [pflegen]«, da er »im Gefängnishospital nicht die richtige Diät bekam« [82].

Schuldbekenntnis und Erlösung: Wilhelm Greiffenberger

Nur in einem einzigen Fall sah sich Schlingensiepen in seinen Bemühungen um ein »aufrichtiges Geständnis« bestätigt. Er nahm in vielen Briefen auf diesen Fall Bezug als Beleg einer erfolgreichen Bekehrung eines NS-Täters. Es handelt sich dabei um den SS-Mann Wilhelm Greiffenberger. In seinem Schlusswort im »Moabiter Einsatzgruppenprozess« hatte sich Greiffenberger dazu bekannt, »große Schuld auf mich geladen [zu] habe[n], die in diesem Leben weder durch guten Willen, eine gute Tat oder eine Strafe von mir gelöst werden kann. Das Blut, das geflossen ist u. die Tränen können durch nichts rückgängig gemacht werden.« [83] Das Moabiter Gericht verurteilte ihn zu drei Jahren Haft für die Leitung zweier Massenerschießungen von Juden in Wiljeka und Witesbk. [84] Greiffenberger nahm in seiner Schlussrede das Urteil des Gerichts als gerechte Strafe an:

> Es ist auch meine innerste Überzeugung: nur dort wo das Gericht als Mittel der göttlichen Gerechtigkeit und Liebe erkannt wird, wird es auch bei uns Angeklagten wieder zur erlösenden Frucht der seelischen Befreiung kommen. Zu einer Befreiung, die schließlich sogar eine geistige Versöhnung mit den verstorbenen Seelen herbeiführen kann. So nehme ich das Urteil, das hier gesprochen wird, aus der Hand meines höchsten Richters, vor dem ich mich jetzt, nach dem Tode und immerdar zu verantworten habe. Ich vertraue auf ein gerechtes Urteil des Gerichts. [85]

Greiffenbergers religiös gefärbte Worte vor dem Moabiter Gericht wurden von Schlingensiepen als Zeichen der Liebe Gottes, die das »rissige Eis brechen«[86] und das Herz eines Täters »aus der bisherigen Verhärtung«[87] erweicht habe, angeführt. Es sei ein »wahrhaftiges Wunder, ... größer als Krankenheilungen oder Totenerweckungen«[88]. Schlingensiepen bezeichnete Greiffenberger in einem Brief an die Staatsanwältin Barbara Just-Dahlmann als »mehr erleuchtet, als ihm selbst zu Bewusstsein kommen konnte ... Eine solche Haltung kann nicht von Menschen gleichsam moralisch erzwungen werden; nur Gott selber kann sie schenken.«[89] Greiffenbergers Schlusswort mutete Schlingensiepen wie die »Erhörung eines einsamen Gebetes«[90] an, das einen Weg andeute, wie »unsere unselige jüngste Vergangenheit wahrhaft überwunden werden könnte«[91]. Für Schlingensiepen ist Greiffenberger ein »Zeichen, daß Gott uns hat Mut machen wollen und daß wir Unrecht täten, unser Volk schon für verstockt zu halten«[92].

Schlingensiepens Euphorie über dieses Schuldbekenntnis vor Gericht ist auf dem Hintergrund der fast ausnahmslosen Schuldabwehr von NS-Tätern verständlich. Allerdings beließ es Schlingensiepen nicht dabei, diesen Fall als persönlichen Erfolg zu verbuchen, sondern nutzte Greiffenbergers Schlussworte, um die Notwendigkeit von Begnadigungen politisch zu begründen. Schlingensiepen wandte sich mit Greiffenbergers Schuldeinsicht an Simon Wiesenthal, um mit ihm eine »Übereinkunft zu finden über partielle Begnadigungen«[93]: »Endlich, endlich hatte sich die Wahrheit in einem von Gott angerührten Gewissen elementar Bahn gebrochen.«[94] Mit Verweis auf das evangelische Primat der Gnade vor dem Recht plädierte er für Großzügigkeit: »Nichts könnte den bisher Unbelehrbaren und scheinbar Unbelehrbaren im deutschen Volk einen stärkeren inneren Gewissensstoß versetzen, als ein solch überraschender, unverdienter Akt großmütiger Menschlichkeit.«[95] Diese Zeilen schrieb Schlingensiepen 1971 an Wiesenthal, also gegen Ende der großen westdeutschen Prozesswelle, die von Jörg Friedrich zu Recht als »Kalte Amnestie« (Friedrich 1994; Aly 1985) bezeichnet wurde.

Was sich in Schlingensiepens Interpretation widerspiegelt, ist das evangelische Glaubensaxiom, wonach Gottes Gnadenakt eher menschliche Umkehr bewirkt als menschliche Unterordnung unter das Gesetz. Die sich in der Beichte manifestierende Gnade Gottes wird nun zum Argument für juristische Milde und politische Barmherzigkeit. Der politische Gebrauch des evangelischen Primats der Gnade vor dem Gesetz muss kritisiert werden. Die deprimierend-milde Urteilsprechung mag zwar die gesellschaftliche Veränderung der Bundesrepublik in den sechziger Jahren nicht behindert haben, aber individuelle Täter wurden durch diese Nachsicht nicht aus der ideologischen Verblendung gelockt. Soweit die Dokumente eine Einsicht in ihre innere Einstellung zulassen, kann gesagt werden, dass die Täter auch weiterhin an der Rechtmäßigkeit ihrer Handlungen festhielten. Fehlender Schuldeinsicht bei politisch motivierten und gesellschaftlich legitimierten Gewalttätern wird durch staatliche Amnestien, gerichtliche Gnadenakte und kirchliche Vergebung nicht wirksam begegnet. Der Straferlass, der hier im Namen der Schuldeinsicht gefordert wird, trägt letztlich nicht zur inneren Veränderung *(metanoia)* bei. Sicher führen auch lebenslange Haftstrafen nicht zur seelischen Erweckung und menschlichen Besserung der so Bestraften. Aber die Kritikwürdigkeit und Unzulänglichkeit zeitgenössischer Strafmethoden hebt die Notwendigkeit der Strafe, insbesondere nach systematischen Verbrechen nicht auf. Die der Tat angemessene Strafe signalisiert dem Täter wie dem Opfer, dass Unrecht geschehen ist, gerade wenn die Unrechtmäßigkeit aus politischen Gründen umstritten bleibt. Wo auf Strafe nach einem Geständnis aus politischen (oder theologisch motivierten, seelsorgerlichen) Gründen verzichtet werden soll, intensivieren sich die Unschuldsüberzeugungen der Täter. Und die Opfer werden in ihrer Ohnmacht bestätigt. Ihnen wird ihr Recht auf Anerkennung durch Strafe, Sühne und Wiedergutmachung abgesprochen. Obwohl Greiffenberger das »erschütternde Geständnis«[96] in der öffentlichen Verhandlung sicherlich sehr schwer fiel, kann dies dem legitimen Anspruch der Opfer auf Anerkennung ihrer Leiden durch Rechtsprechung nicht gerecht werden.

In seinem Brief an Wiesenthal diagnostiziert Schlingensiepen das Problem der Täter als »satanische Verführung«[97] und »Irreleitung«. Aus solch sündhafter Verblendung erweckt nach evangelischer Lehre nur die Gnade Gottes. Dem göttlichen Gnadenakt entsprechend, bittet Schlingensiepen Wiesenthal um Nachsicht und Haftverschonung und fragt an »ob man den Unseligen, einst von Verführung und Terror Irregeleiteten, die man ja gewiß auf die Vergebung Gottes im Jenseits hinweisen darf, nicht doch auch eine Spur irdischer Hoffnung lassen sollte?«[98] Die begangenen Gewalttaten werden hier auf die innere Einstellung und verdrehte Realität der Täter reduziert, deren Befreiung aus der sündigen Verblendung durch Barmherzigkeit erreicht werden könne. Dies begrenzt die Sünde auf die Beziehung zwischen Gott und Mensch. Schlingensiepens Begnadigungsanliegen folgt einem Verständnis der Sünde als Verstoß gegen Gottes Ordnung, das dem menschlichen Opfer kein Anrecht auf Gerechtigkeit einräumt. Nachdem Greiffenberger zu Gott zurückgefunden hat, entfällt der Grund zur Bestrafung. Wenn das Ziel der Bestrafung die Umkehr des Täters ist, dann ist dieses Ziel mit der aufrichtigen Beichte bereits erreicht worden. Wenn das Ziel der Bestrafung aber auch die Wiederherstellung der Würde der Opfer sein soll, dann kann man trotz Schuldeinsicht nicht ganz auf Strafe verzichten.

Greiffenberger wurde nach seinem Schuldbekenntnis sofort auf freien Fuß gesetzt.[99] Obwohl sich der Vorsitzende des Gerichts »über seine Bemerkung, – relig. Frömmigkeit betreffend« wunderte und es »Gelächter im Zuhörerraum« gab, entließen die Richter Greiffenberger »nach Verkündigung des Urteils« aus der Haft.[100] Zwar hatten die Richter ihn zu drei Jahren Gefängnisstrafe verurteilt, sie rechneten ihm aber seine Zeit in der sowjetischen Gefangenschaft (wo er für andere Vergehen zum Tode verurteilt worden war) und die Untersuchungshaft an und ließen ihm die Restzeit nach. Greiffenberger mutmaßte in einem Brief an Schlingensiepen, die Zuhörer seien von seiner Religiosität überrascht gewesen, da für sie »ein SS-Führer ein ausserhalb der Kirche stehender Mensch [ist], der keinen Glauben besitzt«[101]. Er betrachtete seine Freilassung als Zeichen der

> Liebe und Barmherzigkeit Gottes, die durch die Richter gewirkt hat, wenn es auch diesen selbst nicht bewusst geworden ist. Alle übrigen Angeklagten, selbst der Freigesprochene, haben nämlich alle wieder neue Haftbefehle erhalten. Es war also nicht mein Verdienst, sondern Gottes Wille allein, der mich meinen lieben Angehörigen wiedergab.[102]

Die gerichtliche Milde wird so zum göttlichen Willen. Mit einem Kopfnicken an die evangelische Dogmatik sieht Greiffenberger seine Entlassung nicht als sein »Verdienst« an, sondern rechnet sie allein der Gnade und Barmherzigkeit Gottes zu.

Es ist müßig, über die Aufrichtigkeit seines Bekenntnisses zu spekulieren, aber die Dokumente in Schlingensiepens Nachlass lassen Zweifel an der Aufrichtigkeit seiner Bekehrung aufkommen. So konstatierte Greiffenberger zwar die »seelischen Qualen und … [die] Last der Verantwortung, die niemand von mir nehmen kann«[103], aber soweit man aus seiner Korrespondenz mit Schlingensiepen ablesen kann, hält sich sein Schuldgefühl in Grenzen. Auch Greiffenberger gehört nicht zu jenen, die sich einer ernsthaften Schuld bewusst gewesen wären:

> Im Grunde genommen ist es mir völlig gleichgültig, wie die Menschen über mich denken, ob sie mich verachten oder achten, mich lieben oder hassen, mich grüßen oder nicht grüßen, ich selbst muss wissen, was ich getan habe, wer ich bin und wie ich mit meinem Gewissen vor Gott stehe. Ich habe jedenfalls, was der Prozess einwandfrei bewiesen hat, weder Erschießungsbefehle gegeben, noch einen einzigen Menschen persönlich erschossen. Von den 125 Zeugen … hat mich nicht ein einziger belastet.[104]

Es gibt keinen Hinweis darauf, dass Schlingensiepen in seinen Briefen der Behauptung Greiffenbergers widersprochen hat, er habe als Mitglied eines Einsatzkommandos nicht an Erschießungen teilgenommen, obwohl er für die Leitung zweier Massenerschießungen verurteilt worden war. Greiffenberger bleibt in der »Psychose der Schuldlosigkeit«[105] verhangen und gibt nur zu, was ihm gerichtlich bewiesen werden kann. Dass »von 70 Zeugen (frühere Untergebene) … nicht ein einziger (sic) gegen mich ausgesagt«[106] hat, wird ihm zum Beweis der eigenen Unschuld – als sei die Aussageverweigerung früherer Untergebener ein glaubwürdiger Unschuldsbeweis. Seine Selbstdarstellung steht im Widerspruch zu den Gerichtsakten. Danach wurde Wilhelm Greiffenberger als »wissentlich der Beihilfe zum Mord durch die Leitung von zwei Erschießungsaktionen auf Dr. Filberts Befehl, von denen die eine (in Wiljeka) 100 Opfer, die zweite (in Witebsk) 250 Opfer forderte«[107] überführt. Es wurde ihm zugebilligt, dass er »mit den Absichten und Zielen der Initiatoren der Erschiessungen nicht übereinstimmte und dass ihm deshalb der Täterwille fehlte« (ebd.). Dr. Filbert war Greiffenberger direkt übergeordnet, aber als Stellvertreter hatte Greiffenberger seinerseits Untergebene. Filberts Einsatzkommando 9 (EK 9) war Teil der Einsatzgruppe B und unter anderem für die brutale Vernichtung des Minsker Ghettos verantwortlich. Ihr spezieller Einsatz bestand in der Ermordung jüdischer Frauen und Kinder. Greiffenberger, der in der Befehlskette des Völkermordes im »mittleren Management« (von Kellenbach 2003, 315) stand, will als stellvertretender Chef des EK 9 den Erschießungen nur zugeschaut haben. So zumindest stellt es seine Frau Helene dar:

Mein Mann war aber Verwaltungsbeamter und in dem Kommando von Filbert war er tief unglücklich, weil dieser ihn gezwungen hat, auch zweimal mit zu den Erschiessungen hinauszugehen ... Ich bin überzeugt, dass Gott ihm bereits vergeben hat ... Wir sind alle nur Figuren auf der Bühne des Lebens, entscheidend ist die Liebe zu Gott.[108]

Mit Hilfe solcher Passivformulierungen und der Überzeugung, dass Gott ihrem Mann bereits vergeben habe, weist sie die persönliche Schuld ihres Mannes ab. Dass sich Greiffenbergers Gattin mit solchen linguistischen und theologischen Konstruktionen über die Betroffenheit hinweg hilft, mag nicht verwundern. Aber dass Schlingensiepen, der sich vom Auschwitz-Adjutanten Robert Mulka nicht hatte täuschen lassen, die Entschuldigungen der Greiffenbergers ohne Widerrede akzeptiert, ist erstaunlich. Für die abendländisch-biblisch fundierte Tradition gilt der Grundsatz, dass der Mensch mit freiem Willen ausgestattet und zu moralischen Entscheidungen befähigt ist. Trotz einer zeitweilig fatalistisch anmutenden Erbsündenlehre hat die Kirche »in ihrer Geschichte immer die Freiheit des Menschen gegen die dualistischen Systeme oder die Auffassung, er sei durch die Ursünde restlos verderbt, verteidigt, sie wußte aber auch von der leichten Verwundbarkeit aufgrund der Erbsünde« (Ziegenaus 1975, 258). Jedenfalls ist die Vorstellung, wir seien bloß »Figuren auf der Bühne des Lebens«, wie sie Greiffenbergers Frau artikuliert, mit einer gut fundierten, christlichen Überzeugung unvereinbar. Es verbergen sich in solchen Sätzen tätertypische Abwehrmechanismen, die im Widerspruch zur erwachsenen Schuldeinsicht stehen. Die Frage, ob nicht die angeblich entscheidende »Liebe zu Gott« eine Teilnahme an Massenerschießungen hätte ausschließen müssen, stellt sich der Ehegattin Greiffenbergers nicht (vgl. von Kellenbach 2004, 7-24).

Es ist möglich, dass Schlingensiepen über die Verbrechen der Einsatzgruppen weniger wusste als über die Konzentrationslager. Vielleicht unterschätzte er das Ausmaß der Gewalt. Schlingensiepen hielt jedenfalls bis in die siebziger Jahre unbeirrbar an Greiffenberger fest. Er diente ihm als Paradebeispiel reuiger Umkehr. Allerdings muss an Greiffenbergers Kirchentreue ebenfalls gezweifelt werden. Er unterzeichnete zwar seine Briefe mit »in der Liebe Gottes mit Ihnen verbunden«, und auch seine Frau beschreibt sich als »tief religiös«[109]. Aber diese Formulierungen lassen den Verdacht aufkommen, dass Greiffenberger, wie Adolf Eichmann, der SS-Ideologie der Gottgläubigkeit treu geblieben ist. Dieser Verdacht erhärtet sich in einem Briefwechsel Schlingensiepens mit dem bayerischen Bischof Hermann Dietzfelbinger. Schlingensiepen hatte den Bischof gebeten, als Zeichen kirchlicher Solidarität und Anteilnahme die Greiffenbergers zu Hause zu besuchen. Darauf antwortet Dietzfelbinger etwa ein Jahr nach der Verurteilung Greiffenbergers:

> Nach Auskunft des Pfarramts ist Herr Greiffenberger nicht wieder in die evangelische Kirche eingetreten. Er hat sich seinerzeit, als er sich in Mettenheim niederließ, ... jede Betreuung von seiten der Kirche höflich aber bestimmt verbeten. Nach Auskunft des Erzbischöflichen Ordinariats hat sich der zuständige katholische Geistliche um die übrige Familie wohl annehmen wollen, sie aber nie angetroffen. ... Ein Besuch des Kardinals mit mir zusammen bei Familie Greiffenberger scheint mir – abgesehen davon, daß Herr Greiffenberger sich kirchliche Betreuung verbeten hat – aus verschiedenen Gründen nicht richtig zu sein.[110]

Das Bild des bußfertigen Sünders, der seine Taten aufrichtig bereut und öffentlich gesteht, um sich geläutert wieder in die kirchliche Gemeinschaft aufnehmen zu lassen, zerplatzt hier wie eine Seifenblase. Stattdessen muss man sich Greiffenberger wohl eher als gottgläubigen SS-Mann vorstellen, der die juristische und kirchliche Öffentlichkeit geschickt zu manipulieren wusste. Greiffenbergers Bekenntnis zur Schuld im Gerichtssaal mag nicht mehr als das opportune Zugeständnis eines uneinsichtigen und bußunfähigen Nationalsozialisten gewesen sein. Schlingensiepen übersah diese Warnzeichen und erlag der Versuchung, wenigstens *ein* Zeugnis gelungener Umkehr anführen zu können. Solche Hoffnung auf die Wirksamkeit der christlichen Sündenvergebung führte dazu, die Bußwilligkeit eines NS-Täters zu überschätzen und die nachhaltige politische und religiöse Überzeugungskraft des Nationalsozialismus zu unterschätzen.

Die Menschlichkeit der Täter verführt zur Annahme, es müsse Reue existieren und ein Verlangen nach Erlösung bestehen. Das Gegenteil scheint jedoch vielfach der Fall gewesen zu sein. Deshalb muss den Opfern eine zentrale Rolle im Schuldbekenntnis zukommen: Neben Gott können nur sie beurteilen, ob eine Beichte »echt« und die Reue »wahrhaftig« ist. Neben Gott kennt nur das Opfer einer Gewalttat das Gesicht des Täters während der Tat. Gerichte und kirchliche Seelsorger kommen mit dem Täter erst nach der Tat in Berührung. Das mag Seelsorger dazu verleiten, der Bußwilligkeit und Unschuldsbeteuerung der Täter Glauben zu schenken. Solange das christliche Bekenntnismodell die Opferperspektive auf den Täter ignoriert, weil die Versöhnung ausschließlich auf Gott hin ausgerichtet ist, wird es schwer sein, die massiven Abwehrstrategien und Leugnungsmechanismen der Täter wirksam zu brechen.

Der Ausschluss der Opfer aus der Versöhnungslehre ist der protestantischen und katholischen Dogmatik gemein. Obwohl der »theologische Kontroversstand« (Ziegenaus, 1975, 281) im Bereich der protestantischen und katholischen Versöhnungs- und Rechtfertigungslehre gerade in der Frage des Primats göttlichen bzw. menschlichen Heilshandelns groß ist (Metzger 1980, 430), wird das Opfer der sündigen Handlung in beiden Kirchen nicht explizit mit einbezogen. Der Konflikt zwischen der katholischen und der evangelischen Dogmatik besteht darin, ob der Mensch den ersten Schritt tun muss, wie es in der katholischen Lehre hervorgehoben wird, um sich zur Reue durchzuringen und seine Sünden schonungslos offen zu legen, bevor Gott die Sünden vergibt. Oder ob sich der Sünder ganz auf Gottes Heilshandeln verlassen und sich die Reue und Schuldeinsicht in Offenheit für Gottes Heilshandeln schenken lassen muss, wie es die protestantische Lehre will (Heinz 1990, 21). Trotz dieser gegenläufigen Abfolge des Versöhnungsprozesses ist in beiden Kirchen der amtierende Priester oder Pfarrer ermächtigt, dem Sünder die Vergebung der Sünden im Namen Gottes zuzusprechen. Genau um diese »Schlüsselrolle des Priesters«, der die Absolution der Sünden im Namen Gottes ausspricht, ohne die Opfer der sündigen Tat einzubeziehen, geht es im nächsten Abschnitt.

Die Schlüsselgewalt der Opfer:
Weihbischof Matthias Defregger

In der christlichen Tradition verwaltet der Priester bzw. Pfarrer das Sühneopfer Christi und ist mit der »Schlüsselgewalt« betraut. Im Matthäusevangelium (16,18-19) wird Petrus stellvertretend für die Apostel von Jesus ermächtigt, Sünden zu »binden« und die Täter göttlicher Strafe anheim zu stellen bzw. ihre Missetaten zu »lösen« und sie der göttlichen Versöhnung zuzuführen. Obwohl die »Schlüsselgewalt« des Priesters sowohl »bindend« als auch »lösend« ist, sind Absolutionsverweigerungen besonders in der Neuzeit extrem selten. Bei meinen Recherchen über NS-Täter ist mir nur ein einziger Fall einer Abendmahls- und Absolutionsverweigerung begegnet: Der amerikanische Militärgeistliche H. F. Gerecke hatte Feldmarschall Hermann Göring als Einzigem der Nürnberger Verurteilten in Landsberg/Lech das letzte Abendmahl verweigert, obwohl dieser nie aus der Kirche ausgetreten war (Hull 1964, 112). Fast ausnahmslos setzten Priester und Pfarrer ihre Schlüsselgewalt ein, um von Sünden freizusprechen, und nicht, um die Vergebung zu verweigern.

In der römisch-katholischen Kirche spricht der Priester los, nachdem er sich davon überzeugt hat, dass die Bedingungen der *contritio*, *confessio* und *satisfactio* erfüllt worden sind (Metzger 1980, 437). In den evangelischen Kirchen spricht der Pfarrer im Vertrauen auf die Macht des Glaubens (*fides*) nach einer Privat- oder Kollektivbeichte im Gottesdienst frei: »Kraft des Befehls, den der Herr seiner Kirche gegeben hat, spreche ich dich frei, ledig, los. Dir sind deine Sünden vergeben.«[111] Eine explizite Verpflichtung, auf das Opfer zuzugehen und es um Vergebung bitten oder es für erlittenen Schaden zu entschädigen, besteht in beiden Traditionen nicht. Zwar mag das Zugehen auf den Geschädigten von einzelnen katholischen Priestern im Rahmen der *satisfactio* auferlegt und von evangelischen Pfarrern als implizierte Frucht des Glaubens erwartet werden; es ist aber liturgisch nicht vorgeschrieben und wird weder zwingend zur Vorbedingung gemacht noch als Versöhnungswirkung gefordert.

Die jüdische Tradition unterscheidet sich an diesem Punkt entscheidend von der christlichen Versöhnungspraxis und -liturgie. Seit der Zerstörung des Tempels kommt das rabbinische Judentum ohne Sühneopfer aus und hat außerdem die priesterliche Mittlerfunktion aus dem Versöhnungsgeschehen entfernt. Im jüdisch-liturgischen Kalender sind die zehn Tage zwischen *Rosh HaShanah* (Neujahr) und *Jom Kippur* (Versöhnungstag) der Aufgabe gewidmet, Vergebung bei den Opfern schuldhafter Vergehen einzuholen. Am Versöhnungstag vergibt Gott nur solche Sünden, die sich gegen Gott selbst richten und jene, um deren Vergebung bei den Leidtragenden gebeten wurde. Versöhnung mit Gott ist erst möglich, nachdem die Beziehungen zwischen Täter und Geschädigtem erneuert worden sind. Dabei sind zwei Phasen vorgeschrieben: (1) der angerichtete Schaden muss ersetzt und (soweit möglich) wieder gutgemacht werden; (2) das Opfer muss um Vergebung gebeten werden. Im Todesfall muss die Bitte um Vergebung in

Anwesenheit von zehn Zeugen auf dem Friedhof ausgesprochen werden (Maimonides, Yad 2, 9). Die Bitte um Vergebung und die Pflicht zur Wiedergutmachung sollen die Würde des Opfers wiederherstellen.

Die Wiederherstellung der Würde der Opfer ist von der christlichen Versöhnungslehre nicht übernommen worden, was sich für die nachkriegsdeutsche Vergebungspraxis verhängnisvoll auswirkte. Es legitimierte die Freisprechung der Täter, ohne dass diese zur Hinwendung und Verhaltensänderung gegenüber den Opfern verpflichtet waren. Gleichzeitig verpflichtete das Gebot christlicher Vergebung die Opfer zur Aufgabe ihrer Ansprüche auf Entschädigung und Wiedergutmachung. Am Medienspektakel um den katholischen Weihbischof Matthias Defregger (1915-1995) wird deutlich, warum die christliche Abtrennung der Gottesversöhnung von der Versöhnung mit dem Nächsten Gefahr läuft, die geschädigten Opfer noch einmal gering zu schätzen und zum Schweigen zu verurteilen.

Matthias Defregger durchlief während der NS-Zeit eine militärische Karriere in der Wehrmacht und brachte es bis zum Dienstgrad eines Hauptmanns. Nach dem Krieg wurde er am 29. Juni 1949 zum Priester geweiht und am 14. September 1968 zum Weihbischof ordiniert. Nachdem das Magazin *Der Spiegel* am 7. Juli 1969 über Defreggers Teilnahme an Geiselerschießungen von 17 italienischen Dorfbewohnern in Filetto di Camarda berichtete, eröffnete die Staatsanwaltschaft ihr inzwischen eingestelltes Strafermittlungsverfahren von Neuem. In der kirchlichen und säkularen Öffentlichkeit wurde daraufhin die Frage diskutiert, ob Beichte und Absolution »für ihn [Defregger] die Schuld der Vergangenheit getilgt« (Dittmer 1981, 54) hätten.[112] Defregger machte geltend, er habe seine Beteiligung an diesen Erschießungen seinem Bischof offen gebeichtet und sei von seinen Sünden losgesprochen worden.

Die Funktion der Schlüsselgewalt des Priesters wird hier fragwürdig: Im isolierten Beichtraum vergibt der Priester als Mittler zwischen Gott und Sünder dem Beichtenden seine Vergehen gegen Gottes Ordnungen, während die Opfer keinen Anteil am Vollzug dieses Versöhnungsrituals nehmen können. Ohne Rücksicht auf die Opfer des italienischen Dorfes, die allesamt katholisch waren, erhielt Defregger seine Absolution.

Erst im Anschluss an die »Spiegel-Affäre« bat Matthias Defregger noch im Juli 1969 in einer öffentlichen Stellungnahme »die Einwohner von Filetto um Verständnis und Vergebung, ... daß ich ihnen so wenig zu helfen imstande war«[113]. Sein öffentliches Schuldbekenntnis erschien in deutschen Zeitungen unter dem Titel »Solidarität mit den Opfern«. Die Einwohner von Filetto erfuhren von Defreggers Bitte um Vergebung »durch das Fernsehen, über das Radio und aus den Zeitungen«[114], aber nicht persönlich oder in einem an sie versandten Brief. In seiner Bitte um Vergebung schmälerte Defregger seine Rolle bei den Vorfällen erheblich. Er konnte zwar seine Verantwortung als Hauptmann und Kommandeur der Nachrichtenabteilung nicht ganz abstreiten, gab aber lediglich zu, dem Druck von oben nicht »bis zum letzten … und ohne Rücksicht auf persönliche Konsequenzen«[115] widerstanden zu haben. Diese Schilderung wurde von ehemaligen Untergebenen angefochten[116], die sich daran erinnerten, dass »zahlreiche andere Offiziere … die Weitergabe des Befehls missbilligt hätten. Tenor der Kameraden-Kritik: ›Wie konnten Sie das kurz vor Toresschluß noch machen?‹«[117] Die Exekution fand eine Woche vor der amerikanischen Besetzung Filettos und zwei Wochen vor der Kapitulation von Defreggers Einheit statt. Obwohl Geiselerschießungen nicht im engeren Sinne zu den ideologisch motivierten NS-Verbrechen gehören, sondern unter die Rubrik der Kriegsverbrechen fallen, hatte Defregger ähnlich wie Greiffenberger einen Erschießungsbefehl erhalten und von Untergebenen ausführen lassen. Wie andere zuvor, beschwört auch Defregger den »Befehlsnotstand«: »Ich versuchte zu retten, was zu retten war. Das schreckliche Töten gänzlich zu verhindern, fehlte mir die Möglichkeit.« Worin die Rettung in der »Weitergabe und damit … Ausführung des Erschießungsbefehls«[118] bestanden haben soll, bleibt unerklärt.

Wie Greiffenberger beteuert Defregger in seiner öffentlichen Vergebungsbitte, unter einer »schweren inneren Belastung«[119] zu leiden. Auch er widerspricht sich. Einerseits bekennt er sich »zur schweren Last, die mir kein Konfessor und keine Öffentlichkeit abnehmen kann«, andererseits beharrt er auf seiner Unschuld: »Ich fühle mich juristisch und vor allem moralisch unschuldig.«[120] Seine Pressemitteilungen dienen der Beschwichtigung kritischer Stimmen und Sicherung seiner Position und weniger der Umkehr und Bereitwilligkeit zur Sühne.

Das Pikante an der öffentlichen Debatte um Defregger war seine kirchliche Position, die es Journalisten erlaubte, seine Vergangenheitsbewältigung mit mittelalterlichen Buß- und Sühnepraktiken zu kontrastieren. Sie konnten sich Defregger auf dem »Bußpfad nach Filetto«[121] vorstellen, der »in Mönchskutte ... barfuß und von der Last des Kreuzes gebeugt«[122] um Vergebung bat. Aber weder Defregger noch Kardinal Döpfner dachten daran, diese Bußpraxis neu zu beleben und sich persönlich an die Überlebenden in Filetto zu wenden oder die Bischofswürde zur Disposition zu stellen. Journalisten formulierten ihre Erwartungen an eine christliche Bußpraxis so: »Was schließlich die christliche Vergebung anbelangt, so könnte sie der Weihbischof, wenn er auch nur einen Teil der ihm zur Last gelegten Taten begangen hat, von den Angehörigen der Getöteten vielleicht als reuevoller Mönch, nicht aber in seinem Bischofsgewand erlangen.«[123] Interessanterweise waren es die offiziellen, kirchlichen Stellen, einschließlich des Vatikans, die solche Forderungen nach förmlichen Bußkonsequenzen ablehnten.

Stattdessen gerieten die Opfer im Zuge der nun einsetzenden christlichen Versöhnungsdiskurse unter Druck. So warnte Kardinal Döpfner, der Defregger berufen hatte und sich schützend vor ihn stellte, vor »Selbstgerechtigkeit«: »Wir müssen als Christen wissen, daß die Gemeinschaft der Kirche nur aus gegenseitiger Vergebung leben kann, weil wir durch Selbstgerechtigkeit den Weg zueinander, zur Welt und schließlich zu Gott versperren.«[124] Den Einwohnern Filettos, die am 30. Juli 1969 in einer Resolution des Gemeinderates einen Auslieferungsantrag stellten und verlangten, dass ein Prozess gegen Defregger angestrengt werden sollte,[125] wurde somit »Selbstgerechtigkeit«[126] vorgeworfen. Ihr Anspruch auf Gerechtigkeit, Wiedergutmachung und Bitte um Vergebung wird als Selbstüberhebung und Rache interpretiert. So zumindest wird die Alternative in einer Schlagzeile vom Juli 1969 formuliert: »Zwischen Rache und Versöhnung«[127]. Dazwischen scheint es keinen christlichen Weg zu geben. Die so formulierte Alternative schließt den Rechtsweg aus und möchte die Opfer zwingen, ihren Anspruch auf Gerechtigkeit aufzugeben. Ihr Verzicht auf Anerkennung des Unrechts durch den Täter und auf Entschädigung sichert die Position des Täters, der Amt und Würden nicht abtreten möchte. Die Verzichtleistung der Opfer dient der Entlastung des Täters.

Der italienische Ortspfarrer Don Demetrio Gianfrancesco setzte sich derweil in Filetto dafür ein, »die unmittelbar betroffenen Familien zur christlichen Vergebung [zu] bewegen«[128]. Er argumentierte: »Man verzeiht nicht nur, weil es einer verdient, man verzeiht auch den Bösen.«[129] In einer Dorfabstimmung verlor allerdings diese als christlich ausgewiesene Position mit 7 Unterschriften gegen die Petition der Kommunisten unter dem Slogan »Fordert, dass Gerechtigkeit geschehe«, die 80 Unterschriften erhielt. Trotz erheblichen Drucks (so erklärte Don Demetrio gegenüber dem *Spiegel:* »Wenn sie Christen sind, müssen sie alle unterschreiben«), leuchtete der Mehrheit im Dorf offensichtlich nicht ein, warum sie ungefragt vergeben sollte. Don Demetrios Vergebungserklärung richtete sich an Defregger in München und sicherte ihm die Bereitschaft der Unterzeichneten zu, »Ihnen unsere denkbar weite und großmütige Vergebung zu gewähren«[130], ein Angebot, um das Defregger nicht gebeten hatte.

Matthias Defregger blieb Weihbischof, das Verfahren gegen ihn wurde ein Jahr später (am 17. September 1970)[131] eingestellt. »Die Tat bestätigt – die Schuld bestritten«, lautete die Schlagzeile. »Die Münchener Staatsanwälte halten die Geiselerschießung in Filetto für rechtmäßig«, berichtete die Süddeutsche Zeitung am 18. September 1970. Damit erübrigte sich auch der Bußbesuch: Weder Defregger noch Kardinal Döpfner reisten in das italienische Dorf, um sich mit den Langzeitschäden der Opfer und Überlebenden des Erschießungsbefehls in Filetto di Camarda zu befassen.[132]

Jahre später wurde Weihbischof Matthias Defregger selbst Opfer eines Attentats. Am 14. 8. 1981 griff ihn ein von Wahnvorstellungen getriebener, 42-jähriger deutscher Buchhalter während einer Marienwallfahrt in Ramersdorf/München mit einer Giftspritze an.[133] Weil die Spritze abbrach, wurde der Weihbischof nur im Gesicht verletzt. Alfons Glass, der Attentäter, wurde für schuldunfähig erklärt und in eine Nervenheilanstalt eingeliefert.[134] Defregger litt unter Folgen dieses Säureangriffs bis zu seinem Tod im Jahre 1995 (Sauser 2004). Dieses Attentat war nicht politisch motiviert und richtet unsere Aufmerksamkeit noch einmal auf den Unterschied zwischen normaler Kriminalität und politischer Gewaltanwendung.

Individuelle Verbrechen unterscheiden sich grundlegend von dem, was die amerikanische Philosophin Claudia Card als »atrocity« bezeichnet. Card geht davon aus, dass die modernen Phänomene der »atrocities« – also jener strukturell komplexen Gewaltherrschaften, wie zum Beispiel Völkermord, Sklaverei, Hexenverbrennungen, Folter usw., in deren Ausübung viele Menschen »verstrickt« werden – ein Neuverständnis des Bösen und der Schuld erfordern (Card 2002, 166-187). Sie nimmt die Tatsache ernst, dass individuelle Terrorakte innerhalb struktureller Gewaltsysteme zu keiner persönlichen Schuldeinsicht führen. Denn im Unterschied zu »individuellen« Verbrechen, die von einem »niedrigen Beweggrund« ausgehen, berufen sich Täter politischer Verbrechen auf legitimierende Strukturen, die herrschenden Verhältnisse, Gruppenzwang und das allgemeine Volksempfinden. »Das Böse« ihrer Handlungen kann nicht im individuellen Täterwillen gesucht werden, denn es kann mit den besten Intentionen (wie Pflichterfüllung oder Gehorsam) begangen werden. Das Böse, das »atrocities« kennzeichnet, misst sich am Ausmaß der Zerstörung im Leben der Opfer. Ihnen kommt eine besondere Bedeutung zu. Den Opfern erwächst aus dem begangenen Unrecht »moralische Macht« über die Täter. Die Täter begeben sich unwiderruflich in die Schuld der Opfer und können sich aus dieser Abhängigkeit nicht selbsttätig befreien. Es steht den Opfern zu, ihre moralische Macht einzusetzen, um Schuld einzutreiben und Wiedergutmachung zu fordern oder sie den individuellen Tätern und der Tätergemeinschaft zu erlassen. Unter »Opfern« versteht Claudia Card, und ich folge ihr in dieser Begriffsdefinition, nicht nur die zu Tode Gekommenen, sondern auch die Überlebenden und ihre Nachkommen (wie z. B. Juden, Armenier, afrikanische Sklaven oder amerikanische Indianer). Das Schuldverhältnis überdauert die Zeugengeneration, weil die in »atrocities« freigesetzte Zerstörung über Generationen hinaus Langzeitfolgen hat. Die Gewalt manifestiert sich nicht nur im Massensterben, sondern auch im körperlichen und seelischen Schaden der Überlebenden, im Verlust von Familien und Besitz, der Kultur, Heimat und beruflichen, ökonomischen, sozialen und religiösen Lebensgrundlagen.

Dieses Abhängigkeitsverhältnis der Täter von den Opfern kann nicht durch die stellvertretende Sühne, wie sie im Opfertod Christi konzipiert ist, aufgelöst werden. Die priesterliche Schlüsselgewalt der Sündenvergebung kann den Täter nicht aus der Abhängigkeit vom Opfer entlassen, ohne dem Opfer das Anrecht auf Entschädigung, das aus dem erlittenen Unrecht resultiert und die moralische Macht, den Schuldiger zu entlassen, zu entreißen. Eine Versöhnungstheologie, die sich anmaßt, stellvertretend für die Opfer zu vergeben, verletzt ihre Menschenwürde erneut und setzt das Unrecht der Vergangenheit fort. Solche einseitige Versöhnung mit den Tätern setzt die Glaubwürdigkeit der christlichen Erlösungsbotschaft aufs Spiel.

Insofern evangelische Theologie das vollmächtiges Handeln Gottes in der Versöhnung betont, macht die die Verpflichtung des Täters gegenüber dem Opfer nebensächlich. So bestreitet der evangelische

Theologe Uwe Dittmer in einem Kommentar zu Defregger jeglichen Anspruch der Opfer auf dessen persönliche Bitte um Vergebung:

> Jedoch, wer eine solche Buß*leistung* zur *Voraussetzung* der Vergebung machen wollte, hätte vom Evangelium nichts verstanden. Denn Vergebung soll ja entlasten und nicht unerträglich belasten. Dies gilt auch angesichts der Worte der Bergpredigt, dass derjenige, der zum Sühnopfer in den Tempel kommt, zuvor hingehen soll, um sich mit seinem Bruder zu versöhnen (Matth 5,23 ff.). (Dittmer 1981, 54; Hervorh. im Original)

Dittmer wendet sich explizit gegen das in die Bergpredigt aufgenommene jüdische Gebot, vor dem Versöhnungstag beim Geschädigten um Entschuldigung zu bitten. Im Matthäus Evangelium heißt es: »Wenn du nun deine Opfergabe zum Altar bringst und dort eingedenk wirst, dass dein Bruder etwas wider dich hat, so lass deine Gabe dort vor dem Altar und geh zuerst hin und versöhne dich mit deinem Bruder, und dann komm und bring deine Gabe dar.« (Mt 5,23-24; Züricher Bibel) Warum wird für den deutschen Theologen Dittmer der Gang zum Bruder zur »unerträglichen Belastung«? Spricht nicht daraus eine Geringschätzung der Opfer, denen das Recht auf Vergebung nicht zugebilligt werden soll? Entreißt der Theologe damit nicht den Opfern die Schlüsselgewalt der Versöhnung und partizipiert somit an ihrer Entmündigung und Entmachtung?

Wo der Blick auf das Opfer aus der Sündenvergebung verdrängt wird, beschränkt sich das Verständnis der Sünde auf die innere Realität des Täters. An Defreggers Situation wird deutlich, warum die Sünde, die vergeben werden soll, über die Intention und Willensbekundung hinaus auch die Realität der Opfer berücksichten muß. Aus Perspektive der Opfer ist es nebensächlich, ob Defregger die Geiselerschießungen widerstrebend und unwillentlich oder bewusst und mit Überzeugung ausführen ließ. Der Schaden bleibt derselbe. Für das Opfer des Blutbads ist es bedeutungslos, ob ein Schießbefehl begeistert oder widerstrebend vollstreckt wurde. Es besteht ein »*magnitude gap*« (Card 2002, 9) zwischen den Erfahrungen der Opfer und der Realität der Täter: Die Täter unterschätzen das Ausmaß der Verwüstung, während die Opfer die böse Intention und Motivation der Täter überschätzen. Card plädiert deshalb für eine Neudefinition des Bösen: Um einen Akt als »böse« zu charakterisieren, muss die Feststellung des »schuldhaften Fehlverhaltens« des Täters um das »unerträgliche Leid« im Leben der Opfer erweitert werden (3). Es ist nicht allein der gute oder böse Wille eines Handelnden, der das Böse in einer Tat ausmacht, sondern die destruktive Wirkung im Leben des Opfers. Auch eine vermeintlich gute Tat kann radikale Zerstörung und extremes Leid im Leben Anderer verursachen. Um das Böse im alltäglichen Handwerk eines Erschießungskommandos beurteilen zu können, muss man neben der Bereitschaft der Beteiligten zu Gehorsam und Pflichtbewusstsein oder ihrer inneren Gleichgültigkeit auch die faktische Vernichtung Tausender berücksichtigen.

Wie Card stellt auch die Philosophin Susan Neimann in ihrer Untersuchung *Evil in Modern Thought* fest, dass Täterwille und -intention als Markierung des Bösen, wie sie seit Kant für das Verständnis des Bösen prägend ist, vom Holocaust und modernen Massenverbrechen in Frage gestellt werden: »Die Nazis produzierten auf allen Ebenen mehr Böses mit weniger Böswilligkeit *(malice)*, als das je zuvor in der Zivilisation bekannt war.« Neimann fährt fort: »Beispiellose Verbrechen können von den gewöhnlichsten Menschen begangen werden. Das Böse in der heutigen Zeit ist dadurch gekennzeichnet, dass die Absichten der Individuen nur noch selten in Proportion zur Mächtigkeit des Bösen, das diese Individuen begehen, stehen.« (Neimann 2002, 271; Übers. K. v. K.)

Wie die meisten NS-Täter wollte sich Matthias Defregger nicht für eine Tat schuldig bekennen, die nicht seinem individuellen bösen Willen entsprungen war. Dennoch hinterließ seine Aktion 17 tote Männer und ein traumatisiertes Dorf. Erst in der Begegnung oder Konfrontation mit den Auswirkungen der Zerstörung im Leben der Opfer kann ein Täter die destruktive Potenz seiner Handlungen erkennen. Deshalb kann sich die Schulderkenntnis im Kontext moderner Staatsverbrechen nicht auf die Versöhnung mit einem raum- und zeitlosen Gott beschränken. Sie muss konkret und in der Konfrontation mit dem Leiden des Opfers stattfinden. Erst der Dialog mit den Opfern und deren Familien und Nachkommen können Selbsttäuschung und Verdrängungsmechanismen der Täter durchbrechen.

Dieser Konfrontation wird ausgewichen, wo darauf bestanden wird, das Schuldbekenntnis gehöre nur vor die Ohren Gottes. Die Frage des Adressaten deutscher Schuldbekenntnisse wurde in der evangelischen Kirche schon 1945 leidenschaftlich debattiert. Die Konflikte um die Stuttgarter Schulderklärung rankten sich nicht zufällig um die Frage, ob ein christliches Schuldbekenntnis vor die allgemeine Öffentlichkeit oder nur vor Gottes Angesicht gehöre (Besier 1985;

Vollnhals 1992, 52). Verfechter der Privatbeichte, wie der evangelische Systematiker Helmut Thielicke, äußerten offen ihren Argwohn gegenüber den Opfern. Thielicke rechtfertigte seine Ablehnung mit dem Argument, dass »statt einer Bereitschaft zur Vergebung das Pathos des Vergeltungsrechtes triumphieren würde« (Thielicke, zit. in Greschat 1982, 168). Ein Schuldbekenntnis vor menschlichen Ohren würde die Atmosphäre nicht reinigen, »sondern pharisäisch verpesten« (168). Den »menschlichen, ... allzu menschlichen Richtern« (168) will sich Thielicke nicht aussetzen müssen:

> Denn die Augen, unter die es dann zu liegen käme, wären nicht die Augen des göttlichen Richters, der zugleich unser Vater sein will, sie wären auch nicht die Augen des Beichtigers, der nur auf den Augenblick wartet, wo er vom Richten zum Aufrichten, vom Schuldigsprechen zum Vergeben übergehen kann, sondern es wären die Augen der Menschen, die sich verständnisvoll zunicken würden und deren Gedanken schon fieberhaft darauf sinnen, welche Möglichkeiten sich nun für sie ergeben ... Gott ist der einzige, unter dessen Augen wir uns nicht wegwerfen. (Thielicke zit. in Greschat 170, 172)

Solches Misstrauen gegenüber »diesen fremden und allzu gierigen Ohren« (168) verbindet konservative evangelische Theologen. So behauptet auch Landesbischof Otto Dibelius, das wahre christliche Schuldbekenntnis gehöre »nur ... vor Gottes Angesicht« und »nur vor de[n] Richtstuhl des heiligen Gottes« (zit. in Greschat 1985, 73). Die Logik Hans Asmussens zum Stuttgarter Schuldbekenntnis wird von Martin Greschat folgendermaßen zusammengefasst: »Vor Gott gehört das Bekenntnis der Schuld, vor die Menschen die Verteidigung des eigenen Rechts.« (Greschat 1995,10) Diese Skepsis deutscher Theologen gegenüber der Vergebungsbereitschaft der NS-Opfer steht im krassen Gegensatz zu ihrem grenzenlosen Vertrauen in die Güte des allverzeihenden Gottes. In ihren theologischen Entwürfen scheint Gott geradezu in einer leeren Versöhnungsgeste erstarrt. Es ist auffallend, wie übereinstimmend sowohl Theologen und Seelsorger als auch die NS-Täter selber Gott prinzipiell als einen Liebenden und Vergebenden charakterisieren. So beschreibt zum Beispiel Adolf Eichmann sein Gottesbild in einem Brief an Pastor William Hull: »Meiner Vorstellung nach ist Gott, infolge seiner Allmächtigkeit, weder ein Strafender, noch ein Zürnender, sondern ein allumfassend liebender Gott, in dessen Ordnung ich gestellt bin.«[135] Ähnlich wie die Insassen des Ludwigsburger Frauenlagers, schreibt die Ehefrau eines verurteilten Polizeiangehörigen: »Ich bin davon überzeugt, dass unser Vater im Himmel ein viel gnädigerer Gott ist, als wir ihn hier auf Erden ›darstellen‹.«[136] Die Vorstellung des allverzeihenden, gnädigen Gottes charakterisiert die Äußerungen vieler gottgläubiger NS-Täter. Sie berufen sich dabei auf eine anti-jüdische Auslegungstradition, die den »lieben Gott« des Neuen Testaments vom Rache heischenden Gesetzesgott des Alten Testaments absetzt.

Die Bitte um Verzeihung beim verletzten Nächsten erfordert Mut und riskiert Zurückweisung und Demütigung. Diesem Risiko weicht die Privatbeichte aus, die sich über die Mittlerfigur des Seelsorgers direkt an den allverzeihenden »lieben Gott« richtet. Dem Täter wird Vergebung ohne Gottesfurcht garantiert. Allerdings trägt eine solche schmerzlose Vergebung wenig dazu bei, um die Vorurteile und Angst vor dem Nächsten, die ja weiterhin bestehen, zu mindern. Die Furcht vor dem Nächsten ist real, weil das Opfer einer Untat nicht auf eine bestimmte Reaktion festgelegt werden kann. Müsste Ähnliches nicht auch für Gott gelten? Kann denn Gott, so Gott ein lebendiger Gott ist, theologisch auf eine bestimmte Reaktion festgelegt werden? Muss nicht auch der christliche Gott angesichts der Zerstörung im 20. Jahrhundert von Theologen und Geistlichen mit einer gewissen Demut und »Heilsungewissheit« gepredigt werden?[137] Jedenfalls haftet der Sicherheit, mit welcher der »liebe Gott« gepredigt wird, der Hauch des Imaginierten und der Illusion an, die keine göttliche Souveränität und Unberechenbarkeit zulassen möchte.

Lange vor der kompromittierten Praxis nachkriegsdeutscher Täterseelsorge hat Dietrich Bonhoeffer seine Beichtlehre deutlich und einfach formuliert:

> Selbstvergebung kann niemals zum Bruch mit der Sünde führen, das kann nur das richtende und begnadigende Wort Gottes selbst. Wer schafft uns hier Gewissheit, daß wir es im Bekenntnis und in der Vergebung unserer Sünden nicht mit uns selbst zu tun haben, sondern mit dem lebendigen Gott? Diese Gewissheit schenkt uns Gott durch den Bruder. Der Bruder zerreißt den Kreis der Selbsttäuschung. Wer vor dem Bruder seine Sünden bekennt, der weiß, dass er hier nicht mehr bei sich selbst ist, der erfährt in der Wirklichkeit des Anderen die Gegenwart Gottes. (Bonhoeffer 1973, 100)

In unserem Zusammenhang muss Bonhoeffers Ruf nach dem Bruder weiter präzisiert werden: Um die Selbsttäuschung der Täter zu durchbrechen, müssen sie vor das Angesicht der Opfer (und deren Familien und Gemeinden) treten und sich mit der Realität der Opfer auseinander setzen. Dies ist ganz besonders wichtig, wenn Gewalt im Namen des Staates ausgeführt wird und Gewalttäter vom Unwert ihrer Opfer aus rassistischen, nationalistischen oder politischen Gründen überzeugt sind. Gerade dann kann eine Veränderung nur stattfinden, wenn die Menschlichkeit der Opfer bestätigt wird. Die *confessio* unter Ausschluss der Opfer öffnet den Ausweichmanövern der Täter Tür und Tor und kann den Verführungen zu Selbstmitleid und Selbstvergebung nur schwer widerstehen.

Als der Fall Defregger und der vom Bischof erteilte Schulderlass in den sechziger Jahren in die Öffentlichkeit drang, signalisierten die empörten Reaktionen in der deutschen Presse eine Veränderung des öffentlichen Bewusstseins: Die Medienöffentlichkeit gestand den Dorfbewohnern von Filetto di Camarda ein Recht zu, sich am Versöhnungsprozess aktiv zu beteiligen. Ohne den Mut, vor die Dorfbewohner zu treten, konnte sich Defregger auch 25 Jahre nach dem Massaker der Lossprechung von der Vergangenheit nicht sicher sein. Weder die Privatbeichte noch die liturgisch vollzogene Sündenvergebung durch einen kirchlichen Stellvertreter konnte den Anspruch der Opfer auf seine Person annullieren.

Selbst wohlmeinende Seelsorger wie Hermann Schlingensiepen konnten sich ihrer kulturellen, deutschnationalen, christlich-bürgerlichen Befangenheiten nicht ganz entziehen. Es fiel ihnen außerordentlich schwer, ihre Vorurteile zu überwinden und gegenüber Juden, Russen, Zigeunern, Kommunisten, Homosexuellen oder Partisanen Vertrauen zu entwickeln. Sie fühlten sich den privilegierten Tätern kulturell näher als den religiösen, sozialen, politischen und nationalen Außenseitern. Im Freudenfest zur Feier der Rückkehr des verlorenen Sohnes wurde oft übersehen, dass die eigentlich Verstoßenen auch weiterhin draußen vor dem Tor saßen und dem Willkommensfest hungrig zusehen mussten. Während kein Aufwand gescheut wurde, den verlorenen Sohn vor den Konsequenzen seines Handelns in Form von Leumundszeugnissen, Rechtsbeihilfe (Stempel 1966; Heckel 1966) und Amnestiekampagnen (Klee 1994, 119-137; Vollnhals 1992; Frei 1996, 134-307; Buscher 1989; Wember 1992; Webster 2001), Arbeitsplatzbeschaffung (Lächele 1995, 261-288) zu schützen, gingen die Zaungäste leer aus: Für die millionenfachen Opfer des Nationalsozialismus gab es keine kirchliche Rechtsschutzstelle, um z. B. Verurteilungen unter dem NS-Regime außer Kraft zu setzen. Es gab auch keine karitativen Einrichtungen, die sich um die familiären Notstände oder die Wiedereingliederung der Opfer ins Sozial- und Berufsleben gekümmert hätten. Auch die gesundheitlichen Folgeschäden auf Grund von Sterilisation, Hunger, Haft und Folter oder die psychischen Langzeitfolgen der Verfolgung wurden großteils ignoriert.[138] Keine offizielle Stellungnahme des Rates der EKD bemühte sich um die »Wiedergutmachung an dem Millionenheer der rassisch und politisch Verfolgten, der Emigranten, der Zwangsarbeiter« (Vollnhals 1992, 69). Die evangelische Kirche errichtete keine Gedächtnisstätte für die Opfer der Nazidiktatur und lehnte noch im Jahre 1962 einen Antrag protestantischer Dachau-Überlebender ab, auf dem Gelände des Dachauer Konzentrationslagers eine Kapelle zu errichten (Marcuse 2001, 278-289). Als 1964 mit den Überlegungen zum Bau einer evangelischen Gedenkstätte in Dachau begonnen wurde, bekam sie nicht zufällig den Namen »Versöhnungskirche«.

Satisfactio Operis – Genugtuende Werke

»Der letzte Akt des kirchlichen Bußverfahrens«, schreibt der katholische Theologe Hanspeter Heinz, »ist die Anstrengung der ›Genugtuung‹ durch eine Buße, die man sieht« (Heinz 1990, 26). Dieser letzte Akt des Bußsakraments wird in der römisch-katholischen Tradition als *satisfactio operis* beschrieben. Im Kontext kollektiver Systemverbrechen können die Täter an dieser Stelle auf persönliche und kollektive Wiedergutmachung und Entschädigung der Opfer verpflichtet werden.

> Im Unterschied zu den Protestanten, für die die einzige Konsequenz aus der Versöhnung das stetige Mühen um ein neues Leben ist, halten die Katholiken mit der übrigen Tradition außerdem an einem greifbaren Bußwerk fest, das der Priester festlegt ... Für die Zumessung der Buße sind zwei Kriterien maßgeblich: Einerseits will der angerichtete Schaden – sowohl der Sachschaden wie die geschädigten menschlichen Beziehungen – berücksichtigt werden, den es nach Kräften auszugleichen gilt. Andererseits muß der Sünder selber berücksichtigt werden für dessen Heilung die Buße eine angemessene Medizin sein soll. (Heinz 1990, 26)

Zum kirchlichen Versöhnungsprogramm würde unter dem Stichwort der genugtuenden Sühne die bewusste Restitution und Umverteilung unrechtmäßiger Vorteile gehören, die dem Täter und seiner Gemeinschaft aus der Gewaltanwendung erwachsen sind. Persönliche Akte der Wiedergutmachung, die sich von staatlichen Wiedergutmachungszahlungen – mit ihrer problematischen und politisch umstrittenen Geschichte (Goschler 1992; Pross 1988; Herbst 1989; Hölscher 2002) – unterscheiden, verzichten auf die Privilegien, die sich ein Täter (und seine Gesellschaft) im Systemunrecht erwirtschaftet hat. Der wirtschaftliche Profit, die politischen Vorrechte, die psychologische und soziale Überlegenheit, sowie die religiösen Begünstigungen müssten im Namen der *satisfactio* kompensiert und so weit wie möglich umverteilt werden. Erst die Genugtuung in der Sühne stellt die Menschenwürde der Opfer wieder her und versetzt sie in die Lage, Vergebung gewähren zu können. Solange solche sichtbaren Zeichen der Buße ausbleiben, setzt sich das begangene Unrecht fort.

In der kirchlichen Praxis wurde das Prinzip genugtuender Werke im Versöhnungsgeschehen nicht umgesetzt. Statt einer Hinwendung zum Opfer belegen die Dokumente ein unvorstellbares Maß kirchlicher Fürsorge zugunsten der NS-Täter. Ein greifbares Bußwerk im Sinne einer Umverteilung von Privilegien wurde weder auf individuell-persönlicher Ebene von NS-Tätern erwartet noch kirchenpolitisch praktiziert. Von wenigen Ausnahmen abgesehen, wie Lothar Kreyssig (Weiß 1998), dem Gründer der Aktion Sühnezeichen, setzte sich eine Solidarität mit den Opfern nur gegen massive Widerstände durch (und oft reichlich spät, wie im Fall der Entschädigungszahlungen an Zwangsarbeiter). Die fehlende Solidarität mit den Opfern hatte neben dem »verletzten Nationalgefühl« (Frei 1996, 157), dem tief verwurzelten »Nationalprotestantismus« (Vollnhals 1989a; 1989b; 1992) und der kirchlichen Verstrickung mit den militärischen, wirtschaftlichen und staatsbürokratischen Machteliten (Frei 1996, 194; Klee 1994, 119-137) auch mit der dominanten Vergebungstheologie zu tun. Theologische Argumente betonten die Solidarität der Schuld und warnten davor, zu richten. Dies nährte die solidarische Gemeinschaft mit den Tätern und erneuerte die Distanz zu den Opfern. Hinzu kam missionarischer Eifer, der sich großen Zuwachs unter den »Verführten« und »Irregeleiteten« erhoffte. Allerdings blieben diese Hoffnungen auf die massive »Rechristianisierung der Gesellschaft« eine »Selbsttäuschung«, denn »die Kircheneintrittsbewegung [erreichte] bei den evangelischen Landeskirchen schon 1946 ihren Gipfel; im Jahre 1949 standen bereits 43 000 Eintritten 86 000 Austritte gegenüber«

(Besier 2000, 33). Die Forderung nach christlicher Vergebung übertönte den Ruf nach Gerechtigkeit.

Kirchliche Werke: Der Dienst an den Tätern

Die einseitige Parteinahme erscheint besonders krass, wenn man sich das weit verzweigte Netz kirchlicher Hilfsdienste für NS-Täter vor Augen führt, dem keine vergleichbare Fürsorge für entlassene KZ-Häftlinge aller Kategorien oder für die jüdischen *displaced persons* in den *DP-Camps* (Grossmann [2006]) gegenübersteht: Der Einsatz für Internierte und Gefangene war gut koordiniert und band Lager- und Gemeindepfarrer sowie Vertreter auf nationaler kirchenpolitischer Ebene ein. Pfarrer in den Interniertenlagern und Gefängnissen bewirkten Haftentlassungen und machten Eingaben für Familienzusammenführungen; die Heimatpfarrämter stellten »Persilscheine« und Leumundszeugnisse aus.[139] Pfarrer engagierten sich auch bei der beruflichen und sozialen Reintegration entlassener NS-Funktionäre und ermöglichten ihnen einen Neubeginn. Neben dem persönlichen Einsatz von Gemeinde- und Lagerpfarrern bestand die politische Arbeit der Kirchenleitungen und der EKD in der unmittelbaren Nachkriegszeit und in den frühen fünfziger Jahren darin, sich für die Freilassung der im *International Military Tribunal* in Nürnberg Verurteilten einzusetzen (von Kellenbach 2001, 48-72) und Kampagnen gegen die Entnazifizierungsgesetze und Spruchkammerverfahren zu führen (vgl. Vollnhals 1989a). Besonders die Bischöfe Wurm (Württemberg) (Diephouse 1995), Hans Meiser (Bayern) und Otto Dibelius (Berlin) sowie Martin Niemöller (Hessen) und Hans Asmussen (EKD-Präsident und Propst in Kiel) machten sich in Amnestiekampagnen für die inhaftierten und verurteilten NS-Täter im In- und Ausland stark. Außerdem gründete die evangelische Kirche in enger Kooperation und Konkurrenz mit der katholischen Kirche mehrere Ämter, die sich ausschließlich mit den rechtlichen, sozialen und materiellen Belangen der »Kriegsverurteilten« (Stempel 1966), wie sie beschönigend genannt wurden, befassten. Unter Leitung Bischof Theodor Heckels und Eugen Gerstenmaiers, des späteren Bundestagspräsidenten (1954-1969), entstand eine Rechtsschutzstelle innerhalb des »Evangelischen Hilfswerks für Internierte und Kriegsgefangene«[140], die eng mit der katholischen Caritas-Kriegsgefangenenhilfe sowie den beiden

NS-Hilfsorganisationen »Stille Hilfe«[141] und dem »Hilfswerk der Helfenden Hände« zusammenarbeitete. In teils konspirativer Arbeit wurden Spenden der Firmen Krupp, Flick und I.G. Farben gesammelt und über Gemeindekassen gewaschen und verteilt (Klee 1994, 132). Diese Gelder wurden für den Rechtsbeistand, die Unterstützung betroffener Familien sowie die Fluchthilfe verwendet.[142] 1949 wurde das Amt des ständigen »Beauftragten der EKD für die Kriegsverurteilten im ausländischen Gewahrsam« eingerichtet, das bis 1970 Dr. Hans Stempel innehatte. Stempel beschreibt im *Evangelischen Staatslexikon* seine Aufgabenstellung:

> Erfahrungen nach dem zweiten Weltkrieg zeigen, wie untrennbar *Hilfe* auf der Ebene des *Rechtes* und der *Justiz* mit Seelsorge an Kriegsgefangenen verbunden sein kann: Anfechtung einer einseitigen Rechtsbasis für Kriegsverbrecherprozesse, Forderung internationaler Regelung, Beanstandung von Verfahrensmängeln, Entwicklung einer »Rechtshilfe«, Kontakt mit Justizbehörden und Anwälten, Interventionen bei in- und ausländischen Regierungen, individuelle, generelle, ja öffentliche Gnadengesuche (prot. Kirchen während des Oradourprozesses). (Stempel 1966, 1154; Hervorh. im Original)

Nach Stempels Rücktritt wird Theodor Schober, zuvor Präsident des Diakonischen Werkes, sein Nachfolger und bleibt bis 1984 im Amt. Dies kommentiert Klee trocken: »Ich habe trotz Nachfragen niemanden gefunden, der von der Existenz eines EKD-Beauftragten für die zahllosen Opfer der Nazi-Verbrecher gewußt hätte. Die Evangelische Kirche in Deutschland hat jedoch noch 1986 für nur drei Personen einen Beauftragten.« (Klee 1992, 150) »Unablässig« setzt sich dieses Amt »für die rechtlichen, politischen und materiellen Belange der Kriegsverurteilten«[143] ein. Zunehmend scheute es allerdings das Licht der Öffentlichkeit und wurde nur noch intern von einem kleinen verschworenen Kreis weitergetragen.[144]

In den sechziger Jahren änderte sich die offizielle Position der evangelischen Kirche zur Strafverfolgung von NS-Tätern. An ihren beiden Denkschriften zur Strafverfolgung von NS-Verbrechen lassen sich die enormen gesellschaftlichen Veränderungen ablesen, die zwischen 1949 und 1963 stattfanden: Hatte der Rat der EKD 1949 noch »die sofortige Haftverschonung aller Gefangenen« im geheim gehaltenen *Memorandum by the Evangelical Church in Germany on the Question of War Crimes Trials before American Military Courts*[145] gefordert, so wird im *Wort des Rates der EKD zu den NS-Verbrecherprozessen vom*

13. März 1963 klargestellt, dass »in den Grenzen, in denen menschliche Rechtsprechung möglich ist, ... in jeder Gemeinschaft um ihrer selbst willen das Unrecht als verwerflich gekennzeichnet und bestraft werden [muß]. An einen Akt der Begnadigung kann der Staat erst denken, wenn zuvor dem Recht Genüge getan ist.« (Henkys 1963, 339) Trotz der offiziellen Kehrtwendung liefen die Anstrengungen weiter, die »Kriegsverurteilten« aus ausländischem Gewahrsam (besonders Holland und Italien) zu befreien und ihre Haftzeiten in deutschen Gefängnissen zu verkürzen.

»Es wird immer wieder Aufgabe der Kirche sein«, schreibt Bischof Stempel am 18. Februar 1959 in einem Aide-Mémoire an den holländischen Justizminister, »für diejenigen einzutreten, die meinen, sie wären die Vergessenen«[146]. Er bat ihn, eine »Gnadenerweisung zu aktivieren« für die in den Niederlanden zu lebenslanger Haft Verurteilten. »Es ist Sache der Kirche, sich für solche einzusetzen, die von den früher Führenden und Mächtigen für ihre schändlichen Zwecke gebraucht und missbraucht wurden – ohne sie zu entschuldigen.«[147] Es ist bezeichnend für das Selbstverständnis derer, die sich für die Täter einsetzten, dass sie die ehemaligen Nationalsozialisten als die eigentlichen Opfer sehen. Die Täter werden zu passiven Objekten dämonischer Mächte, deren moralische Handlungsfähigkeit erheblich eingeschränkt, wenn nicht gänzlich aufgehoben, war: »Mehr Verführte als Verführer, ... standen [sie] im Banne einer verbrecherischen Doktrin und waren verstrickt in ein Geflecht verbrecherischer Befehle, vielfach überfordert und oft bis ins Innerste verwirrt in den schwierigen Lagen, in die sie hineingerissen wurden«.[148] Diese Passivkonstruktionen kommen den retrospektiven Selbstdarstellungen der Täter entgegen. Es muss wohl nicht noch einmal betont werden, dass auch die in den Niederlanden einsitzenden SS- und Gestapo-Leiter nicht etwa in »schwierige Lagen ... hineingerissen wurden«, sondern sie aus ideologischer Überzeugung selbst geschaffen hatten. Die kirchliche Verbundenheit mit den Verfolgern, die als Verführte aber im Grunde als ehrenwerte Bürger verstanden wurden, verhinderte die Parteinahme für die Opfer. Die Distanz zu den Opfern aus religiösen, nationalen, politischen und sozialen Gründen blieb bestehen und wurde durch die praktizierte Nächstenliebe am Täter geradezu verstärkt.

Warnung vor alttestamentarischer Rache:
Die Kritik an den Opfern

Die juristische, politische und moralische Verurteilung der NS-Täter wurde als pharisäischer, alttestamentarischer (sprich: jüdischer) Richtgeist und Rachdurst diffamiert, ein Motiv, das sich durch die populär-christliche und theologische Literatur zieht. Anhand von Zitaten aus dem Widerstand gegen die alliierte Rechtsprechung der vierziger Jahre, aus dem jüdisch-christlichen Dialog der sechziger Jahre und aus der systematischen Theologie der achtziger Jahren soll die Kontinuität dieses theologischen *topos* kurz skizziert werden. Dabei werden zwar explizit antisemitische Referenzen mit wachsendem Zeitabstand besser getarnt, die Stoßrichtung bleibt aber dieselbe: Das Christentum vertritt eine Botschaft der Liebe und Vergebung während das Alte Testament (und damit natürlich das Judentum) mit Rache und Vergeltung identifiziert wird. Noch ganz unverhüllt wird diese antisemitische Grundthese von NS-Tätern selber formuliert: So klagt Prof. Dr. Schröder, der 1948 als Generaloberstabsarzt der Luftwaffe im Nürnberger Ärzteprozeß für seine Mitwirkung an Menschenversuchen in den KZs Dachau und Natzweiler zur lebenslänglicher Haft verurteilt worden war, in einem Brief aus dem Landsberger Gefängnis: »Solange alttestamentarische Rache, von Emigranten geübt, das Gerichtsverfahren beherrscht, ... solange herrscht die Rache und nicht das Recht.«[149] Damit meinte er diejenigen Beschäftigten der US-amerikanischen Justiz, die wie zum Beispiel Dr. Robert Kempner, dem US-amerikanischen Hauptankläger in den Nürnberger Nachfolgeprozessen, ursprünglich deutsche Juden waren und von den amerikanischen Militärbehörden wegen ihrer Sprachkenntnisse und Vertrautheit mit der politischen Situation eingesetzt worden waren. Schröder selber wurde 1951 begnadigt und aus Landsberg entlassen. Aber auch der evangelische Staatsrechtler Hans Dombois spricht vom »Rachegeschrei der Verfolgten des Naziregimes« (Dombois 1950, 3) und Helmut Thielicke warnt die Nürnberger Richter »vor dem Pharisäismus, vor dem Vergeltungsrausch und dem Machtgelüst« (zit. in Greschat 1982, 172).

Die Kodierung der Rechtsprechung als alttestamentarische Rache spielt auf die anti-jüdische Auslegungstradition an, in der das biblische Gerechtigkeitsmandat als nicht mehr konstitutiv für den christlichen Glauben verdrängt wird. Dafür werden eine Reihe neutestamentlicher Belegstellen bemüht, die das Richten verurteilen. So zum Beispiel das Gleichnis vom verlorenen Sohn, in dem der verantwortungslose Sohn vom Vater willkommen geheißen und der gerechte ältere Sohn getadelt wird. So schreibt Hermann Schlingensiepen an Adolf Eichmann: »Es wird im Himmel Freude sein über einen Sünder, der umdenkt, vor 99 Gerechten, die (in ihren Augen) des Umdenkens nicht bedürfen.«[150] Dieses Gleichnis scheint zu rechtfertigen, dass die NS-Täter, die heimkehren wollen, sich größerer Gunst erfreuen werden, als die rechtschaffenen Söhne und Töchter, deren Eifersucht und Argwohn verurteilt werden. Diejenigen, die versuchen, Unrecht zu verurteilen, werden dadurch zu den eigentlich Schuldigen: »Du Heuchler, zieh zuerst den Balken aus deinem Auge; danach magst du zusehen, dass du den Splitter aus deines Bruders Auge ziehst« (Mt 7,5). Wer die Schuld eintreiben möchte, übersieht automatisch die eigene Schuld und zieht sich Tadel wegen Heuchelei, Hartherzigkeit, Eifersucht und Lieblosigkeit zu. So verurteilt das Gleichnis vom Schalksknecht den Knecht, der seine Schuld bei Anderen eintreibt, nachdem ihm selber die Schuld von seinem Herrn erlassen worden ist. Er wird für seine Hartherzigkeit bestraft (Mt 18, 23-35).[151] Die Mahnung im Lukas-Evangelium »Und richtet nicht, so werdet ihr nicht gerichtet werden, und verurteilet nicht, so werdet ihr nicht verurteilt werden; sprechet frei, so werdet ihr freigesprochen werden!« (Lk 6,37) bremst den Versuch, die Täter für ihre Tatverantwortung juristisch und moralisch zur Rechenschaft ziehen zu wollen. Diese Zitatauswahl denunziert die Opfer, die ein brennendes Interesse an der Gerechtigkeit haben müssen.

Nicht zufällig werden diese Verse aus dem Neuen Testament gerne von den Tätern zitiert. So führt Eichmann in seiner Autobiographie Jesu Worte gegen die Steinigung der ehebrüchigen Frau aus dem Johannesevangelium (Joh 8,7) zu seinen Gunsten an: »Wer unter euch ohne Sünde ist, der werfe den ersten Stein« (Aschenauer 1980, 15). Hans Frank, ehemals Reichsminister und Generalgouverneur von Polen, hört die »strahlende Stimme kling[en]: ›Ich sage dir, du sollst verzeihen deinem Feinde nicht sieben-, sondern siebenmal siebzig mal!‹ Aber wer hört von den Mächtigen der Erde diese Stimme Christi?!« (Frank 1953, 425)

Man könnte diese tendenziöse biblische Auswahl als laienhaft und der Theologie unwürdig abtun, wenn sie nicht auch Eingang in Lehre und Verkündigung gefunden hätte. In den sechziger Jahren markiert sie die christliche Position selbst wohlmeinender Teilnehmer am jüdisch-christlichen Gespräch. So fordert der Berliner Präses Dr. Kurt Scharf, der sich aktiv im jüdisch-christlichen Dialog einsetzt, in seiner Grußadresse zur »Woche der Brüderlichkeit« am 11. März 1966, dass »Versöhnung über Haß und Bitterkeit und die Gefühle der Rache den Sieg« gewinnen möge. Unter der Schlagzeile »Gerechtigkeit und Versöhnung« wurde seine Grußadresse in der *Allgemeinen Wochenzeitung der Juden in Deutschland* veröffentlicht. Darin appelliert Scharf an seine jüdischen Hörer und Leser: »Wir bitten euch, den Schuldiggewordenen zu vergeben und dafür einzutreten, dass Versöhnung sich ausbreite.« Diese Versöhnung liegt in Gottes Hand, der »allein … alle Umstände und die Gedanken der ›Herzen‹ abzuwägen vermag«:

[Gott] kann einem Opfer des nationalsozialistischen Terrors die Augen dafür auftun, daß auch die Teufel in Menschengestalt aus jenen Tagen arme, gehetzte Wesen, Besessene, nichts als Medien höherer fremder Mächte, der Mächte der Sünde gewesen sind. Er läßt die Opfer mitfühlen mit ihren Peinigern; er schenkt die Kraft zu beten für die, die fluchen. Und er setzt instand, der Macht der gleichen Sünde in die Zukunft hinein zu widerstehen.[152]

Dies scheint mir eine einseitige Lesart der biblischen Gotteslehre zu sein. Auch Scharf skizziert die ehemaligen »Peiniger« als »arme, gehetzte Wesen« und spricht ihnen als »Besessene« und »Medien höherer fremder Mächte« (ebd.) die individuelle Handlungsfreiheit ab, die doch zum biblischen Menschenbild dazu gehört. Sein Versöhnungsappell an die jüdischen Opfer übersieht, dass sich die Herzen der Täter auch 1966 großteils nicht gewendet hatten, und dass die Mehrheit kein Interesse an Versöhnung mit den ehemals Verfolgten bekundet hatte. Auch Bischof Scharf zeichnet einen versöhnungswilligen Gott, der die Gerechtigkeitsforderung seitens der Opfer nicht zu unterstützen scheint: »Alle Schuld an anderen Menschen ist zuletzt Sünde gegen den, der den Menschen geschaffen hat und der der Vater der Menschen ist. Er öffnet sein Herz dem Schuldiggewordenen und er wendet die Herzen der Menschen aufeinander zu« (ebd.). Dass der Gott der Bibel auch für die Geschundenen eintritt, für die Erniedrigten Partei ergreift und Gerechtigkeit einklagt, wird übersehen.

Solange der Gerechtigkeit Gottes keine größere theologische Bedeutung eingeräumt wird, kann im Namen der NS-Täter Versöhnung eingeklagt werden, obwohl keine Sühne stattfand und den Opfern keine Genugtuung widerfahren ist. Zwar bekennt sich auch Scharf zur Notwendigkeit des Rechts, wenn er »mit euch [verlangt], dass die Schuld jener Tage festgestellt wird, damit wir vor Augen haben, wozu Menschen fähig sind« (ebd.). Aber damit verbindet er keine konkrete Sühneerwartung an die Täter. Wo diese fehlende Sühnebereitschaft mit Stillschweigen übergangen wird, legt man die Initiative und Verantwortung für Versöhnung einseitig in die Hände der Opfer: Ihre Augen sollen von Gott geöffnet werden und sie sollen lernen zu beten ohne zu fluchen. Zum Zeitpunkt von Scharfs Appell hatten sich jüdische Überlebende in Deutschland schon mehr als zwanzig Jahre gegen den Vorwurf, Rachegedanken zu hegen und Hass für ihre Verfolger zu empfinden, verwahrt. Kaum jemand unter den Christen nahm die erstaunliche Tatsache zur Kenntnis, »dass bei den Überlebenden der Konzentrationslager das Verlangen nach Rache nicht relevant« (Geis 2000, 211) war, dass es kaum spontane Racheaktionen gab, und nur eine »einzige *direkte* Äußerung von Rachewünschen in der deutschsprachigen jüdischen Presse« (210) in Form eines Gedichtes erschien. Der christliche Aufruf zur Versöhnung in der *Allgemeinen Jüdischen Wochenzeitung* ging an der Realität der jüdischen Opfer vorbei und machte die Täter wiederum zu passiven Empfängern von Versöhnungsgesten, die sie weder verdient noch erwartet oder verlangt hatten.

Ein zweites Beispiel aus dem jüdisch-christlichen Dialog der sechziger Jahre zeigt, wie selbstverständlich von Juden Vergebung für NS-Täter als einzig legitime Reaktion erwartet wird, während ihre Ablehnung der Vergebung als erneute Schuld interpretiert wird. Luise Rinser verfasste einen katholischen Beitrag für Simon Wiesenthals autobiographisch formulierte Herausforderung zur Frage der Vergebung in *Die Sonnenblume* (Wiesenthal 1998). Wiesenthal beschreibt, wie er als junger, jüdischer KZ-Häftling zum Krankenbett eines sterbenden SS-Mannes abkommandiert wurde, um ihm sein Geständnis über seine Teilnahme an einem Massenmord an Juden abzunehmen. Der junge SS-Mann hatte auf Menschen geschossen, die panisch versuchten, aus einer brennenden Synagoge zu entkommen. Nun bat er Wiesenthal um Vergebung. Sollte er sie gewähren? Wiesenthal schwieg. Nach dem Krieg besuchte er die Mutter des Verstorbenen und nahm später dieses Erlebnis zum Anlass, bekannte Persönlichkeiten aus Politik, Literatur, Religion und Philosophie nach ihren Reaktionen zu befragen. Luise Rinser endet ihre Überlegungen mit der folgenden Mahnung:

> Ihre Toten wissen auch, ob Sie in jenem Augenblick in intellektueller Klarheit und ethischer Redlichkeit handelten, oder ob Sie blind vor Haß waren. (Auch dies wäre begreiflich.) Mir schaudert aber bei dem Gedanken, daß Sie den jungen Menschen, der *bereute*, in den Tod gehen ließen ohne ein Wort des Verzeihens. Aber Ihnen meine ich zubilligen zu müssen, dass Sie damals in eine jener Situationen gestellt waren, die zu schwer sind für den Menschen und in denen er schuldlos schuldig wird. Es gab einmal einen Menschen, der sagte: »Vater, vergib Ihnen, denn sie wissen nicht, was sie tun.« (Wiesenthal 1998, 178)

»Schuldlos schuldig«, lautet Rinsers Urteil, weil Simon Wiesenthal dem Sterbenden das Wort der Vergebung verweigert hatte. Aber worin soll seine Schuld bestanden haben? Aus jüdischer Sicht ist seine Verweigerung gerechtfertigt, weil er stellvertretend gar nicht für diejenigen, die vor der brennenden Synagoge erschossen wurden, sprechen darf. Nur das spezifische Opfer der Missetat kann Vergebung gewähren. Die jüdischen Beiträge zur *Sonnenblume* stellen das einhellig fest. Die stellvertretende Sühne Christi, dessen Opfertod den Sünder von aller Schuld befreit, macht die christlichen Interpretationen von Wiesenthals Dilemma komplizierter. Als Jude konnte Wiesenthal weder für die jüdischen Opfer (nach jüdischen Verständnis) noch im Namen Christi (nach christlichen Verständnis) die Vergebung aussprechen. Stattdessen scheint Rinser von Wiesenthal zu erwarten, die Seele des jungen Täters zu entlasten, obwohl jener kaum an die lebensgefährliche Lage dachte, in die sein Bedürfnis den KZ-Häftling, der sich ohne Genehmigung in ein Krankenhaus begeben sollte, gebracht hatte. Rinsers Schuldspruch setzt eine Versöhnungstheologie fort, die von den Opfern erwartet, ihr Recht auf das Ende der Unrechtssituation aufzugeben, um den Seelenfrieden eines Täters zu gewährleisten. Der SS-Mann in Wiesenthals Geschichte verharrte in der für Täter typischen Selbstbezogenheit und wollte Vergebung, ohne sich auf die Wirklichkeit der Opfer einzulassen. Rinsers Verweis auf Christus, der am Kreuz seinen Henkern Vergebung zusagte, ist keine angebrachte Analogie, da Jesus Christus den Kreuzestod freiwillig und im Wissen um einen göttlichen Heilsplan auf sich genommen hatte. Dagegen kämpfte Wiesenthal in einem sinnlosen Völkermord ums Überleben. Die Vergebung im stellvertretenden Sühnetod kann nicht zum Modell für eine Gesellschaft werden, die mit den politischen und seelischen

Folgen von Genozid und Gewaltherrschaft ringt. Wie die meisten deutschen Christen identifizierte sich auch Luise Rinser emotional eher mit dem SS-Mann als mit Wiesenthal, dessen Realität als Überlebender eines Völkermords ihr fremd bleibt.

In den achtziger Jahren ist die These von der »schuldlosen Schuld« systematisch-theologisch untermauert worden. In einer theologischen Besinnung auf das Stuttgarter Schuldbekenntnis warnt Gerhard Sauter mit Bezug auf Paulus vor »Moralismus und seiner fatalen Eindeutigkeit« (1985, 115). Der Moralist, so Sauter, teilt die Welt in »Gute und Böse, Opfer und Verbrecher, Unschuldige und Schuldige« (114) auf und will sich zum »Gewissen« und Richter erheben. Dagegen hat Paulus laut Sauter

> in dieser Perspektive nicht von ungefähr den richtenden Menschen vor Augen. *Der richtende Mensch ist* jedoch *der schuldig Schuldsuchende*, der sich nicht an Gottes ausgesprochenem Willen genügen läßt, der in Gottes Gebot nicht zuvor und über allem Gottes Gnade vernimmt. »Es ist dir gesagt, o Mensch, was gut ist und was der Herr von dir fordert; nichts als Recht üben und die Güte lieben und demütig wandeln vor deinem Gott« (Micha 6,8). Der Richtende will höher hinaus. Er will erkennen, was gut und böse ist (1. Mose 3,5), er will also über Gut und Böse zu stehen kommen, um dann kraft seines Wissens die Welt aufzuteilen und sich dann wieder in sie hineinzustellen, selbstverständlich an den Platz der Guten. Doch gerade dieser Aufstieg führt zum Sündenfall. (117; Hervorh. im Original)

Mit Stillschweigen übergeht Sauter die Versabschnitte in Micha, nach denen Gott sagt »was gut ist« und fordert, dass der Mensch »Recht übt«. Stattdessen erklärt Sauter die Erkenntnis von »gut und böse« als Frucht des Sündenfalls, die im Heilsgeschehen durch Christus überwunden wurde. Indem menschliches Urteilen zwischen Gut und Böse als Konsequenz der Sünde gesehen wird, wird jeder Richtakt zur sündigen Tat. Menschliches Richten steht demnach immer in Gefahr der Selbsterhebung und Überheblichkeit, weil in Christus die Erkenntnis von Gut und Böse, das heißt die Sünde selbst, hinfällig wurde. Damit wird Versöhnung jenseits von gut und böse zum Kern der christlichen Botschaft. Das biblische Mandat der Gerechtigkeit gilt als aufgehoben. Sauters Theologie durchtrennt die christlichen Wurzeln im Judentum und sieht das Neue Testament als eine »Absage an ein Pharisäertum, das das *Wort der Versöhnung* (2. Kor 5,19) nicht wahrhaben will« (1985, 81). Allzu oft versteckt sich hinter dem Verweis auf den »Typ des Pharisäers« (Klein 1999) eine antijüdische Karikatur, welche die Spannung zwischen Gerechtigkeit und Barmherzigkeit, die sowohl das Alte als auch das Neue Testament durchzieht, auflöst. Vorherrschend im theologischen Diskurs der Bundesrepublik ist eine theologische Abwertung der Gerechtigkeit, die immer wieder in der Infragestellung der Rechtsprechung für NS-Täter mündet. So fragt auch Sauter an, ob die Nürnberger Gerichtsbarkeit nicht eher »Rache der Unterdrückten, der namenlos Leidenden (oder auch ›nur‹ der Sieger, die in deren Namen sprechen wollen) [sei] … Wird dieses Recht nicht immer noch ein Kriegs- und Siegesrecht sein, auch wenn im Namen der Menschlichkeit angeklagt und gerichtet wird?« (Sauter 1985, 66) Im kulturellen Kontext Deutschlands hat diese Theologie politische Konsequenzen, die sich gegen die Opfer von Systemunrecht auswirken. Die Weigerung, Unrecht zu richten, wirkt auf die Opfer »wie eine nachträgliche Sanktionierung von Raubmord mit katastrophalen Konsequenzen für die Zukunft, … [welche] die Gefahr eines Rückfalls in die nationalsozialistische Epoche« heraufbeschwört (Geis 2000, 241).

Behinderung der Liebestätigkeit: Philipp Auerbach

Wie sich diese konsistente theologische und politische Parteinahme auf die jüdischen Überlebenden und andere Opfergruppen in Deutschland auswirkte, kann hier nicht historisch nachgezeichnet werden (Geis 2000; Wetzel 1999; Hölscher 2002). Ich möchte nur an einem Beispiel die tragische Opfer/Täter-Verdrehung nachzeichnen, die nicht nur, wie hinlänglich gezeigt, aus den Tätern Opfer machte, sondern auch innerhalb kürzester Zeit ehemalige Verfolgte des NS-Regimes erneut kriminalisierte. Besonders eklatant passierte das Philipp Auerbach, der als deutscher Jude Auschwitz, Groß-Rosen und Buchenwald überlebt hatte. Nach dem Krieg wurde er »Bayerischer Staatskommissar für Rassisch, Religiös und Politisch Verfolgte« und war mit Wiedergutmachungszahlungen an *displaced persons* im bayrischen Staat beauftragt. Jüdische Überlebende hatten sich traumatisiert, aber voll rohem Lebenswillen (Grossman 2002, 291-319) in bayerischen *Displaced Persons Camps* eingefunden und warteten auf die Entscheidung zur Repatriierung in ihre Ursprungsländer, zum

Verbleib in Deutschland, zur Ausreise nach Israel oder in die USA. Staatskommissar Auerbach sollte sie finanziell abfinden und ihnen die Ausreise wirtschaftlich ermöglichen (Goschler 1992, 149-164). Diese Wiedergutmachungszahlungen wurden von vielen Deutschen, die ja ihrerseits Not litten, als ungehörige Bevorzugung empfunden.

Als Staatskommissar hatte Auerbach Kontakt mit dem bayerischen Bischof Meiser. Meiser wollte keinen Unterschied zwischen der Not der Opfer in den *DP-Camps* und den Beschwerden der NS-Täter aus den Internierungslagern sehen. Deshalb wandte er sich an Auerbach mit der Bitte, sich für Verbesserungen im Leben der internierten NS-Funktionäre einzusetzen. Auerbach antwortete Meiser in einem Brief vom 20. September 1947. Darin verwahrt er sich, nicht ohne Sarkasmus, gegen den Vorwurf der »Behinderung der Liebestätigkeit«[153].

> Grundsätzlich stellt sich der Staatskommissar auf den Standpunkt, daß jeder, der sich unverschuldet in Not befindet, ohne Ansehen der Partei und der Konfession, die Hilfe seiner Mitmenschen in Anspruch nehmen kann. Wenn aber schwerbelastete Nationalsozialisten, die heute im Internierungslager sind, an politisch Verfolgte herantreten und für ihre Familien Unterstützung erbitten, kann man es menschlich verstehen, wenn die politisch Verfolgten auf die zuständigen Wohlfahrtsämter und kirchlichen Organisationen verweisen, die dazu berufen sind, notleidenden Menschen zu helfen, die nicht unverschuldet in Not gekommen sind. Durchdrungen von christlicher Nächstenliebe, die während des 3. Reiches nicht immer angewandt wurde, ist der Staatskommissar und seine Dienststellen stets bereit, helfend einzugreifen, wo Hilfe nötig ist. Sie wollen jedoch bedenken, daß während des 3. Reiches Frauen und Angehörige der KZ-Häftlinge sogar von der Wohlfahrtsunterstützung ausgeschlossen wurden und daß der Fall, wo die christliche Nächstenliebe in der Tat angewandt wurde, zu den seltensten gehörte. (ebd.)

Auerbach verteidigt in diesem Brief das Prinzip des Staatskommissariats, sich für die Verfolgten des NS-Regimes einzusetzen, aber »Hilfeleistungen belastete[n] Nationalsozialisten zu verweigern« (ebd.). Unter dem Deckmantel »christlicher Nächstenliebe«, so fürchtet Auerbach, sollte das Prinzip, das zwischen Opfer und Täter unterscheidet, unterminiert werden. Im Brief des Bischofs wird ganz allgemein von »politisch Verfolgten« gesprochen, die sich »in Not befinden« und denen »ohne Ansehen der Partei und der Konfession« Hilfe zukommen soll. Auerbach kann es sich nicht verkneifen, sich gegen Meisers Vorwurf der »Behinderung der Liebestätigkeit« zu verwahren, indem er auf das Stillhalten der Kirche während des Dritten Reiches verweist: »Ich glaube, daß Ihre Hinweise auf die grundsätzliche Haltung der christlichen Kirche einige Jahre früher bestimmt besser angebracht gewesen wären wie heute.« Diese Kritik Auerbachs weist Meiser postwendend empört zurück: »Wir bedauern jedoch, dem letzten Satz vom 20. 9. 47 den Vorwurf entnehmen zu müssen, als sei unsere Kirche in der Vergangenheit ihren Grundsätzen christlicher Liebestätigkeit nicht immer treu geblieben.« Der Bischof wirft Auerbach »Unkenntnis« vor und betont, dass »die Landeskirche ... während der Verfolgungszeit bis zum Kriegsende 2 Geistliche ausschließlich für die Betreuung nichtarischer Christen eingesetzt und ihnen als einzige Landeskirche nicht geringe Mittel zur Verfügung stellte«[154]. Ob sich Meiser der Unredlichkeit seiner empörten Selbstgerechtigkeit bewusst ist, mag dahingestellt bleiben (vgl. Mensing 1998). Jedenfalls galt Auerbachs Spitze ja nicht der innerkirchlichen Betreuung nichtarischer Christen, sondern zielte auf das grundsätzliche öffentliche Schweigen zu den Konzentrationslagern und die fehlende kirchliche Solidarität mit den Opfern nationalsozialistischer Ausgrenzungs- und Vernichtungspolitik. Die kirchliche Arbeit mit nichtarischen Christen (Buttner 1998; Gerlach 1987) ging aus jüdischer Sicht nicht weit genug.

Aber auch nach dem Krieg verdeckt Bischof Meiser neutral formulierte »christliche Liebestätigkeit« nur notdürftig die politischen Prioritäten der Kirche. Kirchliche Hilfeleistungen galten einem sehr eng begrenztem Kreis: Die Arbeit mit Internierten stand in keinem Verhältnis zur kirchlichen Unterstützung ehemals verfolgter Gruppen, wie den Juden, Kommunisten, Zeugen Jehovas, verschleppten Zwangsarbeitern, Roma und Sinti. Selbst deutsche Flüchtlinge aus dem Osten, die in Sammellagern aufgefangen wurden, erhielten erst lang nach den Internierten kirchliche Betreuung[155]. Die angeblich neutrale christliche Nächstenliebe, die von Bischof Meiser eingeklagt wird, kaschiert diese Sachlage nur unzureichend.

Vier Jahre nach diesem Briefwechsel wurde Philipp Auerbach verhaftet. Damit näherte sich die Geschichte des Staatskommissars ihrem tragischen Ende. Er wurde im März 1951 wegen »Erpressung, Untreue, Betrug, Bestechung, Abgabenüberhebung, Amtsunterschlagung, Angaben falscher Versicherung an Eides Statt und die unbefugte Führung eines akademischen Grades« in einer dramatischen Verhaftungsaktion auf der Autobahn in Gewahrsam genommen (Kraushaar

1995, 338). Die Anklage richtete sich gegen ihn und den Oberrabbiner Aaron Ohrenstein, zusammen mit zwei anderen (jüdischen) Mitarbeitern. Die Verhandlung wurde in der Presse als der »größte deutsche Nachkriegsprozess«[156] und »Monstre-Prozeß«[157] bezeichnet. Nach der Vernehmung von 137 Zeugen blieb von den Anschuldigungen, er habe Entschädigungs- und Wiedergutmachungsgelder in Millionenhöhe veruntreut, am Ende des Prozesses lediglich der Vorwurf der »passiven Bestechung« übrig. Auerbach wurde verurteilt, weil er vor der Währungsreform wöchentliche Fleischlieferungen von einem Kreditnehmer als Geschenk angenommen hatte. Außerdem wurde er der unrechtmäßigen Führung eines Doktortitels für schuldig befunden. Er hatte sich ihn angeeignet, weil sein Studium durch die Nazis verhindert worden war. Das Gericht bescheinigte ihm, ein »guter Staatskommissar gewesen«[158] zu sein, der die »bayerischen Belange bestens gewahrt und seinen Posten technisch und fachlich voll ausgefüllt habe«[159]. Wegen dieser, wie die Presse meldete, »Bagatellen«[160], »einer Anzahl Geringfügigkeiten«[161] und »Delikte, die gemessen an der künstlichen Massivität der gegen ihn erhobenen Hauptvorwürfe, wahrhaft leicht wiegen«[162] wurde Auerbach zu zweieinhalb Jahren Haft verurteilt. In der folgenden Nacht nahm sich Philipp Auerbach, trotz guter Aussichten auf Revision, das Leben. In seinem Abschiedsbrief schreibt er: »Ich habe mich niemals persönlich bereichert und kann das entehrende Urteil nicht weiterhin ertragen. Ich habe bis zuletzt gekämpft – umsonst … Mein Blut komme auf das Haupt der Meineidigen.«[163] In seinem letzten Brief an seine Gattin, die vom Vorsitzenden Richter als »arisch«[164] bezeichnet wurde, schrieb Auerbach, wie die *Neue Züricher Zeitung* berichtete, »daß nun ›ein Glaube an das Recht‹ für ihn nicht mehr bestehe«[165].

Es ist ein geradezu absurdes Beispiel der Opfer/Täter-Umkehrung, wenn ein Journalist des *Deutschen Kuriers* Auerbach postum bescheinigt, er sei der »hervorragendste Kronzeuge der Nachkriegszeit für die teuer erkaufte geschichtliche Erfahrung, daß unumschränkte Macht zum Mißbrauch der Macht führt, zu einem Machtrausch, der sich glaubt ungestraft über Gesetz und Moral hinwegsetzen zu dürfen«[166]. Hier wird ein jüdischer Überlebender der NS-Gewaltherrschaft, der nach dem Krieg zum öffentlichen Fürsprecher der rechtlichen, wirtschaftlichen und politischen Belange der Opfer wurde, zum Sinnbild Hitlerschen Machtmissbrauchs verkehrt. Während zeitgleich zu seiner Verhaftung die Begnadigungskampagnen für die Todeskandidaten in Landsberg auf Hochtouren liefen[167], blieben die Rufe nach Verständnis und Barmherzigkeit für Auerbach, bis auf wenige Stimmen (die besonders aus dem Ausland kamen) verhalten[168]. Die Kluft zu den Opfern blieb unüberbrückbar.

Bischof Meisers frühere Auseinandersetzung mit Auerbach hat sicher nicht direkt zu seinem tragischen Ende beigetragen. Aber sie ist Indiz für die fehlende Anteilnahme an der Lebenswirklichkeit jüdischer Überlebender. Die Anwendung christlicher Nächstenliebe ist eben nicht neutral, sondern parteiisch und wirksam in konkreten politischen Situationen. Gerade in einer postgenozidalen Situation kann eine neutral gehaltene christliche Vergebung – wenn sie nicht von einer politischen Analyse der Machtverhältnisse begleitet wird und die Situation der Opfer explizit einschließt – zur politischen Parteinahme für die Täter und Mittäter führen, wobei die politische Ohnmacht der ehemals Verfolgten fortgeschrieben wird. Dass ehemalige Opfer nicht nur stigmatisiert blieben, sondern rekriminalisiert wurden, geschah nicht nur im Fall Auerbach: Bei Homosexuellen, Prostituierten, Kommunisten (in Westdeutschland), Roma und Sinti war dies geradezu die Regel.

Von der Vergeltung

Ich habe anhand konkreter Beispiele argumentiert, dass die einseitige Stellungnahme der protestantischen Kirchen nicht nur politisch, sondern auch theologisch motiviert war. Ist dies richtig, dann stellen sich Fragen nach den notwendigen Veränderungen für evangelisches Denken ein. Dies muss mit einer Neudefinition der dialektischen Spannung zwischen Gerechtigkeit und Vergebung beginnen. Wie soll man sich zwischen den widersprüchlichen Forderungen entscheiden, einerseits das Gesetz Gottes zu achten, in dem jedes Zuwiderhandeln bestraft wird, und andererseits Barmherzigkeit zu üben und das vollwertige Menschsein der Übeltäter zu achten, indem ihnen ein Neuanfang erlaubt wird? Die Spannung zwischen Vergeltung und Vergebung, Gerechtigkeit und Barmherzigkeit zieht sich wie ein roter Faden durch die Bücher der Bibel. So heißt es in Luthers Übersetzung: »Der Herr, – ein barmherziger und gnädiger Gott, langmütig und reich an Huld und Treue, der Gnade bewahrt bis ins tausendste Geschlecht, Schuld und Missetat verzeiht, aber nicht ganz ungestraft lässt, sondern die Schuld der Väter heimsucht an Kindern und Kindeskindern, bis ins dritte und vierte Glied.« (Ex 34,6-7) Wie kann Gott gleichzeitig verzeihen und nichts ungestraft lassen?

Das Gesetz ist in der Bibel nicht Teil der Schöpfung und nicht im menschlichen Wesen verankert, sondern wird am Berg Sinai offenbart. Es muss freiwillig angenommen werden. Das Gesetz im Alten Testament, so kulturabhängig und zeitspezifisch es sein mag, verankert die zentrale Verpflichtung, zwischen Recht und Unrecht, Gut und Böse zu unterscheiden. Die Thora als offenbartes Gesetz wird vom Bundesvolk als freiwilliges Joch, als Aufgabe und Verpflichtung, angenommen. Darin wird das Talionsgesetz der Verhältnismäßigkeit (»Auge um Auge, Zahn um Zahn«) über das Recht der Starken und Mächtigen gesetzt. Das Prinzip der Verhältnismäßigkeit, das in der Thora noch in Körperteilen berechnet wird, wird später durch monetäre Kompensation ersetzt, denn es geht schließlich um Entschädigung und Wiedergutmachung für die Opfer und nicht um die Schmerzzufügung für die Täter. Dennoch steht Gott im Zweifelsfall an der Seite der Entrechteten, die sich aus eigenen Kräften kein Recht verschaffen können. Gott führt ein ohnmächtiges Volk aus der Sklaverei, verspricht Witwen und Waisen Rechtsbeistand, und gelobt einer jungen Schwangeren, die Mächtigen vom Thron zu stoßen (Lk 1,52). Gott bürgt für eine absolute Gerechtigkeit und darf als Allwissender angerufen werden, dort Recht zu schaffen, wo menschliches Recht versagt: »Verzeihe ihnen ihre Missetat nicht und ihre Sünde lösche nicht aus vor deinen Augen! Sie sollen ein Anstoß bleiben vor dir; zur Zeit deines Zornes tue es ihnen an!« (Jer 18,23)

Gleichzeitig errichtet die Thora keinen bruchfesten Tat-Ergehens-Zusammenhang, wonach auf eine bestimmte Tat eine festgelegte Strafe zwingend folgen muss. Im Gegenteil, der Gott des Alten Testament lässt mit sich verhandeln und hebt auch gebotene Strafen auf. Beispielsweise versucht Abraham das drohende Strafgericht über Sodom abzuwenden, indem er über die notwendige Zahl der Gerechten in der Stadt verhandelt (Gen 18,16-33). Gott kann auch ein angekündigtes Strafurteil auflösen, wie Jona zu seiner Empörung feststellen muss, als seine Untergangsprophetie in Ninive gegenstandslos wird (Jona 4,1-11). Diese Dialektik setzt sich im Neuen Testament fort. Auch hier gilt die Thora *und* das Angebot der Umkehr. Die Barmherzigkeit Gottes lädt zur Umkehr ein, die mit dem stellvertretenden Sühneopfer Christi besiegelt wird. Aber der Sühnetod Christi hebt die Gerechtigkeitsforderung Gottes nicht auf, sondern bestätigt sie. Es wird kein neues Gesetz der Vergebung ohne Bußleistung errichtet, weil damit die Opfer unter die Räder der Geschichte geraten würden. So appelliert Paulus im Römerbrief: »Rächet euch nicht selbst, Geliebte, sondern gebet Raum dem Zorne Gottes; denn es steht geschrieben: ›Mir gehört die Rache, ich will vergelten‹, spricht der Herr« (Röm 12,19) und zitiert damit das Lied des Moses (Dtn 32,1-43). Damit spricht Paulus denjenigen, die unter römischer Gewalt und Verfolgung leiden, nicht die Hoffnung auf Gerechtigkeit ab. Er untersagt lediglich das individuelle Ausleben des Rachewunsches. Individuelle Racheakte als spontane Gewalt gegenüber Tätern müssen grundsätzlich von menschlicher Rechtsprechung und der Hoffnung auf den »Zorn Gottes« getrennt bleiben. Simon Wiesenthal, der nach dem Holocaust sein ganzes Leben darauf verwandte, NS-Täter aufzuspüren und vor Gericht zu stellen, übte nicht Rache, sondern wusste sich der Gerechtigkeit verpflichtet. Der Anspruch vergeltender Gerechtigkeit als Antwort auf massive Menschenrechtsverletzungen kann weder von der Rechtssprechung noch von der Theologie (als Hoffnung auf Gottes transzendente Gerechtigkeit) aufgegeben werden.

Gerechte Vergeltung trägt dazu bei, das Trauma eines Verbrechens im Leben eines Opfers zu integrieren und erträglich zu machen. Jan Philipp Reemtsma argumentiert, dass für das Verbrechensopfer die Strafe des Täters notwendig ist, damit ein Verbrechen »als *Unrecht*, nicht [als] *Unglück*« festgestellt wird (Reemtsma 1999, 26). Ein Mensch, der sein Auge in einem Unfall verliert, muss sich mit einem Unglück abfinden. Wem das Auge bewusst von einem Anderen zerstört wird, dem ist ein Unrecht angetan worden. Muss sich das Opfer zusätzlich zur Gewalttat auch noch mit Ohnmacht und Rechtlosigkeit im Rechtssystem abfinden (weil der Täter Ansehen genießt und straffrei ausgeht), dann geschieht erneutes Unrecht. Die rechtskräftige Bestrafung des Täters ist kein »geläutertes Substitut der Rache«, sondern die »Abwendung weiterer Schadens«, damit sich die Gewalt nicht als erneute Ohnmachtserfahrung, Hilflosigkeit und Erniedrigung fortsetzt. Reemtsma, der selbst Opfer einer Gewalttat wurde, schreibt: »Der Rachewunsch ist kein niedriges Bedürfnis, es sollte (als im Individuum fortbestehender Wunsch) nicht verachtet noch geächtet werden. Und es tritt nichts an seine Stelle.« (26) So sehr der individuelle Rachegedanke »in jeder Rechtspraxis frustriert und von jeder Straftheorie mit Näheverbot belegt werden« (26) muss, bleibt doch die vergeltende Gerechtigkeit ein integraler Bestandteil jeder Rechtsprechung. Reemtsmas säkulare Apologie der Vergeltung ähnelt dem paulinischen Appell »Rächet euch nicht selbst, Geliebte, sondern gebet Raum dem Zorne Gottes«. Paulus bestätigt den Bedarf für göttliche Vergeltung für alle jene, die sich innerhalb menschlicher Strukturen kein Recht verschaffen können. Sie dürfen (müssen) auf göttliche Vergeltung in der eschatologischen Zukunft des Reiches Gottes hoffen.

Hannah Arendt hat schon früh auf einer grundsätzlichen Unterscheidung zwischen Rache und Vergeltung beharrt. Arendt sieht drei Reaktionsmöglichkeiten auf geschehenes Unrecht: Die *Rache*, die im Vergangenen behaftet und davon determiniert ist, die *Vergebung*, die einen Neuanfang ermöglicht, und die *Strafe*, die ebenfalls auf einen Neuanfang in der Zukunft ausgerichtet ist. Sowohl Verzeihen wie Strafen sind Handlungen, die der Rache diametral gegenübergestellt sind. Während Rache eine Reaktion ist »und daher an die ursprüngliche, verfehlende Handlung gebunden bleibt, um im Verlauf des eigenen reagierenden Handelns die Kettenreaktion, die ohnehin jedem Handeln potentiell innewohnt, ausdrücklich virulent zu machen«, unterscheidet sich die Strafe von der Rache im Bemühen, das Vergangene zu »beenden, was ohne diesen Eingriff endlos weitergehen würde« (Arendt 1960, 235). Die Strafe als gerechte Vergeltung ist der Stiftung eines neuen Verhältnisses zwischen Täter und Opfer verpflichtet. Sie schafft neue Bedingungen und erlaubt eine neue Beziehung zwischen Täter und Opfer unter veränderten Machtbedingungen. Dies kann im Namen der Vergebung nicht aufgegeben werden, sonst würde die Endgültigkeit sieghafter Raubzüge, ethnischer Säuberungen, und politischer Unterwerfungen theologisch bemäntelt werden. Versöhnung erfolgte dann um den Preis der Entsolidarisierung mit den Entrechteten, Entwürdigten und Geschädigten im Widerspruch zur biblisch-christlichen Tradition.

Die Würde der Bürde

Man könnte die *satisfactio operis* als letzten Schritt der Versöhnung so konzipieren, dass sie zum graduellen Abbau politischer, wirtschaftlicher und religiöser Privilegien staatlicher Gewalttäter führt und die Opfer in ihrer Menschenwürde rehabilitiert. Mit der genugtuenden

Sühne ist dann die (mehr oder weniger) freiwillige Übernahme von (manchmal durchaus schmerzlichen) Pflichten verbunden, deren Erfüllung eine verändernde und dadurch befreiende Wirkung auf Täter und Opfer hat. Dem Täter erwächst ein spezieller Auftrag für die Entschädigung der von Krieg und Völkermord Betroffenen, der nicht durch sakramentale oder rituelle Handlungen ersetzt werden kann. Zu den wenigen politisch progressiven Denkern, die Begriffe wie Sühne und Genugtuung für die säkulare Welt und eine politisch progressive Philosophie und Theologie neu entdecken, gehört Claudia Card. Sie kritisiert die vorherrschende Meinung, Schuld sei ausschließlich als bedrückende, lähmende und masochistische Last zu verstehen. Stattdessen schlägt sie vor, die in der Schuld verankerte Sühnepflicht als befreiende Aktivität zu begreifen, die nicht schnell erledigt und überwunden werden kann:

> Wir stellen uns unter einer Bürde natürlich etwas Belastendes vor, was so schnell wie möglich beseitigt werden sollte, da es schwer ist und uns bedrückt. Aber Bürden müssen nicht nur herunterziehen. Wer eine Bürde gut trägt, baut Kraft auf, was dazu beiträgt, den Respekt Anderer neu oder wieder zu gewinnen und Selbstbewusstsein neu oder wieder zu entwickeln. (Card 2002, 188)

Wird die Bürde der Schuld nicht als etwas Negatives betrachtet, sondern als ein Joch, das kreativ und verantwortlich getragen werden kann, dann erhält die *satisfactio* neuen Sinn und Inhalt. Dann geht es im Auferlegen einer Bußdisziplin darum, Menschenwürde und Gerechtigkeit neu zu erschließen. Mit der »Medizin« (Heinz 1990, 26) der Buße ist verbindliche Erneuerung gemeint, die sich in den menschlichen Beziehungen ausweist und die Machtverhältnisse zwischen Täter und Opfer nachhaltig verändert. Sündenvergebung wäre dann nicht Resultat der Begegnung mit einem raum- und zeitlosen Gott, sondern das tastende Zugehen auf den entrechteten und machtlosen Anderen. Versöhnung entsteht, wo ungerechte Privilegien abgebaut, Machtgefälle ausgeglichen und zerbrochene Beziehungen als geheilt erfahren werden können. Dieser Prozess mag über die Zeitzeugengenerationen hinaus andauern. Aber er kann durch nichts, auch nicht durch religiöse Praxis und Flucht in die Gottesbeziehung, ersetzt werden.

Wo der Auftrag zur Hinwendung zu den Opfern würdevoll angenommen wird, gewinnt der ehemalige Täter wieder Respekt. Damit

eröffnen sich echte Chancen zur Versöhnung, die auf Wiedergutmachung und Restitution, auf der Wiederherstellung zerstörter Bezie-
hungen und den Wiederaufbau verheerter Gemeinden beruhen. Mit
diesen theologischen Grundsätzen wurde 1958 die Organisation »Aktion Sühnezeichen/Friedensdienste« auf der evangelischen und das
Maximilian Kolbe Werk 1973 auf der katholischen Seite gegründet.
Der Einfluss ihres Wirkens auf die internationale Rehabilitation
Deutschlands kann nicht hoch genug eingeschätzt werden. Auch die
Bemühungen der »Woche der Brüderlichkeit«, der »AG Christen und
Juden beim Evangelischen Kirchentag«, die »Freiburger Rundbriefe«
und anderer Basisorganisationen haben sich, trotz Schwierigkeiten
und Krisen, an einem greifbaren Bußwerk beteiligt, wenn auch meist
in stellvertretender Rolle für die abwesenden, bußunwilligen Täter.
Das »Tragen an der Schuld« ist keine Werksgerechtigkeit, die sich Erlösung im Himmel erkaufen will, sondern eine disziplinierte Distanzierung von Gewaltverbrechen und den daraus resultierenden Privilegien. Es ist ein schöpferisches Joch, das nach der Shoah neue
Begegnungen und neues Leben ermöglicht.

Literatur

1897: *Agende für das Heer*, Berlin
1930: *Agende für die Evangelische Kirche der altpreußischen Union*, Berlin,
Charlottenburg
1947: *Agende für den Dienst der Lagerpfarrer in Kriegsgefangenen- und Interniertenlagern*, Stuttgart
1964: *Agende für die evangelische Kirche der Union*, Witten
Aly, Götz, 1998: *Bilanz der Verfolgung von NS-Straftaten*, Köln
Arendt, Hannah, 1960: *Vita Activa oder Vom tätigen Leben*, Stuttgart
Aschenauer, Rudolf (Hg.), 1980: *Ich, Adolf Eichmann. Ein historischer Zeugen-
bericht*, Leoni am Starnberger See
Besier, Gerhard, 1985: *Zur Geschichte der Stuttgarter Schulderklärung vom 18./
19. Oktober 1945*, in Besier/Sauter, Gerhard, Wie Christen ihre Schuld bekennen, Göttingen, 9-63
–, 2000: *Die politische Rolle des Protestantismus in der Nachkriegszeit*, in: Politik und Zeitgeschichte, 20-38
Bar-On, Dan, 1989: *Holocaust Perpetrators and their Children*, in: Journal of
Humanistic Psychology 29 (Fall), 424-443

Biess, Frank, 2001: *Survivors of Totalitarianism*, in: Schissler, Hanna (Hg.), The Miracle Years. A Cultural History of West Germany, 1949-1968, Princeton

Bonhoeffer, Dietrich, 1961: *Nachfolge*, München

–, 1973: *Gemeinsames Leben*, München

Buscher, Frank, 1989: *The U.S. War Crimes Trial Program in Germany, 1946-1955*, New York

Buttner, Ursula/Greschat, Martin, 1998: *Die verlassenen Kinder der Kirche. Der Umgang mit Christen jüdischer Herkunft im Dritten Reich*, Göttingen

Card, Claudia, 2002: *The Atrocity Paradigm. A Theory of Evil*, Oxford

de Mildt, Dick Welmoed, 1996: *In the Name of the People: Perpetrators of Genocide in the Reflection of Their Postwar Prosecutions in West Germany. The Euthanasia and Aktion Reinhard Trial Cases*, The Hague

–, 1998: *Die westdeutschen Strafverfahren wegen nationalsozialistischer Tötungsverbrechen, 1945-1997*, Amsterdam

Deselaers, Manfred, 1997: *Und sie hatten nie Gewissensbisse? Die Biografie von Rudolf Höß, Kommandant von Auschwitz, und die Frage nach seiner Verantwortung vor Gott und den Menschen*, Leipzig

Dietrich, Johann, 1895: *Enchiridion. Der kleine Katechismus für die gemeinen Pfarrherren und Prediger durch Dr. Martin Luther*, St. Louis

Diephouse, David J., 1995: *Wanderer zwischen zwei Welten? Theophil Wurm und die Konstruktion eines protestantischen Geschichtsbildes nach 1945*, in: Lächele, Rainer/Thierfelder, Jörg (Hg.), Das evangelische Württemberg zwischen Weltkrieg und Wiederaufbau, Stuttgart, 49-70

Dittmer, Uwe, 1981: *Im Blickpunkt. Sünde und Vergebung*, Berlin: Evangelische Verlagsanstalt

Dombois, Hans, 1950: *Politische Gerichtsbarkeit. Der Irrweg der Entnazifizierung und die Frage des Verfassungsschutzes*, Gütersloh

Ericksen, Robert P./Heschel, Susannah 1999: *Betrayal. German Churches and the Holocaust*, Minneapolis

Frank, Hans, 1953: *Im Angesicht des Galgens. Deutung Hitlers aufgrund eigener Erlebnisse und Erkenntnisse*, München

Frei, Norbert, 1996: *Vergangenheitspolitik. Die Anfänge der Bundesrepublik und die NS-Vergangenheit*, München

Freitag, Hans (ohne Datum): *Erfahrungen mit NS-Verurteilten* (unveröffentlichtes Manuskript in Besitz der Autorin)

Friedrich, Jörg, 1994: *Die kalte Amnestie*, München

Geis, Jael, 2000: *Übrig sein – Leben danach. Juden deutscher Herkunft in der britischen und amerikanischen Zone Deutschlands 1945-1949*, Berlin

Gerlach, Christian, 1999: *Kalkulierte Morde. Die deutsche Wirtschafts- und Vernichtungspolitik in Weißrußland 1941-1944*, Hamburg

Gerlach, Wolfgang, 1987: *Als die Zeugen schwiegen. Bekennende Kirche und die Juden*, Berlin

Gestrich, Christof, 1997: *Was bedeutet es von der Sündenvergebung her, die

Sünde wahrzunehmen, in: Brandt, Sigrid/Suchocki, Majorie et. al. (Hg.), Sünde. Ein unverständlich gewordenes Thema, Neukirchen-Vluyn, 57-69

Goldhagen, Daniel, 1996: *Hitler's Willing Executioners. Ordinary Germans and the Holocaust*, New York

Goldstein, David, 1974: *Teschubah. The Evolution of the Doctrine of Sin and Repentance in Classical Jewish Thought with Reference to Hilchot Teschubah*, Doctoral Dissertation, St. Marys Seminary

Goschler, Constantin, 1989: *Der Fall Philipp Auerbach. Wiedergutmachung in Bayern*, in: Herbst, Ludolf/Goschler, Constantin (Hg.), Wiedergutmachung in der Bundesrepublik, München, 77-98

–, 1992: *Wiedergutmachung. Westdeutschland und die Verfolgten des Nationalsozialismus 1945-1954*, München

Greschat, Martin, 1995: *Verweigertes Schuldbekenntnis*, in: EKD, (Hg.), Erinnern. Bekennen, Verantworten. 50 Jahre Stuttgarter Schuldbekenntnis. Eine Dokumentation, Wendlingen

–, (Hg.) 1985: *Im Zeichen der Schuld. 40 Jahre Stuttgarter Schuldbekenntnis*, Neukirchen-Vluyn

–/Bastert, Christiane, 1982: *Die Schuld der Kirche. Dokumente und Reflexionen zur Stuttgarter Schulderklärung vom 18./19. Oktober 1945*, München

Grossman, Atina, 2002: *Victims, Villains, and Survivors: Gendered Perceptions and Self-Perceptions of Jewish Displaced Persons in Occupied Post-War Germany*, in: History of Sexuality, vol. 11, 291-319

–, [2006]: *Victims, Victors, Allies and Jews in Occupied Germany, 1945-1949*, Princeton

Heckel, Theodor, 1966: *Das Evangelische Hilfswerk für Internierte und Kriegsgefangene* in: Evangelisches Staatslexikon, 1154

Heinemann, Heribert, 1994: *Absolution*, in: Lexikon für Theologie und Kirche, Freiburg

Heinz, Hanspeter, 1990: *Feier der Versöhnung. Einführung in die christliche Bußliturgie*, in: Heinz, Hanspeter/Kienzler, Klaus/Petuchowski, Jakob (Hg.), Versöhnung in der jüdischen und christlichen Liturgie, Freiburg im Breisgau, 11-31

Henkys, Reinhard, 1965: *Die nationalsozialistischen Gewaltverbrechen. Geschichte und Gericht*, Stuttgart

Herbst, Ludolf/Goschler, Constantin (Hg.), 1989: *Wiedergutmachung in der Bundesrepublik*, München

Hoppe, Thomas, 1999: *Von der Würde der Opfer*, in: Herder Korrespondenz, 139-145

Hockenos, Matthew D., 2004: *A Church Divided: German Protestants Confront the Nazi Past*, Bloomington

Hourihan, William, 2000: *U.S. Army Chaplain Ministry to German War Criminals at Nuremberg 1945-1946*, in: Army Chaplaincy. Professional Bulletin of the Unit Ministry Team (Winter-Spring), 86-94

Hölscher, Christoph, 2002: *NS-Verfolgte im »antifaschistischen Staat«. Vereinnahmung und Ausgrenzung in der ostdeutschen Wiedergutmachung (1945-1989)*, Berlin

Höss, Rudolf, 1965: *Kommandant in Auschwitz. Autobiographische Aufzeichnungen*, München

Hull, William L., 1964: *Kampf um eine Seele. Gespräche mit Eichmann in der Todeszelle*, Wuppertal

Just-Dahlmann, Barbara/Just, Helmut, 1988: *Die Gehilfen: NS-Verbrechen und die Justiz nach 1945*, Frankfurt/Main

Kellenbach, Katharina von, 2001: *Theologische Rede von Schuld und Vergebung als Täterschutz*, in: Kellenbach, Katharina von/Krondorfer, Björn/Reck, Norbert (Hg.), Von Gott Reden im Land der Täter. Theologische Stimmen der dritten Generation nach der Shoah, Darmstadt, 48-72

–, 2004: *God's Love and Women's Love. Prison Chaplains Counsel Wives of Nazi Perpetrators*, in: Journal of Feminist Studies in Religion 20 (2), 7-24.

Klee, Ernst/Dressen, Willie, 1991: *The Good Old Days as Seen by Its Perpetrators and Bystanders*, New York

–, 1992: *Persilscheine und falsche Pässe. Wie die Kirchen den Nazis halfen*, 3. überarb. Aufl., Frankfurt/Main

–, 1994: *Der Umgang der Kirche mit dem Holocaust seit 1945*, in: Steininger, Rolf (Hg.), Der Umgang mit dem Holocaust. Europa – USA – Israel, Wien/Köln/Weimar, 119-137

Klein, Christoph, 1999: *Wenn Rache der Vergebung weicht. Theologische Grundlagen einer Kultur der Versöhnung*, Göttingen

Klüger, Ruth, 1992: *weiter leben. Eine Jugend*, Göttingen

Krause, Peter, 2002: *Der Eichmann Prozeß in der deutschen Presse*, Frankfurt

Kraushaar, Wolfgang, 1995: *Die Affäre Auerbach. Zur Virulenz des Antisemitismus in den Gründerjahren der Bundesrepublik*, in: Menora. Jahrbuch für deutsch-jüdische Geschichte, München, 319-343

Kunze, Rolf-Ulrich, 1997: *Theodor Heckel, 1894-1967. Eine Biographie*, Stuttgart

Lächele, Rainer, 1995: *Vom Reichssicherheitshauptamt in ein evangelisches Gymnasium – Die Geschichte des Eugen Stemle*, in: Lächele, Rainer/Thierfelder, Jörg (Hg.), Das evangelische Württemberg zwischen Weltkrieg und Wiederaufbau, Stuttgart, 260-288

Magonet, Jonathan, 1990: *Der Versöhnungstag in der jüdischen Liturgie*, in: Heinz, Hanspeter/Kienzler, Klaus/Petuchowski, Jacob, (Hg.), Versöhnung in der jüdischen und christlichen Liturgie, Freiburg im Breisgau, 133-154

Maimonides, 1927: *Mishnah Torah Yod HaHazakah*, übers. v. Rabbi Simon Glazer, Bd. 1, New York

Marcuse, Harold, 2001: *Legacies of Dachau. The Uses and Abuses of a Concentration Camp*, Cambridge

Mensing, Björn, 1998: *Pfarrer und Nationalsozialismus. Geschichte einer Ver-

strickung am Beispiel der Evangelisch-Lutherischen Kirche in Bayern, Göttingen

Merkel, Ludger, 1995: Menschenrechtsverbrechen und Versöhnung. *Zum Gebrauch des Versöhnungsbegriffes in Kirche und Theologie*, in: Zeitschrift für Missionskunde und Religionswissenschaft (79), 305-312

Metzger, Manfred, 1980: *Beichte V*, in: Theologische Realenzyklopädie, Berlin

Müller-Fahrenholz, Geiko, 1996: *Vergebung macht frei. Vorschläge für eine Theologie der Versöhnung*, Frankfurt

Neimann, Susan, 2002: *Evil in Modern Thought: An Alternative History of the Philosophy*, Princeton, NJ

Niemöller, Martin, 1946a: *Über die deutsche Schuld, Not und Hoffnung*, Zürich

–, 1946b: *Ach Gott vom Himmel sieh darein. Sechs Predigten*, München

–, 1946c: *Zur gegenwärtigen Lage der evangelischen Christenheit*, Tübingen

–, 1946d: *Die Erneuerung unserer Kirche*, München

Obst, Helmut, 1980: *Beichte*, in: Theologische Realenzyklopädie, Berlin

Oeffler, Hans Joachim/Prolingheuer, Hans et. al (Hg.), 1987: *Martin Niemöller. Ein Lesebuch*, Köln

Osten Sacken, Peter von der (Hg.), 2002: *Das mißbrauchte Evangelium. Studien zu Theologie und Praxis der Thüringer Deutschen Christen*, Berlin

Poelchau, Harald, 1949: *Die letzten Stunden. Erinnerungen eines Gefängnispfarrers*, Berlin

–, 1963: *Autobiographisches und Zeitgeschichtliches seit den zwanziger Jahren*, Berlin

Pohl, Oswald, 1950: *Credo – Mein Weg zu Gott*, Landshut

Pross, Christian, 1988: *Wiedergutmachung. Kleinkrieg gegen die Opfer*, Frankfurt am Main

Railton, Nicholas, 2000: *Henry Gerecke and the Saints of Nuremberg*, in: Kirchliche Zeitgeschichte (13) 1, 112-138

Reemtsma, Jan Philipp, 1999: *Das Recht des Opfers auf Bestrafung des Täter – als Problem*, München

–, 2001: *Wie hätte ich mich verhalten? – und andere nicht nur deutsche Fragen. Reden und Aufsätze*, München, 9-30

Reiser, Konrad, 1991: *Schuld und Versöhnung. Erinnerung an eine bleibende Aufgabe der deutschen Kirchen*, Kirchliche Zeitgeschichte, 512-522

Renz, Ulrich, 1997: *Zum Schutz der Mörder: NS-Verbrechen waren keine Kriegsverbrecher*, in: Lichtenstein, Heiner/Romberg, Otto R., Täter – Opfer – Folgen. Der Holocaust in Geschichte und Gegenwart, Bonn: Bundeszentrale für politische Bildung

Rückerl, Adalbert, 1980: *The Investigation of Nazi Crimes, 1945-1978*, Hamden, CT

Rüters, C. F./Bauer, Fritz et. al. (Hg.), 1968-1981: *Justiz und NS-Verbrechen. Sammlung deutscher Strafurteile wegen nationalsozialistischer Tötungsverbrechen*, Amsterdam

Sattler, Dorothea, 1994: *Beichte*, in: Lexikon für Theologie und Kirche, Freiburg

Sauser, Ekkhart, 2004: *Matthias Defregger*, in: Biographisch-Bibliographisches Kirchenlexikon. (http://www.bautz.de/bbkl/d/Defregger.html, 11.9.2004).

Sauter, Gerhard, 1991: *Verhängnis der Theologie. Schuldwahrnehmung und Geschichtsanschauung im deutschen Protestantismus*, in: Kirchliche Zeitgeschichte (4), 475-492

–, 1985: *Vergib uns unsere Schuld. Eine theologische Besinnung auf das Stuttgarter Schuldbekenntnis*, in: Besier, Gerhard/Sauter, Gerhard, Wie Christen ihre Schuld bekennen. Die Stuttgarter Erklärung 1945, Göttingen, 63-129

–, 1997: *Versöhnung als Thema der Theologie*, Gütersloh

Schröm, Oliver/Röpke, Andrea, 2001: *Stille Hilfe für braune Kameraden. Das geheime Netzwerk der Alt- und Neonazis. Ein Inside Report*, Berlin

Seiger, Bernhard, 1996: *Versöhnung – Gabe oder Aufgabe: eine Untersuchung zur neueren Bedeutungsentwicklung eines theologischen Begriffes*, Frankfurt

Sereny, Gita, 1995: *Albert Speer. Das Ringen mit der Wahrheit und das deutsche Trauma*, übers. Helmut Dierlamm, et. al., München

Speer, Albert, 1975: *Spandauer Tagebücher*, Frankfurt

Stempel, Hans, 1966: *Kriegsgefangene* in: Evangelisches Staatslexikon, Stuttgart, 1154

Stiller, Klaus, 1972: *Tagebuch eines Weihbischofs*, Berlin

Thielicke, Helmut, 1945: *Vorlesung. Exkurs über Karl Barths Vortrag in Tübingen*, in: Greschat, Martin/Bastert, Christine (Hg.) Die Schuld der Kirche, 163-172

Vollnhals, Clemens, 1992: *Die Hypothek des Nationalprotestantismus. Entnazifizierung und Strafverfolgung von NS-Verbrechen nach 1945*, in: Geschichte und Gesellschaft (18), 51-69

–, 1989a: *Entnazifizierung und Selbstreinigung im Urteil der evangelischen Kirche. Dokumente und Reflexionen 1945-1949*, München

–, 1989b: *Evangelische Kirche und Entnazifizierung 1945-1949. Die Last der nationalsozialistischen Vergangenheit. Studien zur Zeitgeschichte*, München

Wagner, Falk, 1981: *Buße VI*, in: Theologische Realenzyklopädie, Berlin

Wagner, Georg, 1986: *Sühne im Strafrecht und im Strafvollzug*, in: Blank, Josef/Werbick, Jürgen (Hg.), Sühne und Versöhnung, Düsseldorf, 43-172

Webster, Ronald, 2001: *Opposing Victor's Justice. German Protestant Churchmen and Convicted War Criminals in Western Europe after 1945*, in: Holocaust and Genocide Studies 15, (Spring) 1, 47-70

Wetzel, Juliane, 1999: *An Uneasy Existence. Jewish Survivors in Germany after 1945*, in: Schissler, Hanna (Hg.), The Miracle Years. A Cultural History of West Germany, Princeton, 131-145

Weiß, Konrad, 1998: *Lothar Kreyssig. Prophet der Versöhnung*, Gerlingen

Wember, Heiner, 1992: *Umerziehung im Lager. Internierung und Bestrafung von Nationalsozialisten in der Britischen Besatzungszone Deutschlands*, Düsseldorf

Wiesenthal, Simon, 1998: *Die Sonnenblume. Eine Erzählung mit Kommentaren*, 6. Aufl. Frankfurt/Main

Wiesnet, Eugen, 1980: *Die verratene Versöhnung. Zum Verhältnis von Christentum und Strafe*, Düsseldorf

Wüstenberg, Ralf K., 2004: *Die politische Dimension der Versöhnung. Eine theologische Studie zum Umgang mit Schuld nach den Systemumbrüchen in Südafrika und Deutschland*, Gütersloh

Zehner, Joachim, 1998: *Forum der Vergebung in der Kirche. Studien zum Verhältnis von Sündenvergebung und Recht*, Gütersloh

Ziegenaus, Anton, 1975: *Umkehr Versöhnung Friede*, Freiburg

Anmerkungen

1. Es würde zu weit führen, die Fülle historischer Untersuchungen zu Schuld und Vergebung, wie zum Beispiel Greschat (1982; 1985; 1995), Besier (1985), Merkel (1995), Reiser (1991), und jene der systematischen Theologie, wie zum Beispiel Gerhard Sauter (1985; 1991; 1997), Seiger (1996), Zehner (1998), Müller-Fahrenholz (1996), Ziegenaus (1975), Wüstenberg (2004), hier aufzuführen.

2. »Die Lagerseelsorge und wir«, LKAN Pfarreien III/17, Seelsorge im Interniertenlager Dachau, Nr. 2

3. »Auszug aus dem Bericht zur Frage kirchlicher Betreuung der Insassen der Interniertenlage«, ohne Datum, LKAN, LKR 2451.

4. »Die Lagerseelsorge und wir,« LKAN Pfarreien III/17, Seelsorge im Interniertenlager Dachau, Nr. 2.

5. »Pfarrer August Eckardt Tagebuch,« S. 45, LKAN Pfarreien III/17, Gefängnisseelsorge Landsberg/Lech, Nr. 3. Ein anderes Dokument berichtet von den: »Hunderttausende[n] sogenannter Gottgläubiger, [die] … aus der Heimatlosigkeit herauswollen und eine geistige Heimat und Anschluss suchen. Hier in den Lagern fallen darüber bei den Meisten die Entscheidungen. Die katholische Kirche sieht hier ihre große Chance und arbeitet intensivst, persönlich und durch psychologisch sehr geschickte Kundgebungen.« (»Auszug aus dem Bericht zur Frage kirchlicher Betreuung der Insassen der Interniertenlager« ohne Datum, LKAN, LKR 2451) Pfarrer Adolf Dresler berichtet: »Andererseits erfolgten mehrere Übertritte früherer Protestanten, die als Angehörige der SS gottgläubig geworden waren, zum Katholizismus.« (»Erfahrungen mit Internierten in kirchlichen Fragen«, 27. 8. 1947, LKAN, LKR 2449).

6. August Eckardt war vom 16. 6. 1948 bis zum 30. 5. 1949 Anstaltspfarrer. Er

wurde am 1.6.1949 nach Garmisch-Partenkirchen versetzt. LKAN Pfarreien III/17, Kleine Bestände Gefängnisseelsorge Landsberg/Lech, Nr. 4a.

7. Die Einstellungsurkunde von Karl Ermann ist auf den 24.9.1949 datiert, er war aber seit 6.7.1949 in Landsberg/Lech im Dienst. Er wurde nach seiner umstrittenen Trauerfeier für Schmidt und Pohl am 10.6.1951 vom Landesbischof versetzt. LKAN Pfarreien III/17, Kleine Bestände Gefängnisseelsorge Landsberg/Lech, Nr. 12.

8. August Eckardt an Frau Dr. Nopitsch, Bayrischer Mütterdienst, 6.1.1949, LKAN Pfarreien III/17, Kleine Bestände, Gefängnisseesorge Landsberg/Lech H-K, Nr. 9.

9. Vgl. August Eckardts Entnazifizierungsurkunde, Pfarreien III/17, Kleine Bestände Gefängnisseelsorge Landsberg/Lech, Nr. 4a.

10. Aus Vertretern der beiden Kirchen und deren karitativen Verbänden wurde ein Ausschuss »Gefangenenhilfe Landsberg« gebildet. Vorsitzender war Weihbischof Neuhäusler, Stellv. Vorsitzender war der evangelische Oberkirchenrat D. Daumiller, weitere Vorstandsmitglieder waren Kirchenrat Rusam, ein Vertreter des Caritasverbandes und ein Vertreter der Inneren Mission. Die Geschäftsführung hatte der berüchtigte NS-Rechtsanwalt Rudolf Aschenauer inne. NA, REG 338 USAREU/JAG Division, War Crimes Branch, General Administrative records. 1942-1957, Exhibit E Thru Mis Aff &docd, Box Number 6.

11. August Eckardt an Frau Dr. Vetter, 5.2.1949, Pfarreien III/17, Kleine Bestände Gefängnisseelsorge Landsberg/Lech, Nr. 8.

12. August Eckardt an Frau Franke, 29.10.1948, LKAN Pfarreien III/17, Kleine Bestände Gefängnisseelsorge Landsberg/Lech, Nr. 8.

13. Ebd.

14. August Eckardt an Frl. Epstude (Verlobte von Herr Petrat), 20.11.1948, LKAN Pfarreien III/17, Kleine Bestände Gefängnisseelsorge Landsberg/Lech, Nr. 10.

15. August Eckardt an Frau Piorkowski, 22.10.1948, LKAN Pfarreien III/17, Kleine Bestände Gefängnisseelsorge Landsberg/Lech, Nr. 10.

16. August Eckardt an Frau Hunsicker, 29.10.1948, LKAN Pfarreien III/17, Gefängnisseelsorge Landsberg/Lech, Nr. 9.

17. August Eckardt an das Evang. Luth. Dekanat Wassertrüdingen zur Beerdigung von Ernst Ittameier, 8.11.48, LKAN Pfarreien III/17, Gefängnisseelsorge Landsberg/Lech, Nr. 9.

18. August Eckardt an Frl. Bertha Rupp (Verlobte von Hermann Sturm), 7.11.1948, LKAN Pfarreien III/17, Kleine Bestände Gefängnisseelsorge Landsberg/Lech, Nr. 11.

19. Kommandant von Buchenwald war Karl Koch (1937-1941), der von einem SS-Gericht zum Tode verurteilt und hingerichtet wurde. Sein Nachfolger war Hermann Pfister (1942-1945), der 1947 hingerichtet wurde.

20. NA, REG 338 USAREU/JAG Division, War Crimes Branch, Record Relating to Post-Trial Activities, Execution File 1950, Box 13.

21. Predigt Karl Ermann, 10.6.1951, LKAN, LKR Nürnberg; Pfarrer Karl Er-
    mann hatte ihm beim Verfassen dieser letzten Worte geholfen, der genaue
    Wortlaut unter dem Galgen, der von amerikanischen Zeugen festgehalten
    wurden, weicht etwas ab und kommt ohne Verweis auf Gott aus: »Colo-
    nel, I will take the last words to protest emphatically against the comple-
    ting of the executions. All documentary evidence which was gathered by
    my lawyer during the last four years and also in the fact that ¾ of the time
    of my trial was spent in the hospital undergoing operations did not help
    to prove my innocence. All this rebounded off the iron walls of Heidel-
    berg. Once again I protest emphatically, I am innocent of all the charges
    brought against me by the German newspapers, for all these articles were
    dictated by Heidelberg. I am dying here as the last of the Landsberger.«
    NA, REG 338, USAREU/JAG Division, War Crimes Branch, Record Rela-
    ting to Post-Trial Activities, Execution File 1950, Box 13.
22. Karl Ermann an Pfarrer Schloemann, 7.6.51, LKAN Pfarreien III/17,
    Kleine Bestände Gefängnisseelsorge Landsberg/Lech, Nr. 15.
23. Am 4.1.1949 bei der Amtsstelle des Evang. Anstaltsgeistlichen vorgelegt,
    Pfarreien III/17, Kleine Bestände Gefängnisseelsorge Landsberg/Lech,
    Nr. 1, S. 4.
24. Hermann Damman, Abschiedsbrief, 28.10.1948, Pfarreien III/17, kleine
    Bestände Gefängnisseelsorge Landsberg/Lech, Nr. 7.
25. »Selbstbildnis eines ›Kriegsverbrechers‹« Deutsche Hochschulzeitung, Tü-
    bingen 1962 (10. Jahrgang) Nr. 1, S. 5-9, S. 8.
26. Ebd.
27. »Predigt beim evangl. Gedächtnisgottesdienst vom 10.6.1951«, LKAN
    Pfarreien III/17, Interniertenlager Landsberg, Nr. 15. Nachdem diese Pre-
    digt publik wurde, schaltete sich der Landesbischof ein und forderte ulti-
    mativ die Ablösung Karl Ermanns. Er beendete seinen Dienst am
    29.6.1951. Der Landesbischof in München warf Ermann vor, »das Wort
    von der Buße würde in ihr ganz fehlen. Die Zitierung mancher Bibelworte
    grenze an Missbrauch. Man könne in ihr fast eine Glorifizierung der Hin-
    gerichteten sehen.« Karl Ermann an Herr Rektor, 17.8.1951, LKAN Pfar-
    reien III/17, Nr. 12.
28. Predigt beim evangl. Gedächtnisgottesdienst, 10.6.1951, LKAN Pfarreien
    III/17, Interniertenlager Landsberg/Lech, Nr. 15, S. 2.
29. August Eckardt an Herrn Raabe, 15.1.1949, LKAN Pfarreien III/17, Klei-
    ne Bestände Gefängnisseelsorge Landsberg/Lech, Nr. 10.
30. Ebd.
31. Ebd.
32. Harald Poelchau an August Eckardt, 6.2.1949, LKAN Pfarreien III/17,
    Kleine Bestände Gefängnisseelsorge Landsberg/Lech, Nr. 10.
33. August Eckardt an Vater Raabe, 15.1.1949, LKAN Pfarreien III/17, Kleine
    Bestände Gefängnisseelsorge Landsberg/Lech, Nr. 10.
34. »German Gets Death for Slaying of GI« New York Times, 12.2.1948. Dank

geht an Paul Rose vom US Holocaust Memorial Museum, der diese Notiz für mich fand.

35. Predigt beim evangl. Gedächtnisgottesdienst, 10.6.1951, LKAN Pfarreien III/17, Interniertenlager Landsberg/Lech, Nr. 15.

36. August Eckardt, »Nachdenklicher Rückblick«, Christfest 1985, Pfarreien III/17, Gefängnisseelsorge Landsberg/Lech, Nr. 4a, S. 1.

37. Schon die 1930 verabschiedete *Agende für die Evangelische Kirche der altpreußischen Union* verzichtete auf die Reue: »Auf solch ein Bekenntnis verkündige ich euch, kraft meines Amtes als berufener und verordneter Diener des Wortes, die Gnade Gottes und die Vergebung aller eurer Sünden im Namen des Vaters und des Sohnes und des heiligen Geistes.« (1930, 169). Die Agende von 1947 ist seither für den Bereich der EKU in Kraft vgl. *Agende für die evangelische Kirche der Union* (1959; 1964, 144).

38. »Anonyme Stellungnahme«, Frauenlager Camp 77, zu Niemöllers Ansprache am 1.7.1946, EZA 2/255.

39. »Vortrag von M. Niemöller«, Frauenlager Camp 77, 1.7.1946, EZA 2/255.

40. Einige Urteile, EZA 2/255.

41. »Stellungnahme«, gez. Lina Weigand, EZA 2/255.

42. »Einige Urteile aus dem Lager über den Vortrag«, EZA 2/255.

43. »Kurze Stellungnahme zu Pfarrer Niemoellers Rede in Ludwigsburg (Auf Grund von Urteilen)«, am 1.7.46, EZA 2/255.

44. Ebd.

45. »Einige Urteile aus dem Lager über den Vortrag«, EZA 2/255.

46. »Stellungnahme«, 6.7.1946, gez. E. Runke, EZA 2/255.

47. »Einige Urteile aus dem Lager über den Vortrag«, EZA 2/255.

48. So ein Kurzreferat von Gmelin im Protokoll zum »Besuch des Präsidenten der Kanzlei der ev. Kirche Deutschlands im Intern. Camp 74«, EZA 2/256.

49. »Stellungnahme«, 6.7.1946, gez. E. Runke, EZA 2/255.

50. »Stellungnahme«, 25.6.46, gez. R. Fürst, EZA 2/255.

51. »Einige Urteile aus dem Lager über den Vortrag«, EZA 2/255.

52. Kirchenrat Ernst Schieber, »Lage im Frauenlager Camp 77 Ludwigsburg gemäß Besprechung des Lagerkirchengemeinderats am 27.1.1947«, EZA 2/256.

53. »Stellungnahme«, 25.6.46, gez. R. Fürst.

54. Kirchenrat Ernst Schieber, »Besprechung der Lagerpfarrer in Ludwigsburg, Hegelstr. 10 am 13.1.1947«, EZA 2/256.

55. »Besuch des Präsidenten der Kanzlei der ev. Kirche Deutschlands im Intern. Camp 74«, EZA 2/256.

56. Ebd.

57. Ebd.

58. Ebd.

59. »Bericht aus Hammelburg«, 28.6.1946, LKAN, LKR 2451, Seelsorge in Zivil und Interniertenlager 1945-1946.

60. »Besuch des Präsidenten der Kanzlei der ev. Kirche Deutschlands im Intern. Camp 74«, EZA 2/256
61. Kirchenrat Ernst Schieber, »Lage im Frauenlager Camp 77 Ludwigsburg gemäß Besprechung des Lagerkirchengemeinderats am 27.1.1947«, EZA 2/256.
62. Man denke an die vielen Fotos und Briefe an Familienangehörige, die stolz und offen die Gewalt dokumentieren (Klee 1991, Goldhagen 1996).
63. Hermann Schlingensiepen an Wilhelm Greiffenberger, 20.5.1965, AEKR Düsseldorf, 7 NL 016, Schlingensiepen Nachlass. Zur Zeit meiner Recherchen im Jahre 2001 war der Schlingensiepen Nachlass noch nicht verzeichnet. Deshalb sind alle im Folgenden zitierten Briefe und Dokumente ohne Signatur.
64. Hermann Schlingensiepen an Otto Bradfisch, 16.7.1965, AEKR Düsseldorf.
65. Otto Bradfisch an Hermann Schlingensiepen, 11.7.1965, AEKR Düsseldorf.
66. Ebd.
67. »Friede auch den Menschen, die bösen Willens sind«, *Westdeutsche Rundschau*, 13.8.1966, AEKR Düsseldorf.
68. Hermann Schlingensiepen an Otto Bradfisch, 20.6.1965, AEKR Düsseldorf.
69. Hermann Schlingensiepen an Prof. Dr. med. Otto Bickenbach, 9.5.1965, AEKR Düsseldorf.
70. Hermann Schlingensiepen an Otto Bradfisch, 16.7.1965, AEKR Düsseldorf.
71. Otto Bradfisch an Hermann Schlingensiepen, 11.7.1965, AEKR Düsseldorf.
72. Hermann Schlingensiepen an Robert Mulka, 9.9.1966, AEKR Düsseldorf.
73. Hermann Schlingensiepen an Wilhelm Greiffenberger, 20.5.1962, AEKR Düsseldorf.
74. Hermann Schlingensiepen an Adolf Eichmann, 20.3.1962, AEKR Düsseldorf.
75. Ebd.
76. www.jerusalemcornerstone.org/Art-Roots1.htm (15.7.2004).
77. »Die letzte Stunde Eichmanns, Bericht eines Augenzeugen über die Hinrichtung,« Undatierter Zeitungsausschnitt, AEKR Düsseldorf. Vgl. die unglückliche Übersetzung aus dem Amerikanischen bei Hull (1964, 138).
78. Hermann Schlingensiepen an Robert Mulka, 28.6.1965, AEKR Düsseldorf.
79. Robert Mulka an Hermann Schlingensiepen, 16.6.1965, AEKR Düsseldorf.
80. Auschwitzprozess LG Frankfurt/Main, 4 Ks 2/63, 19./20.8.1965, Rüters 1979, Band XXI, 424-454.
81. Hermann Schlingensiepen an Robert Mulka, 9.9.1966, AEKR Düsseldorf.

82. Schalom Ben-Chorin an Hermann Schlingensiepen, 23.9.1966, AEKR Düsseldorf.
83. Wilhelm Greiffenberger an Hermann Schlingensiepen, 7.7.1962, veröffentlicht in »Friede auch den Menschen, die bösen Willens sind«, *Sonntagsblatt*, 25.5.1965.
84. Moabiter Einsatzgruppenprozess, LG Gericht Berlin-Moabit, 3 Pks 1/62, 22.6.1962, Rüters 1978, Band XVIII, 605-651.
85. Wilhelm Greiffenberger an Hermann Schlingensiepen, 7.7.1962, veröffentlicht in »Friede auch den Menschen, die bösen Willens sind«, *Sonntagsblatt*, 25.5.1965.
86. Hermann Schlingensiepen an Adolf Eichmann, 25.5.1962, AEKR Düsseldorf.
87. Ebd.
88. Hermann Schlingensiepen an Kirchenrat Merkt, Pfarrer Müller, Pfarrer Knepper, Juni 1965, AEKR Düsseldorf.
89. Hermann Schlingensiepen an Barbara Just-Dahlmann, 11.1.1963, AEKR Düsseldorf.
90. »Friede auch den Menschen, die bösen Willens sind,« *Sonntagsblatt*, 25.5.1965.
91. Ebd.
92. Hermann Schlingensiepen an Barbara Just-Dahlmann, 28.9.1963, AEKR Düsseldorf.
93. Hermann Schlingensiepen an Simon Wiesenthal, 15.2.1971, AEKR Düsseldorf.
94. Ebd.
95. Ebd.
96. Ebd. Zudem behauptet Schlingensiepen, Greiffenberger sei ein »innerlich geschlagener, aber widerspruchsloser Zuschauer« gewesen! AEKR Düsseldorf.
97. Hermann Schlingensiepen, »Adolf Eichmann und wir«, *Zur Woche der Brüderlichkeit*, AEKR Düsseldorf.
98. Hermann Schlingensiepen an Simon Wiesenthal, 15.2.1971, AEKR Düsseldorf.
99. Moabiter Einsatzgruppenprozess, LG Gericht Berlin-Moabit, 3 Pks 1/62, 22.6.1962, Rüters 1978, Band XVIII, 642.
100. Wilhelm Greiffenberg an Hermann Schlingensiepen, 7.7.1962, AEKR Düsseldorf.
101. Ebd.
102. Ebd.
103. Zurückzitiert von Hermann Schlingensiepen an Wilhelm Greiffenberger, 20.5.1962, AEKR Düsseldorf.
104. Wilhelm Greiffenberger an Hermann Schlingensiepen, 23.5.1963, AEKR Düsseldorf.

105. Pfarrer Werner Hess an Pfarrer August Eckardt, 7.7.1948, LKAN, Pfarreien III/17, Gefängnisseelsorge Landsberg/Lech, Nr. 1.

106. Wilhelm Greiffenberg an Hermann Schlingensiepen, 7.7.1962, AEKR Düsseldorf.

107. Moabiter Einsatzgruppenprozess, LG Gericht Berlin-Moabit, 3 Pks 1/62, 22.6.1962, Rüters 1978, Band XVIII, 639. Die tatsächlichen Zahlen liegen weitaus höher, vgl. Christian Gerlach (1999, 546 ff.).

108. Wilhelm Greiffenberger an Hermann Schlingensiepen, 6.7.1962, AEKR Düsseldorf.

109. Helene Greiffenberger an Hermann Schlingensiepen, 6.6.1962, AEKR Düsseldorf.

110. Bischof Hermann Dietzfelbinger an Hermann Schlingensiepen, 15.5.1964, AEKR Düsseldorf.

111. Ordnungen der lutherischen Kirche (Agende III), zit. nach Metzger (1980, 437).

112. Carl Amery, »Defreggers Flucht zu alten Kameraden«, *Die Zeit,* 29.8.1969; vgl. »Der Fall Döpfner«, *Neues Deutschland,* 2.8.1969 und Stiller (1972).

113. Matthias Defregger, »Solidarität mit den Opfern. Brief an die Priester und Gemeinden im Erzbistum München und Freising«, *Münchner Katholische Kirchenzeitung, Sonderdruck,* Juli 1969, 3.

114. Gerhard Mauz, »Franziskus nahm den Purpur nicht«, *Spiegel,* 4.8.1969, 60.

115. Matthias Defregger, »Solidarität mit den Opfern«, a.a.O.

116. Friedrich Meichsner, »Für einen getöteten Soldaten starben 17 Italiener«, ohne Quellenangabe, 26.7.1969 AEKR Düsseldorf.

117. »Kriegsverbrechen: Bischof Defregger«, *Spiegel,* 21.7.1969.

118. Matthias Defregger, »Solidarität mit den Opfern«, a.a.O.

119. Ebd.

120. »Bishop Defregger Denies Guilt, Legal or Moral in '44 Killings«, *New York Times,* 5.8.1969, 2; Fernsehinterview mit Weihbischof Defregger, »Report«, 4.8.1969, IfZ Archiv München, Defregger Zeitungssammlung.

121. Gerhard Mauz, »Franziskus nahm den Purpur nicht«, *Spiegel,* 4.8.1969, 60.

122. Ebd.

123. Friedrich Meichsner, »Für einen getöteten Soldaten starben 17 Italiener«, a.a.O.

124. »Döpfner verteidigt Berufung Defreggers«, *Handelsblatt,* 21.7.1969 und »An die Priester und Gemeinden«, *Münchner Katholische Kirchenzeitung, Sonderdruck,* Juli 1969.

125. »Italian Town Council Assails Defregger in Wartime Slaying«, *New York Times,* 31.7.1969, 3.

126. Die CSU spricht im Bayern-Kurier gar von »perverser Selbstgerechtig-

keit«, in: »Vergebung für Defregger«, *Frankfurter Allgemeine Zeitung*, 16.7.1969.

127. »Zwischen Rache und Versöhnung«, Juli 1969, ohne Quellenangabe, IfZ Archiv, München, Defregger Zeitungssammlung.

128. Friedrich Meichsner, »Für einen getöteten Soldaten starben 17 Italiener«, a.a.O.

129. *Spiegel*, 4.8.1969, 34.

130. Ebd.

131. *Süddeutsche Zeitung*, 17.9.1970.

132. »Filetto-Reise verschoben. Döpfner: Versöhnungsgeste zur falschen Zeit«, *Spandauer Volksblatt*, 17.10.1971.

133. »Mit Zyanid gegen Weihbischof Defregger«, *Kirchenzeitung für die Diözese Augsburg*, 30.8.1981.

134. »Eigentlich sollte der Kardinal sterben«, *Münchener Merkur*, 22.3.1983.

135. Adolf Eichmann an William L. Hull, 15.5.1962, Hull (1964, 129).

136. Gertrud Schneider an Hermann Schlingensiepen, 11.9.1965, AEKR Düsseldorf.

137. Im Judentum wird diese grundsätzliche Freiheit und Unberechenbarkeit Gottes stärker respektiert, so z.B. »Ich gewähre Gnade, wem ich will und ich schenke Erbarmen, wem ich will (Ex 33,19) ... Gott behält sich das Recht vor, so zu handeln wie er will« (Magonet 1990, 134).

138. Um nur eine Statistik für das Land Bayern zu zitieren: »According to another statistic, in March 1950 84 percent of the 924 Bavarian judges and public prosecutors were former Nazis, 77 percent of the 1,918 employees of the Ministry of Agriculture, and 60 percent of the 5,000 employees of the Ministry of Finance. In contrast, at that time 60 percent of all former persecutes in Bavaria were unemployed.« (Marcuse 2001, 151)

139. Lagerpfarrer Seidel, »Über die Seelsorge und Fürsorge der Evang. Lagergemeinde im Internierungslager und Arbeitslager Regensburg vom 1. Juli bis 30. September 1947«, EZA 2/256.

140. Vgl. Kunzes apologetische Biografie Theodor Heckels, welche die Arbeit des EHIK fast ausschließlich auf die sowjetischen Kriegsgefangenenlager reduziert (1997, 189-198).

141. Die »Stille Hilfe für Kriegsgefangene und Internierte« wurde von der katholischen Prinzessin von Isenburg und dem Rechtsanwalt Rudolf Aschenauer initiiert. Der Verein publizierte einen vierteljährlichen Rundbrief für Spender und verbreitete nationalsozialistisches Gedankengut (BAK ZSG 1-E/40) (vgl. Schröm 2001). Die Landsberger evangelischen Pfarrer wirkten von Anfang an tatkräftig mit (LKAN Pfarreien III/17, Nr. 12). Die Akte (Pfarreien III/17, Kleine Bestände, Gefängnisseelsorge Landsberg/Lech, Nr. 7) enthält zahlreiche Dokumente zur Unterstützung der Gefangenen und ihrer Angehörigen mit Geld- und Sachspenden durch Pfarrämter und Privatpersonen (auch »Stille Hilfe Landsberg« und »Reisebeihilfe Gustav«) genannt. Dort findet sich auch

Material über die Fürsorge durch das »Evang. Hilfswerk der Kirchen« und »Evang. Hilfswerk für Internierte und Kriegsgefangene« [Bischof Heckel] 1948-1949.

142. Das Konto »Gustav« lief auch nach seiner Versetzung aus Landsberg/Lech in ein Gemeindepfarramt in Garmisch- Partenkirchen über Pfarrer Eckardt weiter. Er vervielfältigte Spendenaufrufe für die »Stille Hilfe« in Garmisch 1952, (III/17, Kleine Bestände Gefängnisseelsorge Landsberg/Lech, Nr. 7, 12.3.1954). Webster fand ebenfalls Hinweise auf geheime Bankkonten (2001, 54).

143. OKR Kunst an Pastor Schröder, 22.1.1970, EZA 87/1266.

144. So schreibt OKR Kunst an Pastor Schröder, 22.1.1970: »Wegen der emotionalen Bedeutung der Fälle muß großes öffentliches Aufsehen unter allen Umständen vermieden werden, da dies die Stellung der Leute in den genannten Ländern ungeheuer erschwert.« EZA 87/1266.

145. NA Washington DC, Reg 338, United States Army Europe, JAG War Crimes Branch, General Administrative Records 1942-1957, Box 12-14, 22.

146. Bischof Hans Stempel, »Aide-memoire an den holländischen Justizminister«, (ohne Namen), 18.2.1959, EZA 76/1.

147. Ebd., 4

148. Ebd., 4.

149. Otto Schröder an Erna Schröder, 1.8.1948, LKAN, Pfarreien III/17, Gefängnisseelsorge Landsberg/Lech, Nr. 11

150. Hermann Schlingensiepen an Adolf Eichmann, 25.5.1962, AEKR Düsseldorf.

151. Hermann Schlingensiepen, »Friede sei den Menschen, die bösen Willens sind.« *Sonntagsblatt*, 25.4.1965, AEKR Düsseldorf.

152. Bischof Kurt Scharf, »Gerechtigkeit und Versöhnung«, *Allgemeine jüdische Wochenzeitung der Juden in Deutschland*, 11.3.1966, 1.

153. Bischof Hans Meiser an Philipp Auerbach, 20.9.1947, LKAN, LKR 2452, Seelsorge in den Zivil-Interniertenlagern 1945-1946.

154. Bischof Hans Meiser an Philipp Auerbach, 14.10.1947, LKAN, LKR 2452, Seelsorge in den Zivil-Interniertenlagern 1945-1946.

155. So schreibt Pfarrer Köberlin aus dem Flüchtlingsdurchgangslager Dachau, das zu einem Drittel aus evangelisch Getauften besteht: »Eine Versorgung mit Gottesdiensten war bisher vom Pfarramt Dachau nicht durchgeführt worden.« Pfarrer Köberlin an Landeskirchenrat, 11.10.1947, LKAN, LKR Landeskirchenrat München 2452, Seelsorge in den Zivil-Interniertenlagern 1945-1946.

156. »Im Gerichtssaal war es zu spät«, *Rheinischer Merkur*, 22.8.1952.

157. »Ein hartes Urteil«, *Frankfurter Rundschau*, 15.8.1952.

158. »Das Münchner Urteil«, *Die Neue Zeitung, Berliner Ausgabe*, 16.8.1952.

159. »Ein hartes Urteil«, *Frankfurter Rundschau*, 15.8.1952.

160. Ebd.

161. Ebd.
162. »Das Münchner Urteil«, *Die Neue Zeitung, Berliner Ausgabe,* 16.8.1952.
163. Kraushaar (1995, 340); Marcuse (2001, 157, 177); »Auerbachs letzte Stunden«, 18.8.1952, IfZ Archiv München, Auerbach Zeitungssammlung, 52/5-52/8.
164. Kraushaar (1995, 339); *Die Welt* spricht von seiner »jungen blonden Witwe«, »Ein ungekrönter König«, 18.8.1952
165. *Neue Züricher Zeitung,* 18.8.1952.
166. »Nachklänge zum Auerbach Prozeß. Haß und Hetze sind schlechte Ratgeber – Es ging nur um Wahrheit und Recht«, *Deutscher Kurier,* 23.8.1952.
167. Vgl. NA, L REG 338 USAREU/JAG Division, War Crimes Branch, Records Relating to Post-Trial Activities. 1945-1957, General Clemency File 1951 Box 3 and 4.
168. »Der deprimierende Nachgeschmack des Auerbach-Prozesses«, *St. Galler Tagblatt,* 16.8.1952.

Abkürzungen der benutzten Archive

AEKR   Archiv der Evangelischen Landeskirche im Rheinland, Düsseldorf
BAK   Bundesarchiv, Koblenz
EZA   Evangelisches Zentral Archiv, Berlin
IfZ   Institut für Zeitgeschichte, München
LKAN   Landeskirchliches Archiv, Nürnberg
NA   National Archives, Washington DC

Register

Adam, Karl 207, 213-214
Adorno, Theodor Wßptß 211
Althaus, Paul 46, 85, 88, 141-142, 145, 155, 157-158, 160-161, 163
Ammicht-Quinn, Regina 10, 173, 212, 215, 222
Arendt, Hannah 16-19, 21, 295, 297
Asmussen, Hans 12, 139, 141, 149, 245, 248-250, 279
Auerbach, Philipp 8, 288-292, 299-300, 311-312

Bahr, Hans-Eckehard 135, 141, 169
Balthasar, Hans Urs von 218
Barth, Karl 43, 46, 88-89, 123, 141, 249
Ben Chorin, Schalom 308
Berg, Nicolas 9, 50, 72, 84, 91, 109, 115, 141, 152-153, 158-160, 163-165, 167, 170
Birnbaum, Walter 28, 46-48, 116, 121, 139, 142, 144, 157, 159, 161, 163, 166
Bonhoeffer, Dietrich 151, 204, 228, 275, 298
Bradfisch, Otto 254, 256, 307
Brandt, Karl 236, 299
Braune, Werner 234
Bucher, Rainer 10, 173, 213-215, 222

Card, Claudia 270-273, 296, 298
Celan, Paul 211

Danielsmeyer, Werner 142, 166
Defregger, Matthias 8, 265, 267-270, 272-273, 276, 302, 309-310
Dehn, Günther 28, 42, 45, 139, 142, 159
Denzler, Georg 173, 206-209, 220, 222
Derrida, Jacques 218, 222, 225
Dibelius, Otto 42-43, 45-46, 133, 142, 169, 274, 279
Diem, Hermann 139, 142, 151

Dietzfelbinger, Hermann 142, 264, 309
Dombois, Hans 282, 298
Döpfner, Kardinal 269-270, 309-310

Eckardt, August 232-233, 236, 238-239, 243, 303-306, 309, 311
Eichmann, Adolf 32, 76, 237, 255-257, 263, 274, 283, 297, 300, 307-308, 310-311
Elert, Werner 46, 88-89
Elias, Ruth 11
Ermann, Karl 232, 234-235, 237, 304-305

Feurich, Walter 40, 52, 142
Frank, Hans 33, 229, 283
Frei, Norbert 82, 143, 153, 159, 276, 278, 298
Fries, Heinrich 173, 182-187, 192-193, 223

Galen, Clemens August Graf von 184, 223
Gerecke, Henry 229, 232, 266, 301
Gerlach, Wolfgang 115, 125, 129, 143, 167-168, 290, 298, 309
Gerstenmaier, Eugen 28, 49-51, 102, 143, 159, 161
Giordano, Ralph 29, 62, 143
Gogarten, Friedrich 46, 88, 123, 161
Gollancz, Viktor 132, 143
Gollwitzer, Helmut 28, 143, 147
Göring, Hermann 32, 266
Gössmann, Elisabeth 143, 154, 173, 201-203, 207, 209, 223
Greiffenberger, Wilhelm 8, 258-264, 268, 307-309
Greive, Hermann 187, 223
Greschat, Martin 12, 21, 44-45, 57, 67, 69-70, 94, 115, 143, 158, 161, 274, 282, 298-299, 302-303

315

Grüber, Heinrich 47, 139, 143
Grundmann, Walter 64, 144, 157
Guardini, Romano 159, 173, 188-193, 223

Haffner, Sebastian 100-101, 144
Hahn, Hugo 28, 43, 139, 144, 166
Hartnagel, Fritz 20
Heckel, Theodor 276, 299-300, 311
Heidegger, Martin 180
Heim, Karl 42-44, 46, 83, 88-89, 144, 159, 161-162
Hengel, Martin 40, 134, 144
Herbert, Ulrich 47, 50, 87, 161
Hirsch, Emanuel 43-44, 64-66, 83, 142, 144, 150, 157, 161, 168
Hirsch, Marianne 29, 144
Hosenfeld, Wilm 15-17, 21
Höss, Rudolf 32, 229, 257, 300
Hull, William 237, 257, 266, 274, 300, 307, 310

Jankélévitch, Vladimir 216, 223, 225
Jaspers, Karl 177, 223
Jüngst, Britta 40, 58-59, 108, 145
Just-Dahlmann, Barbara 160, 253, 259, 300, 308

Kittel, Gerhard 64, 142, 157
Klüger, Ruth 11, 227, 300
Kogon, Eugen 21, 193-197, 223-224
Kreyssig, Lothar 278, 302
Künneth, Walter 7, 27-28, 47-48, 79-83, 85-96, 99, 103, 108, 111, 113, 115-122, 124, 132-133, 138, 140, 146, 159, 161-163, 166, 168-169

Lautenschläger, Gabriele 208, 224
Leich, Werner 54, 113, 134, 146, 166
Levi, Primo 11
Levinas, Emmanuel 211, 216
Lilje, Hanns 25, 47-48, 82-83, 121-123, 133, 139, 147, 162, 168-169
Loewenich, Walther von 25, 51, 84, 102, 108, 139, 147, 159, 161
Lortz, Joseph 208, 213, 224
Lustiger, Jean-Marie 217, 224

Marcuse, Harold 9, 24, 31-33, 50, 53, 147, 153-154, 156, 174, 224, 277, 300, 310, 312
Marquardt, Friedrich-Wilhelm 40, 53-55, 60, 134, 147-149, 160
Martin, Gerhard Marcel 55-56
Meinecke, Friedrich 72, 84
Meiser, Hans 93, 96, 249, 279, 289-290, 311
Merz, Georg 123, 146-147
Metz, Johann Baptist 11, 21, 27, 54-55, 147, 173, 204-207, 209, 224
Meyer, Barbara 40, 60-61, 135, 148-149, 155, 157, 162
Moeller, Robert 9, 30, 82, 148, 153, 155, 159
Moltmann, Jürgen 27, 40, 53-55, 113, 134, 147-148, 152, 170
Moltmann-Wendel, Elisabeth 40, 54, 113, 148, 170
Mulack, Christa 136, 148
Mulka, Robert 257, 263, 307
Müller, Joachim 139, 248
Müller-Hohagen, Jürgen 210, 212, 221, 224

Naumann, Erich 234
Niemöller, Martin 33, 49, 65, 139, 148, 157, 227-229, 239, 246-251, 279, 301, 306
Niemöller, Wilhelm 166

Ohlendorf, Otto 234
Oldenhage, Tania 10, 40, 60-61, 148

Padover, Saul Kßptß 14-15, 21, 176-177, 200, 203, 224
Petersen, Birte 12, 21, 113, 149
Poelchau, Harald 50, 149, 238, 301, 305
Pohl, Oswald 229, 234, 301, 304
Preuß, Hans 33, 43, 85, 89, 146, 149, 160

Raabe, Werner 238-240, 305
Rahner, Karl 173, 177-182, 184, 187, 192-193, 205-206, 224
Rammenzweig, Guy Wßptß 56-57, 149

Ratzinger, Joseph 173, 199-200, 203-205, 207, 209, 224
Reemtsma, Jan Philipp 242, 294, 301
Rinser, Luise 285-286
Rosenberg, Alfred 80, 87, 92, 116

Sachs, Nelly 211
Sauter, Gerhard 287, 297, 302-303
Schallermair, Georg 234
Scharf, Kurt 139, 149, 159, 166-168, 284-285, 311
Scheel, Gustav-Adolf 103, 130-131, 164
Schelsky, Helmut 54, 150, 166
Scherzberg, Lucia 45, 150, 157, 159, 173, 214-215, 224-225
Schlatter, Adolf 45, 89, 147, 150, 157
Schlingensiepen, Hermann 8-9, 160, 253-264, 276, 283, 307-311
Schmaus, Michael 157, 173, 186-187, 192, 201-202, 207, 213, 225
Schmid, Friedrich 108, 112, 150
Schmidt, Hans 32, 234-235, 240-242, 257, 304
Schober, Theodor 280
Scholl, Sophie 20-21
Siegele-Wenschkewitz, Leonore 55-58, 64, 136, 141, 144, 150, 152, 157, 169
Smid, Marikje 45, 48, 88-89, 115, 117, 120, 150, 160, 167-168
Sölle, Dorothee 27-28, 53-55, 108, 113, 135, 150
Staats, Reinhart 23, 27, 42, 76, 111, 134, 151
Stählin, Wilhelm 43, 46, 85, 97, 107-108, 151, 159, 162, 165

Szpilman, Wladyslaw 15

Thielicke, Helmut 7, 25, 27-28, 49, 51, 54, 63, 65-66, 73-77, 79, 81-82, 85-86, 95-104, 106-111, 113, 115, 124-133, 138-139, 142, 149, 151, 156, 158-159, 162-169, 274, 282, 302
Tillich, Paul 46, 88, 151, 161
Tödt, Heinz Eduard 52, 112, 151
Traub, Gottfried 43, 151
Trautwein, Dieter 28, 32, 151
Trillhaas, Wolfgang 28, 49, 51, 74, 78, 84, 102, 108, 139, 151, 159, 169
Tück, Jan-Heiner 173, 216-218, 225
Tügel, Franz 43, 151, 166
Tugendhat, Annemarie 97, 169

Uckeley, Alfred 70

Vollnhals, Clemens 44, 79, 99, 107, 152, 163, 165, 274, 276, 278-279, 302
Volz, Konrad 52, 152

Welzer, Harald 59, 61, 152, 176, 198-199, 202-203, 210, 225
Wendland, Heinz-Dietrich 125, 139, 152, 159, 161, 166, 169
Wiesel, Elie 11-13, 21, 135, 216
Wiesenthal, Simon 241, 259-260, 285-286, 294, 303, 308
Wurm, Marie 142
Wurm, Theophil 7, 28, 42-45, 63, 66-72, 77, 85, 96, 114, 142, 152, 155, 157-158, 165, 167, 169, 279, 298

Zink, Jörg 152